U0578976

**权威·前沿·原创**

皮书系列为
"十二五""十三五""十四五"时期国家重点出版物出版专项规划项目

BLUE BOOK

智 库 成 果 出 版 与 传 播 平 台

四川数字经济蓝皮书

**BLUE BOOK** OF SICHUAN DIGITAL ECONOMY

# 四川数字经济发展报告（2023）

ANNUAL REPORT ON THE DEVELOPMENT OF SICHUAN DIGITAL ECONOMY (2023)

顾　问／杨继瑞

主　编／匡后权　卢阳春

副主编／秦强子　马　丽　贺　刚

社会科学文献出版社

SOCIAL SCIENCES ACADEMIC PRESS（CHINA）

图书在版编目（CIP）数据

四川数字经济发展报告.2023／匡后权，卢阳春主
编；秦强子，马丽，贺刚副主编.--北京：社会科学
文献出版社，2023.4
　　（四川数字经济蓝皮书）
　　ISBN 978-7-5228-1505-3

　　Ⅰ.①四…　Ⅱ.①匡…　②卢…　③秦…　④马…　⑤贺
…　Ⅲ.①信息经济-经济发展-研究报告-四川-2023
Ⅳ.①F492.3

中国国家版本馆 CIP 数据核字（2023）第 038288 号

四川数字经济蓝皮书

# 四川数字经济发展报告（2023）

顾　　　问／杨继瑞
主　　编／匡后权　卢阳春
副 主 编／秦强子　马　丽　贺　刚

出 版 人／王利民
组稿编辑／邓泳红
责任编辑／陈　颖
责任印制／王京美

出　　　版／社会科学文献出版社·皮书出版分社（010）59367127
　　　　　　地址：北京市北三环中路甲29号院华龙大厦　邮编：100029
　　　　　　网址：www.ssap.com.cn
发　　　行／社会科学文献出版社（010）59367028
印　　　装／三河市东方印刷有限公司

规　　　格／开　本：787mm×1092mm　1/16
　　　　　　印　张：28.75　字　数：431千字
版　　　次／2023年4月第1版　2023年4月第1次印刷
书　　　号／ISBN 978-7-5228-1505-3
定　　　价／168.00元

读者服务电话：4008918866

**编制单位**　成都师范学院
　　　　　　成都融入双循环发展新格局研究中心
　　　　　　四川融入双循环新发展格局研究中心
　　　　　　农村土地利用监测与评价重点实验室
　　　　　　四川省大数据研究会

# 顾问简介

**杨继瑞**　经济学博士，教授（国家二级）、博士生导师；首批享受国务院颁发的政府特殊津贴专家，中组部联系专家；四川省首批学术带头人。曾任四川大学副校长、西南财大党委副书记、重庆工商大学校长。现任四川外国语大学成都学院党委书记、省政府督导专员，成都市社科联名誉主席，西南财经大学成渝经济区发展研究院院长，四川省委成渝地区双城经济圈与区域协调发展研究智库主任；中国消费经济学会会长、中国区域经济学会副理事长等。在《中国社会科学》《经济研究》《管理世界》等刊物发表论文350余篇，出版专著、教材31部；承担和主持国家社科基金及教育部重大招标项目、自然科学基金重点项目、哲学社科基金重点项目以及其他省部级项目30余项；其中多项科研成果受到党和国家领导人的肯定和批示。

# 主编简介

**匡后权**　经济学博士，副教授。成都师范学院经济与管理学院副院长，四川省会展经济促进会副会长，成都融入双循环发展新格局研究中心暨四川融入双循环新发展格局研究中心主任，教育部学位中心评审专家。主要研究方向为数字经济、生态经济、产业经济、区域经济，主持"成渝地区双城经济圈绿色发展研究""推进四川科技服务业供给侧改革研究"等省级科研项目及横向项目 20 余项；作为主研承担了国家社科重大招标项目"生态文明发展战略及其区域实现"、国家社科基金重点项目"城市生态文明建设协同创新研究"等国家项目多项。出版学术专著《西部现代服务业发展研究》1 部，参撰或参编书籍和教材多部，以第一作者发表 CSSCI 检索论文、北大核心期刊等论文多篇。

**卢阳春**　成都师范学院经济与管理学院院长，经济学博士、教授、硕士生导师，四川省学术与技术带头人。兼任四川融入双循环新发展格局研究中心暨成都融入双循环发展新格局研究中心学术委员、四川省城市经济学会副会长、四川省产业发展促进会副会长、四川省经济发展战略研究会常务理事。主要研究方向为数字经济、区域经济、新型城镇化与城乡协调发展。主持或主研国家级、省部级课题以及地方政府部门课题 80 余项，出版专著 2 部，参撰或参编书籍和教材 10 余部，发表学术论文 40 余篇，其中经济类核心期刊论文 30 余篇，多篇文章为《新华文摘》《人大复印报刊资料》等全文转载。曾获四川省第十三次、第十四次、第十五次、第十六次哲学社会科学优秀成果一等奖和三等奖，第十二届四川省青年科技奖，第七届四川省中青年专家学术大会三等奖，第八届四川省中青年专家学术大会二等奖。多份调研报告获得四川省委、省政府领导的肯定性批示。

**秦强子**　四川省大数据发展研究会副会长、秘书长，四川省大数据发展联盟秘书长。主要研究方向为大数据、数字经济、数据要素市场化配置改革，主持四川省科协"四川省数字经济发展路径与政策建议"课题任务，主持编制四川省德阳市、内江市等多地"十四五"数字经济、政务信息化发展规划，主编《四川省大数据发展报告（2017）》《四川省数字经济发展报告（2018）》，参与编制四川省数字乡村指数、信义指数等 20 余项，连续 3 年策划、承办数字四川创新大赛及省级大数据发展专题论坛 30 余场。

马　丽　管理学博士，副教授，成都师范学院经济与管理学院教师。主要研究方向为技术经济与创新管理。主研国家自然科学基金面上项目 1 项，主持四川省科技厅科研项目、四川省教育厅科研项目多项。出版专著《企业创新能力的提升：基于联盟组合网络特征和组织学习的视角》，主编和参编教材 2 部。以第一作者发表 SCI、CSSCI 来源期刊论文多篇。主讲的《经济法学》被认定为四川省省级一流本科课程和四川省普通高等学校省级"课程思政"示范课程。

贺　刚　经济学博士，副教授，硕士研究生导师，西华大学产业经济研究所所长，教育部学位中心评审专家，安邦智库（成都）高级研究员，成都电视台金融大讲堂 CDTV 特邀嘉宾，四川省金融创新与风险管理学会理事，四川省法律与经济决策研究会研究员。主要研究方向为产业经济、金融风险、数字经济、能源价格。主持或主研课题 50 余项，其中国家社科基金重大招标课题"中国特色新型工业化道路研究"（项目编号：07&ZD024）子课题 1 项，国务院西部开发办项目 1 项，国家工信部项目 2 项，教育部项目 1 项；出版《中国能源价格调控论》《电子商务物流》《西部大开发特色优势产业发展研究》《县域经济发展规划：理论、实践与前瞻》等多部专（编）著；公开发表学术论文 30 余篇，包括多篇 CSSCI 和若干核心期刊论文；2008 年、2014 年分别获得省部级科技进步奖和省哲学社会科学优秀成果奖。

# 摘　要

以数字为关键生产要素的数字经济资源消耗低、科技含量高、经济带动强、发展质量优，其成为疫情防控常态化时代经济社会发展的重要引擎。党的二十大报告提出，"加快发展数字经济，促进数字经济和实体经济深度融合，打造具有国际竞争力的数字产业集群"。数字技术和生产要素深度融合重塑产业价值链条，不断拓展数字经济的边界与版图。四川素有"天府之国"之美誉，成为全国首批国家数字经济创新发展试验区，数字经济日益成为四川地方经济发展的重要引擎。

2021年四川数字经济产值1.9万亿元，规模居全国第9位。四川数字经济核心产业增加值占GDP比重、软件和信息服务业产值占比、电子商务交易产值占比超过全国平均水平，数字经济产值占GDP的比重、软件和信息服务业增长速度、研发经费投入强度等方面不及全国平均水平。四川强化成都数字经济极核引领作用，协同构建成都平原经济区创新共同体；推动川南自贡、泸州、宜宾等老工业城市数字化转型升级；推动川东北构建数字产业新格局；打造攀西经济区信息高地推动数实融合；以川西北生态示范区数字能源和数字文旅为重点赋能产业发展，地区数字经济蓬勃发展。

基础设施是推动数字经济发展最重要的基础底座。以5G、数据中心等为代表的数字基础设施日益成为数字经济发展的重要基础，数字基础设施加快赋能传统产业，为经济社会全面数字化转型提供了有力支撑。未来四川需要高水平推进5G网络体系建设、创新"5G+"赋能传统产业发展、推进5G与智能制造、人工智能、大数据、云计算等领域深度融合，构建国内领先的

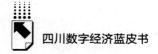

5G 产业应用生态圈。充分利用"东数西算"工程的政策机遇、清洁能源的先天优势、基础资源的能力优势，推动基础设施合理布局与高效运行，推动基础设施朝绿色化、智能化、集群化方向发展。

产业数字化是对产业链全要素数字化转型、升级与再造。四川省产业数字化发展在部分领域和区域取得了较好成绩，为更好利用四川产业数据资源、加快四川产业数字化，未来四川在农业领域需进一步完善农业数字化标准体系建设、加快数字应用与农业深入融合、增强农业数字化支持条件。在工业领域的智能制造中，推动四川省智能制造技术融合创新发展，提升传统制造业数字化水平，打造具有国际竞争力的智能制造业集群，建设全国重要的智能制造业基地。在四川特色产业白酒产业中，加强白酒产业数字化转型的顶层设计，出台激励政策，打造白酒产业数字化转型的旗舰标杆品牌与园区等。在服务业中，加快电子商务川造品牌出川出海，推动文旅、会展产业软硬件实现数字化。

数字产业化为产业数字化提供技术、产品、服务或解决方案，是数据要素的产业化、商业化以及市场化。四川数字产业化快速发展，研究提出：大数据产业应进一步推动大数据研发与数据安全建设、标准建设；人工智能产业应推动核心技术研发、培育产业、强化应用；电子信息产业争取国家重大产业布局，促进产业融合发展；软件产业从园区、企业、生产要素等方面加快发展；新能源汽车产业以动力为核心，推动整车制造等。

数字治理通过数字化手段提升公共服务质量。城市治理数字化提出完善制度体系、提升平台技术水平等；乡村数字治理从生产、经营和服务角度提出建议；数字政府建设完善顶层设计、构建数据共享应用长效机制、提升政府数字化管理服务效能等；并对疫情背景下数字经济应用和智慧警务进行研究。

数字经济生态篇中，分析了数据交易市场，需要加快推进制度标准建设，加强交易流通模式，构建交易流通发展生态，提升数据交易安全性。数字经济生态系统优化提出加强数字经济的统计和检测等；全民"数字素养"中提出加强顶层设计、领导示范、开展试点，扩大数字资源供给等观点。

附录中提出了各个地区数字化城市、民生、治理建设的相关案例。

数字技术研发创新成为数字经济未来赛道，数据资源资产化资本化成为发展趋势，"万物互联"构筑数字经济发展新基础，融合发展成为数字经济发展主战场。建议四川未来应该重点抓好如下工作任务：构建释放数字生产力的创新发展体系，超前布局新型数字基础设施，加快发展具有竞争优势的数字产业，创新智慧四川的数字应用场景，进一步提升数字经济开放合作水平。

**关键词：** 数字经济　产业数字化　数字产业化　四川省

# 目  录 ⟍

## Ⅰ  总报告

## Ⅱ  基础设施篇

## Ⅲ  产业数字化篇

# Ⅵ　数字经济生态篇

皮书数据库阅读**使用指南**

# 总 报 告

General Report

# B.1
# 全面开启四川数字经济新引擎

匡后权　卢阳春　马丽　贺刚　柳媛媛*

**摘　要：** 数字技术催生了新业态、新企业，数字经济蓬勃发展。四川是西部的重要经济大省，依托丰富的人才资源和数字科技的快速发展，数字经济为四川地区经济实现弯道超车提供可能，深刻改变着四川传统的经济社会结构。总报告分析了四川数字基础设施、产业数字化、数字产业化、数字经济的区域实现的发展状况，提出了四川数字经济发展的现实路径，包括构建释放数字生产力的创新发展体系、超前布局新型数字基础设施、加快发展具有竞争优势的数字产业、创新智慧四川的数字应用场景、

---

\* 匡后权，成都师范学院经济与管理学院副院长，经济学博士，副教授，主要研究方向为数字经济、生态经济、产业经济、区域经济；卢阳春，成都师范学院经济与管理学院院长，经济学博士，教授，主要研究方向为数字经济、区域经济、新型城镇化与城乡协调发展；马丽，成都师范学院经济与管理学院教师，管理学博士，副教授，主要研究方向为技术经济与创新管理；贺刚，西华大学产业经济研究所所长，经济学博士，副教授，硕士研究生导师，主要研究方向为产业经济、金融风险、数字经济、能源价格；柳媛媛，成都师范学院经济与管理学院科研助理，主要研究方向为产业经济。

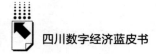

提升数字经济开放合作水平。展望未来"十四五"时期，数字经济持续、健康、快速发展，将成为未来四川经济发展的主战场，数字技术研发创新成为数字经济未来赛道，数据资源资产化资本化成为发展趋势，"万物互联"构筑数字经济发展新基础，融合发展成为数字经济发展主战场。

**关键词：**　数字经济　产业数字化　数字产业化　四川省

四川素有"天府之国"的美誉，是全国首批国家数字经济创新发展试验区，数字经济日益成为四川经济发展的重要引擎。2021 年，四川数字经济规模达到 1.9 万亿元，数字经济规模居全国第 9 位。四川数字经济核心产业增加值占 GDP 比重超过全国平均水平，在数字经济规模占 GDP 比重、研发经费投入强度、软件和信息服务业增长速度上不及全国平均水平（见表1）。四川数字经济占 GDP 的比重从 2013 年的 25.4% 上升至 2021 年的 33.1%。2021 年，四川数字经济核心产业增加值为 4012.2 亿元，数字经济核心产业增加值占地区生产总值的比重为 8.5%，比 2020 年提高 0.7 个百分点。从数字经济的内部结构看，数字产品制造业和数字技术应用业所占的比重较高，成为数字经济核心产业的重要构成部分。数字经济在地区经济中的支撑地位更加明显。2021 年，数字产品制造业的增加值为 1505.0 亿元，占全省数字经济核心产业增加值的 37.5%；数字技术应用业增加值为 2112.9 亿元，占全省数字经济核心产业增加值的比重为 52.7%；数字产品服务业增加值为 76.1 亿元，占全省数字经济核心产业增加值的比重为 1.9%；数字要素驱动业增加值为 318.2 亿元，占全省数字经济核心产业增加值的比重为 7.9%。数字技术应用业快速发展，产业增加值增速达到 30.8%。

表1　2021年四川与全国数字经济相关指标对比

| 指标 | 单位 | 四川 | 全国 |
|---|---|---|---|
| 数字经济核心产业增加值占GDP比重 | % | 8.5 | 8.3 |
| 数字经济规模占GDP比重 | % | 33.1 | 39.8 |
| 研发经费投入强度 | % | 2.2 | 2.4 |
| 5G基站个数 | 万个 | 6.6 | 142.5 |
| 软件和信息服务业规模 | 亿元 | 4555.0 | 94994.0 |
| 软件和信息服务业增长速度 | % | 15.2 | 17.7 |
| 电子商务交易规模 | 万亿元 | 4.1 | 40.1 |

　　资料来源：根据《中国数字经济发展报告（2022年）》、中国政府网、《四川省"十四五"数字经济发展规划》、四川省统计局、《齐鲁晚报》等资料整理。

# 一　四川数字经济发展的现状与存在问题

当前，数字技术和传统产业迅速融合，数字经济占经济总量的比重不断递增。四川抢抓数字化发展浪潮，不断加快数字经济发展速度，但面临着数字基础设施总量不足且不平衡、传统产业与数字技术融合度较低、数字经济发展的要素支撑不够、居民数字素养有待提升等问题。

## （一）信息基础设施逐步完善

四川作为经济大省、人口大省、资源大省和科教大省，高度重视信息基础设施建设，以信息通信基础设施建设为抓手，大力推进数据中心、超算中心等重大工程建设。通信网络基础设施建设加快，2022年，四川长途光缆线路长度为12.55万公里，光缆线路长度为374.93万公里，移动电话基站49.59万个，四川省5G基站数量为6.6万个，互联网省际出口带宽为81.68Tbps（见表2）[①]。2021年，四川省网民数总计6120.2万人，互联网宽带接入用户2181.5万户，互联网普及率和家庭宽带入户率分别为72.44%

_____

① 四川省通信管理局网站（miit.gov.cn）。

和 73.22%，高出全国平均水平 2.1 个百分点和 1.9 个百分点。新技术和算力基础设施建设不断加强，截至 2022 年度，四川已建有数据中心约 110 个、标准机架总量达 10.5 万架，其中大型及超大型数据中心 10 个。区块链基础设施"蜀信链"已成功接入 10 个城市公共节点、6 个行业节点。西部地区首个超级计算中心成都超算中心建成投运，最高运算速度达到 10 亿次/秒，进入全球前十位①。

表 2　2022 年四川省信息通信基础设施

| 指标名称 | 单位 | 四川省 |
| --- | --- | --- |
| 长途光缆线路长度 | 万公里 | 12.55 |
| 光缆线路长度 | 万公里 | 374.93 |
| 移动电话基站 | 万个 | 49.59 |
| 5G 基站 | 万个 | 6.60 |
| 互联网省际出口带宽 | Tbps | 81.68 |

注：5G 基站为 2021 年数据。
资料来源：根据四川省通信管理局（miit.gov.cn）等资料整理。

## （二）产业数字化拓展逐步加深

国家工业信息安全发展研究中心发布《中国两化融合发展数据地图（2020）》表明，全国东西部两化融合发展水平②差距逐渐缩小；东部引领，中西部赶超。四川两化融合管理体系贯标企业有 793 家，数字化研发设计工具普及率和关键工序数控化率分别为 75.6% 和 50.1%，电子商务交易额为 3.6 万亿元，跨境电商交易额为 500 亿元③。四川农业数字化全面推进，四川各地区推动各类数据库建设、元数据标准建设、监测系统建设、农业模型建设、预测决策系统建设等；数字技术通过农业大数据平台、智慧农业平台和全程

① 《四川省"十四五"数字经济发展规划》。
② "两化融合"是指以信息化促进更高级的工业化。
③ 《四川省"十四五"数字经济发展规划》。

溯源系统等实现生产流程的一体化和无缝对接；四川工业数字化转型加速，抢抓新时代西部大开发、成渝地区双城经济圈建设等重大历史机遇，四川大力构建"5+1"现代工业体系，加速工业互联网赋能产业发展，实现工业体系的发展阶段性跃升，进一步推动新一代信息技术与制造业融合发展，以数字新基建、平台体系升级、安全保障为抓手，实现制造业生产方式和企业发展形态的根本性变革。四川服务业数字化水平显著提高。利用数字经济发展"4+6"体系，开展智能家居、物联网、雪亮工程、智慧政企、智慧远程教育等业务，将生产与服务相结合，打造服务新场景。

### （三）数字产业化趋势稳步推进

四川数字产业化规模不断扩大。四川不断推进数字产业化发展，近年来，四川在大数据、云计算、人工智能等方面取得显著的成效。2021年，四川省数字经济核心产业增加值为4012.2亿元（见表3）。从空间分布看，数字经济核心产业主要布局在成都市及部分区域中心城市，成都、绵阳、宜宾、德阳、南充5市数字经济核心产业增加值规模居全省前五，合计占全省数字经济核心产业增加值的82%。省会城市成都的产值占全省的64.3%。软件和信息服务业收入为5727亿元，规上电子信息制造业收入为6957亿元。不断推动全省数据中心一体化发展。2022年，四川省发展和改革委员会等6部门印发《全国一体化算力网络成渝国家枢纽节点（四川）实施方案》，实施方案明确提出要建设天府数据中心集群，推动形成结构合理、供需匹配、绿色安全的全省数据中心一体化发展格局。

表3　2021年四川省数字经济核心产业增加值

单位：亿元，%

| 数字经济核心产业名称 | 增加值 | 比上年增长 | 占比 |
|---|---|---|---|
| 数字产品制造业 | 1505.0 | 10.2 | 37.5 |
| 数字产品服务业 | 76.1 | 18.5 | 1.9 |

| 数字经济核心产业名称 | 增加值 | 比上年增长 | 占比 |
|---|---|---|---|
| 数字技术应用业 | 2112.9 | 30.8 | 52.7 |
| 数字要素驱动业 | 318.2 | 23.8 | 7.9 |
| 合计 | 4012.2 | 21.5 | 100 |

资料来源：四川省统计局。

### （四）数字化治理多领域全面升级

推行智慧监管机制，维护市场秩序。四川充分运用数字技术支撑社会治理监管机制，建立全方位、多层次、多领域、立体化的智慧监管体系，努力实现事前、事中、事后全链条全方位监管，以高效维护公平竞争的市场秩序。逐步创新数字化治理模式、提升管理能力。推动社会治理模式线上线下双向互动，提升社会矛盾化解能力、社会治安防控能力和公共安全保障能力。截至2020年底，四川82个省级部门的504个应用系统完成上云，51个省级部门和21个市（州）建立了数据共享体系。全面提升智慧化便民利企公共服务，打造全方位多维度公共服务体系。四川一体化政务服务平台逐步实现一网通办，政务服务事项"最多跑一次"比例达99.83%，实现涉企行政审批减少审批环节、缩短审批周期、降低审批的相关费用。不断拓展智能化公平普惠民生服务。四川深入推进"多卡合一""多码合一"等专项行动，提升基本公共服务的数字化水平。提升公共服务的普惠性、兜底性服务能力。四川重点围绕老年人、残疾人等特殊群体的需求，通过普惠性信息化建设，解决老年人、残疾人等特殊人群运用数字技术过程中所遇到的问题。

### （五）数据价值化关键环节成效凸显

四川是全国的资源大省、人口大省，数据资源十分丰富，数据价值化尤为重要。积极推进数据资源化。目前，交通、公安等政府职能部门已积累了海量的数据，这些数据价值较高并持续呈几何倍数增长；同时，四川各类企业和行业协会等平台也积累了大量数据，如电子商务平台、数据公司等，四川数据资源化需求较为迫切。不断推动数据资产化。四川正加快推动全国一体化大数据中心成渝节点建设，成渝地区双城经济圈未来将重点建设基础性资源库、行业主题库。成都超算中心对数据挖掘治理极为有利，可有效提升交易数据质量，培育数据要素市场，建设四川数字资产交易平台。不断推进数据资本化。推动数字经济相关企业，在合理合规的前提下，依托数字资产，通过并购重组等手段获得融资，在可能的情况下，建立数据银行。加强完善数据资产服务化。四川省级政务云平台已经建成运行，省级部门多个平台已经迁移到网上运行，四川各个市（州）已经建成政务云平台和数据中心。

### （六）四川数字经济发展存在的主要问题

2021 年，四川省数字经济规模达到 1.9 万亿元，《四川省"十四五"数字经济发展规划》明确指出，到 2025 年，四川数字经济总量将超 3 万亿元。但与北京、上海等发达地区相比较，四川数字经济发展仍存在较多不足。

#### 1. 四川数字基础设施总量不足、分布不平衡

目前 5G 已成为数字基础设施建设的重要战略焦点。5G 和光纤"双千兆"网络加速部署，千兆光纤用户数超 200 万户、位列全国第六，依然有较大差距。《四川省互联网发展状况报告 2020》显示，网民规模达到 6766.7 万人，省会城市成都网民为 1799 万人，成都网民占四川网民总规模的 27%，其他各地区占 73%。四川省五大经济区数字化基础设施建设不均衡（见表4）。城市乡村"数字鸿沟""数字逆差"长期存在，重要原因是农村数字基础设施发展较为落后，且覆盖不全面、网络信号差，严重限制了农村数字化发展。

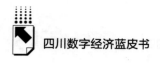

表4　2022年四川省五大经济区数字化基础设施建设情况统计

单位：%

| 五大经济区 | 互联网普及率 | 家庭宽带入户率 | 5G基站行政村覆盖率 | 电商服务站行政村覆盖率 |
|---|---|---|---|---|
| 成都平原经济区 | 74.51 | 77.08 | 43.69 | 87.96 |
| 川南经济区 | 72.87 | 72.76 | 36.31 | 91.85 |
| 川东北经济区 | 72.09 | 69.30 | 17.71 | 83.94 |
| 攀西经济区 | 61.72 | 57.02 | 17.18 | 64.99 |
| 川西北生态经济区 | 65.71 | 74.78 | 27.10 | 70.86 |
| 全省平均 | 72.44 | 73.22 | 30.43 | 83.50 |

资料来源：全省178个涉农县数字乡村调研问卷和1556户农村居民调研问卷分析结果。

**2. 传统产业与数字技术融合度较低**

传统产业与数字技术融合是我国应对新一轮科技革命和产业变革做出的历史性决策。当前，两化融合是数字化与工业化的深度融合，国家工业信息安全发展研究中心的《中国两化融合发展数据地图（2018）》显示，四川两化融合水平加速提升，但是到2018年两化融合水平依然居全国第十位；我国第一梯队两化融合的平均分为53.6分，四川在研发数字化、生产数字化等方面均远低于这一平均水平；在集成互联和智能协同发展方面，四川仅列第二梯队，与国内发达地区相比还有较大的差距[1]。2020年，四川省生产设备数字化率、关键工序数控化率分别为47.3%和50.1%，与国内发达地区江苏、山东、北京等省市相比相差较大，省内的龙头企业对区域、产业链融合引领作用不够突出，省内的制造业、中小型企业对数字化转型的需求不强，服务业多样化与服务个性化不够突出。

**3. 数字经济发展的要素支撑不够**

四川是数据大省，数字领域专业人才缺口较大，是制约其数字经济发展的重要瓶颈。一方面，高端人才吸引能力不足。2021年，四川省中国科学院院士和中国工程院院士为60人，2021年我国的中国科学院院士、中国工

---

① 资料来源：《中国两化融合发展数据地图（2018）》。

程院院士共计有 2754 人，四川占全国院士总量的 2.2%，四川所占的院士比重较低。数字行业从业人员数量不足，数字复合型人才极为匮乏，2018 年中国的数字人才为 70 万人，上海数字人才占全国总量的 16.6%，北京占比为 15.5%，远高于成都的数字人才占比 2.5%[①]。另一方面，从资本市场看，资本市场对数字经济相关产业的支撑力度不够，资本市场对数字经济直接投资相对较小，基金的投资活跃度和投资企业质量低于市场平均水平，2020 年，四川省软件和信息技术服务业研发经费约为 39 亿元，全国排名第六[②]。

4. 居民人口数字素养有待提升

一是城乡居民数字素养参差不齐，"乡村迟滞"现象明显。2021 年中国社会科学院信息化研究中心公布的《乡村振兴战略背景下中国乡村数字素养调查分析报告》表明，当前我国城乡之间存在明显的数字逆差和数字鸿沟，居民数字素养参差不齐，差距较大，城市居民比农村居民数字素养高 37.5%。四川也是如此。对四川居民的调查显示，四川数字公民学习的资源比较多，获取比较容易，但是居民的学习意愿、学习成效相对较低，未来在居民的人口数字素养的培训上需要加强。二是老年人、残疾人等群体数字化适应能力较差。当前"在线医疗""远程医疗"等数字化产业迅速发展，日常生活中的产品和服务越来越数字化，但老年人及其他网络技术弱势群体对新兴事物的学习能力普遍较弱，数字素养较低。

## 二 数字经济赋能四川高质量发展

《四川省"十四五"数字经济发展规划》明确提出，到 2025 年，四川省要建成具有全国影响力的数字经济科技创新中心和数字化转型赋能引领区，高水平建成国家数字经济创新发展试验区，初步建成全国数字经济发展新高地，明确要将数字经济作为推动高质量发展的强劲动能。

---

① 资料来源：《中国两化融合发展数据地图（2018）》。
② 资料来源：《2020 年软件和信息技术服务业年度统计数据》。

## （一）四川加快推进农业数字化发展

### 1. 农业数字化政策不断完善

在中央及各部委政策的引导下，四川省围绕农业数字基础设施建设、农业数字化改造等主题发布了相关的政策。农业生产方面，《国家数字经济创新发展试验区（四川）建设工作方案》《关于加快推进数字经济发展的实施意见》《关于加快推进农业机械化和农技装备产业转型升级的实施意见》等文件，都着重强调推进农业生产全程全面机械化、农机装备智能化；农村电子商务方面，《关于坚持农业农村优先发展推动实施乡村振兴战略落地实施的意见》《关于全面实施乡村振兴战略开启农业农村现代化建设新征程的意见》等文件中，提出要大力发展农村电子商务；此外，一些重要规划文件中也都提到农业数字化发展策略，如《四川省"十四五"数字经济发展规划》提出加快物联网、地理信息系统、大数据等信息技术在农业全产业链的广泛应用，开展数字农业、智能农机应用试点示范。农业信息化发展方面，全省数字乡村和农业信息化建设分三步走，即从无到有、从少到多和从弱变强，明确当前向第三步推进，指明了全省数字农业未来发展方向。

### 2. 农业数字化试点稳步推进

四川省农业数字化工作扎实开展，多个国家级、省级农业数字化试点县、基地等获批。内江隆昌市、成都市大邑县、宜宾市兴文县、泸州市纳溪区成功创建"全国数字农业试点县"①，蒲江县政府、都江堰青城茶叶公司、四川微牧现代农业公司、宜宾神隆农业装备公司被评定为"全国农业农村信息化示范基地"，四川省茶业集团股份有限公司、四川铁骑力士食品有限责任公司、邛崃市新农开发建设有限公司被农业农村部认定为"农业农村信息化示范基地"。与此同时，四川省认定了 20 家"四川省农业物联网示范基地"，在大田种植、设施园艺、畜禽水产养殖以及农业机械等领域，温湿调控、自动投料、水肥喷灌、无人机作业等物联网应用技术得到运用。

---

① 资料来源：《四川省"十四五"推进农业农村现代化规划》。

### 3. 农业数字化服务能力增强

（1）在农业数字化技术普及方面，四川省推进利用数字乡村平台，将数字农业技术下沉到村，让村民不出村就可以提高数字农业技能。如眉山市悦兴镇马堰村推动数字技术普及，推动果园实施数字管家，运用农作物基础环境检测 AI 智能平台，全方位、全时段检测果树的生长状态。如四川省宜宾市兴文县共乐镇自由村建设数字平台，对虾田进行水温、水质检测和监管，对蚕房进行温度、湿度控制，推动产业发展。

（2）在农业数字化发展的金融支持方面，政府不断加大农业信息化建设的投入力度，2020 年四川农业农村信息化县均财政投入和乡村人均财政投入分别为 1229.7 万元/县、40.1 元/人，均排名全国第八，财政支持力度不断加大。政府、国有银行都在努力推进普惠金融促进经济增长，数字服务支持程度覆盖了省内大多数农村地区。

（3）在农村电子商务建设方面，2021 年末，四川省拥有国家级综合示范县、乡、村三级电商（物流）服务站点分别达 99 个、2323 个、11727 个，国家级电子商务进农村综合示范县共获批 127 个，居全国第一。农村网商数量 62.2 万家，同比增长 24.7%，位列全国第七、西部第一。直播电商、跨境电商、网红带货、农旅直播、社区团购等各种新业态和新模式掀起电商热潮，帮助农民解决农产品滞销难题，促进返乡农民创新创业。2021 年，四川农产品网络零售额实现 385.7 亿元，同比增长 26.8%，占全国的 5.4%（见表 5）。

表 5　2019~2021 年四川农产品网络零售额

单位：亿元，%

| 年份 | 农产品网络零售额 | 同比增长 |
|------|------|------|
| 2019 | 104.4 | — |
| 2020 | 304.2 | 46.4 |
| 2021 | 385.7 | 26.8 |

资料来源：四川省农业厅官网。

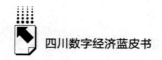

## （二）四川纵深推进工业数字化发展

### 1. 加快建设工业数字化支柱产业，构建现代工业体系

为推动工业数字化转型，四川省加强顶层设计，先后出台了《关于深化"互联网+先进制造业"发展工业互联网的实施意见》等系列政策文件，做出了"深入推进产业数字化改造，实施工业互联网创新开展行动"等详细部署。加快形成以五大万亿级支柱产业和数字经济为主体的"5+1"现代产业体系，强力推动工业经济质量变革、效率变革、动力变革，更深层次融入全球产业链、价值链和创新链，成为构筑经济强省建设的核心引领力量。2021 年，全省工业增加值总量达 1.54 万亿元，其中制造业增加值总量达到 12414.8 亿元、同比增长 9.3%，2021 年，智能制造业居全国第四，数字化研发设计工具普及率达到 77.5%，工业云平台普及率达 55.1%，均居全国前列①。

### 2. 推进智能制造产业园集约建设，引领工业经济发展

四川省充分发挥国家级高新技术产业开发区、经济技术开发区、新型研发基地和产业园区的优势，进一步推动四川省智能产业园区试点示范建设，将产业园区打造成为四川省工业转型升级先导区域、对外开放重要窗口、科技成果转化基地。新建"电力物联网四川省重点实验室"等省级创新平台 16 家。工业软件协同攻关和体验推广中心加快建设。东方电气集团、攀钢集团、四川长虹等行业龙头型单位相继组建了"四川省工业互联网产业联盟"，搭建了资源与工业互联网精准对接的合作平台。2022 年，四川引进华为软件开发云、中国信通院车联网创新中心、工业互联网创新中心、成渝研究院等研究平台，这些平台为四川发展注入强劲动力。截至 2022 年 7 月，全国共有 445 家基地，四川 14 家，占比为 3.1%。成都是国家新型工业化产业示范基地的重要承载地，共有 5 家上榜。②

---

① 资料来源：四川经济网。
② 资料来源：环球网。

### 3. 工业数字化人才计划支持工业数字化高质量发展

四川推动实施"天府高端引智计划"与"蓉贝"软件人才计划，着力培养行业紧缺型人才。近年来，全省 105 所高校，新增新一代信息技术与制造业融合发展相关专业 78 个。① 四川大学成立中国首个工业互联网研究院，研究院向全国招募工业互联网的领军人才。电子科技大学、成都信息工程大学、西南石油大学、成都理工大学、西南科技大学、成都东软学院 6 家高校的相关学院入选首批国家级、省级特色化示范性软件学院。这些研究院、学院将以软件产业为重点，在研发创新方面发挥积极作用，培养大型工业软件和应用软件领域急需紧缺人才。

## （三）四川大力推动服务业数字化发展

### 1. 加快推进现代服务业数字化转型升级

加快构建"4+6"现代服务业体系，2020 年，商业贸易、现代物流、金融服务、文体旅游四大支柱型服务业增加值突破 1 万亿元，占全省服务业的 45%左右；科技信息、商务会展、人力资源、川派餐饮、医疗康养、家庭社区六大成长型服务业增加值突破 5000 亿元，占全省服务业比重 20%左右。到 2025 年，"4+6"现代服务业体系中的 10 个产业增加值占全省服务业的 70%左右。

### 2. 加快推动创新服务业数字化新业态

服务业供给端与需求端共同发力，推动了服务业数字化转型。大数据与人工智能的充分结合赋能智能终端，服务业精准的服务能力日益提升。人们逐步习惯在数字空间进行生产、消费和社交，数字技术发展线上服务的质量得到提升，线上教育、远程医疗、线上办公等"场景式服务多元化供给"新模式能有效满足人们的消费需求，催生出系列新业态。

### 3. 推动服务业数字化促进居民就业

服务业是就业的蓄水池，是当今就业的主渠道。2020 年，四川服务业

---

① 资料来源：四川经济网。

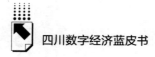

就业人数为 2105 万人，服务业就业比重为 44.4%。[①] 一方面，通过数字化平台的搭建，实现资源共享，供需实现更精准的对接，为居民提供更高效的就业供需服务；另一方面，依托跨境电商综合试验区、直播电商、数据机构等平台，通过对数字领域岗位的开发，探索人工智能训练师、大数据分析师等新职业新岗位，为居民创造更多就业机会，推动更多居民就业。如四川省成都市、泸州市、德阳市等地区的 8 个跨境电商综合试验区，随着建设的深入推进，将为居民提供更多的就业岗位；根据新岗位的需要，构建服务业就业数字化帮扶机制，建立常态化、专业性服务，为技术培训提供相关服务较为迫切。

### （四）四川大力推进数字产业化发展

#### 1. 数字产业化发展步伐加快，取得新成效

2020 年，四川数字经济核心产业增加值为 4115.16 亿元，占地区生产总值的比重为 6.8%。作为全国四大区域性电子信息产业基地之一，四川省已形成集成电路与新型显示、超高清视频与数字视听、软件与信息服务、大数据等具备一定竞争力的产业链条，成都市软件和信息服务产业入选全国先进制造业集群。2020 年，全省电子信息产业主营业务收入超过 1.2 万亿元，其中，电子信息制造业与软件业务量分别居全国第四、第七位。国家网络视听产业基地、国家超高清视频产业基地等落户成都，AMOLED 产业规模居全国第一，成德绵眉泸雅宜乐大数据产业走廊初步形成。5G、人工智能、区块链、云计算等特色优势行业初具规模。

#### 2. 数字经济核心产业加速发展

四川较早对数字经济核心产业进行研究，2019 年提出了推动"芯屏存端软智网"等数字经济核心产业的全产业链发展，实施数字产业集聚升级计划，在 2019 年四川电子信息产业即突破万亿元，达到 10259.9 亿

---

① 资料来源：《四川统计年鉴（2021）》。

元①。2021 年，四川省电子信息产业产值达到 14611.5 亿元，产业规模位居中西部第一。数字经济核心产业增加值占 GDP 比重约 8.5%。四川省委、省政府部署安排在四川打造中国"存储谷"，进一步提出加速发展"芯屏存端软智网"核心产业，继续在提质、引强、补链、建圈等方面持续发力。

## 三 四川数字经济的区域实现

党的二十大报告提出，"加快发展数字经济，促进数字经济和实体经济深度融合，打造具有国际竞争力的数字产业集群"。四川省为推动数字经济的区域实现，自 2018 年以来，先后出台了《四川省关于加快推进数字经济发展的指导意见》《四川省人民政府关于深化"互联网+先进制造业"发展工业互联网的实施意见》《全国一体化算力网络成渝国家枢纽节点（四川）实施方案》等一系列文件，通过数字产业化、产业数字化等路径，推动数字四川建设，全力打造数字经济发展高地。2021 年，四川省的数字经济发展正迈入一个新的时期，数字经济规模突破 1.9 万亿元、居全国第九位，成为四川经济高质量发展的新引擎。此外，四川以"四化同步、城乡融合、五区共兴"为总抓手，推进数字经济全域协同联动发展，不断缩小地区差距，推进数字经济的"五区协同"（见表6）。

表6 四川数字经济区域实现

| 四川省数字经济五区 | 四川省数字经济区域实现 |
| --- | --- |
| 川西北生态经济区 | 甘孜州以数字能源和数字文旅为重点,围绕能源大数据中心的建设形成大数据生态圈;阿坝州以数字化赋能产业发展,以数字技术赋能阿坝中(藏羌)医药发展 |
| 成都平原经济区 | 强化成都数字经济极核引领作用,以技术创新铸就数字经济新引擎,协同构建成都平原经济区创新共同体 |

① 资料来源：四川新闻网。

| 四川省数字经济五区 | 四川省数字经济区域实现 |
|---|---|
| 川东北经济区 | 南充市构建数字产业新格局;达州市成立数字经济产业联盟;广安市建设数字经济新高地;广元市积极打造数字产业集群;以"数据巴中""数聚巴中"为着力点助推高质量发展,基础网络广泛覆盖 |
| 川南经济区 | 推动自贡老工业城市数字化转型升级,大力开展数字基础设施建设;抢抓数字时代机遇发展"泸州造",泸州数字基础设施全面升级;建设"优政、惠民、兴业"的数字内江,推动数字产业集群建设;宜宾推动优势产业数字化转型,发挥龙头企业数字化转型的示范作用 |
| 攀西经济区 | 攀枝花打造区域信息高地,培育数字企业;推动凉山数字经济与实体经济融合,加强数字基础设施建设 |

四川省数字经济研究中心、四川省统计科学研究所、四川省大数据中心2022年联合发布天府数字经济指数,较好地呈现了四川数字经济区域实现的情况。天府数字经济指数从产业数字化、数字产业化、数字治理能力、数字基础能力、数字生态环境等5个维度对四川省数字经济发展进行评价,综合评价出四川省前十名的城市分别为成都市、绵阳市、德阳市、宜宾市、泸州市、南充市、眉山市、内江市、雅安市、达州市(见表7)。

**表7 2022年度四川数字经济指数综合评价**

| 城市 | 排名 | 得分 | 城市 | 排名 | 得分 |
|---|---|---|---|---|---|
| 成都 | 1 | 97.67 | 南充 | 6 | 70.39 |
| 绵阳 | 2 | 73.70 | 眉山 | 7 | 67.50 |
| 德阳 | 3 | 72.65 | 内江 | 8 | 67.28 |
| 宜宾 | 4 | 70.89 | 雅安 | 9 | 67.00 |
| 泸州 | 5 | 70.72 | 达州 | 10 | 66.92 |

天府数字经济指数从农业数字化、工业数字化、服务数字化和数字化转型平台等维度,综合评价出四川产业数字化前十名城市;从创新能力、发展

水平、质量效益维度评价出四川数字产业化前十名城市；从数字政府、数字民生维度评价出四川数字治理能力前十名城市；从基础网络设施、算力基础设施、公共数据资源维度评价出四川数字基础能力前十名城市；从政策环境、市场环境和人才环境角度评价出数字生态环境前十名城市（见表 8～表 12）。

表 8 2022 年度四川产业数字化评价前 10 名城市

| 城市 | 排名 | 得分 | 城市 | 排名 | 得分 |
|------|------|------|------|------|------|
| 成都 | 1 | 100 | 南充 | 6 | 66.57 |
| 德阳 | 2 | 72.56 | 乐山 | 7 | 66.09 |
| 绵阳 | 3 | 70.71 | 泸州 | 8 | 65.79 |
| 宜宾 | 4 | 67.96 | 攀枝花 | 9 | 65.63 |
| 眉山 | 5 | 67.48 | 达州 | 10 | 65.59 |

表 9 2022 年度四川数字产业化评价前 10 名城市

| 城市 | 排名 | 得分 | 城市 | 排名 | 得分 |
|------|------|------|------|------|------|
| 成都 | 1 | 100 | 泸州 | 6 | 61.29 |
| 绵阳 | 2 | 66.10 | 德阳 | 7 | 61.27 |
| 宜宾 | 3 | 62.20 | 达州 | 8 | 61.25 |
| 遂宁 | 4 | 61.68 | 广元 | 9 | 61.24 |
| 南充 | 5 | 61.34 | 内江 | 10 | 61.18 |

表 10 2022 年度四川数字治理能力评价前 10 名城市

| 城市 | 排名 | 得分 | 城市 | 排名 | 得分 |
|------|------|------|------|------|------|
| 成都 | 1 | 100 | 南充 | 6 | 75.55 |
| 绵阳 | 2 | 80.56 | 广元 | 7 | 74.42 |
| 宜宾 | 3 | 77.68 | 自贡 | 8 | 72.47 |
| 德阳 | 4 | 75.96 | 广安 | 9 | 72.32 |
| 泸州 | 5 | 75.82 | 内江 | 10 | 72.27 |

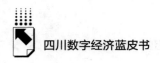

表 11　2022 年度四川数字基础能力评价前 10 名城市

| 城市 | 排名 | 得分 | 城市 | 排名 | 得分 |
|---|---|---|---|---|---|
| 成都 | 1 | 98.74 | 德阳 | 6 | 67.69 |
| 雅安 | 2 | 71.62 | 南充 | 7 | 67.36 |
| 泸州 | 3 | 70.69 | 广安 | 8 | 67.18 |
| 绵阳 | 4 | 70.50 | 达州 | 9 | 65.82 |
| 眉山 | 5 | 70.30 | 广元 | 10 | 65.62 |

表 12　2022 年度四川数字生态环境评价前十名城市

| 城市 | 排名 | 得分 | 城市 | 排名 | 得分 |
|---|---|---|---|---|---|
| 成都 | 1 | 86.68 | 攀枝花 | 6 | 69.17 |
| 内江 | 2 | 77.92 | 绵阳 | 7 | 67.73 |
| 德阳 | 3 | 76.86 | 乐山 | 8 | 67.38 |
| 宜宾 | 4 | 70.25 | 南充 | 9 | 67.36 |
| 达州 | 5 | 69.55 | 遂宁 | 10 | 66.33 |

## （一）成都平原经济区数字经济区域实现

### 1. 强化成都数字经济极核引领作用

在由省数字经济研究中心联合省统计科学研究所、省大数据中心研究编制的天府数字经济指数中，成都数字经济综合评价指数居省内城市首位。从具体指标来看，在产业数字化、数字产业化、数字治理能力、数字基础能力和数字生态环境中，成都均遥遥领先，进一步深化了成都平原经济区在四川省数字经济区域实践中的主引擎作用。成都从以下路径推动了数字经济的区域实现。一是以技术创新铸就数字经济新引擎。成都强化数字技术引领，加快汇聚技术创新资源，壮大创新主体，为推动数字经济加快发展打下了坚实基础。数字技术创新资源加速集聚，企业创新主体日益壮大，创新成果不断涌现。截至 2020 年，成都拥有数字经济领域国家、省级重点实验室 13 个，国家高新技术企业达到 6120 家，X86CPU 芯片达到国际先进水平。二是以数字产业化打造数字经济新活力。以人工智能、大数据、区块链等为代表的新一代信息技术和信息技术服务不断提升数字产业化水平，成都数字产业集群加速形成，已形成集成电路、新型显示、网络视听、高端软件等具有全国影响力的特色优势行业，软件和信息服务产业集群入选国家先进制造业集群。三是以产业数字化催生数字经济新机遇。成都不断推进数字技术和数据资源等在传统产业的应用，加快推进金融、文旅等服务业数字化，率先开展数字人民币试点，获批金融科技创新监管试点。

2. 协同构建成都平原经济区创新共同体

深化成都引领辐射带动作用，着力推动绵阳、德阳、乐山、眉山、遂宁、资阳、雅安加强科技创新和数字产业集群建设，打造数字经济协同创新共同体。其中，绵阳、德阳、眉山和雅安进入全省数字经济综合评价排名前十行列。绵阳壮大数字产业化新能级。科技城新区抢占机器人智能制造新赛道，产业基地建设活跃，科创实力雄厚，数字产业化指数紧跟成都之后。德阳全力打造西部数字经济重镇。全市数字经济企业达 4333 家，其中规上数字经济企业 170 家，数字经济总规模达 1166.62 亿元，跻身全国数字经济发展百强城市，产业数字化指数排名全省第二。乐山以"旅游兴市、产业强市"为主线实施数字经济赋能升级工程。用数字化为工业、教育、文旅、数据安全等领域的企业赋能，推动传统产业集约经营、提质增效。眉山打造产业数字化融合应用先导区。以天府新区眉山片区为载体，促进新业态新模式融合升级。智慧农业系统搭建完成，数字技术与服务业持续融合创新。遂宁构筑数字经济新生态。加快 5G 网络全覆盖建设，"5G+远程医疗""5G+智慧油田""5G 体验中心""5G+智慧教育"等融合应用示范场景初步建成，数字生态环境水平进入全省前十。资阳数字经济与实体产业加速融合。支持企业开展数字化网络化智能化改造提升，中车资阳机车有限公司、资阳中车电力机车有限公司被评为国家级两化融合管理体系贯标示范企业。雅安加快建设成渝地区大数据产业基地。抢抓"东数西算"战略机遇，已建成成渝地区单体规模大、标准高、性价比优、多运营商网络接入的数据中心，大数据产业园规模体量迈入全国第一方阵，数字基础建设取得亮眼成绩。

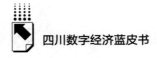
### （二）川南经济区数字经济区域实现

**1. 推动自贡老工业城市数字化转型升级**

大力开展数字基础设施建设。全域部署建设 5G 网络，加快电子政务网络改造，推广建设物联网，布局城市大数据中心，实施智慧能源、智慧医疗、数字市政等基础设施提档升级工程。依托文旅资源，打造"5G+智慧旅游"应用场景。在"中国·自贡中华彩灯大世界云观灯"中融入元宇宙概念，通过 5G+AR／VR、慢直播等新兴技术让观众"云端"体验"自贡归来不看灯"的彩灯盛宴，擦亮"自贡灯会"城市名片。建设数字经济产业园。携手猪八戒网创建自贡市"互联网+"数字经济产业园区，吸引各类型企业通过线上线下等方式入驻，通过深入推进创新平台建设、数字经济产业联动发展，激发市场主体的创新活力。到 2025 年，全市数字经济占 GDP 的比重超过 40%。

**2. 抢抓数字时代机遇发展"泸州造"**

泸州数字经济综合评价指数进入全省前五。泸州数字基础设施全面升级。建成 5G 基站 4000 余个，互联网出口宽带超 5.5T，华为四川大数据中心落地运营，信息系统"上云"进度全省领先，数字基础能力位居全省第三。数据资源体系不断完善。数据共享开放整体指标排名全省第三，白酒、医疗健康、物流等行业大数据商用探索加快推进。产业数字化转型步伐加快。数字经济规上企业达 161 家，泸州老窖、郎酒等成为国内白酒行业数字化转型示范标杆。数字化治理应用亮点突出。全国首创"0 证明城市应用系统"，建成智慧医疗云全覆盖个人电子健康档案等。数字发展环境持续优化。在政策体系、人才引培、网络安全等方面推动数字发展环境优化，为数字经济发展保驾护航。数字经济成果显著。"泸州造"产品——四川长城信创设备已覆盖全川 21 市州，并正在拓展西部地区的广阔市场。到 2025 年，数字经济将迈向全面扩展期，数字经济核心产业增加值占 GDP 比重达到 10%。

**3. 建设"优政、惠民、兴业"的数字内江**

内江数字经济综合指数排名全省第八，数字生态环境建设蒸蒸日上，居全省第二位。推动数字产业集群建设。加快建设内江市新经济产业园、软件与信息技术服务外包产业园等产业园区，先后引进抖音、平安金服、大宇宙、阿里巴巴等35家企业，大力发展信息技术研发、呼叫中心、金融服务等服务外包产业。2022年1~3月，电子信息产业增速21.6%，服务外包产业增加值为2.9亿元，分别比全市GDP增速高出15.5个、10.2个百分点。以项目促进新经济产业发展。重点大型产业项目以建设"现代产业新城"、打造"产城融合型组合园区"为发展目标，助推内江新经济产业园区在2022年实现园区产值突破10亿元，2023年达到15亿~20亿元，切实成为内江发展新经济的重要产业抓手和产业高地。

**4. 宜宾依托优势产业推动数字经济实现**

宜宾数字经济综合水平排名全省第四，产业数字化、数字产业化、数字治理能力和数字生态环境等指标均位于全省前列。发挥龙头企业数字化转型的示范作用。宜宾市依托五粮液集团、天原集团、四川时代、凯翼汽车等龙头企业，着力打造以"白酒产业园区""锂电产业园区""汽车产业园区"等为代表的智慧工厂、智慧车间，不断提升企业数字化、信息化、智能化水平。其中，五粮液集团被国家工信部列为工业领域数据安全管理试点企业，入选四川省第一批数字化转型促进中心；天原集团股份有限公司在2021年青岛世界工业互联网产业大会上获得"金晖奖—数字化转型先锋"称号，企业基于数字化转型的智慧工厂模式入选四川省企业数字化转型优秀成果；宜宾海丰和锐有限公司被国家应急管理部纳入第一批"工业互联网+危化安全生产"试点单位。2022年上半年，宜宾市智能终端产业共有企业89户，实现产值206.7亿元，同比增长12.4%，占全市工业比重11.4%，对工业增加值增长贡献8.1%，共实现进出口总值70.3亿元，增长8.3%，占全市外贸总值的49.6%，增长贡献率达12.2%。

## （三）川东北经济区数字经济区域实现

### 1. 南充市构建数字产业新格局

紧紧围绕培育汽车汽配、油气化工、食品饮料"三大千亿产业集群"，

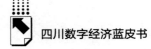

加快培育高端装备、电子信息、生物医药"三大百亿战略性新兴产业",用数字化改造提升丝纺服装等传统产业,着力打造数字经济"双核引领、三链联动、三层协同"的产业新格局。建设以核心技术、特色产业为引领的成渝北翼电子信息技术创新和产业集聚高地;推动全市存储产业链、汽车电子产业链、大数据产业链快速发展;依托嘉陵江和联动成渝的交通主轴,打造数字经济产业核心层、拓展层、配套层三大板块,形成区域协调发展和特色发展。目前,南充数字经济指数排名全省第六,二级指标均进入全省前十。到2025年,力争实现"1122"发展目标,即1个全省数字经济产业新高地,1个数字经济与现有产业深度融合、形成特色鲜明的现代产业体系,达到2000亿元数字经济产值,实现2倍产值。

2.达州市成立数字经济产业联盟

2021年,达州完成数字经济核心产业产值157亿元,同比增长43.5%,数字达州建设成效凸显,数字园区建设有序推进,数字生态环境良好。以数字园区建设为抓手。采用市区共建模式在达州高新区新建数字经济产业园区,定位发展互联网行业、软件和信息技术服务业,在数字产业化方面,重点发展人力需求相对密集的动漫影视、健身游戏、网络直播等数字内容和数字媒体服务产业,数据标注、数据审核、语音识别等智慧泛呼叫服务外包产业,数据中心、互联网安全等大数据产业。在产业数字化方面,重点发展电子信息、智能终端、智能汽车电子、智能家居、智慧农业、智慧城市配套等及其相关上下游产业,[①] 鼓励发展平台经济、共享经济等新业态新模式,赋能传统产业数字化转型升级,打造达州数字经济高质量发展"新名片"。到2025年,数字核心产业实现产值规模300亿元,力争500亿元。产业数字化规模超700亿元,力争1000亿元。

3.广安建设数字经济新高地

广安通过"1234"发展思路,推动区域数字经济实现。编制"1"个规划。编制智慧城市数字经济顶层设计规划,为数字经济发展和智慧城市建设

---

① 资料来源:《达州市"十四五"数字经济发展专项规划》。

明确思路、目标、任务和举措。建设"2"个中心。与华为公司签订战略合作协议，为广安建设一个可满足未来10~20年需要的大数据中心；建设广安城市展示中心，展示广安地区信息化应用成果和发展蓝图。做好"3"大保障。强化信息基础、网络安全及数字经济高层次专业人才保障。打造"4"大平台。运用"互联网+"整合政府和企业服务资源，打造工业信息化服务平台；打造政务信息资源共享交换平台；打造旅游公共服务运营平台，构建商家、游客、管理App端；打造社会视频联网监控平台。

### 4. 广元市积极打造数字产业集群

数字产业化、数字治理能力和数字基础能力三大指数进入全省前十。数字产品制造业发展初具规模。初步形成以081工业园、长虹工业园等专业园区为依托，长虹电子、081电子集团、元亨科技等企业为整机引领，力源电子、格莱思、晟合鸿、瑞昊微电子等企业为配套支撑的产业集群。数字融合应用持续深入。广元市现有数字经济企业58家，其中数字产品制造业17家，数字产品服务业（含互联网批发零售）26家，数字技术应用业和数字要素驱动业15家；累计发展各类涉农电商企业2500余家，已建成12个现代"互联网+"农业示范园区，实现猪牛羊禽渔场物联网应用推广11个。计划到2025年，数字经济总量达500亿元，占GDP的31.25%，数字经济核心产业占GDP比重10%以上。

### 5. 以"数据巴中、数聚巴中"为着力点助推高质量发展

基础网络广泛覆盖。通过持续实施"光网城市"、"中小城市基础网络完善"和通信扶贫等工程，全市城域带宽出口突破2.5T，全面实现"百兆到户、千兆到楼、T级出口"的全新光网能力。光网覆盖家庭用户超90万户，累计建成物理基站5000余个，城乡通信基础设施得到显著改善。新经济新业态快速兴起。实施国家级电子商务进农村综合示范县和省级电商脱贫奔小康示范项目，建成市级电商产业园1个、县级电子商务发展中心5个、乡镇电商服务站125个、农村电商服务点546个，建成具有电子商务功能的南江黄羊交易中心、平昌青花椒交易中心、恩阳区名特优农产品体验中心、通江县村货进城体验店。信息惠民力度逐步增强。全面推进人力资源、社会

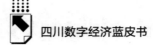
保障、医疗、教育、文化等公共服务领域的智能化发展，启动实施通信基站全覆盖、重点景区免费 WiFi、宽带乡村、学校宽带免费接入等惠民工程，逐步形成惠及全民的智能化服务体系。到 2025 年，发展数字经济企业 200家，产值超过 400 亿元，初步建成百亿数字经济产业园区。

### （四）攀西经济区数字经济区域实现

#### 1. 攀枝花打造区域信息高地

产业数字化、数字生态环境两大指数进入全省前十。培育数字企业。以攀西数字经济港、攀枝花市大数据中心、仁和海控湾电子信息产业园、睿恩光电等项目支撑，着力培育一批大数据及云计算、人工智能等关联产业的龙头企业，推进农业、钒钛、康养等产业互联网平台建设，构建大数据核心产业链。大力推进攀钢集团数字化转型。依托"5G+工业互联网"建设基础，打造"攀钢矿业 5G 远程采矿"项目，借助 5G 远程采矿，推动矿山数字化、智能化转型；整合钒钛产品设计、交易、生产、服务数据资源，构建产业链高效协同运作的产业工业互联网平台，实现平台各方增值。推动优势产业转型升级。以芒果产业为切入点，着力打造智慧农业平台，探索传统产业数字化转型升级的创新发展之路。以康养为主题打造的康养护照中心、智慧养老信息平台、"12349"养老服务热线、智慧康养服务中心、云厨房等已投入运营。到 2025 年，数字经济对地区生产总值贡献率大幅度提升，数字经济总量年均增速高于全省经济平均增速，全市数字经济规模达到 200 亿元。

#### 2. 推动凉山数字经济与实体经济融合

加强数字基础设施建设。建设覆盖"5G+千兆光网+卫星网+物联网"的通信网络基础设施；实施"上云用数赋智"行动，推进凉山州大数据产业园区、凉山移动大数据中心、攀西大数据中心建设，推动重点产业数字化转型。推动"互联网+现代农业"发展。逐步加强农业信息基础设施建设，加强农业数据库建设，提高数据库资源的拥有量和开发应用水平；运用"农广在线""农广天地""农民教育培训网"等平台开展职业农民技能培训；以促进电子商务与农村实体经济深度融合为重点，在凉山州 17 个县市全面开展电子商务进农村综合示范工作。培育发展数字经济新业态。实施智能制造行动，发展"职能园区""智能工厂""智能车间"；推进数字政府、数字贸易等新模式发展；加快数据资源开放，激发社会资源增值利用，推进政务数据、公共数据、社会数据融合创新应用。到 2025 年，实现数字经济产业增加值占 GDP 比重为 10%，数字经济产业增加值占比力争接近全省平均水平。

## （五）川西北生态经济区数字经济区域实现

### 1. 甘孜州以数字能源和数字文旅为重点

围绕能源大数据中心建设形成大数据生态圈。依托甘孜州能源大数据中心平台，整合全州电、水、气、油、煤等能源数据，加强能源大数据管理与应用。汇聚能源、电信、经济、金融、交通、环境等更多行业数据，形成互惠互利的能源大数据生态圈，通过数据融合多角度地全方位提供数据增值服务。全力打造智慧旅游模板。全力打造国家全域旅游示范区，建设甘孜州"三环一带两湿地"① 文旅结合特色游览区，编制"数字+文旅"融合示范区。借助杭州帮扶力量，以理塘县为典型，编制"智游理塘"小程序，包含手绘地图、智慧导览、游玩预订、古镇寻宝、旅游印记等 8 个模块，让游客一部手机搞定"吃住行游娱"，大大提升游客体验，用数字赋能甘孜文旅。

### 2. 阿坝州以数字化赋能产业发展

以数字技术赋能阿坝中（藏羌）医药发展。运用"互联网+"，推进中（藏羌）医药数字化、信息化建设；推动医药企业与物流运输、电子商务等产业融合，加大大数据、云计算、物联网等协同参与医药工业升级迭代。加快"数字+文旅"的阿坝探索。充分发挥州内特色自然资源、民族资源优势，抓住数字经济浪潮，加快建设文化旅游基地、民族文化展示基地等。以

---

① "三环一带两湿地"。"三环"：环雪域贡嘎旅游圈、环稻城亚丁旅游圈、环格聂神山旅游圈；"一带"：格萨尔文化旅游带；"两湿地"：中国最美高原湿地、中国最美草原湿地。

建设"智慧阿坝""数字阿坝"为引领。充分利用清洁能源优势，积极对接争取"东数西算"工程建设布局，构建民族地区数据中心、云计算、大数据一体化的新型算力网络体系，培育发展数字旅游、数字健康等重点项目，推进九寨沟、马尔康等县（市）新型智慧城市建设，推动数字化赋能产业发展。

# 四 四川数字经济发展的实现路径

## （一）构建释放数字生产力的创新发展体系

### 1. 数字经济创新体系

当今时代，以 5G、IaaS 云计算、IDC 等技术为代表的新型基础设施加速建设，不断激励和创造数字经济创新发展体系。主要包括：打造数据开放、隐私保护、数字技术研发等具针对性、指导性、可操作性的数字经济政策和法律体系，推动完善 5G 基站建设、提升光纤部署与提升电视基础网络等；指导形成集数据搜集、处理、传输、应用于一体的信息设备制造、软件开发、电子商务等数字产业体系；统筹布局跨区域共建共享数据中心，打造一批具有辐射带动性、典型性的工业互联网创新示范区，催生云计算、云储存和分布式处理等业务。

### 2. 现代经济体系创新发展数字化

在经济政策创新制定和实施进程中引入数字化，创新数字政策体系，指导推动生产要素数字化、传统基建数字化和经济主体数字化等。对传统基建领域进行数字化、网络化和智慧化提升改造，提升项目精细化、管理数字化与运营效率化水平；发挥四川省国家数字经济创新发展试验区优势，将传统生产要素数字化，提高传统要素的流动效率，形成互联的要素网络；强化企业、高校、科研院所基础数据技术研发能力和创新能力，支持各主体加快信息基础、信息技术与信息应用创新（见图 1）。

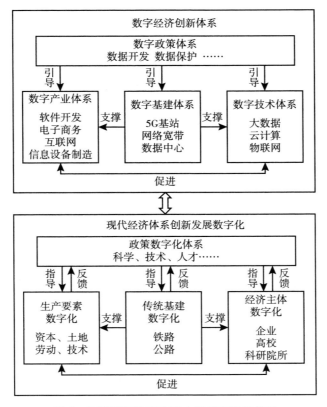

**图1　构建释放数字生产力的创新发展体系**

资料来源：由笔者汇编。

## （二）超前布局新型数字基础设施

### 1.围绕重大区域战略布局数字基础设施

按照《中共中央国务院关于新时代推进西部大开发形成新格局的指导意见》，立足更好地服务"一带一路"倡议，长江经济带高质量发展、成渝地区双城经济圈建设等国家重大区域战略，以及"东数西算"工程等，超前布局新型数字基础设施。有序发展国家数字服务出口基地，协同新型基础设施、融合基础设施和创新基础设施建设，启动数字经济国际合作示范项目和示范工程，共建联合实验室、国际技术转移中心以及技术示范推广基地等，构建全球数字贸易网，搭建"一带一路"沿线重点国家和城市数字经济战略联盟，共建网络空间命运共同体。[①] 打造"数字丝绸之路"，推动"一带一路"高质量发展。推动川粤、川浙、川贵等省在大数据、软件、通信技术等高科技领域深化合作，提升区域整体竞争力。积极推进成渝地区双城经济圈新一代通信技术基础设施建设，支撑建成西部领先的"川渝"大型数据中心。

**2. 着力治理能力提升布局数字基础设施**

顺应人口分布和新型城镇化发展趋势，聚焦中心城市和城市群、都市圈等人口集聚区，将人口流动趋势和新型城镇化潜力纳入数字基础设施空间布局考虑范围，加快 5G 基站建设，积极推行新型网络部署方式；扩大千兆光网覆盖范围；实施"星河"智能卫星互联网工程；推动建设移动物联网综合生态系统，推动智慧化市政基础设施建设，实现全省人口聚集区域新型数字基础设施全覆盖。

**3. 根据支撑区域经济高质量发展需求布局数字基础设施**

在已建成 5G 基站超 7 万个、规模居西部第一的基础上，四川省进一步以区域经济社会高质量发展为目标，优先布局建设数字经济共性技术、关键技术创新基础设施。以现代信息网络为基础，以云计算能力、云储存、云处理、四川"蜀信链"区块链服务基础设施、5G、物联网、工业物联网和数字中心等为驱动，重点依托成都智算中心、成都超算中心等，打造全国一体化算力网络成渝国家枢纽点，有力地支撑全省各行业各领域的产业数字化、智能化转型发展，推动远程医疗、智能驾驶、智能交通、智能农业等各大新兴产业高质量发展。

## （三）加快发展具有竞争优势的数字产业

**1. 以数字产业化为基础，促进产业结构优化，形成数字经济核心竞争力**

应用工业物联网、大数据、5G 等通信技术和新基建，推动集成电路产业和设计业的发展；加强技术装备专用领域、安全通信领域和化合物半导体领域高端芯片的研发设计，加快发展量子点显示等关键新型显示技术；推动新型掩膜

---

① 刘淑春：《中国数字经济高质量发展的靶向路径与政策供给》，《经济学家》2019 年第 6 期。

材料研发；加快省级、地市级重点行业数据中心建设，推动智能数据管理；促进地市级在智能终端产品上的研发，打造一批具有国际竞争力的智能终端产业集群；做大做强软件与信息服务业，大力发展人工智能产业，促进5G与智慧交通、医疗等行业的融合应用；同时加强关键网络完全核心技术研发，打造网络安全产业生态圈；推动培育区块链、大数据产业和超高清视频产业的发展，全面系统融合科技创新力、数字融合力、开放牵引力，达到创新要素协同、产业链协同的效应，促进产业结构优化，协同集成作用于现代化产业体系建设。

2. 以产业数字化为重点，推动产业融合转型，培育优势特色数字经济体

深度挖掘农业数字化转型空间。探索建设一批现代智慧农业示范区，不断强化高校科研院所、涉农企业的农业技术创新运用，综合运用生产要素和生态环境大数据，推广数字植物（育种）工厂、数字牧场，应用农田智能监测、养殖环境监测、设施精准控制等数字化农业技术，加快建设一批农业示范园（区）和国有农场。深入推进农旅电商深度融合，实现农产品预售、社区直销和网络营销，拓展川油（粮）、川茶、川猪、农文旅等产业链深度和数字化程度。不断促成园区运营、电子商务、科技创新、政企合作模式在农业生产、设施、治理、服务方面的创新。深度挖掘制造业数字化转型空间。全面实施"数字技术+先进制造"战略，推动"大数据+产业集群""大数据+专业市场"建设，加快制造业数字化转型，推动国家工业物联网大数据中心四川分中心落地，大力推进产业集聚区、工业园区等数字化转型和智能化改造，大力发展工业机器人和工业软件；在能源化工、食品加工、轻工纺织和冶金建材、电子信息等优势领域，开展数字化和智能化改造，推广"机器人+"和智能制造生产。深度挖掘服务业数字化转型空间。以数字信息为基础、数字技术为手段，加强物联网、移动互联网建设，推动人工智能与生活性服务业深度融合，发展智慧旅游、智慧养老、智慧教育、智慧交通、智慧政务等新业态。不断推动数字经济和生产性服务业的深度融合，以数字产品和数字服务为具体载体，构建数字内容产业链，向工艺设计、金融服务、检验检测、物流等生产性服务业产业链前后端延伸，进一步拉伸服务业数字化链条，打造面向特定环节、特定场景的平台。

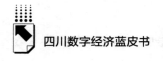

### （四）创新智慧四川的数字应用场景

#### 1. 创新智慧产业数字应用场景

建设成渝地区工业互联网一体化发展示范区，持续加大5G模组网建设力度，规划布局空间互联网。推动数字基础设施建设，搭建工业智慧园区、农业数字化示范基地、服务业数字化示范基地；建设数字化管理服务场景等"5G+工业互联网"新型应用场景，以及文化体验场景、农旅综合体消费体验场景，推进产业社区、文化园区、文博景区建设。引进及培育一批国内外有影响力的龙头企业、品牌和文化活动，打造有较强辐射效应的"互联网+"产业服务平台和孵化平台，创新商业消费模式场景，实现由"货—人—场"转向"人—货—场"的创新。

#### 2. 创新智慧生活数字应用场景

围绕做优做强中心城区，聚焦高端要素运筹、国际交流交往等现代生活服务发展核心功能，推动传统公共服务基础数字化升级，做大做强。依托四川大数据中心，拓展"四川云教"直播平台，发展互动教育、个性定制等教育新业态。推进建设区域间健康数据互通互认，推动建设四川健康档案云平台应用，依托5G、VR/AR等技术实现远程高端医疗，强化公共卫生应急管理信息建设。构建交通运输行业数据资源体系，建设5G+交通等5G场景示范，建设一批智能停车场、智能充电桩。推进建设智慧小区，实现养老、托幼、文娱、体育等便民服务设施建设。

#### 3. 创新智慧治理数字应用场景

依托全要素基础信息库，动态收集数据信息，推进建设信息管理服务，对数据信息进行深度分析，打造城市智慧大脑体系，在重点区域普及应用视觉AI技术，优化监控设备。加强公安大数据应用，推进全省视觉计算体系建设，优化"天网工程""雪亮工程""慧眼工程"等。探索搭建"大数据+AI"智能研判体系，不断优化人员、生态、地理、行业、事件等方面的监管治理，研发分析决策模型，实现智能识别、智能预测、智能管理，促进社会治理工作效率化、精准化。推动建设"天府蓉易办""天府通办"等，不断推动省内区域实现公共服务对接共享，完善政务云跨区域跨层级共建共享。

### （五）提升数字经济开放合作水平

#### 1. 积极融入国家对外开放战略

以数字经济开放合作，推动四川省加快融入以国内大循环为主体、国内国际双循环相互促进的新发展格局。推动四川与东盟在高端制造业、半导体装备制造业等产业链上开展合作，推动中国（四川）自由贸易试验区在数字贸易领域加快建设，加速构建"蓉欧+"数字全球物流体系，推动数字服务外包，大力发展数字贸易。加快建设"一带一路"科技创新合作区和国际科技转移中心，以"数字丝绸之路"建设推进"一带一路"沿线国家网络和信息化建设，推动中国与沿线国家的经贸往来和文化交流。

#### 2. 重点服务国家区域协同战略

推进成都以"一城多园"模式合作共建西部科学城，加快成都航空航天、精准医学等公共技术平台建设，辐射带动西部地区。抓住国家"东数西算"工程全面启动机遇，凸显四川传输效率全国领先优势，加快将"算力蜀道"建设成为东西部新经济联动发展的一条新动脉。持续挖掘东西干线传输潜力，规划建设一批新的出川传输干线，不断强化东西枢纽节点间的网络支撑能力助力，加快建设成为"东数西算"工程中更优质的传输枢纽。加快"北斗物流体系+电子航道图"相互融合，构建融入长江经济带高质量发展战略的高速共享信息网络，协同建设数字长江，推动内陆、沿江和沿海协同开放。加强与京津冀、长三角、粤港澳大湾区对接合作，推动数字经济产业联动，推动省际常态化合作，逐步实现政务服务跨区域跨省通办。

#### 3. 统筹推动川渝经济一体化建设

围绕产业链布局创新链，深入实施创新驱动发展战略。依托电子信息、生物医药、装备制造、新材料等区域特色优势产业，推动"增量崛起""存量变革"，规划建设"成—遂—南—广—渝"科创走廊、"成—内—渝"科创走廊和"宜—泸—渝"科创走廊等，加强对技术创新人才的"引留培用"，川渝协同打造"科创走廊"。聚焦优势产业，推进建设成渝地区数字经济核心产业联动发展机制，培育超高清、人工智能、区块链、数字文创等创新应用，打造新消费场景。

## 五 四川省数字经济发展的前景展望

### （一）数字技术研发创新成为数字经济未来赛道

《中国数字经济发展报告（2021）》指出由数字技术催生出的数字经济已经成为世界经济的重要组成部分，更成为数字技术发展较为迅速国家的经济增长新引擎。新一代 5G、物联网、人工智能、云计算、大数据等数字信息和数字技术的创新与推广，以数据作为关键生产要素，推动数字技术引领产业发展，实现整体产业转型升级。探索搭建数字技术创新支撑产业数字化转型体系，以产品为导向，不断完善研发机构、大学、企业以及政府的联动合作机制，促进科研成果推动产品创新，推动数字技术创新引领数字经济发展方向。推动发展共享经济与平台经济，促进新平台设施建设（工业云、数字平台等），通过"上云用数赋智"① 实现中小规模企业的资源优化配置和价值共享，推动不同行业整体的数字化转型升级，同时不断引进更加具有影响力的"智能+"企业和产业，不断丰富平台数据和信息资源，不断拓展数字经济产业分工，实现实体经济与平台经济的深度融合，为数字经济产业注入源源不断的新动能。四川在中西部地区数字经济中要发挥各自优势，《四川省"十四五"数字经济发展规划》中明确，到 2025 年，四川全省数字经济总量超 3 万亿元、占 GDP 比重达到 43%，建成具有全国影响力的数字经济科技创新中心和数字化转型赋能引领区，高水平建成国家数字经济创新发展试验区，初步建成全国数字经济发展新高地。

---

① "上云用数赋智"行动是指通过构建"政府引导—平台赋能—龙头引领—协会服务—机构支撑"的联合推进机制，带动中小微企业数字化转型，"上云"重点是推行普惠性云服务支持政策，"用数"重点是更深层次推进大数据融合应用，"赋智"重点是支持企业智能化改造。

### （二）数据资源资产化资本化成为发展趋势

数据能通过数字信息技术和物联网技术实时反映信息动态，经过市场配置和政府优化资源、提升效率后，信息不对称带来市场失灵的频率可以降低，数据将参与产品生产的全过程，企业业务效率不断提高，催生数据新业态，实现企业模式创新、数据产业化和产业数据化，逐步成为继土地、劳动力、资本、技术后最关键的生产要素。在现有相关机构掌握的海量数据基础上，不断完善数据资源的权属，制定完善数据交易法律法规，加强数据行业市场监督，推动数据共享流通，不断挖掘数据的潜在价值，提高数据资源价值创造水平；鼓励支持不同行业产业链上下游共享数据，搭建安全可信的数据空间，加强合作，建立共享共赢的合作机制，促进数据资源的资本化。不断实现数据资源的资产化，通过开展大数据应用试点和竞赛等方式，引导推动企业全流程应用大数据，同时不断创新大数据在社会治理层面的应用，为政府和组织精准管理与施策提供解决手段；不断推动大数据在中小企业的服务应用，加强产学研合作，发展创新数据产品、数据新业态，降低中小规模企业的数字资源投入成本和信息不对称，实现企业资源优化配置。《四川省"十四五"数字经济发展规划》提出建设四川省大数据资源中心、实施数据共享开放工程，以便汇聚各地区、各部门政务业务信息系统原始数据资源，完善各类公共基础数据建设，搭建大数据资源中心，形成一批有影响力的数据创新应用场景，实现跨部门数据资源互联互通。

### （三）"万物互联"构筑数字经济发展新基础

以 5G、区块链、数据中心等为代表的信息技术，以及深度应用和创新研发信息技术的基础设施，不断推动物物相连、物人相连、人人相连的万物互联发展。以智能手机为代表的数字产品，随着 VR、AR 等技术的发展，群众的社交方式将从"跨屏"时代转到"无屏"时代；传统行业通过物联网技术与农业、制造业、服务业等深度融合发展，物联网融合领域也不断延伸、拓展，供给内容不断丰富、消费新业态不断涌现（智能家居、智能音

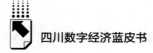

箱、智慧出行），产业链不断融合，推进全社会向数字经济时代迈进。万物互联的模式进一步推动大数据、5G、物联网等数字技术不断发展，将驱动各行各业加速数字化、网络化、智能化转型，创造出更多新应用、新业态、新价值，成为社会智能经济发展的新引擎。

### （四）融合发展成为数字经济发展主战场

以数字技术为特征的信息产业，包括数字技术体系、数字化产业体系和数字基建体系各自体系内部与体系之间不断融合创新发展。推动数字经济与一、二、三产业不断融合发展，推动人工智能、物联网、5G等数字信息技术与农业、制造业、服务业深度融合，推动建设智慧化农场、数字化车间、教育、医疗等消费场景，实现产业体系由要素驱动向创新驱动转变。推动数字经济加快城乡统筹融合发展。通过整合共享城乡信息资源，城乡界限日益模糊，城乡之间人流、物流、资金流、信息流等要素得以双向自由合理流动，城乡资源实现优化配置，有利于城乡一体化发展。数字经济引领全球网络空间一体化，推动数字经济与实体经济不断融合，积极推进创新新产业、新模式和新业态，并持续激发数字经济新动能，为高质量发展注入源源活力。

**参考文献**

石建勋、朱婧池：《全球产业数字化转型发展特点、趋势和中国应对》，《经济纵横》2022年第11期。

何伟：《激发数据要素价值的机制、问题和对策》，《信息通信技术与政策》2020年第6期。

江志峰：《5G推动万物互联技术和应用发展》，《高科技与产业化》2017年第10期。

孔雯：《"万物互联"在社会生活中的应用及展望》，《商讯》2020年第10期。

杨佩卿：《数字经济的价值、发展重点及政策供给》，《西安交通大学学报》（社会科学版）2020年第2期。

# 基础设施篇

## Digital Infrastructure

**B.2**
# "十四五"时期四川省数字基建框架、布局与举措

郭 涛*

数字基建是推动数字经济发展最重要的基础底座。在新冠疫情和百年变局交织影响下，数字基建正发挥着前所未有的能量。本文高度聚焦数字基建，对其概念内涵、主要特征、基础框架进行了深入剖析。"十四五"时期是四川着力建设数字基础设施的关键时期，迎来了新的发展形势和挑战。本文结合四川全省数字基建总体布局背景，围绕技术、平台和融合三大领域，进一步探讨了四川数字基建的目标定位和建设思路，提出了完善数字基建设施体系、提升数字基建应用能力、打造数字基建生态体系的建议。

**关键词：** 数字基建 数字技术 四川省

---

* 郭涛，四川省大数据中心高级经济师，主要研究方向为宏观经济、数字经济、区域经济。

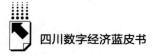
2019 年以来，党中央、国务院多次强调要加强数字基础设施建设。相比传统基础设施，以 5G、数据中心等为代表的数字基础设施正日益成为数字世界的重要部分，是未来引领数字经济发展的重要基础，被时代赋予了全新内涵和意义。在新冠疫情和百年变局交织影响下，数字基建正发挥着前所未有的能量，引领世界各国抢占数字经济发展制高点。为此，我们应该以新视角、新思维、新方法认识和了解数字基建。

# 一　"数字基建"概念及基本框架

数字基建是数字经济时代发展的必然产物，也是建立现代化经济体系的关键基础设施，有其新的内涵和价值。

## （一）概念内涵

理解数字基建的基本内涵，需要对基础设施的内涵有基本认识。基础设施是保障经济社会运行最基础的物理载体。其内涵主要包括以下几方面：一是基础性，其地位在经济社会运行中不可替代，所有社会组织、企业及个体都具有使用的权利，具有较强外部性和准公共性；二是网络化，铁路、公路、电网、通信等传统基础设施以网络化布局形态存在；三是规模性，基础设施是向全社会提供的物理设施，一般具有规模化特征[①]。

在工业经济时代，经济活动主要建立在以铁路、公路、机场、港口、水利等为代表的物理基础设施之上。这些传统的物理基础设施，既对经济社会发展起着重要的基础性支撑作用，同时又作为国民经济的组成部分，对 GDP 增长产生强有力的拉动作用。

## （二）主要特征

数字基础设施作为当今时代的新生事物，相比传统基础设施正呈现一些

---

① 安筱鹏：《数字基建：通向数字孪生世界的"铁公基"》，《信息通信技术与政策》2020 年第 7 期，第 15 页。

新的特征和规律。

一是从支撑对象来看，传统基建主要支撑工业经济运行，在工业社会，交通、电力、水利、通信等是重要的基础设施，是推动工业生产经营、流通运输的关键支撑，发挥着十分重要的作用。而数字基建则支撑数字经济发展，一方面，推动数字基建会带来新的投资领域，另一方面，数字基建将推动数据要素的价值释放，有效赋能农业、工业、服务业等传统产业数字化发展，推动经济社会效益倍增。

二是从表现形式来看，传统基建依赖物质生产资料，呈现重资产特征，投入高、规模大、使用周期长。数字基建在依托一定物理设施基础上，将相应的大数据资源通过数字化形式规模聚集、协同计算，使数字基建高度智能化、便捷化。

三是从运行方式来看，传统基础设施是相对独立的，物理空间特征十分明显，生产要素和物质产品的流动基本通过物理空间流动实现，且大多局限在行业内。数字基建是基于数据空间集成的综合体，海量物理信息资源以数据形式在其平台上存、算、用，通过对物理世界的数字化转换，来推动物理世界数字化运行。

四是从经济效益来看，传统基建不仅自身投资拉动效应突出，对后端经济拉动作用也很明显，而数字基建本身规模带动相对不突出，更多的是赋能整个经济系统，通过数据要素的投入使各行各业实现价值增值，以释放数字红利带动社会发展。

## （三）基本框架

数字基建主要包括数字技术基础设施、数字平台基础设施和数字物理基础设施[①]。

一是数字技术基础设施。它是以"数据+算力+算法"为架构体系构建

---

① 孙保学、李伦：《新基建的伦理基础：基于价值的信息伦理》，《探索与争鸣》2022 年第 4 期，第 47 页。

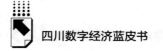
的一套数字技术平台。数据采集主要依靠物理传感器、视频摄像头等对物理世界进行数字化转换，变成数据信息；算力主要依靠建设数据中心、智算中心、边缘计算中心等设施来实现；算法则是建立 AI、数字孪生等基础模型。"+"即通过 5G、窄带物联、宽带等通信基础设施，将数据算力算法与物理世界联通。

二是数字平台基础设施。回顾信息通信产业过去 60 余年的发展历史，解耦和重构一直是发展的主线，传统产业、教育、医疗等现实需求不断演进，由此延伸出更高效地满足政府、企业和个人需求的平台化商业基础设施，包括电子商务平台、物流信息系统平台、工业互联网平台、生活文娱平台、交通出行平台等，这些平台最终构成了数字商业基础设施的主要载体。

三是数字物理基础设施。随着大数据融入铁路、公路、港口、电网等传统基础设施，数字化赋能传统基础设施变得更加智能、便捷、高效。它与其他数字基础设施相互融合，共同服务于政府、企业与居民，推动数字经济时代加速到来。

## （四）现实意义

目前数字基础设施处于快速发展阶段，对经济社会发展产生了重大影响，具有显著的现实意义。

一是投资效应十分突出。数字基建具有巨大的投资空间，数据中心领域，"东数西算"工程启动后，全国 10 个数据中心集群正加速聚势成效，预计将带动上万亿元投资；5G 领域，全国 5G 基站建设速度迅猛，目前已建成超过 160 万个基站，占全球总量的 60% 以上；人工智能领域，人工智能开放平台发展成效突出，有效支撑了自动驾驶、智能家居、智慧医疗等 AI 应用发展，培育了新的投资空间。

二是催生大量新业态新模式。数字基建日益普及，极大地推动了经济形态的数字化，以共享经济、分享经济、无人经济为代表的新业态新模式逐步成为数字经济系统中的重要组成部分，给人们的生产生活带来了极大的变革。

三是加速了线上时代全面到来。数字基建将加快推动数字经济核心产业的蓬勃发展,同时也会通过数字赋能传统产业,推动传统产业线上化、网络化、智能化,促进信息传递透明快捷、经济运行更加高效,显著提升传统产业的全要素生产率。[①]

# 二 "十四五"时期四川"数字基建"发展形势

## (一)基础条件

近年来,四川省委、省政府高度重视数字基础设施建设,做出一系列决策部署,推动数字基础设施加快建设。数字基础设施加快赋能传统产业,为经济社会全面数字化转型提供了有力支撑。

一是数字基建取得明显成效。数据中心集群、超算中心等重大工程加快落地,已建在建机架数已初具规模,西部首个超算中心——成都超算中心建成投用。5G 基站建设已超过 6 万个,省际出口带宽达到 43Tbps,成都国际直达数据专用通道超过 10Gbps。国家新一代人工智能创新发展试验区、国家人工智能创新应用先导区先后获得国家批准,为加快建设四川省人工智能技术基础平台提供了物质载体。

二是数字融合应用广泛深入。制造业领域,国家工业互联网标识解析(成都)节点成功建成,围绕电子信息、装备制造、先进材料等重点领域,已培育了超过 40 个省级工业互联网平台。农业领域,省内国家级数字农业试点、国家级现代农业产业园建设成绩突出,乐山、眉山、绵阳等已奠定了良好的数字农业基础。服务业领域,以电商为代表的线上经济十分活跃,全省网络交易额已达数万亿元规模。"智游天府"平台加快建成,智慧教育、智慧医疗、智慧交通等平台陆续上线服务社会大众。共享

---

[①] 李海刚:《数字新基建、空间溢出与经济高质量发展》,《经济问题探索》2022 年第 6 期,第 28 页。

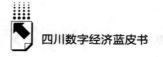

经济、分享经济等新业态新模式普及迅速，已成为经济社会发展中的重要组成部分。

三是创新能力持续提升。目前，围绕大数据、电子信息、人工智能、信息安全等数字经济领域，四川已建和在建包括国家工程研究中心、国家地方联合工程研究中心、国家重点实验室、国家工程技术研究中心等国家级创新科技平台和省内高校、龙头企业等科技创新平台达数百个，居全国前列，成为支撑四川数字基建发展坚实的技术保障。

四是政策机制逐步完善。近几年，四川省先后颁布《四川省加快推进新型基础设施建设行动方案（2020—2022年）》（川办发〔2020〕56号）、《四川省"十四五"新型基础设施建设规划》（川府发〔2021〕19号）、《全国一体化算力网络成渝国家枢纽节点（四川）实施方案》等规划指导文件，为四川加快布局建设数字基础设施提供了必要的政策依据。

## （二）面临挑战

相较于东部发达地区，四川省数字基础设施建设还存在一定差距，5G网络、数据中心等数字基础设施推进缓慢，数字商业基础设施体系还未完全形成，数字化物理设施远不能支撑经济社会高质量发展需要，具体表现如下。

一是建设进度缓慢。5G基站建设与广东、北京等东部发达地区相比进度较慢，5G生态应用明显不足。数据中心统筹集约建设程度还有待进一步提升，平均上架率和利用效率也不高，业务场景和产业生态体系尚未形成。同时，行业领域缺少主导型企业，配套企业以中小企业为主且数量规模有限，产业附加值低。

二是建设动力不够。受数字化赋能传统行业难度较大影响，很多企业面临不想转、不敢转、不能转的现实困境，使得数字化转型动力不足，导致四川物联网测试平台、人工智能开放平台、工业互联网平台等应用型数字基建经济效益不高，建设动力不足，发展不达预期。同时，重点领域和垂直行业缺乏成熟的典型示范应用，5G应用生态不成熟，大规模普及应用仍然面临诸多瓶颈，构成数字通信基础设施建设的重大挑战。

三是创新支撑不足。目前，我国数字技术的研发能力主要在东部地区，四川数字技术研发能力相对较弱，缺乏前沿引领数字设施创新平台，不利于数字基建领域的一些重大技术突破。同时，在重大产业技术创新平台的培育储备方面，数据中心、研究基地等配套保障不够，影响数字基建本土化创新能力。

# 三 "十四五"时期四川"数字基建"建设思路

"十四五"时期是四川着力建设数字基础设施的关键时期，关系着四川未来在全国数字经济格局中的战略定位。因此，为做大做强四川数字经济体量和质量、增强发展动能，要加快构建面向未来的数字基础设施体系，聚焦技术、平台和融合三大方面，进一步明确目标定位和建设思路，优化四川省"数字基建"的总体布局，健全重点任务和工程部署。

## （一）建设目标

一是建设高效联通数字通信网络。加快发展融合5G、全光网、IPv6和空天地通信等新一代数字通信设施，通过骨干网扩容、国际信息通道建设等，进一步提高网络容量、通信质量和传输速率。

二是构建高效协同数据设施体系。加快数据中心集群建设，推动云边缘计算协同，促进数据中心集群规模化、绿色化、智能化、算力化，提升人工智能、区块链等技术设施平台的数据支撑能力，全力推动成渝一体化枢纽节点建设。

三是布局智能安全的终端应用设施。推动部署低时延、高智能、强感知的物联网、车联网及工业互联网等智慧化的终端基础设施，着力建设标准统一、协同高效、实时动态的智能终端感应体系。

四是赋能升级传统物理基础设施。充分运用数字技术和数字平台，加快推动交通、电力、水利等传统物理基础设施数字化转型，切实提升数字化、智能化和协同化水平。

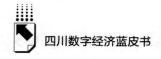

## （二）基本思路

充分发挥政府引导作用，广泛调动社会各方资源，努力推动数字基础设施建设，增强数字基础资源支撑能力，全面赋能经济社会高质量发展。

一是加强统筹规划。数字基础设施建设涉及领域多、行业广，要树立全省"一盘棋"思维进行系统谋划，根据发展实际及时更新思路，明确建设重点推进事项，同时要与传统基础设施融合衔接，不断优化顶层设计和规划布局，提升可行性和可操作性。

二是保障投资高效。数字基础设施作为新兴事物，技术含量高、投资风险大，因此要以政府资金为牵引，广泛带动社会资本参与，创新数字基建投融资模式，降低投资风险和投资成本，提高资本要素在数字基础设施领域的配置效率。

三是加强风险防控。数字基础设施建设在坚持效益优先的同时，也要做好风险分析评估。通过构建事前事中事后全流程可管可控的数字基建安全体系，强化安全技术和安全管理在数字基建中的双重保护，以提升数字基础设施的安全能力。

四是突出绿色集约。目前，数字基础设施普遍存在耗能高问题，未来数字基础设施建设布局均需从建筑、设备到管理服务等环节考虑，充分引导清洁能源和绿色低碳技术在数字基础设施中的使用，努力实现数字基建资源消耗和环境影响最小化。

## （三）区域布局

为实现数字基建全域均衡发展，亟须通过跨区合作，做好省内统筹，推动城乡普惠，优化在全省发展中的空间布局。

一是强化川渝协作共建。以共建国家数字经济创新发展试验区和建设成渝一体化大数据中心枢纽节点为契机，加快推动川渝地区数字基础设施共建共享，协力推动 5G 基站、省级数据出口带宽、骨干网等数字通信设施建设。推动成渝地区工业互联网一体化发展和成渝人工智能平台一体化建设，服务两地农业、制造业、教育、医疗、文旅等智慧化发展。数字赋能传统基础设施，推动交通、水利、电力等数字化转型协同共享。开辟跨境数据互通路径，以探索共建国际数据通道为抓手推动数据要素自由流通。

二是推动省内区域统筹。围绕区域发展战略要求，依据成都平原、川南、川东北、攀西和川西北各自发展的功能定位和产业基础，科学布局建设数字基础设施：成都平原要突出建用结合，综合布局数据中心集群、算力中心、通信及数字平台等数字基础设施；川南、川东北、攀西要充分借助数字化契机，围绕本地特色优势产业搭建人工智能、工业互联等数字设施平台，同时努力推动物理基础设施数字化转型；川西北地区要注重利用5G、云网、人工智能等数字设施服务本地数字化发展。

三是推动城乡均衡发展。聚焦新型城镇化和乡村振兴，加快推动城乡数字化发展，推动光纤网络向乡村、乡镇布局，鼓励和支持5G基站向农村及偏远地区延伸。加快布局数字化水利和电力设施，促进城乡电力水利协调发展。推进农村领域教育、医疗、交通、物流等相关数字化平台建设，推动城乡基本公共服务均等化、智能化、便捷化。

# 四　加快推动四川省"数字基建"发展的政策建议

## （一）完善数字基建设施体系

一是打造高速互联的数字通信网络。全力部署新一代移动通信网络。超前集约建设覆盖全域的数字光纤网络，进一步提速互联网骨干直联点。要加快部署5G网络，推动5G在重点行业、重点应用场景的商业化推广，推进5G在城区、农村及部分资源型的偏远乡村等覆盖。同时，要加快布局下一代互联网，强化基于IPv6在人工智能、工业互联网、物联网等智能终端领域的协同发展。探索建设量子通信商用干线网络，开展金融、政务等领域的量子通信应用探索，培育量子通信技术创新和应用生态。

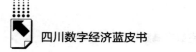

二是建设存算一体基础设施。推动数据中心规模化、绿色化、智能化建设。大力推动天府数据中心集群建设，支持市州按需布局边缘计算中心，深度融合"数据+计算"技术，建设算力开放、算法多样的算力一体化设施，切实支撑各地政务、教育、医疗、重点行业等存算业务应用。以政务云为依托，加快推动工业、医疗、教育、物流、金融等领域的行业云平台建设，推动企业、机构等社会资源上云。

三是推动数字平台基础设施发展。发展工业互联网体系，统筹推进工业互联网标识节点建设，聚焦重点园区、重点领域加快接入工业互联网，创新工业互联网平台的应用能力。加快物联网终端的集约化部署，重点聚焦城市管理、城市服务、公共安全、医疗卫生等领域，建设物联网基础设施平台，推动跨行业终端共建及融合型创新终端的应用。依托成都市新一代人工智能发展先导试验区，加快建设人工智能开放平台，布局人工智能基础产业体系。加快网联车测试系统平台建设。加快成都龙泉网联汽车智能管理平台和智能网联驾驶测试评价与监管系统平台建设，将成都打造成国内领先的智能网联汽车先行示范区。

四是加快重点传统物理设施数字化改造。推动交通运输设施数字化改造。构建覆盖主要交通设施的泛在信息网，重点聚焦公路、铁路、港口、机场等及其配套物理设施，充分运用数字技术推动交通基础设施数据与平台的统筹整合，构建智能高效的新型交通运输体系。加快能源、水利等物理设施数字化改造。推进能源互联网建设，鼓励建设基于互联网的智慧能源管运平台，加快推广智能多功能充电设备。建设智慧水利综合运管设施系统，推动水利基础设施实现动态监测、精准预警和智能处置。[1]

## （二）提升数字基建应用能力

一是提升数字技术和数字平台设施的应用能力。充分依托5G、数据中心、云计算、AI、物联网等数字技术在平台基础设施的融合应用，提升数字

---

① 朱敏：《杭州市"新基建"发展重点方向的对策建议》，《杭州》2020年第9期，第15页。

通信设施、算存设施对数字经济发展的保障能力，以人工智能平台、工业互联网平台等数字平台设施应用逐步建立起互联互通的全域感知体系，促进经济系统全面构建数字化生产、经营和管理体系，助力各经济链条打通供应链、价值链和融资链，实现各类生产要素的精准配置和灵活调度。

二是提升物理基础设施数字化应用能力。构建适应数字经济发展需求的物理基础设施体系，搭建物理基础设施数字化管理平台，将数字基建与交通、教育、商务、医疗、金融、安防等应用场景紧密结合，努力提升数字化物理基础设施的基础应用能力和服务效率，促进公共服务普惠化、社会治理精准化。

三是提升数字基建低碳应用能力。努力推进数字基础设施绿色节能技术研发应用。特别是在设施设备、制冷系统和供电系统等方面，加强技术攻关能力，突破绿色低碳技术瓶颈。大力推动数字技术平台设施赋能高耗能领域低碳转型，赋能打造绿色制造、低碳交通、低碳水利和智慧能源等基础设施，实现节能减碳的目标。

## （三）打造数字基建生态体系

一是强化制度规范建设。行业主管部门要根据数字基础设施特性，持续优化数字基建的顶层设计，制定出台相关管理办法及指导性文件，明确其参与主体在建设运维中对数据生命周期各环节享有的权利义务。同时，鼓励行业组织、行业企业围绕5G、云计算、工业互联网、人工智能、物联网、车联网等开展行业标准的研发和制定。

二是创新财税金融支持政策。在条件允许情况下，可探索以专项债等形式筹措数字基建的财政资金，支持设立数字基建专项基金。鼓励金融系统信贷政策向数字基建倾斜，提供优惠贷款利率、信贷指导或金融创新以支持数字基建发展。创新社会资本融资模式，拓宽资金来源，鼓励社会资本广泛参与数字基建建设。

三是数字基建推动人才培育。鼓励高校、科研机构、行业企业等搭建数字人才培养平台，为数字基建提供有效的人才资源。同时，加大数字基建领

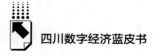

域高层次人才引进力度，通过为数字基建人才提供薪资、税收、住房、教育、医疗等政策支持，为数字基建创新发展提供必要的高层次人才支撑。

四是强化数字基建的安全保障能力。建设和运维数字基建务必要做到安全可控。新型数字基础设施建设要坚持安全和发展双原则，将数字安全理念和安全技术贯穿到数字基建的规划、建设、运维和使用的各环节，力争安全风险事故做到事前可预、事中可控、事后可处。

# B.3
# 四川省5G网络发展研究

张　苑[*]

**摘　要：** 数字基础设施是数字经济发展的基础，从1G到5G的网络发展演变过程，为信息化、数字化的新发展提供了重要支撑。5G网络高速率、低时延、泛在网、万物互联的特点，为汇聚海量数据资源、拓展数字经济发展空间、推动传统产业转型、提升政府治理能力提供了支撑。考虑到5G网络仍然面临成本高、覆盖率较低、应用场景不足等问题，要充分发挥5G网络的价值，就必须持续深化对5G的认识，统筹考虑5G网络发展现状及以后的发展趋势，制定有针对性的政策。在保障5G网络建设的同时，从5G需求侧入手，赋能传统产业发展、创造融合应用场景将成为打造5G生态的重要路径，也是充分释放5G网络价值的关键。

**关键词：** 5G网络　产业生态　万物互联　四川省

高速、安全、泛在的宽带网络，是数字化发展的底座，为生产力的发展提供了基础支撑。党中央、国务院高度重视网络基础设施建设，把推进通信网络发展、拓展融合应用、推动数字化转型作为抢抓战略机遇的重要手段。在"十四五"规划中明确提出要加快推动5G网络等新型基础设施建设。尤其是随着新型基础设施建设水平的提升，5G技术正融合边缘计算、云计算、

---

* 张苑，四川省大数据中心高级经济师，主要研究方向为数字经济、区域经济、产业经济。

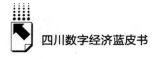

大数据、人工智能等先进数字技术，为经济社会数字化转型提供新路径和新思路，在行业数字化转型、居民生活品质提升、企业生产成本降低等方面发挥重要作用。

# 一　5G 网络发展概况

## （一）5G 网络概念

5G 是第五代移动通信技术（5th Generation Mobile Communication Technology）的简称，5G 具有高速率、低时延、泛在网和万物互联等特征，是新一代信息基础设施。

从国际移动通信发展来看，移动通信基本上以每十年一代的发展规律，先后经历了 1G、2G、3G、4G，正在经历 5G 时代，每一次通信代际的变化，都伴随着通信技术的巨大进步，极大地带动了经济和社会的发展。从 1G 到 2G 实现了从模拟调制到数字调制的转变，移动通信开始服务更多居民；从 2G 到 3G、4G，实现了从以语音业务为主到以数据业务为主的转变，数据传输效率有了成百上千倍的提升，加快了移动通信的普及，深刻改变了居民沟通、交流、消费等生活方式，解决了人与人之间的通信问题；从 4G 到 5G，要实现的转变则是，让人与人之间的通信更加高效便捷，实现了人与物、物与物之间的通信联系，形成了更多生产领域的应用场景，也使得通信成为居民生产生活中的必需品。

## （二）5G 网络特点

### 1. 高速率

5G 网络通过引入新的无线传输技术，提高数据传播速率，其理论传播速度可以达到每秒几十 Gb、数据传输速度达到 4G 的百倍以上。数据传输速率的提升，满足了 AR/VR、超高清等高解析度媒体对网络传播速度的要求，使得消费者在体验过程中更具沉浸感，有更好的交互体验，有助于相关产业的发展壮大,以及应用场景的推广。网络传输的高速率缩小了"本地"和"云上"的差距,可以提升移动办公、远程会议、远程教育等应用场景下的体验。

### 2. 低时延

3G网络时延约100毫秒,4G网络时延20~80毫秒,5G网络时延下降到1~10毫秒。同时,为了更好地响应应用场景需求,降低时延,边缘计算、大数据、人工智能等技术也在5G网络架构中得到应用。低时延在生产生活中有广泛应用,人与人进行交流过程中,超过100毫秒的时延是可以接受的,但如果这个时延用于无人驾驶、工业自动化就很难满足要求。无人驾驶汽车、无人驾驶飞机等需要通过中央控制中心与运动中的交通工具进行互联,及时对无人驾驶工具的运行环境进行分析,并做出反应,越是短的时延,无人驾驶工具做出反应的时间就会越充足,从而减少事故发生的概率。在无人工厂、智慧工厂建设中,需要对工业机器人做到精细化管理,保证工业产品的品质,这就需要用尽可能小的时延提升生产的精准性。从无人驾驶、无人工厂等应用场景广泛应用了5G低时延的特性可以看出,这些应用场景都需要在高速运动中对运动过程进行及时准确把控。在远程医疗,尤其是开展远程急救、远程手术过程中,高速率、低时延是手术实现良好效果的关键支撑。

### 3. 泛在网

所谓泛在就是我们在生产生活中实现网络的广泛覆盖,5G网络广泛存在。在3G和4G阶段,基站的功率大、体积大,很难实现密集部署,导致不同距离的信号强度差异较大。5G阶段可以通过小型基站覆盖末梢通信,使得任何角落都能连接网络信号。泛在主要体现在广泛覆盖和纵深覆盖两个方面,广泛覆盖是指可以在最广泛的范围内通过部署传感器等方式实现覆盖,达到对空气、山川、河流等的监测;纵深覆盖是指在生产生活的更多角落内都实现较高品质的网络覆盖,在卫生间、车库、仓库等网络质量较差的地方也能得到更好的网络体验。泛在网这一特性就像一条条道路可以连接每个使用终端、每个信息采集终端,为5G网络

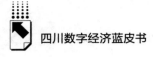

的深度应用打下了基础。

4. 万物互联

如果说以前连接网络的移动终端更多的是计算设备、手机终端，那么5G泛在网建设的要求，将使联网设备呈现指数型增长，现在一个基站只能连接400~500部手机的支撑能力明显无法满足需求。爱立信预测，人类未来会有500亿个连接。《中国互联网发展报告（2021）》预测到2025年，我国移动物联网连接数将达到80.1亿，接入的终端将会从以手机为主扩展到日常生活中的更多产品，如冰箱/空调/电线杆/垃圾桶等个人或者公共设施。5G网络的高速率、泛在网特点为实现万物互联做好了最基础的支撑，成为世界万物进入数字世界的入口和通道。

## 二 四川省5G网络发展现状及存在问题

四川省积极推进5G网络建设、5G融合创新应用，5G基站建设规模和应用规模都得到很大提升。

### （一）四川省5G网络发展现状

5G网络是加快建设数字强省的基础设施，也是加快数字经济发展的强大推进器。5G基站的布局，是各地新一轮信息基础设施竞争的新热点，根据四川省经信厅等发布的《四川省5G发展指数蓝皮书（2020版）》，截至2020年12月，四川21个市州中，有17个市州颁布了5G产业发展战略、规划和政策文件49份，全省5G技术已经与多个行业相结合，推动形成示范项目共133个。截至2021年1月底，全省累计建成5G基站3.9万个，排名西部第一、全国第五，全省加快推进5G组网建设，实现了全省21个市（州）和所有县（市、区）5G网络全覆盖，成都主城区实现全覆盖，区域中心城市主城区基本实现连续覆盖。预计到2025年底，全省5G基站将达到25万个，网络规模位居西部第一。

## （二）四川省5G网络发展存在的问题

### 1.5G网络性能和覆盖水平需要持续提升

四川省现有5G网络基本实现中心城市、重点经济开发区、重点商业集中区、景区等全覆盖，但是深度覆盖不足，乡镇、农村网络布局滞后，局部区域存在弱覆盖、无覆盖等问题。已经开通5G网络的用户，受到网络覆盖广度和深度的影响，无法充分体验5G网络带来的便利。部分区域为了确保用户业务体验连续性，在5G网络覆盖较弱的区域允许用户自动切换4G网络，存在网络频繁切换的问题，导致与用户期望有一定差距，用户实际体验欠佳。

### 2.高成本成为制约建设的重要因素

5G网络投资建设成本较高，仅5G基站建设成本就是4G的5倍以上。5G芯片、模组和终端种类较少、价格偏高，在缺乏明确应用场景的背景下，大规模推进5G网络建设面临终端投资巨大、应用场景少的窘境，很难充分发挥5G的优势特点。企业或者行业单独定制成本较高，不管是行业使用还是消费者使用，很难实现投资成本与收益方面的平衡，降低了企业投资5G建设的积极性。

### 3.5G网络应用尚未形成成熟产业生态

5G网络应用场景建设缺乏创新合力，现有的应用场景中，除了无人驾驶、远程医疗、VR等需要高速率、低时延的应用场景外，一般网络需求均能通过4G网络或者局域网络得到满足，掌握流量入口的互联网企业缺乏依托5G网络开展业务的动力。现有5G终端推广的主要动力在运营商，作为5G网络通信消费的个人客户，以及作为企业发展或区域产业发展的管理者都对5G应用场景建设缺乏积极性，导致5G网络很难形成较为成熟的产业生态。

# 三 5G网络助推数字经济发展

目前，5G网络建设处于加速发展期，对经济社会发展产生了重要影响，

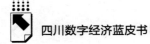

拓展了数字经济的发展空间、有效赋能传统产业发展，提升了居民信息消费能力，助力了政府治理效能提升。

## （一）5G网络拓展数字经济发展空间

在产业数字化方面，5G网络及相关配套产业作为数字产业化的重要组成部分，5G基站、芯片等的生产和应用本身就是数字经济的重要内容，持续扩大的5G网络投资和消费都将带动数字经济发展壮大，为数字经济发展带来广阔空间。5G网络作为新一代信息基础设施的重要组成部分，拓展5G网络覆盖面、提高通信质量必然要求加大资金投入，带动芯片、射频器件等通信设备制造相关产业发展，全国目前已建成超过160万个基站，占全球总量的60%以上，从2019年6月至2022年6月三年的时间，我国三大电信基础运营商5G投资就达到4772亿元，预计到2025年，我国5G网络建设投资累计将达到1.2万亿元[①]。

积极扩大5G信息消费，增加5G智能终端消费数量，积极推进超高清视频、手机终端等消费升级，扩大5G终端业务规模。仅2021年，我国5G手机的出货量就达到2.66亿部。[②] 积极开展更多移动用户数据业务，5G网络具有高速率、低时延等特点，更加适合超高清视频播放、AR/VR、网上游戏等对数据传输要求较高的服务，可以为用户带来更加身临其境、沉浸式的体验。

## （二）5G网络应用赋能传统产业发展

5G网络的应用为传统产业数字化转型赋能，推动传统产业实现线上化、智能化管理，依托高速率、低时延的网络数据传输能力，配合人工智能等技术的应用，可以实现物流运输、企业生产、安全管理等不同环节之间的高效协同、无缝衔接，支撑了生产过程的全流程管理，实现实时分析、精准控制

---

① 资料来源：中央电视台新闻报道，2022年6月。
② 资料来源：中国信息通信研究院《2021年12月中国手机市场月度运行报告》。

等，提升传统产业生产效率，显著提升产业的全要素生产率。

"5G+工业互联网"助力工业实现数字化转型。生产过程中将数控机床、自动化设备等接入5G网络，可以有效提升设备管理的数字化、智能化水平，支持生产线根据生产需要进行灵活调整和合理布局，从而实现生产的自动化、定制化。打通生产技术、企业采购、制造管理、仓储物流等环节，实现采购、生产、销售、消费数据的实时连接，及时优化生产方案。同时5G网络的大宽带、低时延，结合边缘计算、自动控制等，可以实现对工业生产设备进行精准操控，尤其是在采矿、港口管理等方面，更易于远程操控，提升了生产的安全性和管理效率。

5G网络的应用改善了生产生活的环境，尤其是在矿山、钢厂等高危行业和高危岗位的工作环境中，5G网络高速率、低时延的特点得到更好的体现，通过建设智能监控、设备远程操控、无人运输等系统，将原有的高危工作现场转移到地上，帮助生产者、管理者可以在不进入或者很少进入现场的情况下实时监控生产状态，及时进行生产异常提醒，提升了工作的安全性，提高了工作效率。

### （三）5G网络应用提升居民消费体验

围绕交通、医疗、教育、旅游等市场需求旺盛、应用模式清晰的应用领域，深度挖掘一批特色鲜明、亮点突出、可复制推广的行业应用标杆，提升生活、学习、工作的便利性。通过加强现实与网络的交互，打造创新应用场景，提升用户体验感和获得感，满足用户与应用内容之间的互动，利用AR/VR、云视频、元宇宙等为居民提供"身临其境"的体验。5G网络的应用使得更多的传统服务业走到线上，电商直播、云展览等新的业态不断涌现，为传统产业的发展提供了新的途径和方法。

### （四）5G网络应用提升政府治理效能

5G及相关技术的应用拓展了政府治理的范围，提升了政府对地质灾害、森林火灾等风险的管理能力，例如可以利用"5G+无人机"的模式，在地质灾害、火灾频发地区开展风险排查，结合人工智能识别，在昼夜侦察、AI识别定位、自动跟踪引导等支持下，及时将风险情况反馈到管理部门以做出决策部署。相关业务主管部门可以通过"5G+船舶"的方式进行远程遥控监测，通过搭载声呐系统、水质监测系统、夜视摄像头等设备仪器，为开展海事救助、巡航、污染物监测等提供保障，帮助主管部门实时掌握区域水面情况，在较短时间内到达交通应急、水质监督等执行地点，提高了事件处理的效率。

# 四 推动四川省5G网络建设的建议

## （一）高水平推进5G网络体系建设

加快5G独立组网规模化部署，开展5G独立组网规模化商用。推动5G虚拟专网部署，按需做好工业、能源、交通、医疗等领域网络建设，扩大5G网络的行业覆盖范围。在前期完成重点城镇、区域5G网络覆盖的基础上，持续扩大网络覆盖的广度和深度，提升已有5G网络覆盖区域的通信质量，实现各市（州）、县（区）城区、重点乡镇、旅游景区、经济开发区等连续覆盖，分阶段推进农村地区5G网络建设。积极融入成渝地区双城经济圈建设，打造成渝地区5G网络走廊，沿成渝之间高速、高铁等布局5G网络，实现成渝地区通信网络的深度覆盖。

加强技术创新研发，支持围绕5G网络中的网络切片、边缘计算、精准定位、高精度时间同步、多址接入等方向开展技术攻关，输出在业界有较高影响力的标准及专利，打造5G产业四川核心竞争力。梳理形成5G"卡脖子"技术清单，推进5G关键核心技术研发，突破5G发展的技术瓶颈。加强5G与人工智能技术的深度融合，利用人工智能提升对5G网络的管理效率。积极发展5G核心产业和关联产业，通过延链、补链等方式形成5G产业链，加快天府无线通信谷、成都5G智慧城、中国（绵阳）科技城等产业聚集区建设，打造产业生态，构建产业集群。

## （二）创新"5G+"赋能传统产业发展

围绕"5+1"现代工业体系、"10+3"现代农业体系、"4+6"现代服务业体系等建设，研究利用5G赋能产业发展全流程，鼓励行业主管部门根据行业特点，分行业推进"5G+"，为传统产业发展赋能。支持构建面向工业互联网的5G宽带网络基础设施，依托行业龙头企业，围绕区域产业集群，建设工业互联网标识体系。加强试点示范项目建设，鼓励市州、企业、高校等提出试点示范方向，及时总结已有项目经验标准，形成产业数字化转型通用路径和标准，降低其他企业或者相关行业开展相关探索的成本。鼓励市州围绕区域优势产业集群，打造具有地方特色的产业互联网平台，规模化推进"5G+"应用场景的建设。

## （三）积极构建"5G+"融合应用生态

推进5G与智能制造、人工智能、大数据、云计算等领域深度融合，构建国内领先的5G产业应用生态圈。持续拓展5G技术的应用空间，围绕服务好居民消费和产业发展，为信息消费、车联网、工业互联网等提供低时延、高可靠性的网络支持，满足消费端和企业业务发展需求。加快鼓励引进一批5G头部企业，构建覆盖5G上中下游的产业链。加快5G应用场景打造，推动基础电信运营企业开发更多5G终端消费产品。鼓励基础电信运营商、互联网企业、工业企业等加强跨界合作和技术融合，共同研究"5G+"应用场景，提升融合应用场景的深度和广度。

针对工业互联网、车联网、医疗等对低时延、高可靠性要求高的应用场景，提供有针对性的解决方案，培育一批符合市场需求的5G解决方案供应商，实现5G应用的规模化、生态化发展。鼓励开展5G智慧医疗系统建设，加快5G在疫情预警、院前急救、远程诊疗、智能影像辅助诊断等方面的应用推广。积极拓展"5G+"应用，在智慧政务、智慧文旅、智慧医疗、智慧城市建设等领域选取典型示范应用场景，打造一批特色鲜明、可推广可复制的行业示范应用标杆。

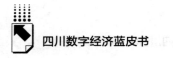
## 参考文献

尤肖虎：《5G 应用创新与6G 技术演进》，《视听界》2020 年第 6 期。

李兴林、辛荣寰、程景浩：《5G+工业互联网市场发展特征与发展路径》，《邮电设计技术》2021 年第 7 期。

张聪、姜皓文：《我国第五代通讯技术产业发展历程、趋势与建议》，《广东经济》2021 年第 9 期。

# B.4

# 四川省数据中心基础设施发展研究

郭 涛[*]

**摘 要:** 当前,数字经济蓬勃发展已成为全球发展共识。世界各国为抢抓数字化发展机遇,抢占数字经济战略高地,正积极布局以数据中心为代表的数字基础设施。我国自启动"东数西算"工程以来,各地陆续加快部署数据中心集群建设,致力于培育数据中心发展生态,为数字经济奠定坚实基础。本文全面梳理了数据中心的发展背景和演变历程,分析了四川数据中心发展中的规模、布局、能效及发展规划等方面的基本情况,剖析了四川数据中心能耗值普遍超过1.5、业务数据中心生态仍未规模形成、算力调度能力有待进一步摸清及集群建设进程不达预期等问题,同时基于四川独特的先天优势,提出了引导数据中心合理布局、完善数据中心产业生态、加强技术研发创新、强化网络传输能力等措施建议,进一步推动四川数据中心集群加快聚势成效。

**关键词:** 数据中心 "东数西算" 数字生态 四川省

伴随数字经济蓬勃发展,数据算力就如同水、电、气等传统生产资料,成为经济社会发展进步的重要支撑。作为数据存储、计算、流通、应用的枢纽载体,数据中心是搭建各类信息化应用平台的前提,是算力的物理承载,是驱动数据要素价值释放的支撑,更是承载数字经济发展最重要的基础保障。

---

\* 郭涛,四川省大数据中心高级经济师,主要研究方向为宏观经济、数字经济、区域经济。

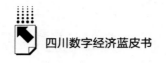

# 一 数据中心发展背景

## （一）社会背景

人类社会经历了农业时代、工业时代的社会生产形态，目前正加速向以大数据为关键生产要素的数字时代跨越，经济社会发展形态发生了重大变革。数据中心作为数字经济时代保障算力的基本物质条件，是新的生产力代表，是千行百业数字化转型的基础保障，其发展有着深刻的社会背景。

一方面，数据中心是数字经济的基础底座。受益于科技革命和产业变革，以云计算、大数据、物联网等为代表的新一代信息技术蓬勃发展，并逐步渗透到人类生产生活各领域、各环节，催生了一系列新业态新模式，也推动了传统产业数字化、网络化、智能化转型。数字经济发展促使数据要素规模持续扩大，海量数据向存储和计算提出了更高的要求，数据中心向大型化、规模化、智能化发展趋势日益突出，数据中心在数字经济发展中的地位日益重要，构成了数字经济发展的基础底座。

另一方面，数据中心扮演着数据要素价值转化的重要角色。人类社会在迈向万物互联的新时代进程中，沉淀的海量数据资源成为重要的基础性、战略性资源，是数字经济时代的关键生产要素。数据中心作为大数据产业体系中的重要环节，充分满足了通用、智算、超算及边缘计算的不同市场需求，在优化数据资源算力配置，辅助提升资本、技术、人才等全要素生产率中发挥着巨大作用，数据要素价值的深度释放离不开数据中心的基础支撑①。

## （二）政策背景

当前，发展数字经济已成为世界各国的共识。为抢抓数字经济发展机

---

① 易成岐、窦悦、陈东、郭明军、王建冬：《全国一体化大数据中心协同创新体系：总体框架与战略价值》，《电子政务》2021年第6期，第2~10页。

遇，世界各国积极布局以数据中心为代表的信息基础设施，在全球范围展开了空前激烈竞争，抢占数字经济发展战略高地。而近年来国内也在加快部署，通过制度规范、规划引导和政策扶持等措施推进数据中心建设。

党中央、国务院高度重视数据中心建设，《中华人民共和国国民经济和社会发展第十四个五年规划和 2035 年远景目标纲要》中提出"要加快构建全国一体化大数据中心体系，强化算力统筹智能调度，建设若干国家枢纽节点和大数据中心集群"。2021 年 7 月，工信部印发了《新型数据中心发展三年行动计划（2021—2023 年）》，明确用 3 年时间，基本形成布局合理、技术先进、绿色低碳、算力规模与数字经济增长相适应的新型数据中心发展格局。国家发展改革委、网信办、工业和信息化部、国家能源局 4 部门联合发布《全国一体化大数据中心协同创新体系算力枢纽实施方案》，提出在内蒙古等全国 8 个地区布局建设全国一体化算力网络国家枢纽节点项目，加快"东数西算"工程实施，构建国家算力网络体系。批复同意在内蒙古、贵州、甘肃、宁夏、京津冀、长三角、粤港澳大湾区、成渝等 8 个节点的建设方案，并规划了 10 个国家数据中心集群。2022 年 1 月，国务院印发《"十四五"数字经济发展规划》，为数据中心协同、一体化发展进一步指明了方向，推动全国数据中心布局不断优化。

## （三）技术背景

数据中心的出现有着强大的技术背景作为支撑，具体表现在以 5G、大数据、人工智能等为代表的数字技术。这些数字技术极大地推动数据中心向规模化、智慧化、绿色化方向发展。

一是 5G 演进影响数据中心。随着 5G 的建设和普及，诸多产业应用将催生海量数据，而这些数据的处理需求，会对现有云数据中心造成巨大挑战。据测算，2021 年有超过 500 亿终端与设备联网，有超过一半的物联网网络将面临网络带宽的限制，有 40% 的数据需要在网络边缘分析、处理与储存。因此，5G 时代的应用场景对数据存储传输的载体提出更高要求。一方面是低时延。为满足未来虚拟现实、超高清视频、智能制造、自动驾驶等典型行业应用场景的需要，5G 对可靠性、时延保障等方面提出更为苛刻的要求，在这些需求下，在网络边缘部署服务器节点，就近提供高效、智能的计算、存储和网络资源，成为最有效的解决方案。算力将下沉到边缘，这使边缘数据中心的需求成为必然。5G 的普及，将催生海量的边缘数据中心需求，边缘数据中心将大行其道。另一方面是高交互。伴随数字技术的发展，数据中心从原来的集中式架构逐步转变为云—边分布式数据中心架构，边缘云与中心云能力长短互补，实现数据、应用、AI 算法和管理的高交互协同，同时边缘云能敏捷快速接入中心云，从而实现更高程度的集约化，中心云交互能力越强、集约化程度越高、算力越集中，运行效率就越高。

二是人工智能影响数据中心。随着智能终端设备数量的快速增长和数据消耗的大量增加，通用数据中心管理复杂性大幅提升。而人工智能技术有效解决了这一问题，推动了数据中心向智能化发展，显著提高了数据中心运行效率。人工智能技术可以给数据中心带来高效处理工作负载、优化人员配置、提升能源效率和使用安全性等诸多好处。目前，在数据中心的很多领域中都开始出现人工智能技术并迅猛增长。人工智能将数据中心变得更加高效、更具成本效益、更为智能。同时，数据中心也在为人工智能提供基础算力，因而数据中心和人工智能两者的关系变得日益紧密和相辅相成，整体趋势呈现螺旋式上升发展①。

此外，储能、蓄能等技术的革新也使得数据中心向更加绿色低碳方向发展，助力数据中心成为绿色低碳产业。

## 二 数据中心发展概况

### （一）发展历程

20 世纪 40 年代，"埃尼阿克"全自动电子数据计算机诞生，开启了数

---

① 郁明星、孙冰、康霖：《国家大数据中心一体化治理研究》，《情报杂志》2020 年第 12 期，第 102~110 页。

据中心的发展历史。到 50 年代末期，美国航空公司与 IBM 公司合作开发飞机订座管理系统，标志着数据处理系统由理论变为现实，数据中心雏形诞生。90 年代初期，微型计算机发展促进了传统机房（即早期数据中心）发展，其数据管理模式也逐渐为行业接受。进入 21 世纪，全球互联网企业迅速崛起，互联网进入爆发式阶段，海量的存储算力需求对数据中心提出了更高的建设要求，要求建设规模和内容更专业。同时，数据中心的高能耗也成为十分现实的问题，数据中心开始探索利用可再生能源和低能耗技术支撑日常运行。另外，为了降低建造成本，提升数据中心建造的灵活机动性，数据中心也开始朝着模块化方向发展。

近年来，伴随着云计算技术的广泛应用，数据中心大规模、集中化处理的能力显著提升，形成大量以云计算为支撑的规模化数据中心集群，如今的数据中心基本实现了能力与云资源匹配，正加速推动数据中心朝着规模化、集约化方向发展。数据中心的规模化和云端化，也在加速推动数据中心向智能化方向发展，引致整个数据中心行业都在发生根本性改变。

综上论述，总结发现数据中心诞生至今，大致经历了三个阶段，即物理数据中心、互联网数据中心、云计算数据中心。

一是物理数据中心。物理数据中心作为独立实体，应用主体不仅要承担业务系统的开发、部署和运维，还要承担机房的土木工程建设、网络硬件设施的购置等内容，整体建设运维管理投入的成本精力非常高，一般信息化要求高的大型企业集团会自建物理数据中心。

二是互联网数据中心（IDC）。此类数据中心的模式实质是应用主体租赁第三方数据中心管理服务。这一阶段的数据中心管理又分为两种类型，一种是托管型，是由应用主体自行购买设备交给运营商托管并自行监控，数据中心仅提供 IP 接入、电力供应和网络维护等；另一种是租用型，数据中心提供全套设备租用，用户无须购买硬件设备等，投入成本较低，运维管理可靠。但是，互联网数据中心管理模式仍然面临运维成本高、业务拓展灵活性差的问题。

三是云计算数据中心。随着 IaaS、PaaS 和 SaaS 三种模式发展，大量互联网企业和运营商等进入云计算领域，极大助力云计算数据中心发展。云计算厂商整合了前两个阶段的优势，不仅可以提供标准机房，也可以提供云算力，具备了快速上线、按需所求、灵活伸缩等特点。企业只需提出业务系统的应用需求，无须关注工程建设和硬件投入。目前，云计算数据中心在各行业领域广泛使用。

### （二）全国情况

随着移动互联网快速发展和数字经济等国家战略政策引导，特别是在新冠疫情倒逼下，数据中心规模增长明显，规划报批的数据中心数量步入爆发期，基本形成以数据中心集群为主、边缘计算中心为辅的格局。截至2021年，全国数据中心市场规模已达2686亿元，预计到2024年将超过4960亿元。

从市场规模看，依据赛迪研究院对等级规模的划分，数据中心具体可以划分为以下五种类型（见表1）。

**表1　数据中心规模分类**

单位：个

| 数据中心规模 | 机架数量界定 |
| --- | --- |
| 超大型数据中心 | >10000 |
| 大型数据中心 | 3001~10000 |
| 中型数据中心 | 501~3000 |
| 小型数据中心 | 100~500 |
| 微型数据中心（机房） | <100 |

注：以功率2.5W为一个标准机架来进行计算转换。
资料来源：赛迪研究院。

按现有规模等级划分标准，据初步测算，近几年，我国数据中心机架规模年均增速基本维持在20%左右。在用数据中心标准机架总规模已超过400万，其中大型及以上数据中心规模占比超过75%。

从产业链看，主要包括：上游为土建基础设施及硬件设备商、中游为运维服务及解决方案提供商、下游主要是数据流量用户。数据中心是新型基础设施的数据平台，汇聚了各行各业数据，其重要性不言而喻，IDC 和服务器既是枢纽，也是数据中心产业中最先受益的领域。[1]

从地区分布看，目前，国内数据中心建设主要集聚在经济发达、人口密集的一线城市或城市群，按照"东数西算"工程的规划，数据中心集群主要分布在京津冀、长三角、粤港澳、成渝等经济发达地区的周边。

从平均机柜上架率看，2021 年全国数据中心平均上架率约 50%，不同区域间的上架率差距也较大，以上海、北京、广东、浙江等为代表的经济发达地区整体上架率较高，西部地区的贵州、内蒙古有先发优势，上架率情况也较好，成渝地区由于结构性错配等上架率相对较低。

从能耗水平看，在双碳战略背景下，近年来对数据中心低能耗、绿色化发展要求较高，针对数据中心的建设各地陆续颁布 IDC 新建及扩建的能耗要求政策，特别是针对全国 10 个重点数据中心集群，普遍要求 PUE 指标（数据中心总能耗/IT 设备能耗）值不能超过 1.3。

# 三 四川省数据中心发展情况及存在问题

## （一）四川数据中心发展概况

近几年，四川以成渝国家枢纽节点建设为契机，数据中心建设取得一定成效。全省 21 个市（州）数据中心建设具体情况如下。

一是在规模方面。据初步统计，截至 2021 年，全省有财政资金投入的已建和在建在用数据中心约 200 个。其中，超大型数据中心 4 个（含立项待建）、大型数据中心 2 个、中小型数据中心 16 个；各类机架总量近 30 万架。

二是在布局方面。全省五大经济区都已自建不同规模的数据中心，其中

---

[1] 《2020 年中国数据中心行业市场现状及发展趋势分析》，https：//bg. qianzhan。

成都平原经济区布局体量最大（见图1）。成都、雅安、宜宾等城市布局规模靠前。其中，成都市在用数据中心占全省机架数50%以上。雅安市近几年投入大量资源要素，依托川西大数据产业园建成规模超10万平方米的绿色数据中心，基本形成"绿色数据存储+综合算力供应+特色产业应用"的产业生态。宜宾市长江上游区域大数据中心投资30亿元，数据中心基地建设超过9万平方米。

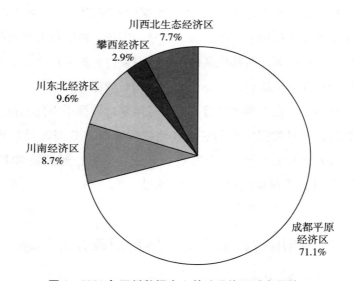

**图1 2021年四川数据中心基础设施区域布局情况**

资料来源：根据四川各市（州）数据中心调研反馈数据统计。

三是在能效方面。目前，四川省数据中心的PUE值设计均普遍低于2.0，平均PUE为1.6左右。由于绿色数据中心是未来发展的必然趋势，雅安、内江、达州等城市数据中心设计基本朝着绿色化方向发展，PUE建设目标均考虑在1.3以下。

四是发展规划方面。在成渝枢纽节点的牵引下，未来四川将加快推动形成以天府数据中心集群为支撑、各地主要城市边缘数据中心为支架的数据中心总体发展格局。据不完全统计，各地未来的中长期规划中预计建设数据中心总机架新增超过80万架，所有新建大型数据中心PUE值均将在

1.3 以下，其中成都、雅安、内江等地围绕数据中心的产业生态将进一步得到改善。

### （二）四川省数据中心发展问题

一是能效问题。据统计，我国数据中心耗电量已连续 8 年以超过 12% 的速度增长。实践证明，数据中心将是能源消耗的重要载体，成为数据中心发展的主要问题。目前，四川数据中心的 PUE 值普遍超过 1.5，距离绿色数据中心的目标还存在较大提升空间，亟须通过能源技术革新和能源管理质量提升降低数据中心的能耗水平。

二是业务问题。目前，四川数据中心业务生态仍未大规模形成。从已建成的情况看，数据中心只解决了存储问题，服务功能较单一，营利能力偏弱。同时，围绕数据中心配套的数据产业体系集群度不高，缺乏辐射效应，硬件设施、数据加工、数据清洗、数据内容服务、数据流通交易等上下游产业生态未形成相对完整的闭环，承接"东数西算"的业务应用场景目前体量很小，真正意义的业务支撑效应还未出现。

三是调度问题。无论是省外还是省内，四川的算力调度能力有待提升，目前，四川省数据中心数据治理水平不高、高端人才不足，加之对各地算力需求实际情况摸底不清，导致资源调度利用不充分，已建和在建数据中心标准机架的投产使用上架率不足 50%，一定程度上造成资源浪费。

四是建设问题。一方面，相较于贵州、内蒙古等先行地区，四川数据中心集群建设进程相对偏慢，已规划的项目立项和推进进度未达预期。另一方面，部分区县建设存在盲目性，产生的经济社会效益低于预期，给地方的资源和财政带来巨大压力。

## 四 四川省数据中心发展的机遇优势

近年来，数字经济发展步入快车道，数字经济核心产业增加值超过

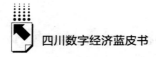

4000亿元。无论是在经济基础、政策保障，还是在资源要素保障方面，四川都具备建设大规模数据中心的先天优势。

### （一）"东数西算"工程的政策机遇

2021年5月，《全国一体化大数据中心协同创新体系算力枢纽实施方案》正式印发，规划了包括天府数据中心集群、重庆数据中心集群等10个国家级数据中心集群，标志着"东数西算"工程正式启动。当前，在实施"东数西算"工程战略背景下，四川正迎来数字经济发展前所未有的政策机遇，通过与重庆数据中心集群协同联动，四川省进一步推动数据中心向成都市双流区、郫都区、简阳市等地集聚，基本形成天府数据中心集群发展态势，这将十分有利于激活四川数据资源优势、提升数字经济能级。

### （二）拥有清洁能源的先天优势

数据中心耗能巨大，而四川在清洁能源方面具有先天优势。目前，四川水电装机容量和年发电量、天然气（页岩气）年产量常年居全国首位，风能、太阳能的开发空间极为广阔。以水电为例，2021年末，四川水力发电装机容量达到8947.0万千瓦，水力发电量达到3531.4亿千瓦时，稳居全国第一位。充足富裕的清洁能源是四川发展数据中心产业最坚实的保障。

### （三）具备基础资源的能力支撑

一方面，四川是经济大省、人口大省、资源大省，发展大数据有基础、有条件，具有海量数据的生产和应用的潜力，是数据中心建设最直接的基础，前景十分广阔。另一方面，四川已具备了良好的数字基建支撑，目前，全省已建成5G基站超8万个，同时，成都是国家八大通信枢纽之一，国家级互联网骨干直联点网间带宽1030Gbps，可有效解决东西部数据传输的时延问题[①]。

---

① 唐泽文：《"东数西算"》，《四川日报》2022年4月19日，第6版。

# 五 四川省数据中心体系发展的前景展望

## （一）前景展望

从各地数据中心发展现状和规划来看，数据中心未来将朝着绿色化、智能化、集群化方向发展。

一是绿色化。为有效解决数据中心高能耗问题，绿色化是数据中心发展的必然趋势。目前，国家和地方均制定系列政策支持引导绿色数据中心建设。推进先进节能绿色数据中心建设，积极发展云数据中心，推进虚拟化、弹性计算、海量数据存储等关键技术应用，提高 IT 设备利用率[1]。一方面，科学提出绿色数据中心能源消耗的门槛，除小型数据中心外的 PUE 值普遍不能超过 1.4，另一方面是节能技术的广泛应用，通过搭建数据中心能源数字管控系统，做好精细化节能管理工作，提高数据中心资源利用率和运行效益。

二是智能化。数据中心除绿色化发展外，管理难度也在日益提升，特别是大型数据中心的建设，传统的机房管理几乎不可能，只能靠人工智能来突破这一难题。未来，远程巡检、云端训练等人工智能技术将广泛应用到数据中心管理，并逐步按照数据中心智能化管理环节搭建起声模块智能化、能效智能化、设计智能化、运维智能化、安全智能化和运营管理智能化等完整的智能化运维管控体系。

三是集群化。据测算，2025 年全球数据流量将上升至 163ZB，数据中心规模将呈现持续高速增长。伴随超大规模计算和数据存储需求，集群化发展必将是数据中心未来发展的大趋势，其将更好地承载用户大规模的用云需求，降低用云成本。从全国规划看，各地以集群化方向统筹布局，通过探索跨区共建共享机制，积极引导数据中心集群加快成势。

---

[1] 李冬莲、肖路平、佟岩：《抢抓数字经济战略新机推动贵州数据中心高质量发展研究》，《贵州商学院学报》2021 年第 3 期，第 15 页。

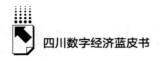
### （二）对策建议

一是引导数据中心合理布局。根据各地发展需要，统筹考虑能源供给、气候条件、产业环境、网络布局等多方面因素，以天府数据中心集群和重庆数据中心集群为牵引，引导区域内其他数据中心向其物理集中，省内其他城市可围绕发展需求，通过改造升级或灵活部署数据中心，强化与东部数据互联互通、信息资源共享。持续提升数据中心的总体使用效率，促进数据中心布局优化、健康发展。

二是完善数据中心产业生态。围绕数据中心产业链构建需求，加快发展数据中心产业集群，大力发展电力、IT、制冷等基础设备，有序推进数据存储、基础算力、数据加工、数据清洗、数据服务等配套产业发展。引导数据中心服务商打造产业生态，绘制全省数据中心产业地图，推进数据中心产业规模化、精细化发展，逐步形成数据、产业融合联动发展态势。

三是加强技术研发创新。新技术、新业态的振兴发展对数据中心建设提出更高要求，同时也为数据中心服务能力的提升提供了新的手段。建议数据中心各产业链环节要加强新技术的研发创新与应用，特别是在信息安全、节能降耗、智能运维等环节的研发，充分挖掘新技术的利用潜力，推动四川省数据中心智能、高效、绿色发展。

四是强化网络传输能力。近年来，随着数据流量正在呈现激增态势，要持续挖掘区域骨干网传输潜能，规划建设一批新的数据出返川传输干线，不断强化成渝枢纽节点间的网络支撑能力。同时，运营商要充分利用移动互联网发展趋势和数据中心布局情况，推动网络不断优化，发挥好网络基础设施的基础支撑作用，满足现代产业发展需要。

五是加强数据安全防护。一方面，要在数据中心集中建设期加强数据基础制度研究，制定数据安全审查制度，建立数据分级分类管理制度，以适配不同用户群体需求。另一方面，要加快建立数据采集、储存、治理、流通等全周期数据管理制度，建立数据监测、预警和评价体系，提升数据中心的综合服务能力。

# 产业数字化篇
## Industry Digitalization

# B.5
# 四川省农业数字化发展研究

付焯　骆玲　刘晓*

**摘　要：** 近年来，四川省农业数字化发展在部分领域和局部区域取得了一定成绩，但是，与发达地区相比四川农业数字化发展总体滞后，农业数字基础设施供给不足、农业生产信息化水平相对较低、数据共享机制尚不健全、社会资本参与农业积极性不强、高素质农业生产管理人才匮乏等问题，限制了四川省数字技术向农业农村渗透的深度与广度。为更好地利用农业数据资源，加快四川农业农村数字化转型升级，形成四川农业高质量发展，应统筹农业数字化要素资源建设、完善农业数字化标准体系建设、加快数字应用与农业深入融合、增强农业数字化支持条件，让数字技术为四川农业农村发展带来更好的经济与社会效益。

* 付焯，博士，西南交通大学四川省产业经济发展研究院特聘副研究员，主要研究方向为数字经济、物流经济；骆玲，通讯作者，博士，西南交通大学四川省产业经济发展研究院院长，西南交通大学经济管理学院教授，主要研究方向为区域经济；刘晓，西南交通大学材料科学与工程学院教师，主要研究方向为产业经济。

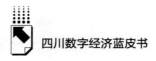
**关键词:** 农业数字化 数字化转型 农业大数据 四川省

民为国基,谷为民命,农业是国计民生的基础,是经济的"压舱石",农业稳则天下安,尤其在新冠疫情期间,农业的重要作用更加凸显。2020年农业对 GDP 贡献率升至 10.4%,远高于其他年份 4%左右,近年来,随着物联网、大数据、云计算等现代信息技术的快速发展,数字技术作为一种生产要素成为推动经济发展的驱动力,数字经济与实体经济的深入融合为农业的发展创造机遇。习近平总书记曾强调,农业出路在现代化,农业现代化关键在科技进步。进入疫情防控新阶段,全球农业都在加速向数字化转型,以提高农产品供给质量和效率,实现农业可持续发展。数字化将是未来农业变革的重要力量,我国农业将会进入数字化发展快车道,从农业大国向农业强国迈进。四川作为国家重要的农业大省,在推动农业农村现代化发展过程中,需要明确现有农业数字化发展进程的状况,找寻发展中存在的不足,结合四川实际,尝试探索发展农业数字化的创新路径。

# 一 数字农业概念及发展历程

## (一)数字农业内涵

数字农业的概念最早源于 1997 年美国国家研究委员会的一份研究报告中提出的"精准农业",阐述了信息技术改善农作物生产和增加经济效益的潜力,以及对农业发展的作用,正式提出了数字农业的概念①。而后一年,美国副总统阿尔·戈尔在原有基础上把数字农业定义为:智能农机技术与数字地球相结合所创造的农业生产和管理技术。数字农业概念在国内起源于

---

① MT Batte, Precision Agriculture in the 21st Centtury: Geospatial and Information Technology in Crop Management (Washingtor DC: National Academy Press, 1999), p. 68.

"数字中国"战略的提出，在1999年"数字地球"国际学术会议上，大会将"数字农业"作为研讨"数字地球"的重要构成内容，进而在国内全面展开研究与探索[①]。数字农业就是依托物联网、云计算、大数据、人工智能等数字化技术，通过与农业生产、经营、管理和服务的全业态融合，对农业所涉及的对象按照一定需求目标，进行设计、智能化控制和可视化表达，实现农业集约化生产、精细化管理、差异化服务，以此提升农业生产效率、优化产业结构。

数字化产品具有非排他性的特征[②]，数字农业最基本的特征是将数字化农业知识与信息作为关键生产要素。数字要素推动农业现代化发展主要体现为增加农业信息交换和共享，改变生产经营方式，促进向现代农业转型；推动产业结构优化升级，加快农业生产、物流、交易等环节管理的科学化，为农业产业链提供一体化决策；助力农业精准化生产，提高农业生产效率，降低农业生产成本和风险。因此，数字农业是一个宽泛且集合的概念，它涵盖了一切使用数字信息技术渗透于农业生产、管理和服务领域的实践，体现在三个主要方面：数字农业数据资源、数字农业产业融合和数字农业公共服务。

## （二）农业数字化

农业数字化指采用遥感与定位技术、无人机、传感器、云计算等各种信息与通信技术，对农业要素和农业模型（农业过程间的内在规律与外在关系）形成的数据进行采集并转化为计算机能够处理的数字过程[③]，是对农业生产和管理过程进行数字化升级和可视化改造，为实施农业生产和管理精准决策提供依据。传统农业以土地、劳动力为主要生产要素，依靠传统农业生

---

① 江洪：《数字化农业模式及发展趋势研究》，天津大学出版社，2016，第12~14页。

② Goldfarb A., Tucker C., "Digital Economics", *Journal of Economic Literature*, 2019, 57 (1): 3-43.

③ 阮俊虎、刘天军、冯晓春等：《数字农业运营管理：关键问题、理论方法与示范工程》，《管理世界》2020年第8期，第224页。

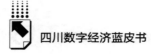

产工具进行农产品生产，且农产品进入市场（指广义的市场）进行交易需要经过多次所有权转换，交易成本较高。农业数字化利用现代信息技术将数字纳入农业生产要素中，用富含知识和信息的数据指导农业生产全过程，甚至消费者也可参与到生产过程中，产品生产出来可直达消费者，极大降低交易成本[①]。

农业生产和管理的数字化转型升级发展是农业数字化发展的关键，农业生产装备及设施的智能化体现在农产品种植环境、技术作业、生产经济等各方面，涵盖了农业生产的上游、中游及下游的各个环节（见图1）。

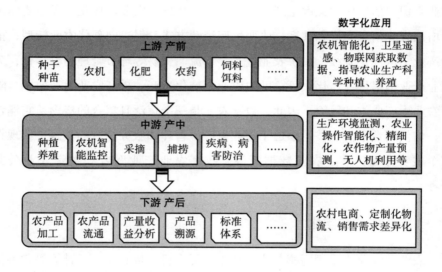

**图1 农业数字化发展应用环节**

如图1所示，产前环节主要通过数字化工具在产业上游收集农业生产前的基础数据以指导科学种植、养殖，如土壤数据，光照、温度、风速等气象数据，延伸的还有微生物环境等基础数据，同时利用数字化手段提高农业装备的智能化程度。产中环节运用数字化技术监控农业生产过程，通过获取农

---

① 殷浩栋、霍鹏、汪三贵：《农业农村数字化转型：现实表征、影响机理与推进策略》，《改革》2020年第12期，第51页。

产品生长过程中品质、形状、营养状况、产量、生产地等基础数据，使农业生产操作朝智能化、精细化方向发展，提高农业生产效率和驱动生产决策。产后环节主要利用数字化媒介实现更快、更高效的产品销售以及产品质量溯源，提高农业生产水平和产品质量安全，推动农产品流通和贸易标准建立，促进形成农业全产业标准化体系。

### （三）我国数字农业发展历程

以数字农业概念提出前后为划分依据，可大致将我国数字农业发展划分为三个阶段。

第一个阶段，农业信息化阶段，从新中国成立到数字农业概念提出。数字农业主要用于农业统计工作，所得的信息仅用于呈现国家计划经济的执行效果；虽然 20 世纪 70 年代引入了遥感技术和全球定位系统，但数据也只在调查估算以及预测中作为应用；80 年代后计算机开始被用于农业生产中，进行农业数据处理，促进农业科技的定量化发展；90 年代，互联网技术的发展推动了农业信息服务网络的开发，网络技术被应用于开展农业研究。

第二个阶段，数字农业发展初期阶段，从 20 世纪 90 年代提出概念到 2010 年数字经济概念提出。农业的发展趋向市场化，农业生产协同应用互联网、地理信息系统、遥感技术等系统软件来获取、处理和传递各类农业信息数据，标志着农业信息化发展进入实用化阶段。各级政府开始成立农业信息中心，县、乡、村不同层级农业信息网络基本建成，农业电子商务随着网络技术的普及开始得到广泛应用，数字农业体系初步开始建立。

第三个阶段，数字农业快速发展阶段，即 2010 年进入数字世界以后。数字技术的迅猛发展催生了数字经济与不同产业的融合发展。数字经济涵盖了数字农业、大数据、云计算、物联网等现代化信息技术，嵌入农业生产和管理中，农业发展正式步入数字化发展阶段。虽然我国数字农业的发展已经取得了一定进展，但仍处于发展的初级阶段，农业的数字化率还低于国内其他行业。

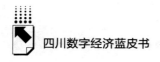
### （四）农业数字化发展趋势

农业与其他产业对比，具有高度的区域性、分散性的特点，且生产规范和标准化程度较低，在引入数字化发展后，过去凭经验判断决策的生产操作将转变为智能化的科学管理。未来，农业数字化发展将在生产过程、生产决策和生产质量三个方面有所突破。农业生产过程将由粗放、分散向高度集约、规模化方向发展。传统的农业生产多呈现粗放式、分散式，无论是灌溉、施肥、施药等农业生产环节，还是物流、销售等农业管理环节，都受外部环境条件影响，未能提高农业生产经营效率。而数字时代的物联网、传感器、5G 通信形成的系统化数字农业，能够让生产中各种设备联动，管理中各种信息共享，实现农业生产的高度集约、规模化，提高农业生产效益。农业生产决策将由单一数字技术向高度智能、集成化数字方向发展。数字经济时代的数据分析、数据处理能力提升将解决农业发展过程中复杂决策问题，大数据、机器学习、人工智能等技术能够形成高度智能、集成化的数字农业决策系统，助力解决农业生产决策核心问题。农业生产质量将由产品数量的增长向产品质量与安全的增长方向转变。未来消费者追求商品品质的需求将激发对农产品质量与安全的要求，农产品定制化生产、可追溯机制、生产过程可视化监测等数字经济下的新型农业生产模式与管理方式将更加针对农产品的生产质量监管，保障农产品安全。

## 二　四川省农业数字化发展现状

### （一）农业数字化发展政策

自 2016 年智慧农业首次写入中央"一号文件"后，连续多年的中央"一号文件"都提及发展农业现代化、信息化，数字农业发展上升至国家经济发展战略高度。尤其是 2018 年中央一号文件《中共中央国务院关于实施乡村振兴战略的意见》首次提出要实施数字乡村战略，要求在农业基础设施和农业生产能力方面进行数字化升级，推进农业数字化转型。

在中央及各部委政策的引导下，四川省围绕农业数字基础设施建设、农业数字化改造等主题发布了相关的政策（见图2）。

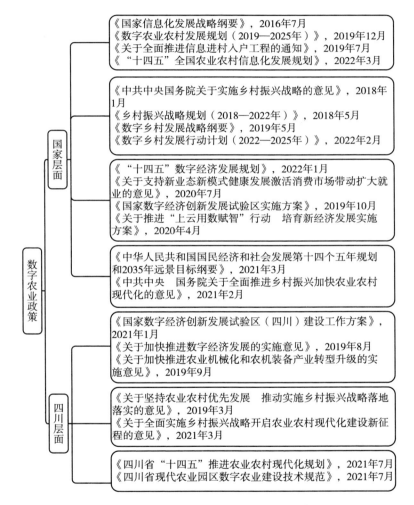

**图2　国家与四川省数字农业相关政策**

农业生产方面，强调着力推进农业生产全程全面机械化、农机装备智能化；乡村振兴方面，提出要加快推进数字农业发展，推进物联网、云计算、

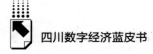

大数据等在农业生产中的应用。此外，一些重要规划文件中也都提到农业数字化发展策略，如四川省"十四五"规划提出加快物联网、地理信息系统、大数据等信息技术在农业全产业链的广泛应用，开展数字农业、智能农机应用试点示范。全省数字乡村和农业信息化建设分三步走，即从无到有、从少到多和从弱变强，明确当前向第三步推进，指明了全省数字农业未来发展方向。

### （二）农业数字化基础设施现状

在基础电信服务上，全省 2020 年实现"双百目标"，即所有行政村通光纤率达到 100%，4G 网络覆盖率达到 100%，光纤宽带平均接入速率超过 70M，4G 网络平均接入速率超过 20M，两者均远远高于国家电信普遍服务要求标准。2021 年末，已建成 5G 基站超过 6.6 万座，5G 信号重点覆盖，规模位居西部第一。成都、绵阳、眉山、泸州入选全国首批"千兆城市"，入选数量居全国第一。2021 年末，固定宽带家庭普及率 90.5%，移动宽带用户普及率 94.5%，移动用户月均流量达到 14GB，提升约 50 倍。电商网络建设方面，农村电商站点是农业数字化发展重要基础，四川现有国家级综合示范县、乡、村三级电商（物流）服务站点分别达到 99 个、2323 个、11727 个，国家级电子商务进农村综合示范县共获批 127 个，居全国第一。已建成现代农业园区 1000 余个，创建国家级现代农业产业园 11 个。

### （三）农业生产数字化现状

《中国数字经济发展白皮书》发布结果[1]显示，四川数字经济总体规模靠前，位居西部第一、全国第九，但在农业生产数字化发展上对标东部地区先进省份，还有很大的差距。虽然四川农村信息化在场景应用、数据采集等方面发展迅速，但是农业生产信息化水平不足 28%，农业生产信息化水平

---

[1]　中国信息通信研究院编《中国数字经济发展白皮书》，2021。

未进入全国前十，西部地区信息化水平不足 20%，落后于东部、中部和全国平均水平，东部江苏、浙江两省信息化水平均超过了 40%。从农业农村信息化来看，农业农村部发布评价报告数据显示，2020 年四川省农业农村信息化发展总体水平为 38.3%，略高于全国发展总体水平 37.9%，居全国第十二位，在西部地区落后于全国第七位的重庆市[①]。从农业生产人口来看，农村人口数量不断下降，第七次全国人口普查数据显示，全省乡村人口与城市人口比例为 43.3∶56.7，与第六次全国人口普查相比，农村人口比重下降了约 25 个百分点[②]。

整体来看，四川农业生产数字化呈现地区发展不均衡、数字化渗透率较低，数字技术应用表现为平原地区多、山地地区少的状况，主要集中在成都平原等发达经济区域。以农业数字化水平为代表的农业装备应用为例，四川全省机械化率仅为 63%，丘陵山区的比例在 50% 左右，远低于全国 71.25% 的水平。农业机械化率水平较低与丘陵地区占全省总面积的 1/3，且具有丘陵地区地域特性的辖区面积较大有一定相关性。

### （四）产业融合数字化现状

产业融合指随着不同产业的产品业务、消费市场、技术知识交叉整合，产业之间原有的边界变得模糊的过程[③]。四川 2020 年第一产业增加值对 GDP 贡献率达到 14.1%，产业增加值排名全国第一。根据《四川统计年鉴（2021）》中农村乡（镇）统计数据结果，四川数字经济与农业产业融合较突出，2020 年全省农村农产品网络零售额 104.39 亿元，占农产品网络交易的 34%[④]。2021 年，全省总网商为 169.2 万家，其中农村电商共有 62.2 万家，较 2020 年增长 12.3 万家，总量位列西部第一、全国第七。农村网络零

① 农业农村部信息中心编《2021 全国县域农业农村信息化发展水平评价报告》，2021。
② 四川省统计局编《四川省第七次全国人口普查公报》，四川省人民政府网，2021 年 5 月 26 日。
③ Hacklin F., Battistini, B. and Von Krogh, G., "Strategic Choices in Converging Industries", *MIT Sloan Management Review* 55（2013）：65～73.
④ 四川省统计局、国家统计局四川调查总队编《四川统计年鉴（2021）》，中国统计出版社，2021。

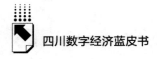

售额达到 1921.8 亿元，占全国农村网络零售额的 4.6%，同比增长 32.3%，高于全国 5.4 个百分点。农产品网络零售额由 2015 年的 40.17 亿元，增加到 2021 年的 385.7 亿元，占全国农产品网络零售额的 5.4%，年均增速 45.8%。

在数字金融方面，政府不断加大农业信息化建设的投入力度，2020 年四川农业农村信息化县均财政投入和乡村人均财政投入分别为 1229.7 万元、40.1 元，均排名全国第八，财政支持力度不断加大。政府、国有银行都在努力推进普惠金融促进经济增长，数字服务支持覆盖了省内大多数农村地区。四川是全国保险品种最丰富的省份之一，基本覆盖了农、林、畜大宗品种，保费由中央、省级、市县财政补贴 44%、21%、12%，农户自缴 23%。但在农业物联网应用方面，四川农业物联网项目相对分散且规模较小，2016 年农业部向社会推介的农业物联网应用模式中，四川仅 1 项模式进入目录，对农户整体带动作用较小。

## 三　四川省农业数字化发展面临的主要问题

农业数字化发展过程中受限于农村普遍存在的问题——农业数字化转型升级进程缓慢。当前，四川省数字农业发展进程中空天地一体化的农业数字化系统尚未建立，人才、资金、技术发展要素短板明显，仍然存在农业数字基础设施薄弱及网络服务落后、农业生产信息化集成应用不足、数据共享机制及标准化使用不健全、社会资本参与农业积极性不强、高素质职业农民匮乏等一系列问题。

### （一）农业数字基础设施及网络服务供给不足

农业数字化发展突出的一个问题是农村地区地理环境复杂使得搭建网络基础设施和维护网络设备的成本过高，限制了网络向村源点和农户源点的辐射。四川丘陵、高山、高原众多，基本农情呈现人多、地少、资源禀赋区域不均衡、自然灾害频发，数字基础设施在建设成本、维护、技术要求上都偏高的问题。四川境内丘陵山区耕地面积占全省的78%，而这些区域农业机械化率比平原地区低40个百分点，主要原因是农机化基础设施建设不充分，作业通行道路建设滞后，现代化农业装备有效供给不足。四川数字基础设施建设程度整体呈现农村远落后于城市、山区远差于平原地区的现象。

四川农村地区亦面临网络带宽不足、移动信号不稳定的困难。虽然四川实现所有行政村移动信号覆盖，但山区地带尤其是"三州"地区的网络信号稳定性、传输延续性差仍然制约生产。平原地区的硬件设施建设水平相比浙江、江苏等省差距较大。以2020年数据作为参考，四川全省网民数量为6766.7万人，互联网普及率为80.8%，其中，农村网民数量为1300万人，农村互联网普及率为40%左右，城镇网民规模是农村的4.2倍，农村互联网普及率与全国的平均数据57%仍有一定差距。城乡之间网络发展差距仍然较为明显。

## （二）农业生产信息化集成应用有待提高

首先，四川省农业生产信息化受到技术供给不足、自身弱质性等因素的影响，信息化集成度不高，仍然停留在一般、单一技术的应用阶段，对于高精尖类的数字技术应用相对缺乏。农业生产过程中信息资料来源不足、管理平台功能单一、应用物联网设备设施技术水平较低，与国内江苏、浙江等发达省份相比信息化仍处于较低水平。对比美国的农业信息化水平，其农场拥有物联网设备平均数量达到50台，且80%的大农场实现了大田生产全程数字化。其次，农业农村信息化程度生产端远弱于销售端，生产端信息资源较为分散，信息化管理平台建设不完善，农业信息化作用最突出的四川省"三农"大数据信息平台仍然在建设中，平台建成投入后一定程度上能够缓解农业信息集成化不足问题，但到后期系统的运营维护仍然存在困难，受到数据标准、定义、属性等差异的影响，会导致将数据录入管理系统时数据代码对照、数据清理等困难，且基础资料来源的单位及个人提供数据的主动意愿存在不确定性。

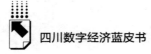

城乡居民收入差距对农业生产信息化产生了抑制作用。2021 年四川省 GDP 总值达到 53850.8 亿元,同比增长 8.2%,但四川省城镇居民使用互联网的比例超出农村居民 20 个百分点以上。如图 3 所示,2021 年,四川人均可支配收入达 29080 元,但农村居民人均收入相比城镇居民可支配收入的差距仍然巨大,城乡居民收入比为 2.36,近 10 年农村居民年人均收入仅上涨了 1 万余元。四川与浙江、江苏、河南等省份相比城乡收入间差距仍明显,低于 2.5 的全国平均水平,居全国第十七位,农村地区收入不高抑制了生产信息化推广,加之农村物流、网络成本偏高,又进一步影响农产品电子商务发展。

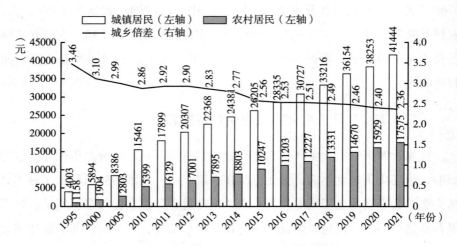

**图 3 1995~2021 年四川省城乡居民人均收入比较**

资料来源:根据历年《四川统计年鉴》数据整理。

## (三)数据共享机制及标准化使用尚未健全

总体来看,国内工业数据采集、处理和发布的标准化要远高于农业数据共享及标准化应用,四川亦不例外。当前四川信息共享机制不健全,缺乏统一的规范和标准体系,各管理平台和物联网设备之间关联度不高,数据采集、分析标准化程度不够,缺乏统一的数据传输标准,农业物联网技术、数字化智能（农机）装备等缺乏统一的行业标准，物联网设备与管理平台之间无法实现共享，各平台之间未建立数据共享机制，导致数据分散不统一。从应用情况来看，"农业数据云"平台收集的数据总量少、质量偏低，指导农业生产作用不突出。农业生产企业、农业科研院所和高校研究机构、IT企业等未能协同统筹推进信息平台建设，各自探索发展，缺乏数据采集、处理和发布等标准，导致数据分散不统一、碎片化，数据间欠缺关联度、完整性。此外，农民的生产和生活数据难以收集。对涉农数据保护不足，缺乏相应的法律法规对农业大数据进行保护，导致农业生产数据违法流通倒卖，影响数据共享机制建设。

### （四）社会资本参与农业积极性不强

借鉴发达国家的农业数字化发展经验，农业数字化发展需要持续资产的投入，且需要财政和社会资本的高效协同。社会资本是农业科技投入的主体。但由于数字化项目的建设需要大量投资，且为适应农业生产的恶劣环境，相比工业物联网的建设使用中对传感器和控制器更加稳定、可靠的要求，农业物联网构建的设备成本费用偏高，加之农产品生产周期较长，投资回收过程较慢，这在一定程度上导致资本投资应用农业的意愿不强。从投入农业数字化发展资本来看，四川政府是农业数字化发展投资主体，整体投入县域农村信息化财政占比呈现增长趋势，农业科技经费也主要来源于政府资金，经费来源渠道单一。此外，金融产业与农业数字化融合深度不够，由于农业主体自身抵押担保物品相对匮乏，金融部门的抵押、担保等传统信贷与保险的风控手段限制了农业主体经营人转型升级的原始投入，同时缺乏与数字农业试验相适应的金融产品。因此，四川农业数字化发展还需要引导和鼓励更多社会资本投入。

### （五）高素质农业生产管理人才仍然匮乏

农民自身数字技能的匮乏是四川农业数字化发展的最大短板。受经济待遇和发展环境的约束，熟悉农业产业且懂得数字技术应用的高素质农业生产和管理人才紧缺。2017 年四川省第三次农业普查统计数据结果显示，受过高中及以上教育的人数仅占农业生产经营人员的 5.2%，而作为全省农业农村发展最好的成都市，农村实用人才数量也仅占农村常住人口的 1/10①。2021 年全省拥有大专及以上学历的人口约为 1110 万人，占总人口数比例为 13%，绝大部分人员的文化程度在初中及以下，因而拥有数字技术应用能力的农业从业人员贫乏，这与数字农业的发展对高素质"职业农民"需求的加速增长形成较大反差。此外，农业数字转型过程中，既懂信息化知识又熟悉农业生产技术的复合型人才严重缺乏。农村基层数字技术力量薄弱，农业科学技术相关人员的技术职务和学历偏低，在县级及以下从事农业科技研究的科研人员，以初级职称为主，学历多在大专以下，而具备农业科技能力的科研人员很难被吸引到基层农村进行农业科技推广与研究。

# 四　四川省农业数字化发展策略

## （一）统筹和集成开发农业数字要素资源建设

一是推进农业大数据建设。数据的收集能够对农业生产、产品存量等数据实现实时汇总，通过智能算法对收集的数据进行分析并运用在决策环节，能够极大地帮助农业生产者掌握并预测市场未来需求、产品市场供给状况，由此从源头方面应对传统的农业周期性问题。以四川特色农产品全产业链为主线，建设"条数据"，从川猪、川茶、川果等重点品种入手，着力挖掘单品种全产业链大数据建设的模式、发展路径和配套的机制。以省市级现代农业园和县域农产品生产基地为单元，积极对接国家农业农村地理信息平台、省市农业农村大数据等平台，重点建设"块数据"，促进农业资源数据挖掘、分析和预测。加强与农业科研单位、高校研究机构合作，积极探索农业大数据应用场景，通过对条块数据采集、分析以精准监控作物、土壤、病虫

① 四川省统计局编《四川省第三次全国农业普查主要数据公报》，2017。

灾害、自然灾害等农业生产过程环境，推动农业数字化数据要素建设。

二是扩大农村数字基础设施覆盖面。基础设施建设是发展数字农业的"根"，四川农业数字化转型必须大力建设农村地区网络基础设施和新型基础设施，按照有条件、有需求的地区先建设，能适应、能发挥作用的新基建优先选择的原则建设农村地区数字基础设施。基础设施建设应重点关注提高基层农业部门数字化装备水平。农业数据资源收集重点是建设大规模、多功能、高智能的数据库，扩大农业数据库规模、实现农业数据标准化，便于数字资源共享。加快推进北斗系统在农业农村中的应用，加快数字化产地仓建设，推动农产品产地前端商品化处理中心建设，通过数字化分选推进农产品的分级标准化。

## （二）进一步完善农业数字化标准体系建设

农业种类与要素的多样性、不同地区农业发展资源和模式的差异性，使得农业数字化难以形成工业产品那样的标准体系，因此，需要进一步完善四川农业数字化标准体系来规范农业技术知识和信息的数字化过程，尤其在农作物种植、动物养殖等重点领域。第一，建立"三农"数据平台信息化标准体系，制定省级地方的数据库传输标准、各应用系统集成的服务接口规范标准，能够满足已建平台无障碍对接、新建平台无缝兼容的需求，实现数据平台的标准性、兼容性和规范性，以此发挥数据信息的共享共治作用。第二，加快制定农业相关数据标准，统筹推进全省各地土壤、肥力、水文、气象等数据在农业生产领域的采集、存储、平台发布与应用；推动农用机械设备、农业生产设施的"互联互通"，实现数字化改造，运用数据指导农业发展，化解农业生产中的不确定性风险。第三，推进农产品生产过程和管理过程的标准化，整合利用农业物联网设备、传感器、5G移动通信等现代信息技术收集形成的农业大数据，建设农业生产过程数字化信息感知、监测系统，形成智能化标准生产体系，在生产过程中，进一步扩大地面传感、卫星遥感等物联网技术与设备在农业生产环节中的应用，促进数字技术提升农业资源利用效率，逐步向精准化、智慧化的高阶发展。第四，建立健全市场主

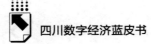
体共享数据的相关机制，推动省市两级农业数据资源整合，明确涉农数据权属；针对各级财政支持的各类农业项目，把数据共享作为申请条件，确立数据共享义务。

### （三）加快数字应用与农业深入融合

依据四川省内各个区域的农情、生产特征和种养类型，实现不同地区间数字农业差异化发展。一方面，要依据四川实际情况，采取因地制宜的区域性推进模式。成都平原区域主要发展智慧农业，提高区域农民数字农业技术能力，促进农业生产数字化发展，实现农业生产过程的精准化。省内丘陵地区，以智能农机技术为重点，推进无人化管理，利用无人化电子设备开发远程操控服务，实现农业生产过程的无人化。少数民族山区，生产的农产品品质好，围绕农产品销售和病虫害防治，主要发展农业生产数字监控和实施农业电子咨询，利用数字化传感器和预测模型减少农业生产中的病虫害问题。另一方面，政府积极营造农业物联网发展场景，推动各区域间联动发展。积极引导平原地区数字农业经营主体在川内丘陵地区、山地等非平原区域建立农业生产数字化应用场景，推动发展落后地区的农业产业化发展，带动农民增收致富，吸引农民工返乡就业，同时鼓励典型优秀经验复制推广。

### （四）不断提高农业数字化支持条件

加快构建农业经营网络化体系，以川内地理标志及特色农产品为依托，利用数字技术实现农业生产的自然景观、文化价值等属性变现，打造小农户经营"定制化、手工劳作""原生态"竞争力标签，推动四川地理标志产品等优势农产品的电商发展。推广数字技术服务与培训广度，发挥益农信息社、农村合作社的"数字桥头堡"作用，通过政府以及农村合作组织开展面向留守妇女、返乡农民工、家庭创业者等群体的网络直播、电子商务、普惠金融等专项培训，普及农业数字化知识，提升农民对数字化设备的实际操作能力。增强农业数字化发展资金支持，对盆地四周的丘陵、山地等地区的基础设施建设采取"先建后补"的民办公助、以奖代补的方式；鼓励小微农户组建专业合作组织，由政府补贴统一使用数字技术设施；设立省、市两级发展数字农业专项基金，积极广泛引导社会资本投入数字农业领域。

# B.6
# 四川省智能制造发展研究

贺 刚 黄诗静 李 磊*

**摘 要：** 智能制造是对传统制造业的数字化与智能化改造，是实现"制造大省"向"制造强省""四川创造"转型的关键，是对传统制造各个环节的全面升级与优化。本文在分析四川智能制造业发展现状的基础上，坚持以加快智能制造产业生态圈建设，推进制造业数字化转型、网络化协同、智能化变革发展思路，提出五大发展路径：立足制造业本质，以数字化网络化智能化为特征；以工艺、装备为核心；以数据要素为基础；打造智能制造载体；构建智能制造系统。建议重点发展五大领域：推进技术融合创新发展新动能；提升传统制造业数字化水平；打造具有国际竞争力的智能制造业集群；建设全国重要的智能制造业基地；加强智能制造基础设施建设。进一步对四川智能制造的典型园区实践进行探讨，并对四川智能制造提出强化统筹协调、加大金融支持、加强人才培养、加强安全保障、深化开放合作的政策建议。

**关键词：** 智能制造 制造业 智能园区 四川省

　　智能制造是制造强国建设的主攻方向，其发展程度关系制造业高质量发展水平，对于"数字中国"建设具有积极的支撑作用。我国分别于 2016 年

---

* 贺刚，经济学博士，西华大学产业经济研究所所长，副教授、硕士生导师，主要研究方向为产业经济、数字经济；黄诗静，西华大学硕士研究生，主要研究方向为产业经济；李磊，西华大学硕士研究生，主要研究方向为产业经济。

和 2021 年实施《智能制造发展规划（2016—2020 年）》《"十四五"智能制造发展规划》，经过多年发展已经形成十余个先进制造业集群。其中工业互联网、工业机器人、高端数控机床和半导体产业发展尤为迅速。四川省作为制造业大省，正处于制造业转型发展关键时期，2017 年四川颁布《四川省推进智能制造发展的实施意见》，积极探索智能制造发展路径，扩大智能制造发展规模，对于产业转型升级和结构优化、提升四川省制造业价值链、提高我国制造业国际竞争力、抢占新一轮科技革命制高点具有重要意义。

# 一　四川省智能制造业发展现状

## （一）产业现状

### 1. 国际智能制造业发展现状

从全球范围来看，美国、德国和日本走在智能制造前列。日本工业界于 1989 年首次提出了"智能制造"的概念；美国于 1992 年实施了涉及智能制造技术的新政策；德国于 2013 年推出"工业 4.0 版"，其战略核心是智能制造技术和智能生产模式。自此，智能制造作为国家战略开始受到全球各国的关注。

智能制造装备跨国企业主要集中在美国、德国和日本，且产业集中度高。全球前 50 家智能控制系统企业排行榜中 74% 为美、德、日企业[1]。王媛媛等[2]测度了 G20 国家制造业智能化指数，排名前五的国家分别是韩国、日本、德国、美国和中国。而中国智能化指数为 8.56，和排名第一的韩国（智能化指数为 17.65）仍有较大差距。可见，国际智能制造产业竞争日趋激烈，我国虽然已步入第一梯队，但与西方制造业发达国家相比仍有较大差距。

### 2. 国内智能制造业发展现状

从产业规模看，2020 年，我国智能制造行业产值约为 25056 亿元，同

---

[1]　谢良兵、宋馥李主编《世界智能制造中心发展趋势报告（2019）》，2019。
[2]　王媛媛、张华荣：《G20 国家智能制造发展水平比较分析》，《数量经济技术经济研究》2020 年第 9 期，第 3~23 页。

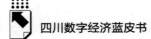
比增长 18.85%①；从产业分布看，形成珠三角地区、中西部地区、环渤海湾地区和长三角地区四大产业聚集区，建成智能制造产业园区 537 个；从主要领域看，主要涉及工业物联网、工业机器人及半导体工业。2020 年，全国工业互联网产业经济增加值达 3.57 万亿元，占 GDP 比重为 3.51%；全国工业机器人产量达到 237068 台，同比增长 19.1%；半导体销售额达 673.6 亿元。根据《智能制造能力成熟度模型》（以下简称《模型》）标准分数，全国智能制造业平均水平处于二级规范级，达到五级引领级的企业有 952 个，占比 3.39%。其中，参与智能制造能力成熟度评估的企业主要集中在山东、江苏、广东等传统制造业发达地区。

总体而言，我国智能制造在各领域均取得了长足进步，已经形成了一系列行业体系和评估标准，部分领域关键技术突破迅速，正处于加速发展阶段。但现阶段仍然存在发展不平衡、高端领域占比小、与美德日等发达国家差距大等非均衡发展问题。

**3.四川省智能制造业发展现状**

按照国家统计局发布的《数字经济及其核心产业统计分类（2021）》的划分，计算四川省智能制造核心产业营业收入及其利润总额，结果发现：从发展规模看，2016~2020 年四川省智能制造核心产业营业收入总体上呈上升趋势，其中，2020 年智能制造核心产业实现营业收入达到 14746.88 亿元，但利润率在 2017 年达到顶峰后开始下降，如图 1 所示。四川省智能制造业仍处于低利润的起步阶段，亟待提高智能制造业发展水平。

从发展水平看，按照《模型》标准分级，四川省企业平均水平为 1.68级，五级以上企业有 7 家，占比 3.1%。在国家公布的 2021 年度智能制造试点示范工厂名单中，四川有 2 家，占比 1.9%。智能制造年度优秀场景中，四川有 6 个，占比 2.48%。总体而言，四川智能制造仍处于起步阶段，与沿海省份差距较大，仍有较大发展空间。

---

① 李宛卿：《2021 年中国智能制造行业市场现状与发展前景分析　智能制造增长空间巨大》，前瞻经济学人，2021 年 9 月 30 日，https://www.qianzhan.com/analyst/detail/220/210930-938a0aba.html。

**图1　2016~2020年四川省智能制造核心产业营业收入与利润率**

资料来源：2017~2021年《四川统计年鉴》，其中智能制造核心产业参照《数字经济及其核心产业统计分类（2021）》。

从发展领域看，四川省形成了以电子信息业、先进制造业、航空航天业、新材料业、生物医药与生物农业、核技术及新能源业为主要发展领域的新发展格局。六大发展领域中，电子信息业发展处于领先优势，2020年营业收入占比超过68%，同比增长28.9%，而核技术及新能源业则发展较弱，处于起步阶段（见表1）。

**表1　2020年四川省六大领域发展情况**

| 六大领域 | 营业收入 | | | 利润总额 | | |
|---|---|---|---|---|---|---|
| | 数量（亿元） | 占比（%） | 同比增长（%） | 数量（亿元） | 占比（%） | 同比增长（%） |
| 电子信息业 | 6830.8 | 68.2 | 28.9 | 180 | 35.9 | 47.8 |
| 先进制造业 | 926 | 9.2 | 15.2 | 70.1 | 14 | 25.8 |
| 航空航天业 | 175.4 | 1.8 | -2.2 | 17.4 | 3.5 | 24 |
| 新材料业 | 733.7 | 7.3 | 8.5 | 67.7 | 13.5 | -0.5 |
| 生物医药与生物农业 | 1327.8 | 13.3 | -2 | 164.9 | 32.9 | 6.5 |
| 核技术及新能源业 | 24.1 | 0.2 | -9 | 1.7 | 0.3 | -10.2 |

资料来源：四川省科技统计中心。

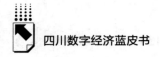
## （二）对比分析

### 1. 产业规模

2020年四川省规模以上智能制造企业营业收入为14746.88亿元，与浙江省规模以上智能制造企业营业收入30262.74亿元相比，不到其50%，但高于河南、陕西等省份，智能制造业发展处于国内中等水平（见图2）。

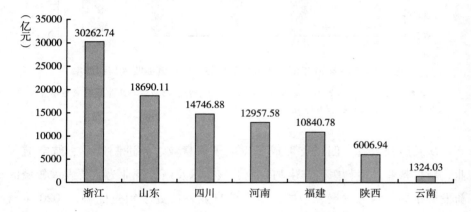

**图2　全国部分地区规模以上智能制造企业营业收入**

资料来源：全国各省2021年统计年鉴。

### 2. 产品种类及龙头企业

目前，我国四大智能制造产业聚集区依托当地资源、政策等形成了具有区域特色的发展模式和重点领域（见表2）。四川省作为中西部智能制造产业聚集区中的重要一员，智能制造涉及行业广、产品种类多，且四川出台了优先发展"5+1"现代工业体系的发展政策。

**表2　四大智能制造聚集区重点领域对比分析**

| 地区 | 代表城市 | 主要领域及产品 | 龙头企业 |
|---|---|---|---|
| 环渤海湾地区 | 北京、天津、石家庄 | 工业互联网<br>生物医药制造<br>半导体材料 | 小米、三一重能、北京现代等 |

| 地区 | 代表城市 | 主要领域及产品 | 龙头企业 |
|------|----------|----------------|----------|
| 长三角地区 | 杭州、上海、苏州 | 先进材料制造<br>智能装备制造<br>通信、电子信息技术设备、先进材料制造 | 上海新时达、上汽、中能硅业等 |
| 珠三角地区 | 广州、深圳、珠海 | 工业机器人<br>可穿戴智能设备<br>电子信息及软件 | 广州数控、柳工机械、华为等 |
| 中西部地区 | 西安、成都、长沙 | 轨道交通设备<br>高端数控机床<br>工业互联网 | 宁江机床、四川建机、川大智胜等 |

资料来源：前瞻研究院。

### 3. 智能制造能力成熟度

智能制造评估评价平台数据显示，四川省参与评价的企业数为 529 家，少于江苏（19029 家）、山东（4632 家）以及北京（1141 家）等智能制造业发达地区。四川省智能制造能力成熟度平均水平为 1.68 级，低于全国平均水平 2.1 级，达到 2 级以上企业四川省仅有 103 家，在全国排名第 15 位。可见，从全省平均水平和高水平智能制造企业数量来看，四川省处于国内中等水平，与东部发达地区存在较大差距。

### 4. 智能制造优秀场景分布

2022 年 2 月工信部公布的《2021 年度智能制造优秀场景名单》显示，四川省上榜的智能制造优秀场景共 7 个，排全国第 13 位，低于东中部地区大部分省市，如表 3 所示。四川省智能制造优秀场景涵盖了产品数字化设计与仿真、工艺流程及参数动态调优、产线柔性配置以及人机协同作业等领域。

**表 3  2021 年中国部分省份智能制造优秀场景分布**

单位：个

| 地区 | 智能制造优秀场景数量 | 地区 | 智能制造优秀场景数量 |
|------|----------------------|------|----------------------|
| 安徽 | 6 | 江西 | 16 |
| 北京 | 7 | 辽宁 | 6 |

| 地区 | 智能制造优秀场景数量 | 地区 | 智能制造优秀场景数量 |
|------|------|------|------|
| 福建 | 4 | 内蒙古 | 4 |
| 甘肃 | 2 | 山东 | 21 |
| 广东 | 11 | 山西 | 2 |
| 广西 | 2 | 陕西 | 7 |
| 贵州 | 2 | 上海 | 15 |
| 河北 | 11 | 四川 | 7 |
| 河南 | 18 | 天津 | 8 |
| 黑龙江 | 6 | 新疆 | 5 |
| 湖北 | 11 | 云南 | 6 |
| 湖南 | 16 | 浙江 | 15 |
| 吉林 | 6 | 重庆 | 8 |
| 江苏 | 16 | 宁夏 | 1 |

### （三）趋势分析

2021年12月，四川省经济与信息化厅印发的《四川省加快发展工业互联网推动制造业数字化转型行动计划（2021—2023年）》提出了利用新时代西部大开发、成渝双城经济圈建设等机遇，围绕"5+1"现代工业体系，以新一代信息技术与制造业深度融合为主线，推动制造业生产方式和企业形态实现根本性变革，推动制造业数字化、低碳化、高质量发展。结合工信部印发《"十四五"智能制造发展规划》与四川发展实际情况来看，四川智能制造业呈现以下发展趋势。

#### 1. 生产设备数字化、网络化

数字化和网络化是智能制造的主要特征，目前全国智能制造设备数字化率已达到50%，设备联网率和实现生产过程数据收集率达到24%。四川省生产设备数字化率约为47.3%，略低于全国平均水平，仅处于国内中间水平，生产设备数字化、网络化是提高四川省智能制造业发展水平的重要途径。

## 2. 产品设计数字化

数字化设计是实现制造业智能化的关键基础技术，截至 2021 年底，全国工业企业关键工序数控化率达到 55.3%，数字化研发设计工具普及率达到 74.7%，已有 48% 的企业开展了计算机辅助设计，25% 的企业开展了数字化仿真建模，27% 的企业实现了基于三维模型的设计。而四川省数字化研发设计工具普及率约为 77.5%[①]，高于全国平均水平，并计划到 2023 年超过 80%。通过数字化设计缩短产品周期、实现个性化产品生产是智能制造的重要特征，未来四川将继续提高制造业产品设计数字化率。

## 3. 生产载体智能化

发展智能制造需要立足于制造本质，以数据为基础打造智能车间、智能工厂、智能工业链等生产载体。截至 2022 年底，全国仅有 40% 的企业车间实现了远程操作，23% 的车间实现了生产过程信息可视化和数据采集。智能化生产载体仍有提升空间。目前，四川省智能制造企业生产过程数据采集率达到 30%，高于全国平均水平，可继续发挥生产过程中数据采集的优势，提高生产载体智能化。

# 二 四川省智能制造发展思路与路径分析

## （一）基本思路

贯彻落实国家《"十四五"智能制造发展规划》《四川省"十四五"制造业高质量发展规划》等有关文件精神，立足新发展阶段，全面贯彻新发展理念，构建新发展格局，坚持"创新驱动、市场主导、融合发展、安全可控、统筹推进"原则；以智能制造为主攻方向，重点发展工业机器人及工业软件、增材制造等新技术新装备，推广智能制造单元、自动化生产线；

---

[①] 唐千惠：《四川：数字"智"造步稳蹄疾》，四川经济网，2022 年 5 月 9 日，https://www.scjjrb.com/2022/05/09/99318640.html。

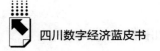

鼓励"区块链+智能制造"，赋能智能制造产品研发与商业模式创新；推动"5G+智能制造"等新兴产业和信息技术应用创新；加快智能制造产业生态圈建设，推进制造业数字化转型、网络化协同、智能化变革，为促进四川制造业高质量发展、构筑西部地区竞争新优势提供有力支撑。

### （二）发展路径

**1. 立足制造业本质，以数字化、网络化、智能化为特征**

智能制造的本质仍是制造业，其实现主要依靠与计算机软件、电子信息工程、自动化工程等相关的先进的信息技术，需要加快打造制造业数字化、网络化、智能化特征，通过新一代信息技术加快实现产学研深度融合，充分挖掘工业大数据应用价值，缩短智能产品研发周期，打造产品设计多元化、个性化，促进技术创新与新技术应用。

**2. 以工艺、装备为核心**

智能制造的内涵决定了智能制造应以工艺、装备为核心。智能工艺技术依托智能装备实现制造业智能化，大力实施高端装备创新研制工程、军民融合工程，推进全产业链联合创新，攻克关键工艺、技术装备，采用系统解决方案供应商、装备制造商与用户联合的模式，集成开发一批重大智能成套装备，推进工程应用和产业化[①]。

**3. 以数据要素为基础**

在数字经济时代，数据已成为数字经济的关键生产要素。智能制造的基础是数据，"数据喂养"是人工智能的重要支撑，应充分发挥数据要素的基础作用，实现制造业生产过程的大数据挖掘，充分利用大数据聚焦关键生产环节和生产技术，实现生产过程实时监控、产品设计实时调整、生产工艺实时优化，推动制造业智能化发展。

**4. 打造智能制造载体**

智能制造的高质量发展离不开创新载体的建设，打造智能工厂、智能车

---

① 尹峰：《智能制造产业迎来发展机遇》，《互联网经济》2017年第1期，第34~39页。

间、智能产业链等创新载体，促进各载体深度融合，带动智能工艺技术升级，实现智能制造创新驱动发展。同时，扩大智能产业园建设，形成智能制造创新载体一体化，产业区域协调发展，打造智能制造发展水平高标准，为进一步拓展行业应用深度广度夯实基础。

### 5. 构建智能制造系统

重点围绕核心产业聚集创新资源，积极筹建一系列产学研平台，推动智能工艺技术、工业互联网、智能装备等协同创新与融合应用，逐步形成以智能制造系统集成商为核心、重点领域先行企业示范引领、其他企业深度参与的智能制造发展生态体系。充分利用学校、企业等优质资源及与国内知名院校开展的省校战略合作，通过人才交流等方式，广泛进行智能制造新技术、新模式培训，构建高级管理人才、高技术复合型人才等多层次人才队伍。

## 三 四川省智能制造发展重点领域

### （一）推进技术融合创新发展新动能

#### 1. 关键核心技术

关键核心技术主要包括智能装备、智慧供应链、智能服务、智能工厂、智能赋能和工业网络等。加强核心技术攻关，探索技术、资本、市场与产品相融合的模式，统筹整合制造全过程，既要开展重点产业"卡脖子"关键核心技术的研究和攻关，也要注重基础研究，夯实基础。还需重视关键核心技术的成果转化，加快科技成果使用权、处置权和收益权改革。优化核心技术创新顶层设计，完善关键核心技术攻关的体制机制。

#### 2. 系统集成技术

系统集成技术的发展依赖于信息网络技术的不断创新，系统集成技术应着重开发和优化数据集成技术、业务互联技术、企业信息交互技术、云化部署技术等。系统集成技术攻关，围绕装备、单元、车间、工厂等

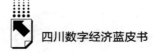

制造载体行动，构建相关数据字典和信息模型。面向产业链供应链，支持企业开展协同创新，开展专业化协作、联合攻关。面向制造全过程，提高重大成套设备及生产线系统集成水平，大力发展智能制造单元、智能生产线。

### 3. 推进新型创新网络建设

聚焦优势重点产业领域，支持建设符合发展实际和市场需求的创新载体。推动一体化通信网络建设，打造集关键技术、核心器件、组件、系统、产品及高端电路板加工于一体的新一代网络技术产业链，构建国内领先的新一代网络技术产业生态圈。着力搭建智能制造技术、智能装备、解决方案等"一站式"综合平台，推动智能装备研制重点企业开展技术研发、生产制造、工程总包、全程服务等一体化增值服务。

## （二）提升传统制造业数字化水平

### 1. 推进智能制造示范工厂建设

智能工厂主要包括智能化的工厂设计、工厂交付、工厂生产、工厂管理等内容。目前，四川首家"5G智慧工厂示范基地"在成都建成，旨在加快5G赋能产业数字化转型，助力成都打造网通产业第二极。打造智能制造示范工厂，需推进制造技术突破和全要素的融合，推广"机器人+"和智能制造单元、自动化生产线，加强精益管理和业务流程再造，制定智能制造成熟度评价办法，鼓励各地区、各行业推行精益管理，培育和推广新模式。

### 2. 推进智能轻工中小企业数字化转型

四川省印发《关于支持四川省数字化转型促进中心建设的政策措施》，明确支持中小微企业加速数字化转型。实施智能轻工中小企业数字化转型，需推动新一代信息技术与轻工行业深度融合发展，深入推进"企业上云"行动，鼓励平台企业、行业龙头企业数字基础设施、核心资源等开放共享，拓展平台服务能力；推出一批符合轻工制造业特点的数字产品和服务，在智能轻工领域培育一批"专精特新"中小企业；推动工业软件和工业应用程序的研发创新及产业化推广，依托数字化服务商，提供数字化服务。

### 3. 深化智能制造行业应用

行业应用主要包括建材、石化、纺织、钢铁、轨道交通、航空航天、汽车、有色金属等。四川省制造行业应用应根据制造业的特点和各领域的难点，分步骤、分阶段地逐步制定智能制造行业应用路线图；支持具备相关实施条件的企业加大技术创新投入，完善制造业领域创新成果信息发布和共享机制；加强制造行业信息化建设，培育一批综合型、特色型、专业型工业互联网平台，加速数据全过程应用，加快数据、标准和解决方案深化应用；打造一批产业应用场景基地，组织制造行业应用的经验交流活动。

## （三）打造具备国际竞争力的智能制造业集群

### 1. 世界级电子信息产业

2021 年，四川省五大现代产业实现利润总额 3620.1 亿元，比上年增长 36.8%，其中，电子信息产业利润总额增长 64.8%。着力推动集成电路、新一代网络技术、人工智能等核心基础产业发展，培育壮大北斗应用、网络安全、低轨卫星互联网等特色产业，发展 5G、人工智能、区块链等新兴产业，鼓励英特尔、成都华微、成都海光等电子信息企业持续做大产业规模，提升产业链协同水平。构建"芯屏存端软智网"一体化产业生态圈和创新生态链，突出创新驱动。

### 2. 世界级重大智能制造装备产业

2021 年，四川省装备制造产业利润总额增长 14.9%，其中成都、德阳、自贡、宜宾、广安装备制造业的营业收入占全省比重超过 75%。智能制造装备产业发展要完善，要做强航空与燃机、商业航天、先进轨道交通装备，培育和壮大清洁能源和智能装备，积极发展现代农业机械装备和自然灾害防治技术装备。深化优势领域集群培育与发展、重大技术装备"首台套"开发与推广、"小核心大合作"产业体系培育、优势装备升级、前

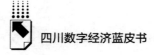

瞻性战略装备产业培育以及"引进来走出去"举措等六大项目实施。进一步推进装备制造的数字化转型和赋能，推动装备制造业与新一代信息技术融合创新。

### 3. 世界级特色消费品产业

2021年，四川省社会消费品零售总额突破2.4万亿元，达到24133.2亿元。特色消费品产业应重点发展优质白酒、精制川茶、特色轻纺等领域，扩大"川字号"消费品市场影响力和占有率。四川消费品工业门类齐全，川酒产量、产值、品牌数量位居全国第一；川茶综合产值全国第二；丝绸产量位列全国第一。消费品产业开展消费品数字化赋能工程，推动5G、人工智能等新技术与消费品生产、流通等环节融合，推进创新助力消费品产业发展，分行业分领域建立创新主体集聚区，在采后储运保鲜、品质检测、生物技术等关键共性领域再攻克一批重点技术。加快资源优势转化为产业优势，进而建设世界级特色消费品产业集群。

### （四）建设全国重要的智能制造业基地

#### 1. 打造先进材料基地

2021年，四川省先进材料产业全年实现营业收入7674.2亿元，实现利润总额616.3亿元。建设先进材料基地要重点发展钒钛、钢铁、化工、新建材等先进材料产业，培养一批具有市场潜力和良好基础的智能制造产业发展迫切需要的关键材料，打造钒钛、锂钾、晶硅、稀土等具有鲜明特色优势的产业基地。加强创新性投入，着力解决环境负荷大、能源效率低、产品同质化等共性问题，加快基础材料升级换代，提升综合竞争实力。

#### 2. 打造能源化工基地

2021年，四川省能源化工产业利润总额增长41.3%，建设能源化工基地要充分发挥战略性资源优势，推动国家天然气（页岩气）千亿立方米级产能基地建设，建设全国能源化工产业循环利用基地。重点推进水、风、光等清洁能源一体化建设，通过"延链补链强链"推动精细化学品向高端化、差异化、高附加值化发展，推动二氧化碳综合利用和节能装备高效循环化。为加速氢能及氢燃料电池技术应用，重点加强制氢技术攻关，降低氢气燃料使用成本；加快关键材料和核心组件的技术攻关与转化应用。

### 3. 打造汽车制造基地

2021 年，四川省生产新能源汽车 6.4 万辆，同比增长 106.5%。建设汽车制造基地要重点发展先进节能汽车、纯电动及混合动力汽车、智能网联汽车等，推进在汽车节能环保、辅助驾驶和无人驾驶等领域创新突破，提升创新能力和产业化水平，汽车产业发展要向电动化、智能化和网联化方向转型升级。同时引入更多产销对路新能源汽车产品，支持优势特色零部件企业做大做强，全面推进成链配套发展，开展智能网联汽车道路测试和示范应用。

### 4. 打造医药健康基地

2021 年，四川省生物医药产业产值增长 34.4%，远高于一般行业产值增速。建设医药健康基地要依托产业基础、资源优势、转化能力和发展环境，坚持政府引导、市场主导、创新引领、开发合作原则，以重大疾病防治和突发公共卫生事件防控为重点，加快发展现代中药、创新化学药、生物制剂、医疗健康装备等重点行业。依托行业龙头企业和重点研发平台、科研机构，突破一批医药领域关键共性技术、建设一批重点项目、提升智能制造水平，建强医药产业体系，打造具有较强影响力的医药产业生态圈。

### （五）加强智能制造基础设施建设

#### 1. 深入推进标准化工作

"十四五"时期，四川省围绕智能制造体系架构建设，按照《国家智能制造标准体系建设指南（2021 版）》建设要求，统筹推进国内国际标准化工作。一是加强基础共性标准建设，主要包括通用、安全、可靠性、检测、评价、人员能力标准；二是加强关键技术标准建设；三是加强行业应用标准，在人工智能、大数据等新兴领域，支持"企业+大数据平台+人工智能计算"模式参与国际国内标准的制定，围绕新兴产业和未来产业形成一批技术标准和测试方法（见图3）。

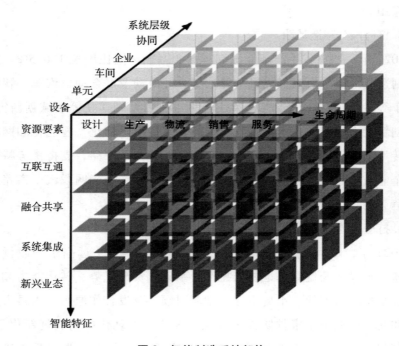

**图3　智能制造系统架构**

资料来源：《国家智能制造标准体系建设指南（2021版）》。

### 2. 完善信息基础设施

推动通信网络设施规模化提升，建立移动物联网综合生态体系。探索建设新型卫星互联网，前瞻布局6G通信试验场，打造国内领先的北斗应用基础设施。推进区块链基础设施建设，建设国家综合大数据中心成渝枢纽节点，推动国家工业互联网大数据中心四川分公司和"星火链网"超级节点入驻。建设成都人工智能大数据中心、雅安大数据产业园、四川大数据资源中心。全面发展智能一体化基础设施，建设智慧城市轨道、智慧机场和智能数字航道。

# 四　四川省重点区域智能制造产业园区分析

遵循"统筹优化、因地制宜、资源集约、特色突出"原则，推进四川省智能产业园区试点示范建设，将产业园区打造成为四川省工业转型升级先导区域、对外开放重要窗口、科技成果转化基地。

## （一）成都市：天府新区智能制造产业园

天府新区智能制造产业园地处成都新津，2022 年先后被评定为工信部工业互联网园区融合应用新模式试点示范、四川省"5+1"重点特色园区、四川省外贸转型升级基地。2020 年，产业园区全年实现规模工业总产值 330.6 亿元，目前天府产业园已聚集了 1200 余家企业，产业人口 5 万人左右（见表 4）。

表 4　天府新区智能制造产业园

| 项目 | 内容 |
|---|---|
| 主要方向 | 致力于构建绿色低碳产业体系和优化能源结构 |
| 取得成效 | 拓宽招商路径，深化智能制造行业应用，搭建智能新平台。联合超 60 家生态企业成立智能科技创新联盟，完善相关基础设施，坚持创新引领，吸引创新人才 |

## （二）绵阳市：长虹智能制造产业园

长虹智能制造产业园位于绵阳涪城，产业园区综合应用行业最新制造设备，园区使用先进信息网络技术，通过全流程的自动化与信息化操作，覆盖了加工、检测、物流等环节，实现了全流程数据可视化和对核心业务的精准预测，满足大规模定制化柔性生产（见表 5）。

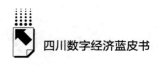

表5　长虹智能制造产业园

| 项目 | 内容 |
|---|---|
| 规模 | 产业园区占地815亩,项目总投资近11亿元 |
| 园区布局 | 按照"技术与产业升级、生产模式创新、制造流程优化、运营能力提升"原则进行产业布局调整 |
| 智能化程度 | 依托"IE(工业工程)+IT(信息化)+AT(自动化)"模式,加强自动化及MES系统建设 |
| 信息化程度 | 以MES系统为突破口,逐步引入CAPP、CAM等工艺制造信息工具* |

　*朱雪黎:《长虹空调智能制造产业园正式投产　布局全产业链智能制造提速》,2018年12月12日, https://sichuan. scol. com. cn/ggxw/201812/56738881. html。

### (三)德阳市: 旌阳区智能制造产业园

旌阳区智能制造产业园位于旌阳孝泉镇,目前已与多家生物科技、生产制造企业合作。产业定位为成德绵工业科技产业聚集地,园区目前已打造出大型综合性5G智慧产业园,成功引入5G应用领域企业10余家,实现办公人员超300人,产值突破3000万元,纳税200万元以上。

表6　旌阳区智能制造产业园

| 项目 | 内容 |
|---|---|
| 主要方向 | 着力推进智能制造、高端装备、新能源等轻加工产业,辅助性发展生产性服务及下游服务产业,营造兼具高效、生态、现代、科技的产业园区 |
| 现状 | 目前已与多家生物科技、生产制造企业签订合作协议,预计产值过亿元,为本地提供数百个就业岗位 |

### (四)宜宾市: 远东股份宜宾智能产业园

远东股份宜宾智能产业园位于南溪罗龙工业园,立足智慧能源、智慧城市,园内设两大基地,包揽了三大核心业务中的智能缆网、智能电池板块，是集研发、办公、生产、物流于一体的大型现代化产业集群基地[1]（见表7）。

表7 远东股份宜宾智能产业园

| 两大基地 | 生产能力 |
| --- | --- |
| 新基建用高端电线电缆研发生产基地 | 形成电缆等共计约 21.5 万公里、绝缘电线约 210 万公里生产规模 * |
| 新能源车动力电池用高精铜箔研发生产基地 | 年产 5 万吨高精度铜箔 |

\* 褚梦茜：《总投资 60 亿元！远东股份宜宾智能产业园正式奠基》，2021 年 10 月 14 日，https：//www.fegroup.com.cn/ydkg/xwzx79/gsxw10/575890/index.html。

## （五）自贡市：高新区智能制造产业园

2021 年，自贡高新区入驻工业企业近 300 户，规上企业 110 户，实现规上工业总产值 236 亿元。其中，智能制造企业 118 户，规上企业 57 户，实现规上工业总产值 152 亿元[2]。目前园区年主营收入突破 700 亿元，拥有规模以上企业 80 户，高新技术企业 30 户，占自贡市高新技术企业的 60%（见表8）。

表8 自贡高新区智能制造产业园

| 项目 | 内容 |
| --- | --- |
| 主要目标 | 重点发展节能环保设备制造业，围绕 2030 年碳排放达峰目标，组织新材料、新能源等重点行业企业推进实施 |
| 发展方向 | 拓展五大产业链，构建国家级节能环保新产业集群战略。重点建设新型产业集群，吸引智能制造业投资。推动制造业企业向智能化制造转型，培育智能化试点示范企业 |

---

① 陈刚、蒋太平：《迁改线路助力万亿级"锂电"之都建设》，《四川经济日报》2022 年 3 月 10 日。

② 李洋、陈家明：《自贡高新区："智"造百亿产业支柱 奋力迈向两千亿园区》，《四川经济日报》2022 年 3 月 1 日。

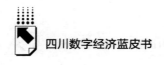

# 五 保障措施

## （一）强化统筹协调

建立完善部门协同、上下联动的产业推进机制，压实责任，统筹实施智能制造工程，加强重点地区、行业、企业和项目运行监测预警，优化完善工业大数据平台。鼓励地方政府完善相关政策和法律法规，严格执行重大涉企行政决策法定程序，依法保护市场主体合法权益，形成系统推进工作格局。支持科研院所、高校积极开展智能制造前瞻性、战略性重大问题研究。

## （二）加大金融支持

全面落实各项减税降费优惠政策，加大对制造业转型升级支持。实施市场准入负面清单和产业结构调整指导目录，吸引更多社会资本进入制造业领域。多措并举推进降本减负行动，严格执行涉企行政事业性收费清单管理制度。创新小微企业融资模式，增强金融普惠性。营造良好金融生态环境，用好财金互动政策，引导各类产业基金加大制造业投资。完善融资担保服务体系，引导金融机构加大对制造业的融资支持。

## （三）加强人才培养

实施优秀企业家培育行动，培养社会责任意识强、诚信守法的企业家队伍。实施"天府峨眉计划""天府青城计划"等省级重大人才项目，精准培养制造业高层次人才。加大"新工科"人才培养力度，加强有关学科专业建设。实施高技能人才素质提升计划，加强产教融合实训基地、继续教育基地等建设，推进企业职工培训和高技能人才校企合作，培养高素质劳动者和技术技能型人才。

## （四）加强安全保障

在发展规划、产业政策、法规标准、行政许可、项目管理上落实安全生产要求，提升本质安全水平。统筹发展与安全，强化经济安全保障，提升公共安全防控救援能力，坚持预防为主、综合施策，加强安全体系和能力建设，提高防范和抵御安全风险能力。推动"工业互联网+安全生产"，推进人防、技防、物防措施落实，鼓励安全生产适用技术和新装备、新工艺、新标准的推广应用。

## （五）深化开放合作

推进川渝自由贸易试验区协同开放示范区建设，争取国家赋予更大的改革自主权，推进制造业新一轮开放发展，实施世界级产业集群培育行动。围绕"四向拓展、全域开放"推进制造业扩大开放，支持企业发挥竞争优势"走出去"，更深入参与国际产业分工合作。加大"引进来"，有序承接产业转移，促进产业链国际国内双嵌入，畅通内外市场大循环，构建内外联动、合作共赢的开放发展格局。

**参考文献**

陈国强、张芳兰、徐丽、申正义：《智能信息时代下装备制造领域的中国式转型升级》，《包装工程》2021年第24期。

刘玉书、王文：《中国智能制造发展现状和未来挑战》，《人民论坛·学术前沿》2021年第23期。

罗序斌：《传统制造业智能化转型升级的实践模式及其理论构建》，《现代经济探讨》2021年第11期。

王柏村、陶飞、方续东、刘超、刘宇飞、Theodor Freiheit：《智能制造——比较性综述与研究进展》，《Engineering》2021年第6期。

# B.7
# 四川省白酒产业数字化发展研究

付 莎 杜思远 杨继瑞*

**摘 要：** 白酒产业数字化转型是白酒产业与数字经济深度融合的重要前提，是提升"数字川酒"创新应用水平的重要举措。白酒产业数字化特征主要体现为驱动白酒产业效率提升、推动白酒产业跨界融合、重构白酒产业组织竞争模式、赋能白酒产业提档升级等方面。优势省份及产区从智能制造、营销数字化等方面进行探索。在新发展阶段，川酒继续砥砺前行，通过高新数字技术，加强原材料端品质管理，加快推进技改，实现从生产到渠道一体化管理。但是，四川白酒产业数字化目前面临着数字化顶层设计亟待加强、产业数字化发展亟待推进、数字化公共服务体系亟待建立、数字化人才培养亟待加强、数字化与白酒产业结合深度不够、白酒产业数字化存在金融痛点、产业生态圈有待完善的短板。本文提出应加强白酒产业数字化转型的顶层设计、出台白酒产业数字化转型的激励政策、打造白酒产业数字化转型的旗舰标杆等建议，加强"数字川酒"建设，赋能川酒转型升级，推动产业融合发展。

**关键词：** 白酒产业 产业数字化 数字川酒

---

* 付莎，经济学博士，成都大学商学院讲师、成渝地区双城经济圈与成都都市圈建设研究中心研究员，主要研究方向为供应链金融、区域经济；杜思远，区域经济学博士后，四川旅游学院科技处副处长、副教授，四川省工业和信息化研究院副院长，主要研究方向为消费经济、区域经济、产业经济；杨继瑞，经济学博士，四川中国白酒金三角发展研究院常务副院长，博士生导师，主要研究方向为消费经济、区域经济。

# 一 白酒产业数字化转型的意义、内涵及特征

## （一）白酒产业数字化的意义

一是白酒产业高质量发展的重要抓手。大数据为企业管理带来了更多空间，无限制的连接、超精准的模拟计算、稳定的数据开源，助推产业高质量行稳致远。

二是白酒产业需求导向的坚实基础。在消费主权时代背景下，市场特征正从传统"人找货"向"货找人"转变。数字化转型有利于白酒企业及时掌握消费者动向，增强供求双方的互动，帮助企业快速掌握消费者需求变化，满足市场理性、品质、个性化消费趋势。

三是白酒行业提档升级的有力"武器"。数字化可以帮助白酒企业提高其运营效率。当前，五粮液、泸州老窖、洋河、古井贡等众多知名酒企也开始了数字化转型的有益尝试，并努力构建"万物互联网络"，为生产升级添砖加瓦。

## （二）白酒产业数字化的内涵

2021年6月，四川省人民政府办公厅发布《关于印发推动四川白酒产业高质量发展的若干措施的通知》，该通知明确指出要加快推动实体经济与数字经济深度融合。一是加快技术改造升级。推动新一代信息技术与传统酿造技术深度融合，对白酒企业实施以机械化、数字化、智能化为方向的技术改造项目和产能提升项目，打造一批数字化示范企业和智能化生产示范线。二是加强产业创新发展。支持高校、科研院所、企业联合共建四川省白酒产业创新中心等创新平台，开展白酒产业新技术、新工艺、新装备研究和开发，突破一批亟待解决的关键共性技术难题。持续推进5G、区块链、大数据、物联网等技术在原粮种植、生产酿造、市场营销、金融服务等环节融合协同，推动建立四川白酒全产业链数字服务平台。加快国家工业互联网标识解析白酒行业节点应用推广，探索川酒大数据库建设，提升"数字川酒"创新应用水平。

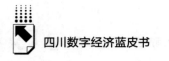

### （三）白酒产业数字化的特征

**1. 驱动白酒产业效率提升**

优化生产过程，提高生产效率。优化流程、提升流程管理能力，是提高效率的重要手段之一。中国酒业协会发布的《中国酒业"十四五"发展指导意见（征求意见稿）》指出，预计到 2025 年，中国酒类产业将实现酿酒总产量 7010 万千升。创新、转型是实现这一战略目标的关键手段。在不少大型酒企的"十四五"规划中，技改扩能、数字化转型成为其发展战略的重要组成部分。[①]

**2. 推动白酒产业跨界融合**

延长白酒产业链，拓展服务环节。数字化转型意味着冲破行业阻碍，促进要素流通。通过区块链、物联网等平台向上溯源，明确原料供应以及初级加工；向下保障，为客户提供定制化产品，增强差异化经营，基于数字技术完善销售、售后等下游环节。

产品多重属性使得白酒产业融合成为可能。白酒行业产业上下游关联众多，且历史悠久，美誉度高。首先，白酒行业可以通过与其他行业的互动，向其他行业渗透、整合，形成酒类文旅、养生保健等新业态。其次，白酒产业可以通过市场运作，提高产业收益，吸引其他行业加入，形成技术经济联系紧密互补的新型业态。

"区块链"技术应用助力酒企良性发展。首先，为从源头解决质量参差、销售混乱等行业乱象，正本清源，酒链项目及时上马。区块链数字酒项目主要利用区块链不可篡改、可追溯的特点，精准记录产品的生产、运输、销售等各个环节，保障产品质量。其次，对收藏流通来说，酒企根据产量对酒品进行限量发行，并为消费者提供数字防伪查证服务，满足酒品数字资产化的投资收藏需求。

---

① 《"硬核"技改赋能白酒产业转型升级》，美酒招商网：http：//m. 9928. tv/news/334015. html。

3. 重构白酒产业组织竞争模式

新冠疫情的出现极大改变了消费者的消费模式，但其对于酒品的需求并未受到显著影响。虽然线下餐饮的暂时性歇业使得消费者的消费场景受限，但是，酒类企业纷纷转变销售思路，拓展线上品鉴渠道。通过推广应用高新数字技术，"云上消费"模式相继出现。目前，互联网消费人群数量正在快速增长，在疫情防控的当下，线上消费成为酒类行业的中流砥柱。

4. 赋能白酒产业提档升级

由于食品行业的特殊性，食用安全保障成为第一要务，其表现在事中的实时监控以及事后的责任追溯。具体来看，在生产过程中可利用物联网以及大数据对产品从生产到加工进行全流程管控，实现精密、可靠生产；在责任追溯中加强产品的质量标识码管理以及责任落实，以更好地满足消费者需求。

# 二 白酒优势省份及产区产业数字产业化转型经验及启示

## （一）白酒优势省份及产区产业数字化转型经验

### 1. 推进智能制造，实施白酒生产数字化

白酒酿造基于传统的粮食酒曲发酵制作技术，形成了一套独有的生产技艺。然而，过去白酒酿造一直采用人工操作完成，生产效率低下，且食品安全无法得到充分保障。伴随着食品加工技艺的发展，白酒酿造的工业化生产占比在不断提高，部分企业实现了全流程的机械化生产，提高了生产效率。

具体来看，新疆伊力特公司在生产端深入实施标准操作，加强窖池管理，加大对产区管理、微生物发酵和产品品控等细节把控，遵循"稳、准、细、净"的工艺操作标准，提高产品质量和优品率。

西凤酒厂集团也大力推进数字化工厂建设，逐步实现了原料跟踪、自动酿酒、自动线灌装等环节数字化介入，提高生产质量与效率。同时，高新数字技术是所有产品实施全域动态跟踪、实现全过程溯源的必要手段。

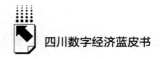

泸州老窖集团发布《泸州老窖股份有限公司产品质量与安全白皮书（2021）》，其中也提到下一步将深化推进数字化改革，聚焦数字提升势能，重点推进智慧酿造，构建服务于酿酒生产质量提升的大数据分析平台，利用数字化技术和工具，实现酿酒生产全流程数字化管理；同时，持续开展智能酿造关键技术研究，升级在线检测、智能摘酒、智能起窖等智能酿造技术，打造行业智能化酿造工厂标杆。

### 2. 探索营销数字化与新零售，实现酒企的市场数字化

众多白酒企业在营销数字化转型中持续创新，通过搭建新零售平台，不仅拓展新的盈利空间，还有效整合市场资源、保障营销渠道畅通，更重拾消费者信心，使其放心消费。其中，五粮液等多家白酒企业已进行了成功实践。

组织革新，提高人员配置效率。五粮液集团公司基于现有业务流程对人员组织架构大范围调动，利用高新数字技术强化智能管理，实现科技赋能，完成数字化组织革新，大幅提升人力行政效率。

渠道拓展，稳固渠道广度深度。五粮液集团公司持续完善现代化营销平台，构建大数据订单网络，同时，应用智能码技术管控产品流向，动态全域追踪，基于销售情况，实时分析判定产品库存流转情况，助力产品仓储物流科学化、高效化，最终为企业全流程整体规划提供有力支撑。

要素协作，创新消费实践场景。按照消费对象、消费目的的差异化原则，归纳总结不同的消费场景。五粮液已与华为等大型高新技术企业达成战略合作，从数字营销改革到数字零售渠道构建，从智慧线下体验店建设到运营模式创新，从品牌体系丰富到全域产销模式升级，共同打造白酒企业与高新技术企业强强联合的新典范。

### 3. 以"互联网+"的发展模式，促进消费端数字化进程

随着消费经济的不断深入，消费者品牌意识越发加强，消费差异化现象越发突出。洋河酒厂股份有限公司利用自身企业特质，积极推进销售模式实践，并取得良好效果。具体来看，洋河酒业标志性的工业互联网标识解析体系为其构建数字化营销模式提供了有力的技术支持。将营销渠道与产品标识技术

绑定，完善产品全流程监督管理，提升酒品品控。同时，以营销大数据为基础，实现营销方向动态调整，及时转变营销思路，保障销售业绩持续增长。

### 4. 利用数字化营销优势，产生新的市场营销布局

在互联网用户数量持续走高的当下，凭借网络官方媒体、自媒体来完成营销推广目的，成为各类酒企的首选。数字化营销将有助于及时捕捉消费热点，掌握消费者偏好，优化投放内容，提升传播效率、让传播更有章法，实现媒体营销向差异化投放的转变。

其中，在众多酒企数字化营销案例中，江小白酒业有限公司走在了前列。江小白秉承"以用户为中心"的企业准则，专注线上消费迎合，以"消费者数据"强化营销投放，最终实现线上营销有机整合。通过线上消费数据，敏锐捕捉消费者需求动向，及时对产品生产动态调整，稳定消费客户群。同时，通过大数据营销模式，进行流量运营，增加品牌曝光度，吸引潜在消费客户群体，形成品牌消费黏性，抢占同类产品媒体营销主动权。

## （二）白酒优势省份及产区产业数字化转型启示

四川独特的自然条件，以及悠远的饮酒文化，造就了川酒成为传统行业传承千年的古老酒业之一。五粮液、郎酒、水井坊、剑南春、泸州老窖和沱牌曲酒"六朵金花"更是其中的佼佼者，成为川酒品牌的名片。在新发展阶段，川酒继续砥砺前行，通过高新数字技术，不断发展创新，取得了一定的转型成就。

### 1. 加强原材料端品质管理，降低生产成本

根据各酒企不同的酿造工艺，对酿酒原料进行跟踪控制，视具体原料批次、原料产地决定数量等生产细节。为企业生产线分析合适的原料，生产出优质白酒，并及时与上游原料方沟通，实现生产的良性循环。

### 2. 加快推进技改，实现智能酿造

酿造智能化是川酒实现全域数字化转型的重点。各大川酒企业凭借独特的酿造技艺与窖池管养等生产细节，生产出各具风味的白酒品类，强化消费群体，但也成为智能酿造全产业推广的技术壁垒。智能酿造的目的是实现酿

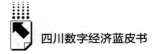
造过程的可视化与可复制化，一方面，各大酒企可通过酿酒自动化设备的上线，更加有效规范生产物料的使用，提高食品安全系数，保障产品品控；另一方面，通过生产数据的大规模收集，加强与酒企的技术分享，改良产品，共同实现川酒的酿造技艺数字化转型，打造川酒"大品牌"。

3. 升级数据管理，实现从生产到渠道一体化管理

作为产供销全流程高度相关的企业，白酒企业通过网络将生产各环节的数据整合，并通过数字化分析手段，量化、可视化企业经营全过程，辅助企业进行决策，节约生产成本，提高企业生产、销售效能。同时，在新的数字化营销体系下，及时获取客户数据，实现需求群体动态精准预测，发挥大数据的资源性优势，实现企业产销稳步增长。

# 三　四川白酒优势产区产业数字化的现状与特征

四川拥有丰富的粮食资源和天然的自然环境，水源优质，酿酒工艺源远流长，使白酒成为四川省重要的经济支柱产业，并跻身于全国具有相对优势的行业子列。作为典型的区域性资源型产品，近年来，四川白酒产业发展构建了以长江（宜宾-泸州）、岷江（宜宾段）、赤水河流域为核心区域，以涪江沿线和岷江流域为延伸区域，以四川盆地周边山区和高原地区为协作区的"中国白酒金三角"集中发展区域，产业布局得到了进一步优化。早在 2007 年，酒协组织全国 22 家酒企启动"中国白酒 169 计划"，后又在此基础上，推出了"中国白酒 158 计划"。2013 年，为加快白酒生产自动化、智能化技术改造，"中国白酒 3C 计划"应运而生。传统产业与现代科技的融合发展就此拉开帷幕。数字科技与酒业的深度融合，正在赋予传统白酒转型升级的动力。通过网络、大数据等技术实现个性化定制、智能化生产，不仅决定着白酒的品质，也决定着白酒的传承与创新，更决定着白酒的未来。

## （一）四川白酒产业全产业链视角

优质白酒行业在技术上面临困境。白酒生产作为传统行业，有其特定的

工艺，依靠优质原料、陈年窖池、精湛工艺等要素的投入，这些特点使其与现代工业一墙之隔。在长期形成的生产供应、销售体系下，消费透明化成为白酒行业治理的最大短板，依靠传统技术无法破解的行业困惑，在整个生产流通环节中可见。

### 1. 白酒产业原料基地数字化情况分析

酿酒原料的质量直接影响到白酒产品品质，是白酒酿造的最重要保障。目前，除部分知名白酒企业建立了专门的酿酒用粮基地外，大多数企业酿酒所需的原料都是异地采购，部分企业出于市场价格的考虑采购酿酒原料，对原料的产地、品种、质量等不太重视。

### 2. 白酒企业数字化情况分析

（1）五粮液集团[①]

五粮液集团作为最早进行数字化改造的企业，数字化改造红利正在释放，数字化改造尝试对其终端销售、供应机制、渠道维护、库存管理等方面都起到了推动作用。一是渠道创新，增强市场信心。传统大商制[②]曾创造了五粮液的辉煌，但也曾经是五粮液的痛点。如今，通过数字化改革，掌控终端渠道的同时，也形成了良好的厂商合作关系，打通了企业健康发展的循环体系，并通过"上云上链"模式实现了产品市场精准投放，产品价格稳健走高，真正实现了厂商利益共同体，增强了市场信心。二是精准投放，把握市场动态。五粮液价格上涨与公司的数字化营销有很大的关系。通过数字化营销，能够充分有效掌握五粮液的社会库存状态和动销情况，实现有质量的市场投放。三是追溯防伪，维护产品价值。近年来，有关高端白酒假货的报道常见诸报端，而五粮液在防伪方面一直投入了巨大的财力、物力和精力，特别在数字化防伪方面实现可追溯，在喝好酒、喝真酒方面，五粮液建立起

---

① 《五粮液数字化改革加持渠道优化提速 维护渠道利益，淡季挺价彰显信心》，http：//news. cnfol. com/chanyejingji/20220428/29593797. shtml。

② 大商制是五粮液传统经销模式，即设置总经销商，由其全权代理管辖区域的销售活动。其特点是销售网络覆盖完整、宣传力度大。但是，该模式较为粗放，厂家对终端控制力较弱，无法直接接触消费者，更无法获取消费数据，面临串货和品牌形象受损的较大风险。

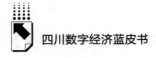

了消费者信任，因此，也实现了五粮液的高开瓶率。

（2）泸州老窖集团

泸州老窖集团打造"集团级数字技术赋能平台"入选 2022 年四川企业数字化转型典型标杆案例。泸州老窖集团为有效解决时空限制与产业数字化应用问题，紧跟时代潮流，大力拥抱新一代信息技术，深入推进企业数字化转型，实施数字经济战略。围绕"上云、用数、赋智"的整体思路，利用云计算、大数据、低代码开发等新一代数字技术应用和集成创新，打造了集团级数字技术赋能平台，激发数字动力，赋能实体产业，为业务数字化创新提供高效数据及一体化服务支撑，切实推进国企数字化转型。目前泸州老窖集团已完成企业整体上云和数据中台的建设，实现了数字化转型云管控 IT 构架的打造和数字化生产资料的共建共享，为国企数字化转型探索出一条切实可行之路。

泸州老窖集团发布《泸州老窖股份有限公司产品质量与安全白皮书（2021）》，该白皮书（2021）提出将持续深入推进数字化进程，聚焦数字提升势能。一是推进智能化应用示范。过去泸州老窖集团开展了一系列酿酒装备自动化、智能化研究开发及示范应用工作，将仿真技术、自动化技术、工业机器人、在线检测、传感器、大数据等先进科技应用到白酒生产过程，有效提升了酿造和产品质量的稳定性，在行业内起到了良好的示范和推动作用，获评 2021 年度"中国轻工业智能制造示范案例"。二是推进智慧酿造。泸州老窖集团持续推进智慧酿造，加快实施黄舣酿酒生态园 MES、设备管理、能源管理等智能工厂业务管理系统建设，构建服务于酿酒生产质量提升的大数据分析平台，利用数字化技术和工具，实现酿酒生产全流程数字化管理；持续开展智能酿造关键技术研究，升级在线检测、智能摘酒、智能起窖等智能酿造技术，打造行业智能化酿造工厂标杆。

### 3. 白酒产业物流企业数字化情况分析

充分激活数据价值，数字化赋能公司提升治理能力。五粮液集团，致力于建设"数字五粮液"，加快构建现代企业数据安全基础平台，建设运营数字化平台，激活企业数据价值。与第三方合作，持续开展数据治理体系建设，发布《五粮液数据分级管理办法》，持续优化主数据管理平台功能，对数据进行规范化标准化管理，建立了数字化指挥中心、营销决策指挥中心系统，高效汇聚数据资产并加以利用，使企业数据价值不断激活，基于数据决策的洞察力不断提升。公司基于大数据、物联网、区块链、人工智能等技术在物流的创新成果成为行业典范应用。

4. 白酒产业销售企业数字化情况分析

销售端的产品难以识别和追踪。由于酒类产品信息系统分布在众多参与者之间，原材料、生产、物流、销售、消费和信息监管完全分离，缺乏围绕酒类产品进行完全可视化的信息集成平台，产品可追溯性低。因此，消费者缺乏原材料来源、生产过程、流通过程等关键信息，这就给不法分子提供了可乘之机。假冒伪劣名优酒屡禁不止。

## （二）四川白酒产业数字化转型的成就

通过对白酒行业数字化转型过程进行重点探究，可以发现其成就主要体现在以下四个方面：第一，以技术为出发点，可以得出透明性是区块链技术的核心特点，参与者可以将区块链网络积极有效地运用起来，对系统的操作规则进行全面了解及掌握，并且对自己的商品信息内容进行全面查看，能够真正意义上地使酒类市场问题得到切实有效的解决与优化；第二，通过与平台以及区块链技术有机整合，能够对高端白酒在网络空间所有权进行全方位保障。数字酒证[①]实现了实体高端白酒在网络空间的权属和流通性，消费者可通过平台实现数字酒证一键转赠。区块链具有去中介化价值传递特性，该

---

① "五粮液数字酒证"即五粮液集团创建的运用区块链技术与五粮液实物酒——锚定的电子提货凭证，消费者购买"五粮液数字酒证"产品，将享有原厂直供、原厂智能仓储、原厂发货、馈赠转让、一键质押、防伪保险、在线提货等多元化服务，结合保险实现全闭环保真，轻松管理数字酒证资产。"五粮液数字酒证"的生成、转移全程依托于区块链技术，区块链以其去中心化、高加密性等特性，可实现数字酒证不可伪造、全程留痕、公开透明。此外，数字酒证由保险公司全程承保，其权属、价值由区块链技术和保险公司双重保障，规避了实体白酒在离开酒厂后因调包替换等风险而造成的价值存疑问题，为"五粮液数字酒证"的收藏、馈赠和投资消费场景奠定信任基础。

属性简化了高端白酒确权和流通环节，使得高端白酒流通交换具备一定自由度；第三，通过科学运用区块链，能够使原有传统的资源匹配模式打破，对区域仓储以及配送等问题进行切实有效的解决以及优化，对区块链技术、白酒流通模式予以更高的关注力度是非常有必要的，其能将未来高端白酒、次新白酒以及老白酒转移流通市场全方位彰显出来；第四，违约现象不会出现在区块链交易之后，这主要是因为不可变的时间戳以及全网开放特征存在于其中，人为操作风险几乎不会出现，这充分展示了白酒产业数字化转型工作得到有效落实是非常有必要的。

### （三）四川白酒产业数字化转型的不足

#### 1. 数字化顶层设计亟待加强

通过对数字经济理论与实践的分析发现，白酒产业数字化具有去中心化、跨区域及跨行业等显著特点，涉及产业融合、产业链条长，亟待政府前瞻性顶层设计，为四川白酒产业高质量发展提供引导和支持。一是尚未统筹规划四川白酒数字化发展机制。全国产业、四川产区数字化发展路径仍处于探索阶段，尚未形成统一的白酒产业数字化协调发展机制。二是受行政区划限制影响，无法整体推进四川白酒产业与数字经济深度融合。三是法律法规制定滞后。数字经济打破了传统模式下产权边界，企业数据产权、使用权、数字知识产权保护、消费者数据隐私保护等问题亟待解决。四是市场主体不强。与发达国家相比，目前推进数字化企业在市场占有率、品牌知名度和市场竞争力等方面存在较大差距，企业数字化转型缺乏复合型人才、资金和及时支撑，数字化建设力度不够，信息化改造水平有待进一步提高，需要出台相关政策支撑四川白酒企业数字化建设。

#### 2. 全业务流程数字化亟待推进

数字经济催生新业态、新模式，给传统产业造成冲击，重构传统产业价值链。总体来看，目前传统产业数字化处于探索阶段，存在诸多不确定性。一是需求不确定。数字经济对企业行为和消费者行为的影响尚处于研究阶段，还未形成完整的需求体系。二是投资回报不确定。白酒产业数字化转型需要提前投入大量基础设施，但其回报具有不确定性。尤其是对于中小企业来说，提前基础设施的投入是阻碍其数字化转型的门槛。三是合作不确定。产业数字化转型需要借助平台型企业提供技术支撑，但是如果依附于平台型企业则会失去数据主导权和所有权。四是缺乏适宜的政策环境。产业数字化转型需要与之相适宜的政策环境，不是个别龙头企业的发展，而是探索产业协同共治的政策环境，促进全产业链的数字化转型。

白酒产业数字化转型需要大量且持续的投入，但资金投入并非评定产业数字化程度的唯一标准。唯有数字化水平、资金投入与 IT 技术相匹配，才能有效促进产业数字化转型。企业推进数字化转型无疑是一场变革。投资周期过长，意味着数字化转型投入过于激进，由技术迭代带来的风险偏高。投资周期过短，意味着投入力度不够，并未形成全业务流程的数字化改革。此时，恰当的回报周期则需要领导者对于数字化转型有战略眼光。有部署、有计划、分阶段地推进数字技术与业务流程全面、深度融合，最终实现全业务流程数字化转型。

### 3. 数字化公共服务体系亟待建立

当前并没有将数字公共服务体系以及平台科学性、完善性以及有效性的贡献体现出来，对数字经济的良好发展产生了深远影响，也对数字资源的整合以及安全形成了严重的制约。第一，没有充分运用数字经济，数字价值监管以及规范的统一性没有被展现出来，没有统一数据格式，难以将数字化的价值发挥出来；第二，存在信息不对称、法律不明确等因素，难以将数字资源有效地整合起来，也难以对全产业链场景的数字资源进行科学化构建；第三，难以全方位保障数字资源安全性，监管标准以及指导不具备很强的统一化，难以明确界定数字资源使用权利以及业务相关内容，建设者以及用户混杂的不良现象频频出现，难以全方位保障数字资源安全；第四，市场竞争过程中不具备很强的规范性以及科学性，无序竞争存在于市场发展之中，整体规划没有被制定出来，数字资源大量浪费现象日渐凸显。

### 4. 数字化人才培养亟待加强

数字化人才是推动白酒产业数字化转型的关键。应重视加强数字化人才培养，为白酒产业高质量发展提供支撑，保障白酒产业可持续发展。白酒产业数字化转型具有跨行业、跨区域等特征，涉及多领域、多学科、多种技术在白酒场景的应用。这就要求数字化人才是一批懂酿酒技术、懂业务、懂白酒文化的复合型人才。目前，从全国范围看，数字化人才队伍建设尚处于起步阶段。懂技术、懂业务、懂白酒文化的复合型人才缺口较大、门槛较高，无法通过简单转移来满足需求，只能通过吸收新增特定群体来填充缺口。复合白酒产业数字化需求的人才稀缺，制约白酒产业数字化进程。

5. 白酒产业数字化存在金融痛点

受限于基建发展阶段、数字技术的成熟度及服务理念等因素，传统产业存在准入门槛高、授信受地域限制大、重抵押担保、服务烦琐且体验较差等问题。经营活动信息透明度低且交易信息上下游不对称的众多小微企业以及个体经营者面临的融资难、融资贵问题尤为凸显。

白酒产业数字化面临诸多金融痛点。一是企业账户管理存在重防控风险、轻企业服务的问题，小微企业开户普遍较难且基础支付服务手续费较高；二是小微企业金融信用信息覆盖不全，信用信息缺乏共享，影响金融机构有效服务的范围；三是金融服务供给与中小白酒企业需求不匹配。在产业数字化背景下，以产业互联网为依托，以数据为生产要素、以数据信用为核心特征的产业数字金融将发挥关键破局作用，可以覆盖产业链条上更广泛的企业，进行更有效的风险管控，化挑战为机遇。随着各行各业产业数字化的逐步深化，产业数字金融尤其是产业内的小微金融将成为最大的一片蓝海。

# 四　四川白酒优势产区产业数字化的路径及策略

## （一）加强白酒产业数字化转型的顶层设计

要科学性、完善性以及有效性研究制定发展目标、发展思路及数字化改造的推进工作，对白酒产业数字化转型予以更大的关注力度，使区域产业协作能力不断加强；将差异化产业数字化转型路径挖掘出来，其核心载体为产业集聚区，要将本土龙头企业的引领带动作用全面系统地发挥出来；要对政策统筹机制进行有效的健全精简，将过程监督放置在关键位置，积极落实产业用地政策，加大金融支持力度，支持产业创新发展。更加重视核心关键技术、产业链发展等相关内容，科学性、有效建设公平开放的市场环境，对数字化技术以及数字化模式的良好进步给予支持态度，真正构建创新、包容及公平的市场环境。

要对白酒产业数字化公共服务体系进行有效健全以及优化。第一，不断加大智库建设力度，对研究成果进行定期发布，将智力支持转化为产业数字化转型的良好进步。要将调查研究工作落到实处，将政策建议挖掘出来，同时要将行业性大数据平台以及云平台的行业协会积极有效地构建出来，将更多的支持传递到其中，积极有效地建设数字化转型创新中心，对科技建设力量进行有机整合。科学性融合与产业组织有效关联，对产业链条产生积极有效的促进作用，使基础数据库建设以及利用力度不断加大，将数字化转型产业联盟有效地建立起来，进而真正意义上对产业数字化创新质量的增强产生积极的推动作用。第二，对数字化改造情况进行有效评估，保障数字化改造产业管理考核体制具有更强的健全性以及科学性，将产业发展数字指数构建出来，将评价指标体系有效地建立起来，同时保障数字化改造发展指数能够受到人们的广泛关注。第三，将宣传推广工作落到实处，积极有效地宣传典型经验以及实践成果等相关内容，并且宣传方式要具有更强的多元化以及丰富性，使数字化改造影响力得到更大程度的提升。

## （二）出台白酒产业数字化转型的激励政策

要积极推动传统产业数字化转型工作，将数字化技术积极有效地运用起来，使数字化产业协同目的得到准确实现，对产业生产要素业务流程等改革工作进行有效推动，科学搭建产业数字平台，充分挖掘与数据要素价值相关内容，使产业整体效率以及价值得到更大程度的提升。将互联网、AI、物联网等数字技术经济有效地运用起来，对数字经济产业化产生积极的促进作用。要对发展数字化产业集群产生推动，将产业集群资源在线化、产业柔性

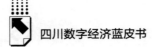

化等内容放置在核心地位，使转型工作得到有效落实。要对新型数字产业集群进行科学培育，真正构建跨界融合联动机制，同时与网络化资源进行有机整合，将充分运用对接平台，优化与重塑产业集群供应链以及空间布局相关内容。

### （三）打造白酒产业数字化转型的旗舰标杆

积极有效推动龙头企业数字化转型，对智能制造予以更高的关注力度。通过将数字化转型工作落到实处，能够对智能制造产生积极的推动。传统制造方式的自动化、网络化、智能化水平应通过"机器换人"和智能化改造来全面提升，并以此为基础催生出新的模式和业态，个性化定制、生产智能化等在其中占据着核心地位，要对白酒行业数字化转型产生科学性的推动，对引导平台予以更高的重视。引导平台通过完善运营机制，共享数据资源，选择不同的作用点、侧重点和方法，推动行业数字化转型，核心主导应为ICT领军企业、制造业龙头企业等多个类型的企业，与具体行业特点进行有机整合，对运营模式进行持续优化以及完善。一是加快自主可控的数字化赋能平台建设，推进工业互联网平台在白酒行业的推广应用。二是对工业互联网关键资源与工具的共享产生积极的推动作用，保障投资力度得到更大程度上的增强，与中小企业进行高效沟通以及交流，使中小企业数字化门槛得到更大程度上的降低。三是培育一批基于数字化平台的虚拟产业集群，充分挖掘全社会创新创业资源，依托硬软件开发、人工智能、大数据应用分析、网络安全等大赛，将新型工业操作系统以及工业App架构的智能服务生态科学、完善以及有效地构建出来，将数字化产业格局落到实处，并且将竞相创新、梯次发展的特点充分地展现出来，科学培育数据驱动的新增长点。

以生态建构为重点推动产业园区数字化转型。传统产业园区普遍面临管理效率低下、配套服务薄弱、运营模式落后等问题，难以有效服务产业发展，形成产业集聚效应。要对传统生产组织方式以及管理方式进行持续改变及优化，整合各类产业平台，更大程度地提升数字化水平以及质量，对传统产业数字化转型产生积极的驱动，对园区数字化建设产生积极有效的促进作用，将智慧园区建立起来，打造数字化生态的良性循环。

## 参考文献

刘波、洪兴建：《中国产业数字化程度的测算与分析》，《统计研究》2022 年第 10 期。

马赛、李晨溪：《基于悖论管理视角的老字号企业数字化转型研究——以张弓酒业为例》，《中国软科学》2020 年第 4 期。

石建勋、朱婧池：《全球产业数字化转型发展特点、趋势和中国应对》，《经济纵横》2022 年第 11 期。

史官清、郭旭、欧阳天治：《多功能性视角下贵州酱香型白酒产业融合创新机制研究》，《中国酿造》2021 年第 4 期。

王政：《为中小企业插上数字化翅膀》，《人民日报》2022 年 11 月 22 期。

许晖、张海军、冯永春：《传承还是重塑？本土老字号品牌活化模式与机制研究——基于品牌真实性与价值迁移视角》，《管理世界》2018 年第 4 期。

张磊、吴晓明：《数字化金融缓解中小企业融资约束的机制、困境与对策分析》，《理论探讨》2020 年第 5 期。

祝合良、王春娟：《"双循环"新发展格局战略背景下产业数字化转型：理论与对策》，《财贸经济》2021 年第 3 期。

# B.8
# 四川省电子商务发展研究

杨克建　贺盛瑜　施　莉　陆铭宁　赵振君*

**摘　要：** 电子商务作为数字经济的主要形式，成为重塑产业链、价值链的催化剂，其新形态新模式不断涌现。四川省电子商务产业发展基础良好、发展势头强劲，呈现新业态新模式助力高速发展、产业规模取得新突破、农村电商高质量发展、跨境电商产业高速增长以及抗疫保供成效显著等特点。同时也面临新技术冲击、规范化经营要求提高和人才供需不平衡的挑战，随着"一带一路"建设、长江经济带发展、新时代推进西部大开发形成新格局、成渝地区双城经济圈建设、西部陆海新通道建设等国家战略在四川叠加交融，应抓住国家重大战略机遇，顺应数字经济发展趋势，积极应用新技术，鼓励新业态新模式发展，持续发挥电子商务的优势和特点，推动乡村振兴、跨境电商的发展，积极打造具有四川特色的电商品牌和高质量建设发展电子商务产业带，同时响应国家要求，合规经营，通过持续完善电子商务基础设施建设和人才培养支撑，促进四川省电子商务产业在数字经济、乡村振兴和成渝地区双城经济圈建设上发挥更加重要的作用。

**关键词：** 电子商务　数字经济　产业链　四川省

---

* 杨克建，西昌学院电子商务专业教研室负责人，讲师，主要研究方向为电子商务与农产品物流；贺盛瑜，博士，四川省社会主义学院副院长，二级教授，主要研究方向为电子商务与现代物流管理；施莉，博士，成都信息工程大学物流学院院长，教授，主要研究方向为电子商务与数字经济、物流与供应链管理；陆铭宁，博士，西昌学院经济管理学院院长，教授，主要研究方向为区域经济与旅游电子商务；赵振君，西昌学院讲师，主要研究方向为农村电子商务与供应链管理。

# 一 四川省电子商务发展现状

## （一）中国电子商务发展基本情况

### 1. 中国电子商务经济持续稳定发展

电子商务作为中国新经济和数字经济的主要形式，具有发展速度快、发展水平高的显著特点。商务部《中国电子商务报告（2021）》显示，2021年全国电子商务交易额达到 42.3 万亿元，同比增长 19.6%（见图 1），其中商品类交易额 31.3 万亿元，服务类交易达到 11 万亿元；全国网上零售额达到 13.09 万亿元，同比增长 14.1%，其中实物商品网上零售额为 10.8 万亿元，占社销零售总额比重为 24.5%。

**图 1　2011~2021 年中国电子商务交易额**

资料来源：商务部：《中国电子商务报告（2021）》。

### 2. 中国互联网基础设施发展情况

截至 2022 年 6 月，中国互联网络信息中心（CNNIC）发布《第 50 次中国互联网络发展状况统计报告》显示，我国网民规模为 10.51 亿，互联网普及率为 74.4%（见图 2），其中手机网民规模 10.47 亿，手机上网比例

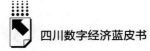

为 99.6%（见图 3）；网络视频（含短视频）用户规模 9.95 亿，占网民整
体比例为 94.6%（见图 4）；我国网络支付用户数量为 9.04 亿，占比为
86.0%。

**图 2　中国网民规模和互联网普及率**

资料来源：中国互联网络信息中心（CNNIC）：《第 50 次中国互联网络发展状况统计报告》。

**图 3　手机网络规模及其占比**

资料来源：中国互联网络信息中心（CNNIC）：《第 50 次中国互联网络发展状况统计报告》。

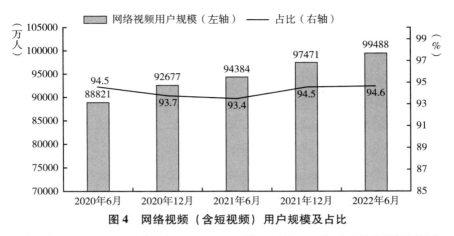

图 4 网络视频（含短视频）用户规模及占比

资料来源：中国互联网络信息中心（CNNIC）：《第50次中国互联网络发展状况统计报告》。

中国互联网基础设施的不断完善、上网时长的稳定增长和互联网普及率的快速提升，促进了我国电子商务产业规模不断扩大，同时在新冠疫情期间，电子商务无接触配送模式在防疫中发挥了巨大的作用。

中国电子商务产业在商品类、服务类、跨境电商类交易中均呈现增长态势，显示出中国电子商务产业经济的活跃和生命力。

## （二）四川省电子商务发展的现状

四川省商务厅发布的数据显示①，2022 年 1~8 月，四川实现网络交易额 27029.4 亿元，同比增长 3.2%，其中网络零售额为 4749.4 亿元，同比增长达 3.7%。具体情况见表 1。

表 1 2022 年 1~8 月四川电子商务主要交易指标及同比增速

单位：亿元，%

| 指标名称 | 指标体量 | 同比增速 |
|---|---|---|
| 网络交易额 | 27029.4 | 3.2 |
| 网络零售额 | 4749.4 | 3.7 |

① 资料来源：四川省商务厅。

| 指标名称 | 指标体量 | 同比增速 |
|---|---|---|
| 实物型网络零售额 | 2808.9 | 8.2 |
| 服务型网络零售额 | 1940.5 | -2.2 |
| 农村网络零售额 | 1336.2 | 8.6 |
| 农产品网络零售额 | 281.5 | 17.5 |

资料来源：四川省商务厅。

四川省商务厅发布的数据显示，2021 年，四川省网络零售额 7067 亿元，网络交易额 40691.4 亿元（见图 5、表 2）。2022 年 1~8 月，成都、绵阳和内江分别实现网络交易额 18463.5 亿元、2206.8 亿元和 578.3 亿元；成都、乐山和绵阳分别实现网络零售额 3327.8 亿元、216.2 亿元和 185.7 亿元，其中成都市占比最大，为 70.1%。食品保健、3C 数码和服装鞋包居实物型行业前三，实现网络零售交易额 753.1 亿元、477.6 亿元和 357.1 亿元；在线餐饮、在线旅游和生活服务在服务型行业中排名前三，实现网络交易零售额 630.9 亿元、626.2 亿元和 252.6 亿元。

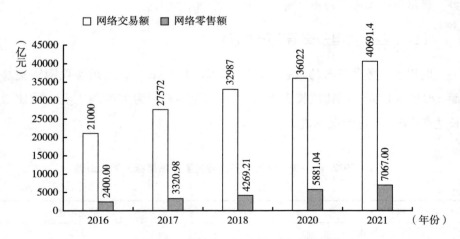

图 5　四川省近年网络交易额和网络零售额情况

注：2020 年受疫情影响，未公布 2019 年网络交易额和网络零售额。
资料来源：四川省商务厅。

表 2　2021 年四川省部分市州网络零售额与网络交易额

单位：亿元

| 经济区 | 城市 | 网络零售额 | 网络交易额 |
|---|---|---|---|
| 总计 | | 7067 | 40691.4 |
| 成都平原经济区 | 成都 | 4934.79 | 24526.75 |
| | 德阳 | — | — |
| | 绵阳 | 275.03 | 3272.13 |
| | 遂宁 | — | — |
| | 资阳 | — | — |
| | 眉山 | 133.66 | 310.37 |
| | 乐山 | 326.63 | — |
| | 雅安 | 28 | 88 |
| 川南经济区 | 内江 | 28.83 | 217.82 |
| | 自贡 | 62.73 | 217.28 |
| | 泸州 | — | — |
| | 宜宾 | 97.03 | 482.54 |
| 川东北经济区 | 南充 | 96.91 | 319.08 |
| | 达州 | — | — |
| | 巴中 | 10.83 | 46.11 |
| | 广安 | 30.88 | 75.28 |
| | 广元 | — | — |
| 攀西经济区 | 攀枝花 | 13.19 | 119.86 |
| | 凉山 | — | — |
| 川西北生态经济区 | 甘孜 | 50.68 | 60.7 |
| | 阿坝 | 75.56 | 95.67 |

注：部分市州未公布相关数据。

资料来源：四川省商务厅及四川省各市州政府工作报告、商务主管部门等报告。

## （三）四川省电子商务产业发展特点

2021 年四川省电子商务在防疫保供给、提质促消费、促销扩产能、转型求创新等方面发挥了重要作用，成为拉动消费的"加速器"、三次产业融合的"催化剂"、产业链供应链数字化的"连接线"、乡村振兴的"动力源"，总体上呈现出"四增强"，即市场渗透力、队伍竞争力、川造品牌影响力、新业态数字赋能能力增强，电子商务发展能级和发展特色不断显现，具体呈现以下特点。

**1. 新业态新模式促进电子商务持续增长**

电子商务新业态新模式在促进四川省电子商务发展方面作用不断显现，短视频、电商直播和社交电商交易规模与发展态势良好，2021年四川省新业态电商模式带动四川省电商强劲发展。2021年四川网络零售额中，全网直播交易额781.3亿元，同比增长82.4%，直播观看人次同比增长248.4%。

（1）电商直播等新业态成用户消费新渠道。《中国直播电商行业发展趋势报告（2022）》显示，四川省直播发展指数排名全国第七，成都拥有背靠优质产业链和特色城市文化属性，网红孵化能力和带货能力较强，在全国15个副省级城市电商直播发展指数中排名第五。以MCN机构为代表的网红孵化平台助力四川省电子商务新业态持续增长。同时政策的持续出台为电子商务直播带货带来新发展机遇，如四川省率先出台了《品质川货直播电商网络流量新高地行动计划（2020—2022年）》，提出推进电子商务赋能产业，有序发展直播电商、社交电商、"直播+"等新业态新模式，鼓励大胆尝试新技术手段打造特色产业直播电商网络流量新高地，促进川货品质品牌新兴消费，持续促进新消费经济高质量发展，这是全国首个省级直播行业发展规划。

（2）内容驱动四川电子商务新业态高速发展。电子商务产业当前呈现出从传统"搜索电商"到"兴趣电商"转变的特点，优质的内容成为吸引消费者、提升流量转化率和增加用户黏性的关键，"信任电商""兴趣电商"引导新一轮消费方式变革。四川省拥有特色产品、优质景点和幽默精神的"网红"属性，近年来四川省高频出现在各大流行的电商新业态平台上，川造产品在抖音等平台上的消费呈现持续增长的态势。

**2. 新消费助力四川电商产业再上新台阶**

（1）交易规模取得新突破。随着四川省消费市场的逐步恢复，新消费成为消费增长的重要动力源，直播电商、即时电商和社交电商等拓展了消费者消费渠道和消费场景，成为引领消费复苏的重要推动力。根据四川省商务厅发布的 2021 年四川省电子商务相关数据，2021 年四川省网络交易额突破 4 万亿元，达到 40691.4 亿元，同比增长达 13%；网络零售额首次超过 7000 亿元，达到 7067 亿元，同比增长 20.2%；网络零售规模首次跃居全国第七，同时四川网商数量达到 169.2 万家，同比增长 6.7%，应用型网商数占比 94.9%。

（2）川货品牌焕发新生机。传统品牌纷纷拥抱电子商务新业态，电商直播和传统电商平台为四川老字号等川货品牌提供了新的发展机遇。四川省商务厅数据显示，2021 年，"四川造"全网网络零售额 5302.5 亿元，同比增长 18.0%，"川酒""川茶""川菜（川调）""四川中华老字号""四川医药健康"分别实现 462.9 亿元、126.8 亿元、53.8 亿元、361.8 亿元、40.4 亿元销售额，"川酒""川茶""川菜（川调）"分别占行业比例为 45.1%、9.9%、12.8%；川、浙、苏、沪、粤等地是"川造"重点电商发货地，川、粤、浙、苏等地是川货的重点消费地，而四川省特色的农特产品，如茶叶、火锅底料、白酒和柑橘等则成为四川的热销产品。同时在食品、服装鞋包、家装家饰电商产业带领域，四川省作为西部唯一省份跻身全国前十，其中食品居全国第四、服装鞋包居全国第八、家装家饰居全国第五。

**3. "数商兴农"引领农村电商高质量发展**

（1）农村新基建持续改善。作为商贸流通的基础，四川省农村电商基础设施不断得到完善。当前，四川省已实现村村通硬化路，2021 年 5G 网络"强镇兴乡"工程全面启动，工程完成后四川省 5G 覆盖乡镇比例将超过 50%，同时 2022 年省农业农村厅印发了《四川省"十四五"农业农村信息化发展推进方案》，农村地区信息化建设正加快推进，5G 网络、冷链物流建设等取得新进展，农村电子商务发展基础设施愈加完善。

（2）农村电商助力农产品出村进城。国家政策的引导和农村地区丰富的农特产品资源，吸引大量返乡创业大学生和新农人转型农村电商，通过抖音、快手、小红书、拼多多等多渠道，全面促进了农特产品电商化；而国家电商进农村综合示范的深度实施，为农村地区构建起农产品出村进城的商贸流通大通道，畅通了城乡经济循环。现代农业、果蔬加工、产品包装、物流仓储、美工设计等配套产业发展，为农村电商发展提供了大量岗位，随着新生产力的加持，手机成为新农具、直播成为新农活、农民成为新网红，数字化、智能化、在线化成为农村地区不断发展的推进剂，2021年壤塘县、丹巴县、理塘县等电商进农村综合示范县网络零售额增速分别达到314.6%、288.3%、220.1%。

（3）工业品下乡提升农民生活品质。工业品下行渠道的畅通促进农村电商网络零售额的加速增长，物流配送体系的完善和农村地区消费观念转变，加速了农村地区对高性价比和高品质产品的需求。2021年四川省农村网络零售额1921.8亿元，同比增长32.3%，占全国农村网络零售额的比重达到4.6%。其中，四川农产品网络零售额385.7亿元，同比增长26.8%，高于全国0.5个百分点，占全国的5.4%，成都、乐山、德阳农村网络零售额均突破百亿元，合计占比超六成，电子商务在提升农村地区人民生活品质方面发挥了积极作用。

**4. 跨境电商加速川货出海**

2021年疫情对全球的影响巨大，全球线下消费市场受阻，为线上跨境电商的发展提供了机遇。四川省从政府政策、流通通道、出口促进等多方面鼓励四川造品牌产品加快出川，充分利用四川省便捷的铁路通道和航空通道大力发展跨境电子商务产业，取得了一系列成绩。

（1）跨境电商交易额高速增长。四川省全省跨境电商交易规模为700.9亿元，占全省一般贸易额（2366亿元）的29.6%，同比增长53.8%。增速高于全国38.8个百分点。其中，出口673.5亿元，同比增长78.5%，进口27.4亿元，同比减少65.0%；成、泸、德、绵跨境电商综试区交易总额分别达到685.3亿元、7.0亿元、4.1亿元、4.5亿元，领跑全川。

（2）跨境电商参与主体稳步增加。全省跨境电商备案企业近2300家，德、绵、南、宜成为新的跨境电商零售进口城市。依托青白江铁路港、双流国际航空港等空陆交通，四川造产品直达欧洲、中亚等地区和国家，跨境电商在促进四川省工农业产品走向世界过程中扮演了越来越重要的作用。

### 5. 电子商务助力抗疫保供

（1）电子商务助力复工复产。2021 年，四川省遭受多轮疫情冲击，电子商务在疫情期间的保供能力得到肯定。疫情影响下，电子商务充分发挥线上线下链接作用，通过无接触式的物流配送方式为居民生活提供必需品保障，实现了生活物资、防疫物资、民生必需品等直达小区、封控区，大量生鲜农产品、粮油、水果等急需品和必需品在电子商务的运行组织下有力地保障了居民的日常生活需求，同时也积极地促进了四川省电子商务商家的复工复产。

（2）电子商务成为疫情下的主要消费阵地。疫情影响下，在线教育、网上购物、外卖、及时配送等新的电商消费场景迅速成为主要的消费形式，通过电子商务为消费者提供了线上工作、学习和生活的畅通渠道，保障了四川省内城乡居民的日常生活。

（3）电子商务为疫情下的就业提供支撑。以电子商务涉及的外卖配送、及时配送、社区团购、直播带货等相关工作岗位衍生出骑手、主播、网约车司机等大量的新形态就业岗位。在线医疗、在线培训等刺激电商就业岗位增加，社区团购团长、微商、网商成为最活跃的电子商务就业群体之一。

## 二 四川省电子商务产业发展面临的挑战

### （一）新技术快速更迭对企业电商运营带来新要求

电子商务新业态和新模式不断涌现，其支撑逻辑和技术基础相比传统电子商务发生了新变化，大数据、云计算、物联网与电子商务产业正在深度融合，产业链数字化发展趋势不可阻挡，新技术的快速更迭和消费者消费习惯的快速变迁要求企业加快转型升级的步伐，紧跟时代发展趋势。同时，电子商务新业态模式下的营销方式、促销逻辑等发生新变化，要准确把握直播电商、短视频营销、社交电商、即时电商的不同特点和底层逻辑，抢抓四川电子商务产业发展机遇。

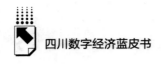
## （二）电子商务企业规范化经营进入新阶段

当前电子商务产业发展已经从高速增长转向高质量增长新阶段，对市场的规范性要求更高，2021年国家已出台《关于加强网络直播规范管理工作的指导意见》《网络交易监督管理办法》《网络直播营销管理办法（试行）》《直播电子商务平台管理与服务规范（征求意见稿）》等相关政策及行业标准，《禁止网络不正当竞争行为规定（公开征求意见稿）》《网络安全审查办法》《电子商务企业诚信档案评价规范》相继发布，规范化经营已经成为电子商务企业在新电商发展阶段必须遵守的规则，严厉打击虚假宣传、虚假交易、大数据"杀熟"、低价销售、哄抬价格、偷税漏税等行为。在未来的发展过程中，规范化经营成为电子商务企业必选项，同时也考验着政府治理与服务水平。

## （三）人才供需不平衡要求发展新思路

传统电子商务模式与新业态电子商务模式交织，对电子商务人才能力提出新要求。当前，新业态直播电商和短视频运营急需的电子商务人才高校培养数量不足、质量参差不齐，人才对电子商务产业高质量发展的支撑度不足。四川省高校直播电商和农村电商专业主要集中在高职和专科阶段，存在人才培养数量少、专业度不高的现实问题，本科和研究生阶段的人才培养集中在运营管理人才，对企业和农村电商所需的一线电商新业态人才满足度不高，因此解决人才供需问题是促进四川省电子商务产业持续增长的重点举措。

# 三 四川省电子商务产业发展对策建议

## （一）鼓励电子商务新业态新模式发展

以抖音、快手为代表的直播电商带货模式，以小红书为代表的社交电商和内容电商模式以及大量生鲜电商和社交电商快速发展，需要进一步引导这些新业态电商模式健康发展。要充分把握电商市场发展趋势和消费者购物习惯变迁，鼓励和支持商家、企业和个体顺应从搜索电商向兴趣电商转变的过程，抢抓流量风口，打造四川省电子商务新业态标杆。鼓励各地区建立电子商务直播带货基地、人才培养中心，探索不同类型电商直播带货形式，把电子商务直播带货和四川省优质工农业产品结合起来，形成良性的电商新业态生态体系。

要继续鼓励和支持新业态电商形式发展，积极出台鼓励电商直播带货等形式的电商政策，引导企业和社会向新业态电商形式转型发展，通过政策引领、资金补贴、技术支持、培训等方式促进新业态电商形式的落地生根和蓬勃发展。同时积极运用法律法规和行政力量打击违法乱纪行为，营造良好的社会风气，规范电商市场，为四川省电子商务产业合规经营提供良好的市场环境，促进新兴电商形式规范发展。

### （二）充分发挥农村电商助力乡村振兴的重要作用

#### 1. 持续实施电子商务进农村综合示范建设

电子商务进农村是国家支持农村电子商务发展的重要手段，四川是全国电子商务进农村示范项目获批最多的省份，要持续推进电子商务进农村综合示范项目，积极落实农村电商与县域经济有机衔接和有效整合，进一步助推工业品下行和农产品上行，为巩固拓展脱贫攻坚成果、推进乡村振兴提供有力支撑。

#### 2. 大力培育农村电商产业

要推适宜当地发展的主导农产品，形成电商产业化发展基础，以大型农业合作社、现代农业公司为示范，发展合作社经济，积极完善供应链及相关产业链条，发展初级农产品加工及深加工产业，实现欠发达地区产业培育目的；鼓励直播电商带货、社交电商等新型农村电商模式，促进电商直播产业化发展，以"一村一主播"为目标，培养本土化的电商直播带货主播，拉动农产品种植、客服服务、仓储物流、快递服务等产业链发展；持续完善农

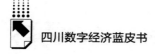
村电商县乡村三级公共服务体系，为农村消费市场集货、收货、发货提供支撑，发挥农村电商帮农、惠农作用。支持现有电商站点通过"商贸+物流""互联网+生活"等方式，开展集采集配、直采直供、社区团购、特许经营等业务，实现人流、物流、商流三流合一，大力推动农产品出村进城，增加农产品附加值。

### 3. 完善县乡村三级电商物流体系

加快完善以电商物流为核心的农产品出村进城大通道建设，通过电商物流试点，有效整合快递物流站点、邮政网点、电子商务服务站、村镇客运站和供销社等现有资源，以构建现代商贸物流流通体系建设为目标，打通农村电商发展堵点，贯通农村电子商务发展过程中的"毛细血管"，解决"最前一公里"问题，同时积极推进冷库保鲜、分级分拣、包装和预冷等农产品冷链运输全产业链条，加快物联网、大数据、区块链等新一代信息技术在农村电商等领域的深度应用，实现农产品生产全过程透明化，建立农村电商农产品质量安全追溯体系，实现农产品出村进城物流通畅、农产品品质保证目标。促进四川省农村电商稳步发展，助力乡村产业振兴。

### （三）持续推进川造品牌出川出海

#### 1. 推动川货出川出境，做大做强四川省跨境电子商务产业

充分利用四川省口岸优势，依托航空、水路、铁路等优势，抢抓跨境电商发展风口，以双流机场、天府国际机场为核心，打造四川省跨境电商航空枢纽，持续完善保税区建设、物流基地建设，积极推动中国（成都）跨境电子商务综合试验区建设，增强自贸试验区、国际铁路港、航空港等开放口岸功能。实施跨境电商B2B出口试点，提供更为便捷的通关便利化措施。

#### 2. 大力发展网购保税进口，探索网购保税+线下自提、保税仓直播等新业态

支持企业走出去，推进海外仓建设，推动跨境电商与市场采购贸易、外贸综合服务等外贸新业态融合发展。充分利用省内通达的铁路交通网络，发挥青白江铁路港蓉欧班列区域优势，积极促进工业品、农产品出川入欧，提升四川造产品的国际影响力。

### （四）加速电商产业带与电商品牌建设

#### 1.电子商务产业带建设

电子商务产业带是形成电商园区的基础，根据四川省产业布局和电子商务发展规律，积极推进四川省电子商务产业带，打造以环成都综合电商优势产业为核心，川南酒业电子商务、攀西+川西农特产品电子商务等多条电子商务产业带。按产品类别可分为四川女鞋产业带、四川汽摩配件产业带、四川名茶产业带、四川名酒产业带、川菜调料产业带、四川先进材料产业带、四川电子信息产业带、四川智能终端产业带、四川装备制造产业带、四川柠檬产业带等不同类型产业带，实现以产业促电商、以电商助推产业良性循环。

#### 2.电子商务品牌建设

四川省电子商务产品品类丰富、特色突出，要持续壮大四川省电子商务相关产品品牌，以优质电商品牌建设带动产业发展，提高产品附加值。在打造过程中，依托四川电子信息、装备制造、先进材料、川鞋服、川酒、川茶、川调料等优势特色电商产业带，加快推动产品品质建设、营销推广建设、服务意识提升等方面工作，提高四川省电子商务品牌影响力，打造一流的四川电商品牌。

### （五）持续完善电商基础设施建设

#### 1.着力推动以5G 网络、物联网、大数据中心、人工智能等为代表的新型基础设施建设，为电子商务产业发展提供强大的智能支撑

始终把基础设施建设作为支撑电子商务发展的基础因素，顺应数字化的发展趋势，在城市，围绕建设高标准的电子商务服务中心，提供以电子商务数字化基础设施和大数据服务、产业带支撑、电商直播基地、电商创新创业为核心的业务服务；在农村，以电商基础设施完善为突破口，大力推进产品拍摄、项目孵化等基础设施建设，完善农村电商终端服务平台、数字化基础设施构建，实现大数据采集、跟踪、运营一体化，构建完善的农村基础数据资源体系，加快提升以大数据驱动乡村生产经营管理与服务体系现代化的应

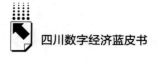

用水平。

**2. 持续投入建设电子商务产业发展需要的交通基础设施**

积极持续推进乡村道路硬化工程和拓宽工程，完成 3.5 米乡村公路到 4.5 米乡村公路的拓建工作，完善乡村道路设施。加大力度建设各类电商物流基础设施，保障电商产品包装、发货、转运和流通加工等全流程服务；针对农产品电商的发展，要以建设农村电商物流和供应链体系为核心，加快完善产品分拣和冷链物流基础设施，将初级分拣和加工中心前移至田间地头，重点完成农产品冷链物流预冷中心和中小型冷链仓库，抓住基建投资的机遇，加大如道路、产地配销中心、冷链体系、物流中心等投资力度，提升农产品生产流通效率。

## （六）加快电子商务专业人才培养

电子商务产业发展对人才要求高，尤其是对技能型人才的需求缺口大，电商产业的发展离不开大量电商专业人才的支撑，要进一步促进四川省电子商务产业的发展，需要在人才这一核心因素上做提升。

**1. 提高高级电商专门人才培养专业度**

以省内本科高校电子商务和物流管理类专业为依托，改革人才培养方式，培育以具备电子商务战略型人才为核心的电子商务高级人才，坚持"实践+理论"的培养思路，培养解决电商企业发展过程中管理、运营和战略方向问题的专门人才。

**2. 提高应用型电商专门人才培养普及度**

以省内应用型本科高校和高职专科电子商务类专业为依托，培养应用型和技能型电子商务专业人才，重点培养以电子商务运营、电商主播、网络推广、新媒体运营等技能为核心的应用人才，培养电商发展的中坚力量。

**3. 扩大基础电商人才数量**

积极开展广泛的电子商务业务培训，以扩大电商人才和普及电商基础知识为核心，进一步完善电子商务人才培养体系，重点培养电商美工、客服运营等基础工作技能，突出电商基础工作能力培养。

### 4. 深入实施农村电商人才培育工程

抓好农村电商人才培训。依托国家级电子商务进农村示范县项目加强普及型电商人才培训，为农村电商发展储备人才和营造氛围；继续实施四川省乡村人才振兴五年行动，通过理论加实践的培训，培育出一批具有一定理论水平的乡村治理电子商务领域干部人才队伍，以点带面推动解决农村电商建设、管理、运维中的重点难点问题，提升商务工作促进乡村振兴的能力和水平。同时加快实施"一村一主播"项目，培养本土化的电商直播带货主播，拉动农产品种植、客服服务、仓储物流、快递服务等产业链发展。

## 四 四川省电子商务产业未来发展趋势

### （一）电子商务推动四川数字经济加速发展

数字经济大趋势不可逆转，作为线上经济的重要组成部分，同时也是线上实体经济的重要渠道，电子商务的发展必然推动数字经济全面发展。一是促进生产制造业数字化转型，大数据、云计算、人工智能、边缘计算和物联网等新兴信息技术集成，能够进一步推动生产端数字化进程，更加精准地反映消费者需求，定制化、柔性生产将在数字化变革中加速实现。二是电子商务推动数字化在商贸流通领域加速转型升级。电子商务推动用户消费行为大数据分析、运营管理数字化转型、商品管理数字化、客户服务机器人化、营销推广智能化，通过数据精准预测消费者消费行为和满足消费者潜在需求是未来四川省电子商务行业的必然发展趋势，从商品数字化、支付数字化再到供应链数字化、物流数字化，产业链、价值链将被重新塑造，基于大数据与云计算技术的智能预测分发、智能营销等新方式将成为未来四川省电子商务产业变革的核心力量，新技术应用更加广泛和深入，电子商务数字化潮流不可阻挡。

### （二）农村电子商务赋能四川乡村振兴

乡村振兴战略的正式落地，铺就了一张乡村全面发展的蓝图，农业资

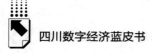

源丰富的四川省必将抓住乡村振兴机遇，深入实施乡村振兴战略。把农产品上行通道建设作为乡村产业振兴的核心要点之一，以农产品出村进城为抓手，建设完善农产品电商相关产业布局，打通农村电商涉及的物流、供应链、溯源体系和冷链冷库等环节，带动全产业链发展壮大，同时加大培育农村电商品牌力度，全力提升农产品附加值，构建起四川省优势农特资源电子商务渠道，促进乡村产业振兴；持续完善工业品下乡渠道建设，推动线上消费向农村地区拓展，挖掘农村地区巨大的消费潜力，畅通省内消费大市场，提升农民生活品质；积极发挥电商新业态新模式的推动作用。

### （三）电子商务助力成渝地区双城经济圈建设

电子商务作为四川省新兴产业之一，能在促进电子商务产业、物流产业高质量发展上发挥积极作用。成渝地区双城经济圈建设涵盖四川省 15 市，具有突出的产业优势、人员优势和地域优势，电子商务在产业转型升级、重构产业链和推动产业链数字化上发挥着重要作用，将在电商平台经济、电商人才储备、新电商业生态创新、跨境电商、数字化经济发展、电商品牌建设等方面不断为成渝地区双城经济圈建设贡献电商力量。

# B.9
# 四川省文旅产业的数字化发展研究

何 毅 何佰钰 赵凯芳 邱 凯*

**摘 要：** 四川作为一个文旅大省，如何在数字经济发展的引擎下推动文旅数字化发展已成为近年来文旅数字化发展研究的重要课题。本文对国内外文旅数字化发展做了初步探索，认为四川省文旅数字化发展过程中还存在资金投入、数字化人才、基础建设、组织管理等问题，最后提出四川文旅数字化发展需要完善行业标准、建立行业机制，加快信息技术建设、提高数字化基础设施配套，加强文旅数字化平台建设、促进新业态发展，深化传统文旅与数字融合、加快区域经济发展，加快文旅资源数字化扩容、开展精准营销，加大特色经济建设、抓好市场运营监督等相关政策建议。

**关键词：** 数字化 文旅产业 第三产业 四川省

随着以人工智能（AI）、5G 技术等为代表现代信息技术的到来，全球范围正在进入全新的数字化时代，数字经济已然成为全球经济创新发展的新思想、新动力。国家信息通信院发布的《全球数字经济白皮书》数据显示，全球 47 个主要国家 2020 年数字经济总规模超过 32.6 万亿美元，占 GDP 比重为 43.7%，产业数字化仍然是数字经济发展的主要引擎，占数字经济发

---

* 何毅，经济学博士，成都师范学院经济与管理学院讲师，主要研究方向为宏观经济学、国际经济与贸易、国际金融；何佰钰，成都师范学院经济与管理学院讲师，主要研究方向为会计学、审计学、ACCA；赵凯芳，成都师范学院经济与管理学院讲师，主要研究方向为金融学、会计学；邱凯，成都师范学院经济与管理学院副教授，主要研究方向为会计学、审计学。

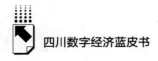

展的 84.4%，其中第三产业引领行业数字化融合渗透，一二三产业数字经济占行业增加值比重分别为 8.0%、24.1% 和 43.9%。由此可以看出，数字技术不仅作为技术要素促进了生产率的提升，还作为一种经济发展模式和思维方式塑造了经济社会形态，并使产业融合成为产业发展的新趋势。

# 一 国内外文旅数字化发展现状

文旅产业数字化是利用数字技术对文旅产业进行全方位、多角度、全链条的改造过程，其目的是打造文化和旅游产业的边界，实现文旅产业深度融合发展。

## （一）世界文化和旅游数字化发展趋势

DataReportal 发布的《数字化 2021：全球数字化概览》显示，数字经济和社交媒体已成为全世界人们日常生活中不可或缺的一部分。从全球的视角来看，文化旅游产业数字化是大势所趋。数字文旅产业所展现出来的文化输出能力及其所带来的产业辐射能力已经被各国所认知，各国也出台政策大力扶持本国数字文化产业的发展。随着数字技术正持续推动文化消费和生产模式的转型升级，文化正作为生产要素被注入行业以实现其价值创新。

2020 年 4 月 UNESCO 会议上，约有 130 名文化部部长将"在数字化平台上保持文化联系"列为优先事项。事实上，在疫情期间，越来越多的人开始利用数字技术，比如，世界上一些艺术家在家进行免费的在线表演，一些社会团体将舞蹈、音乐、手工艺等搬上了线上舞台。截至 2021 年 1 月，全球共有 52.2 亿人使用手机，相当于世界总人口的 66.6%，而全球使用互联网的人数共有 46.6 亿人，比上年同期增加了 59.5%，在过去的一年中，全球社交媒体用户达到 42 亿人，同比增长了 13%，现如今社交媒体用户的数量相当于世界总人口的 53%。[1]

---

[1] DataReportal：*Global Overview Teport*，2021.

随着全球数字文化与旅游经济时代的到来，伴随着人工智能、VR、AR、5G 和物联网等技术的发展，世界各国纷纷出台国家数字化发展战略，从数字基建、数字政府、数字经济、人才培养等方面来布局科技与经济发展，以抢占未来发展先机。在数字政府方面，新加坡在"智慧国家2025"国家战略的引导下，2020 年推出了"数字政务平台"和"创业援助平台"，为市民和创业人士提供一站式和个性化的政府服务；① 日本在 2020 年设立数字化办公厅，牵引行政数字化转型发展，颁布了《调整移动市场创造公平竞争环境的行动计划》，实行移动通信资费降价政策；韩国发布《2022 年电子政务总体规划》，内容包括提供数字化的政府服务、创建数字友好型产业、建立电子政务平台等具体措施；欧盟 2020 年注资 82 亿欧元建设欧盟的网络防御，实现千兆亿社会；2020 年英国提出推动光纤网络普及的新提案；西班牙 2021 年发布全光计划。在数字经济方面，数字货币等政策在多个国家和地区开展政策性试点。

近年来，世界文化旅游事业形成了如下的发展趋势，如表 1 所示。

表 1  世界文化旅游事业形成发展趋势

| 模式 | 发展形势 | 发展特点 | 内容说明 |
| --- | --- | --- | --- |
| 新输出 | 数字文化创作向集成式创新 | 共享、协作、开放、透明 | 以互联网传播个体行为的形式输出各个国家不同的文化元素，形成集成式文化创新模式，体现个体的自由与群体的协同 |
| 新融合 | 数字技术导向到内容与技术融合 | 独创性、体验性 | 面对更加个性化、多样化的消费需求和趋于同质化的市场供给，只有基于内容和科技融合的双重视角下的文化创作才能突出重围 |
| 新产业 | 数字技术助力数字经济与文化创意的融合（"平白经济[flat whit economy]"） | 创新性、创造性 | 文化和科技作为推动文化产业高质量发展的双重驱动力，其影响力已经远远超越了文化产业的范畴。基于数字技术的文化资源 IP 化开发，形成初期的文化资源向文化要素方面转化，最终与实体产业融合，增加附加值，激活新消费潜力，形成实体经济的价值空间 |

---

① 刘红芹、汤志伟、崔茜等：《中国建设智慧社会的国外经验借鉴》，《电子政务》2019 年第 4 期，第 17~25 页。

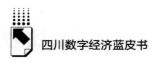

| 模式 | 发展形势 | 发展特点 | 内容说明 |
|------|----------|----------|----------|
| 新消费 | 数字文化消费向深度沉浸式体验演变 | 虚拟现实化、现实虚拟化 | 数字化的虚拟世界和真实世界的三维空间走向融合,新业态和新消费模式也将由此产生,将为线下的沉浸式业态与线上的电商业态的融合空间带来更多的可能,形成以 O2O 为导向的业态融合机制 |
| 新市场 | 数字科技唤醒下沉市场活力 | 触达性、渗透性 | 互联网、大数据等技术快速发展,5G 步伐持续加快,现代农业、乡村旅游、民族文化都在数字科技的快速发展下,不断被挖掘、传播与活化,数字化技术正在实现对传统文化的保护与活化,这将为未来的文化发展提供丰富营养 |
| 新政策 | 数字政策助力智慧国家未来 | 数字性、智慧性 | 数字科技在助力社会经济发展的同时也正在改变世界发展格局,数字创新应用已经触及治理的机理,唤醒国际社会各层次的关注 |

资料来源:根据《中国文旅数字化发展报告(2021)》整理。

## (二)中国文化和旅游数字化发展现状

基于数字经济的应用与发展,国务院办公厅印发《关于进一步激发文化和旅游消费潜力的意见》,提出了"促进文化、旅游与现代化技术相互融合",到 2022 年,建设 30 个国家文化产业和旅游产业融合发展示范等措施。可见,文化和旅游产业深入融合发展,将成为未来一段时间我国文化和旅游业发展的重要途径。对标国家的政策的提出,四川省也出台了《四川省"十大"文化旅游品牌建设方案(2021-2025 年)》,方案提出到 2022 年,四川省将基本构建起 4 个世界级、4 个国家级、2 个区域特色文化和旅游品牌,到"十四五"末,十大文化与旅游品牌体系基本完备。

数字技术在文旅产业中的加快渗透以及利用,文旅产业数字化不仅给行业带来广泛而深远的影响,同时也加快文旅产业与其他产业之间的相互融合,并对各产业之间的融合方式、融合路径、融合模式等方面都带来了变革,产业数字化技术的导入和应用开启了文旅数字化产业发展的新时代。

## 二 四川文旅数字化发展现状

根据党中央、国务院批准的《四川省机构改革方案》，2018 年 11 月，四川省文化和旅游厅正式挂牌成立。四川省文化和旅游厅统筹全省文化事业、文化产业和旅游业发展，顺应数字化发展趋势，按照"全员、全要素、全系统、全方位、全过程"信息化的总体要求，加快适应移动互联网发展趋势，有效扩大优质产品供给，提升公共服务水平，加快建设 5G 技术在文旅产业中的实践和运用，大力推动文旅产业信息智能化、智慧化、科技化发展。2021 年，四川省文旅厅和经济信息化厅发布《关于推动全省文化和旅游新型基础设施建设的通知》，同时发布《四川省数字文旅新技术新应用新场景案例集》中的一系列"文旅+科技"优秀案例，向社会各界展示了四川在文化和旅游方面不断创新和探索数字化的重要成果。

### （一）文旅资源数量众多

四川省高度重视数字文旅建设，到 2025 年基本建成文旅强省，建成世界重要旅游目的地。2018 年以来，四川加大推动文旅深度融合，构建文旅机制，通过上层设计推动产业升级，重点打造"巴蜀文化"特色核心资源价值品牌，省内文化资源和文化遗产得到有效充分的保护和发展。四川省文旅厅 2019 年在全国首创并率先同步开展文化资源和旅游资源的双普查，积极探索分类体系，梳理并整理出非物质文化遗产、文物、地方戏曲等六大类文化资源 305.7 万处；地方景观、历史遗迹等八大类旅游资源 24.5 万处；全省文旅数量达 330 万处，居全国前列。省内的石窟石刻、高山资源、熊猫种群、竹类资源居全国首位，2021 年四川文旅提出创建大贡嘎、大峨眉、大遗址等十大文旅品牌，并链接起省内五大自然文化遗产，还要建立 5A 景区 15 个、优质景区数 10 个，力争打造全国文旅强省。

### （二）构建重点文旅项目推动文旅产业提档升级

2019 年至 2022 年末，四川进行文化旅游重点建设项目达到 618 个，总计投入资金额度达到 1.63 万亿元，累计完成投资额度达到 5900 亿元人民币。新建成一批主题公园、人文艺术馆、图书馆、美术馆等多元的城市公共服务设施并投入运营，这些基础设施建成运营引领着四川文化旅游朝向高质量发展。对于文化旅游来说也并不是单一独立存在的，通过一些重大项目的建设投入，可以牵引出其他产业的融入，形成"文旅+"多元产业的相互融合发展，可以形成并产生一些新的文旅业态，构筑一些新的场景，获得一些新的成果，借助人工智能、5G 技术打造智能智慧文旅、数字文旅等领域的发展，以此来不断提升四川文化和旅游产业在全国的知名度和影响力，同时通过不断创新来满足公众对文化和旅游生活的多元化追求。

### （三）解决就业提高收入

根据互联网大数据分析，2022 年四川省五一假期接待游客累计为 4401.8 万人次，旅游收入达到 134.43 亿元，乡村民宿旅游订单、自主露营旅游成都地区居全国第二。

自疫情突发以来，四川省文化旅游厅始终坚持疫情防控、恢复文旅发展两手抓，实现文旅产业逐步恢复正常，同时不断加强省内文化旅游产业提高质量、增强效益，通过建立省内名县、名镇、名村、名品等活动发展乡村振兴，建立乡村、镇、县城经济发展路径。在四川雅安市荥经县龙苍沟镇发展村，建立起了旅游名村"熊猫民宿村"，该旅游村定位生态旅游，对全村农户进行统一规划，2020 年建成 60 多家名宿农户，该村年度接待旅客数量达到 40 万人次之多，这个边远的小村，一跃由传统的农耕形式实现了向文旅产业融合发展的转变。根据四川文化旅游厅数据统计，四川通过 2018 年开始建立名县、名镇、名村活动到目前，四川文旅产业解决劳动就业达到 1000 万人次，带动省内 100 多万农户实现了脱贫并走上了致富道路①。

---

① 吴梦琳：《数读这五年 集纳最优质资源打造四川文旅大 IP》，《四川日报》2022 年 5 月 18 日，https://www.sc.gov.cn/10462/12771/2022/5/18/da3aae50f53e430788923a3f2c2a8cf0.shtml。

## （四）强化品牌营销，助力文旅数字化发展

近年来，四川省文化和旅游厅大力推动打造省内旅游目的地品牌战略活动，建立核心品牌体系，即创立"一个文化旅游吉祥物"、树立"一位文旅宣传以及推广形象大使"。同时引导省内相关文旅部门、企事业单位共同开展一系列丰富多彩的文旅宣传推广活动，以此来带动省内文旅工作不断创新，增强省内文旅产品的影响力和知名度，构建起强有力的吸引力和竞争力，推动国内内需循环，为四川省经济复苏回暖、经济振兴做出应有的贡献。为了更好地展示四川文旅资源的特色性，四川文旅自 2019 年以来推出并向社会发布了"天府三九大·安逸走四川"的文旅口号。通过将省内知名的网红三星堆、九寨沟、大熊猫作为文旅"代言人"，相继推出省内大草原、大遗址、大罐区等十大文化旅游品牌，通过发展省内旅游资源优势扩大影响力和吸引力。2020 年，四川省文化和旅游厅将大熊猫"安逸"作为省内文旅的吉祥物。对"天府三九大·安逸走四川"进行品牌个性化、创意性、独特性表达，推进"安逸"熊猫品牌塑造和内涵挖掘，打造大熊猫超级 IP。四川省文化和旅游厅在 2020 年底推出"网红"《丁真的世界》《丁真的新年》系列文旅宣传视频广告，并邀请其参加四川省文化和旅游厅举办的文旅宣传推销介绍活动，同时策划了系列线上线下文旅推广活动，并成为网上热搜，为四川省内文旅品牌宣传赋予了新动能。

## （五）注重媒体数字化利用与创新宣传

四川省文化和旅游厅近年来通过报纸、网络、微信、微博、客户端、荧屏等媒体资源，利用传统媒体与新媒体结合、网络线上传播与线下实体宣传相结合等一系列方式，大力宣传和推广、扩大四川省内文化和旅游行业的"好声音"，不断加强与微信、抖音、微博、快手、今日头条等各种媒体合作，通过一系列活动来增强社会对四川省内文旅的关注，有效提升了文旅品牌的美誉度和辨识度。通过对媒体数字化的利用与创新宣传，四川文旅在全国范围内一直处于热搜状态，省内的各种文旅信息常年居高不下。仅 2021

年期间，四川省文化和旅游厅通过开展各种策划活动宣传，网络浏览量就达到 10 亿次以上，通过庆祝建党百年系列宣传活动，四川省文化和旅游厅推动了全省红色旅游发展，立足全省富饶的文化旅游资源，利用线上各种网络活动宣传和线下互动相结合，不仅在省内宣传，同时在省外也大力开展各种推介会和文旅主题营销活动，充分释放文旅消费活力，助力"双循环"发展。

近年来，四川省文化和旅游厅与浙江省文化和旅游厅沟通形成《浙川文化和旅游战略合作框架协议》，并联合西藏、云南文化和旅游部门开展"一贴就精彩"系列活动，为四川旅游发展集聚动能。

今后一段时间，四川文旅将加快建设四川文化和旅游宣传推广数字平台，建成覆盖供给客户端、需求客户端，服务基层、面向市场的"双服务"数字化平台，打造市场化、专业化、国际化的四川文化旅游宣传推广主阵地，为文旅经济乃至全省经济的高质量发展营造良好氛围[①]。

### （六）建设智慧文旅"智游天府"

四川省文化和旅游厅、四川省旅游投资集团在 2022 年末同阿里巴巴集团、新希望集团、四川省投资集团共同签署"智游天府"合作协议。通过文化与旅游以及科技为抓手整合资源，打通全省智慧文旅生态体系。

"智游天府"服务平台秉承以政府为引导、省属国有龙头企业牵头实施、联合社会优质企业共同参与、对全行业实施开放的基本原则，构建"1+1+N"完全开放的市场化运营模式，形成对省内文旅资源整合、产品创新、智慧服务、数字营销宣传、金融服务一体化的运营体系，"智游天府"服务平台的成功运营，将有助于全省旅游文化资源的高效整合，以丰富、优质的线下文旅产品为线上运营提供支撑，为政府监管提供基本资料来源，助推文旅产业资源整合、主体做强、规模做大。

---

① 四川省文化和旅游厅：《四川：强化品牌营销 助力文旅发展》，中国旅游新闻网，2022 年 1 月 18 日，http：//wlt.sc.gov.cn/scwlt/hydt/2022/1/18/da7b7130b8d147c4baf653e74e5ed097.shtm。

作为四川省级智慧文旅平台，"智游天府"是四川加快构建"5+1"现代产业体系的重要内容，是抢抓四川建设国家数字经济创新发展试验区发展机遇、大力推动全省文旅产业数字化转型的重大项目，是推动全省数字文旅经济发展的重要引擎。此次"智游天府"运营合作，是四川文旅行业贯彻落实中央、省委经济工作会议精神，助推四川数字经济创新发展试验区建设的重要举措，具有重要的战略意义和现实价值。平台将把云计算、大数据、物联网、人工智能、虚拟现实、移动互联网特别是5G等新技术作为新的生产力与公共服务相融合，为公众提供集全省文化和旅游资源为一体、独具四川特色的智慧信息平台服务，形成更具巴蜀文化特质的智慧文旅营销模式，加快打造四川文旅服务的总入口、文旅管理的总枢纽、文旅宣传的总展馆、文旅产销的总平台，助力四川文化强省旅游强省建设①。

### （七）一站式查询一部手机畅游四川

随着人工智能、大数据、云计算、5G技术的快速发展与普及，四川文化旅游产业也开始进入数字化、智能化运营模式，同时也催生了大量文化旅游产业新业态的产生与发展。四川省文化和旅游厅2019年印发《全省文化旅游公共服务平台建设指南》，实行省内各大景区省市县三级联动制度，构建省内"一站式"文化旅游智慧化、信息化、数字化服务平台，该平台将对人工智能、移动互联网、5G、云计算等技术进行资源整合，促进相关部门进行有效的监督管理、综合营销推广，进而为客户提供最具权威的文化和旅游相关信息，游客通过已有的移动通信设备进入四川文化和旅游公共服务平台或者登录公共服务平台App，就可以咨询查阅四川省内各地文旅信息，便可畅游四川。

现如今，四川省内部分市、县、州以及省内优质的文化圣地和旅游景点都建立起了智慧文旅系统，通过四川省文化和旅游厅牵头构建的全省文化旅

---

① 四川省教育科技处：《四川建设智慧文旅最强方阵》，四川省文化和旅游厅网站，2020年12月31日，http：//wlt. sc. gov. cn/scwlt/wlyw/2020/12/31/d26f1ee06a924937a4b8f33f90765e8f. shtml。

游服务平台，将整合各方资源，丰富平台内容和信息，让服务平台发挥更大的效用，尤其是在智慧应用体系中，囊括智慧景区、智慧博物馆、数字非遗、智慧图书馆、数字文化馆、特色文化街区、数字演艺、数字文保、智慧文旅小镇、智慧小镇、智慧营地等多个方面①。

### （八）推行"数字+文旅"转型升级新模式

随着大数据、人工智能、5G等技术的广泛运用，为了加快文旅数字化发展，近几年来，四川省大力加强对省内文化和旅游产业朝数字化方向转型升级建设和资金投入。在文旅数字化发展方面不断创新和探索，对省内各方面的社会资源要素进行全方位的整合，加大资金投入，培育孵化发展文旅产业新业态。省内各地博物馆、文化馆、艺术馆、知名旅游景区等通过互联网和数字化的技术应用大力推行数字化发展，开设了一系列数字化展厅，运用多媒体信息技术、VR技术、3D影像技术、虚拟模拟技术等供游客体验。因此，文旅产业通过数字化技术的导入，不仅活化了文旅意识，也丰富了游客的体验感。具有代表性的比如三星堆博物馆、金沙遗址博物馆等都向公众开设有"云展厅""云观摩"，社会公众可以通过互联网线上参加，深刻感受到金沙遗址、三星文化所带来的古代神秘文化体验。如今省内知名的博物馆、文化馆也都建起了线上和线下查询、云展厅、导游览阅等数字化模式，线上只要通过App登录，就可以查阅相关游览网站，获取相关游览信息。线下也可通过现场多媒体、触屏查询等形式感受到神秘的文物以及远古文化，比如三星堆打造出了数字多媒体体验馆，通过数字化的形式展示出了丰富的远古三星文化让游客体验，游客能够身临其境体验到当时的三星文化氛围。同样，成都金山遗址也构建起了虚拟的金沙全景游览图，线上展示"太阳神鸟""大金面具""铜立人"等30多件重点文物，只要登录进入就可以点击文物，并且每件文物都配置音乐来衬托，通过精细的采集、展示，游客可以放大观赏文物每

---

① 李娇、杨艺茂：《"一站式"查询文旅信息 一部手机畅游四川》，川观新闻，2019年10月31日，https://cbgc.scol.com.cn/news/189779。

个部位的细节来增强对文物的体验感。

四川文旅通过数字化的导入，给文旅产业注入了新的活力，为四川文旅产业朝向数字化转型和发展赋予了新的动力，数字化的导入和运用，为省内文旅事业不断创造出新景象。在数字化技术的推动下，四川省整合各方资源，加强与各方合作，不断完善与充实"智游天府"服务平台，建立起了全省文化和旅游大数据中心、文化和旅游综合服务监督与管理平台、文化与旅游公众服务平台、文化与旅游营销推广以及宣传服务平台、标准化文化和旅游信息服务体系，完善文化和旅游资源数据共享和归档集中，鼓励支持文化和旅游智能化和智慧化服务推广。未来四川力争将"智游天府"服务平台构建成全省文化旅游数字化知名品牌，打造出省内文旅转型升级的新模式。

## 三  四川文旅数字化发展存在的问题

### （一）文旅产业数字化概念的理解模糊

近年来，推动数字文旅产业高质量发展已上升为国家战略，成为文旅产业转型升级的重大课题。数字化技术的普及与广泛应用，催生了大量的文旅产业新型业态，比如近年来富有人气且具有代表性的灯光秀、全息投影技术等新型业态的出现。如今，部分人认为数字文旅是以网络为基础，网络信息技术与数字技术、现代通信技术及文化和旅游产业相结合的一些文旅产业，比如线上文博、智慧旅游产品和服务、沉浸式场景等方面的内容，并没有真正理解和认识文旅产业数字化。正因如此，在实践中过于注重科技手段，过度追求运用特别炫酷华丽的场景来体现文旅产业数字化。文旅产业数字化不单纯是对技术的追求，还要对技术有更好的理解，掌握其核心价值，如果只是对其片面理解和界定，就会显得紊乱与模糊，难以形成创新，反而会影响和降低创新效果，导致文旅产业数字化投入成本增加，最终难以服务社会生活，由此也会使文旅产业数字化走入困境。

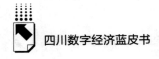

### （二）经济基础发展薄弱，财政支持不足

文旅产业数字化的发展需要专业技术、人才、财政资金等多方面的要素支撑，地方经济发展以及财政投入直接影响到文旅产业数字化技术创新和研发的力度，同时影响文旅数字化建设的强度和文旅数字化发展进程的深度，四川作为财政支持乏力的欠发达省份，地理位置偏向内陆，山多、地质结构复杂，基础配套相对落后，对全省数字化转型所需的财政资金的投入、人才配置、智力支持、技术开发及支持、营商环境、基础设施建设等因素的供给与发达的东部和中部城市比较起来显得不足。尤其是在一些偏远的市区、县区、镇村社、景区等层面，财政的支持显得更为突出。

### （三）数字化技术水平应用不充分，数字化基础薄弱

文旅数字化是传统文旅发展的高级阶段，因此在文旅数字化发展以及转型过程中需要有关键核心技术的支持，也需要新技术基础设施的建设和保障，这些数字技术的研究开发和应用对网络的基础环境都会有很高的要求。文旅数字化发展是数字经济与实体经济发展的融合，是传统经济模式与科学技术的融合，是经济创新与传承的相互融合，是历史与现实发展的融合。如何科学、高效、合理、充分、全面地将数字化技术应用到文旅产业各环节中去，需要不断的探索与创新，技术的创新一定要为实践应用服务，同时实践创新也要为技术创新铺平道路，二者相互依赖、相辅相成。四川文旅产业数字化发展仍处于发展初级阶段，还存在许多硬件设施不足等根本问题，要想把四川文旅产业建成综合智能化数字信息基础设施，要想建成经济社会发展的人工智能信息化强省，还有很长的路要走，任重而道远。四川文旅行业市场主体就全国而言规模不大，对新技术的实践应用大规模接纳的能力非常有限，文旅技术的实践应用亟待提升。

### （四）数字文旅专业人才匮乏，制约产业转型升级

数字文旅要得到应有的发展，对人才能力的要求高，尤其对数字与文旅

融合型的专业性、综合性、复合型人才的要求更高。因此，文旅产业的数字化发展离不开大量的技术开发型人才和先进的管理人才队伍，四川虽然是一个文化和旅游大省，但数字化人才严重不足，人才短缺将直接影响文旅行业向更高层次的跨越发展，没有专业人才，技术研发和应用、科学管理和规划、产品管理和推广都将面临不可逾越的鸿沟，数字化文旅创新的关键就是人才，文旅数字化的转型重点最核心的关键因素也是对人才的需求。

对人才的去留储备以及人才培养方面也容易被忽略，如一味地重视对人才引进，而轻视甚至放弃对人才的培养。同样如果只一味追求人才培养质量，忽略了对现有人才流动性的关注，也将导致人才队伍不稳定，出现团队内部人才储备以及人才积累供应不足。因此，如果不加强对文旅数字化发展综合性人才的储备和培养，文旅数字化高质量发展必将受到限制和影响。

### （五）机制不健全，资源整合有待完善

文旅数字化发展，不仅仅是文旅产业及其单一部分的联动，其牵涉的问题很多，涉及的部门也很多，要解决这些问题需要时间和精力，因此要进行综合性、系统性的研究分析，要充分解决文旅产业向数字化转型技术上的问题，相关产业需协同、疏导、协调。四川各地区文旅产业数字化发展不均衡不充分的现象较为突出，大多数地区文旅数字化、智能化、信息化基础单薄，文旅数字化发展仅存在于表面，导致文旅产业数字化有名无实，数字孤岛问题较为显著，文旅产业数字化系统工程涉及吃、住、行、玩、购物、停车位等多个方面，需要协同合作、信息资源共享，形成数字产业集群，在四川文旅产业中，每个产业链间交流不畅、互通受阻、信息孤立，每个服务点都没有形成链，数字资源利用度相对不高。

## 四 四川文旅数字化发展对策和建议

### （一）完善行业标准、建立行业机制

加快推进文化和旅游领域"放管服"改革，创新规划引领、市场运作、

要素保障、投资融资、动态管理、脱贫攻坚与乡村振兴衔接机制。提高文旅统计数据质量，设置景区管理机构激励机制。加快《四川省公共服务保障条例》《四川省旅游条例（修订版）》《四川省文化产业发展促进条例》《四川省公共图书馆条例（修订版）》的立法进程，制定出台天府旅游名县、天府旅游名牌、入境旅游、红色旅游、乡村旅游、度假旅游、文旅融合、营商环境等系列配套政策。

深入实施标准化战略，加速文旅行业标准化制定、完善、推广和实施，重点制定智慧景区、智慧酒店、智慧场馆等地方标准和行业标准。搭建标准化的公共服务平台，以标准化建设促进行业良性发展，加强文旅智慧标准应用，充分发挥行业标准对产业的导向作用。文旅产业向数字化融合转型后，基于信息渠道的畅通、数据处理的高效、信息反馈的及时，势必提高管理项目的准确性、流程设置的精确度和用户群体黏合度，这样才有利于管理的多元、管理方式的创新、管理效率的提升。

建立健全标准化工作机制，成立全省文旅标准化技术委员会。制定三年行动计划，修订和实施研学旅行、房车汽车露营等标准，出台公共文化服务、网络在线旅游、低空旅游、康养旅游、智慧旅游等标准，支持和鼓励文化旅游科技企业、高校以及科研院所、社会团体参与制定文物数字化、数字图书馆、数字文化馆、非物质文化遗产保护、文化和旅游服务、技术装备等领域的国家和国际技术标准，扩大标准化社会影响力。推动标准化示范试点创建，打造一批标准化示范品牌，增强企事业单位标准创新能力。创建具有国际、国家、地方、行业竞争力的企业品牌标准。

### （二）加快信息技术建设、提高数字化基础设施配套

推动全省文化和旅游数字化，酒店、民宿、乡村旅游基本实现智慧化。加快提升大数据处理分析能力。加快互联网、云技术等信息基础设施建设，继续加快基站建设网络市场布局、推动大数据与文旅产业的深度融合。增强数字技术与行业间的联动。充分借助数字技术的强力支撑，提高产业基础设施的运作能力。充分利用好技术红利，科学布局要素分配，采取先易后难的

原则，优化资源平台共建，提升信息安全技术服务，保障数字化转型各环节的运行安全和信息安全。

### （三）加强文旅数字化人才队伍建设、促进新业态发展

四川省要推动文旅产业数字化高质量发展，就必然要推进文旅数字化人才队伍的建设，建立"高精尖缺"人才的引进机制。特别要加强完善对一些急需的高层次人才以及跨行业领军人才、复合型人才队伍制度建设机制，积极推动与高等院校、科研院所加强合作，构建产、学、研人才联合培养机制，立足现实，面向市场经济、注重实践运用，培养高质量的复合型、应用型专业人才，不断完善对人才的评价与考核机制，制定相对应的人才管理办法以及政策支持机制，制定出相对应的人才引进机制、培养机制、人才评价机制。对人才从引进到培养、利用，再到对产业发展的贡献作全程跟踪与保障。通过机制的完善来推动文旅产业数字化转型，促进新业态的不断完善与发展。

实施四川文旅英才培训计划，重点培养支持 500 名文化艺术人才、500 名旅游人才、1500 名乡村文化旅游能人，示范带动各市州支持培养 1 万名文化和旅游人才，分级分类构建省、市、县三级"文化和旅游英才库"。组建四川文化和旅游发展研究智库。建设好文化和旅游四川培训基地，继续举办"天府文旅大讲堂"，组织文旅工作者服务支持艰苦边远地区和基层一线专项计划，开展乡村旅游人才实训基地建设，夯实基层文旅人才队伍建设。定期开展技能培训，组织职业技能比赛，举办文旅行业各类技能竞赛。丰富人才队伍建设的复合化、多元化。

### （四）深化传统文旅与数字融合、加快区域经济发展

加快"互联网+旅游""文旅+数字"创新创业，联合四川省内外高等院校、企业建立四川省智慧文旅专家智库，搭建智慧旅游创新创业平台，建设国内领先的互联网旅游大数据关键技术研发及应用重点实验项目。实施四川省文旅品牌战略，利用 IP 品牌价值支撑，集中培育一批文化旅游高端产

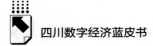

品，推动文旅数字化商业合作。加快"云端四川""智慧天府"品牌的建设，打造智慧天府创新应用矩阵。集中建设 5G 云网、AI 视觉、AR、高清流媒体、VR 虚拟现实等文旅数字化创新平台，推进文旅行业数字化转型发展，引导支持举办文旅线上会演会展，实现云展览、云参观、云对接、云洽谈、云签约、云学习等方式，探索线上线下同步互动、有机融合的文旅运营新模式。

### （五）加快文旅资源数字化扩容、开展精准营销

大力弘扬"开放包容、崇德尚实、吃苦耐劳、敢为人先、达观友善、巴适安逸"的四川人文精神，实施"四川文旅吉祥物'安逸'三年宣传推广计划"。扩容整合主流媒体、新媒体等多种渠道资源，图书馆、文化馆、博物馆等平台资源，导游、讲解员等人才资源，通过文字、视频、图书、画册、歌曲、舞蹈、剪纸等全方位宣传推广四川"二十四"字人文精神和安逸文化的深刻内涵，讲好四川故事，传播四川声音，扩大影响力。持续加大对四川文化和旅游精品、四川戏剧、四川曲艺、藏羌彝歌舞、四川非遗等地方文化品牌宣传，突出四川独具魅力的文化影响力和特色鲜明的旅游吸引力。

整合政府机关、文化和旅游企业、行业协会、科研机构对外宣传推广，充分利用"报网屏微端"五维媒体资源，构建"省+市+县""政府+文化和旅游企业+公众+媒体""平台（OTA）+联盟+媒体""文化和旅游+直播+短视频""微博+抖音+直播"等联动传播推广模式，利用节庆、各种会展等平台，增加入境游产品供给、提高入境游便利性、扩大入境游推广工程，加强国内外多层、多渠道合作交流，开展精准营销。

### （六）加大特色经济建设、抓好市场运营监督

近年来，红色旅游、研学游已成为热潮，宣传的同时，还要不断加强对红色景区、重点场馆的数字化建设，开展创新设计和旅游产品的开发，以文旅服务智能化、体验互动化、管理数字化为目标，为红色旅游注入新活力。

随着交通基础设施的完善，自驾游、自由游已成为外出的主流趋势，应打造精品自驾游的品牌线路，促进省内循环经济的发展。拓展宣传渠道，提升四川文化旅游的知名度。从着力打造夜间文旅市场入手，开发夜景观光、街区夜游、景区夜游、夜间演艺、夜间节事和城市文化艺术休闲游等的夜间文旅市场，让四川文化和旅游搭乘"夜间经济"的列车。

构建"一部手机游四川"手机平台，通过在线预订、信息无死角展示、会员管理、团购优惠、文创产品销售、电商带货、监测管理等功能，让四川景区、景点、文化场馆、乡村旅游的自驾交通、活动视频秀、美食特产、周边资源等网络形式，瞬间走向游客，不断吸引潜在游客入川体验。

同时，做好建立健全文化市场和旅游市场执法机构指导监督和考核评价机制，完善跨部门、跨区域综合监管、综合执法协作联动机制，健全文化旅游市场综合执法和刑事司法衔接机制。鼓励行业协会、商会等社会组织建立健全行业经营自律规范、自律公约和职业道德准则，引导行业健康发展。利用好文化市场技术监管与服务平台、全国旅游监管服务平台，利用大数据实现精准监管和分类监管，促进监管规范化精准化智能化发展。

## （七）提升科技运用能力、推进文旅数字化产业的创新

坚持科学技术是第一生产力，改革创新是基本动力，把握好数字化、网络化、智能化发展机遇，以科技创新引领文化和旅游发展。大力培育壮大文化旅游领域科技型企业，发展一批具有示范性的文旅品牌，推动文旅相关"产学研用"技术创新体系，开展文旅资源保护和开发利用、智慧旅游发展、旅游景区沉浸式体验等技术创新应用。推动5G通信网络、物联网、人工智能、互联网、大数据、云计算、北斗导航、AR/VR、全息投影、无人驾驶、区块链等新技术在文旅产品开发运营等领域的创新应用。建立知识产权保护体系，激发创新创造能力。

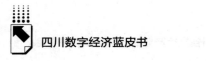

**参考文献**

刘红芹、汤志伟、崔茜等：《中国建设智慧社会的国外经验借鉴》，《电子政务》2019 年第 4 期。

华金玲：《后疫情时代日本数字化转型政策的思考》，《信息通信技术与政策》2021 年第 2 期。

王丽彪、刘凯：《F5G 数字基建：高质量发展的先导与基石》，《信息通信技术与政策》2020 年第 9 期。

田原：《全球数字货币竞争时代正加速到来》，《世界知识》2020 年第 9 期。

李艳、张梦雅、樊培英：《中国文化数字化发展进程》，载《中国文旅数字化发展报告（2021）》，社会科学文献出版社，2021。

张庆波、于志水：《数字经济变革中的文化产业创新与发展探究》，《中国市场》2021 年第 2 期。

邹统钎、李艳、李颖：《2020 年中国文化和旅游数字化发展形势及报告》，载《中国文旅数字化发展报告（2021）》，社会科学文献出版社，2021。

# B.10
# 四川省会展业数字化发展研究

朱玉蓉　刘　杰　杨锦秀　颜子荐　王化荣*

**摘　要：** 本文在借鉴现有研究成果的基础上，构建了四川省会展产业发展与数字经济耦合协调的评价指标体系，运用耦合协调度模型，从宏观上，分别对 2013~2019 年四川省 18 个城市会展产业发展与数字经济发展的耦合协调度进行了实证测算；并进一步基于实地调研数据，从微观上分析了四川省会展企业数字化转型程度。研究结果表明，四川省会展业发展与数字经济发展处于高水平耦合阶段，但耦合协调度尚处于较低水平，且城市之间差异较大。四川省会展企业的数字化转型水平较低，虽然会展企业都有数字化基础设施的投入和业务转型尝试，也取得了一定成效，但大部分会展企业未将数字化转型提升到战略高度。

**关键词：** 会展业　数字经济　四川省

## 一　研究背景

　　会展产业作为新兴服务业，在促进资源要素流动配置、串联推动产业发展、促进扩大对外开放等方面有重要作用。而 2020 年受新冠疫情影响，全

---

\* 朱玉蓉，管理学博士，四川农业大学商旅学院副教授、硕士生导师，主要研究方向为会展经济与管理；刘杰，四川农业大学商旅学院硕士研究生，主要研究方向为会展经济、数字经济；杨锦秀，四川农业大学经济学院教授、博士生导师，主要研究方向为产业经济、农业经济与管理；颜子荐，成都市会议及展览服务行业协会秘书长，主要研究方向为会展经济与管理；王化荣，江苏省溧水中等专业学校助教，主要研究方向为旅游经济。

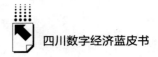

球会展产业受到重创,《2020 年中国展览数据统计报告》显示,全国线下展览总数以及展览面积较 2019 年下降了 50.98% 和 48.05%。

在市场需求疲软与行业转型考验下,会展活动选择线上与线下结合方式成为常态。基于现代科技的发展和进步,以互联网、人工智能、大数据、云计算、VR/AR 为代表的新兴数字技术快速发展,为会展产业创新发展提供了新路径。近年来,会展领域的数字化转型不断加快,并正在不断重塑会展业的商业模式。"十四五"规划和 2035 年远景目标纲要均提出了要迎接数字经济,加快推进数字外贸和展会平台建设,创新展会服务模式;创新展会服务业态和模式是会展业当前及今后一个时期的重要工作。据《DRCEO:中国会展主办机构数字化调研 2022》(以下简称"数字化调研"),2021 年中国会展主办机构中近 70% 选择双线融合办展的方式,超 50% 开始数字化转型的尝试,但会展业数字化转型是一个长期渐进的过程,上述数字化调研中选择数字化转型尝试的会展主办机构,仅 16% 取得了成效。把握数字经济发展带来的机会窗口,以融合、创新驱动四川省会展产业发展,助推四川省会展产业转型升级和提质增效,对四川省会展产业高质量发展意义重大。

那么,四川省数字经济与会展产业是否实现了良好的耦合协调发展?当前四川省会展业数字化转型处于哪个阶段?要回答以上问题,需要在梳理研究的基础之上,结合四川省的现实背景进行实证分析。

## 二 概念界定

### 1. 会展业数字化

会展业数字化是通过 3D 和虚拟展示等技术由大数据自动识别并记录客户浏览动向,再向其推荐展商资料和产品,并基于数字化交互平台进行撮合的服务模式[①],驾驭数字化,已成为会展企业核心能力。

---

① 蒋晓阳、张钿、胡书凝、陈国庆:《新经济视角下会展业数字化发展驱动力及策略研究》,《商展经济》2020 年第 13 期,第 10 页。

## 2. 数字展览、线上展览与数字化展览的区别

随着会展业数字化转型的推动，数字展览、线上展览和数字化展览等概念层出不穷，但现有文献对这些概念的界定尚不明确，甚至混淆将三者等同，本文将基于现有研究对数字展览、线上展览与数字化展览进行区分。

数字展览是通过计算机影像数字技术再现展览，以实现其长久留存和社会传播最大化的网络虚拟形式[①]，是对实体展会模式的一种补充，是一个发展的数字化形态。而线上展览只是一种新的商业形态，是场景重塑和价值再造。线上会展不等于数字会展，线上或线下都是数字会展的一部分[②]。数字化展览是以展品和展览空间的数字化为基础，搭建互联互通的网络体系，实现信息和体验共享、内容共建等综合利用的新型展览模式[③]。

# 三 四川省会展业发展现状

截至 2021 年底，四川省拥有国际展览业协会（UFI）认证项目 13 个、会员单位 13 家、认证场馆 2 个，中国会展经济研究会会员单位 32 家。2021 年，四川省共举办展览 152 场，居全国第八位，办展面积为 416.0 万平方米，办展机构 108 家，其中线上线下同期办展 46 场，独立线上办展 8 场。

## （一）四川省会展场馆布局现状

截至 2019 年 12 月，四川省展览场馆市场投入使用的场馆 143 座，室内可供展览总面积为 441.57 万平方米，居全国第五。其中，成都市展馆数量为 32 座，占四川省总展馆数量的 22.38%，单位展馆面积为 5.81 万平方米，远超其他城市；其次展馆数量较多的是宜宾市，展馆数量为 15 座，单位展

---

① 裴超：《数字先行——数字经济推动会议业态发展》，《中国会展》2020 年第 22 期，第 27 页。

② 《线上会展典型案例解析》，31 会议，2021 年 3 月 4 日，https：//www.31huiyi.com/mobile/case/detail/2016198035/。

③ 李霈韵：《数字化展览 360 度感受艺术世界魅力》，中新网，2020 年 10 月 21 日，https：//www.chinanews.com.cn/tp/hd2011/2020/10-21/958172.shtml。

馆面积 3 万平方米;泸州市展馆数量为 9 座,单位展馆面积 4.22 万平方米等;而达州市、雅安市、资阳市目前尚未建设专业展馆,其余各城市展馆总体建设趋势相差不大。本研究根据资料,整理绘制出 2019 年四川省各城市展馆总体建设情况(见图 1)。

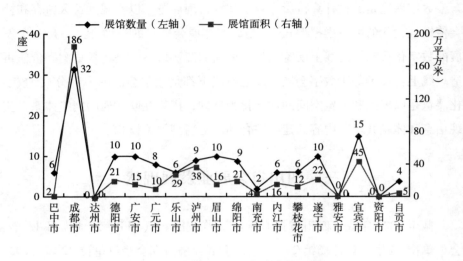

**图 1  四川省各城市展馆总体建设情况**

资料来源:《中国展览数据统计报告》《中国展览数据发展报告》。

## (二)四川省办展现状

2013~2019 年,四川省办展规模均位于全国前十,会展业发展趋势一路向好,但办展数量与规模波动性较大。2013 年财富全球论坛和世界华商大会两大具有国际影响力的盛会齐聚四川成都,由此产生的叠加"大事件效应"十分显著。具体来看,展览数量于 2015 年达到顶点,有 642 场之多,与 2013 年相比,增速达到 279.88%,而在 2018 年回落至 205 场,下降速度明显;展览面积呈倒"U"形变化趋势,2016 年展览面积 903.23 万平方米;展览管理机构数同呈倒"U"形变化趋势,2015 年上升到 28 个,于 2016 开始回落(见表 1)。

表1　2013~2019年四川省会展业办展规模

| 项目 | 2013 年 | 2014 年 | 2015 年 | 2016 年 | 2017 年 | 2018 年 | 2019 年 |
|---|---|---|---|---|---|---|---|
| 展览数量(个) | 169 | 214 | 642 | 540 | 540 | 205 | 326 |
| 展览面积(万平方米) | 300.9 | 325 | 621.65 | 903.23 | 641.58 | 527 | 485.3 |
| 展览管理机构数(个) | 3 | 11 | 28 | 27 | 22 | 25 | 14 |

资料来源:《中国展览数据统计报告》《中国展览数据发展报告》。

## 四　四川省数字经济与会展业耦合协调分析

以互联网为载体的数字经济赋能展览业,改变了会展业传统办展模式,以线上直播、云会议、云展览等数字空间形式举办会展活动,通过"线上+线下"融合,改变了会展业的运营模式,打破了物理上的时空限制,为参展商和参展人员提供了一个新的交易平台;而会展企业利用数字基础设施,依托数字平台打破空间上的壁垒,整合利用企业外部资源,推动线上与线下会展结合,促进会展业数字化转型。会展业数字化转型是市场发展的需求,数字经济为会展业可持续发展提供了必要帮助,是会展业转型升级的技术支撑。作为支撑数字经济发展的重要平台,展览让数字化不只是一个概念,二者相互作用、相互成就。报告拟采用耦合协调度模型研究两者的融合关系,定量评价四川省数字经济与会展业的融合程度。

### (一)评价指标体系构建

数字经济评价指标体系的构建。中国信息通信研究院从数字产业化、产业数字化及数字化治理等方面对中国数字经济规模进行了测算。赵涛等以城市层面互联网发展[1]和中国数字普惠金融指数[2]测量了数字经济发展水平。

---

[1] 赵涛、张智、梁上坤:《数字经济、创业活跃度与高质量发展——来自中国城市的经验证据》,《管理世界》2020年第10期,第69页。

[2] 郭峰、王靖一、王芳、孔涛、张勋、程志云:《测度中国数字普惠金融发展:指数编制与空间特征》,《经济学(季刊)》2020年第4期,第140页。

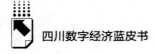
许宪春和张美慧则借鉴 BEA 的测算方法对中国国家层面数字经济规模进行了测算研究①；韩兆安等在此基础上从社会生产角度的生产、分配、交换和消费四个维度构建数字经济测算框架②。本报告借鉴相关学者③的研究，结合我国数字经济现状和本文研究目标并考虑城市层面相关数据可得性，从互联网普及率、相关从业人员情况、相关产出情况、移动电话普及率④和中国数字普惠金融指数测度数字经济发展水平。

会展业发展水平评价指标体系的构建。已有研究对展览业发展水平指标体系的构建中大多包含展览数量、展览面积、展馆数量、展馆面积，在此基础上学者们分别加入了展览面积 TOP100 数量、按行业细分列入 TOP3 数量⑤，UFI 会员数量、展览机构数量⑥，会展业从业人员⑦综合评价展览业发展水平；王永兵结合上述指标综合评价⑧，刘震和楼嘉军则从经济与贸易发展情况、展览规模与质量、城市环境与支持三个维度测量了展览业发展水平⑨；基于现有研究并结合研究目的以及会展业自身特性，以展览规模与质量、展览基础、展览国际化程度综合全面评价城市会展业发展水平。

① 许宪春、张美慧：《中国数字经济规模测算研究——基于国际比较的视角》，《中国工业经济》2020 年第 5 期，第 25 页。
② 韩兆安、赵景峰、吴海珍：《中国省际数字经济规模测算、非均衡性与地区差异研究》，《数量经济技术经济研究》2021 年第 8 期，第 168 页。
③ 刘军、杨渊鋆、张三峰：《中国数字经济测度与驱动因素研究》，《上海经济研究》2020 年第 6 期，第 81 页。
④ 黄群慧、余泳泽、张松林：《互联网发展与制造业生产率提升：内在机制与中国经验》，《中国工业经济》2019 年第 8 期，第 14 页。
⑤ 杨娇：《重庆市会展业发展现状及影响因素研究》，重庆工商大学硕士学位论文，2014，第 35 页。
⑥ 罗秋菊、罗倩文：《中国省域展览业与经济相关关系及其空间溢出研究》，《地理科学》2016 年第 11 期，第 130 页。
⑦ 王宏宇：《会展业发展对服务业的带动作用研究》，山西财经大学硕士学位论文，2018，第 37 页。
⑧ 王永兵：《会展业发展水平对地区服务业经济增长的影响》，浙江财经大学硕士学位论文，2018，第 25 页。
⑨ 刘震、楼嘉军：《中国城市展览业发展状况评价》，《城市问题》2018 年第 6 期，第 54 页。

## （二）四川省数字经济与会展业发展的耦合协调度测度

由于衡量数字经济与会展业发展水平的指标数据量纲和单位不同，为了增加计算的科学性，本文对数据进行无量纲化处理，采用主成分分析法确定各指标权重，计算数字经济与会展业发展水平指数，分析数字经济与会展业的耦合协调度（见附表2）。

### 1. 耦合协调度模型构建

为了研究数字经济与会展业发展水平的耦合关系，本文建立以下耦合度模型：

$$C = \sqrt{\dfrac{u_1 \times u_2}{\left(\dfrac{u_1 + u_2}{2}\right)^2}} = 2\dfrac{\sqrt{u_1 \times u_2}}{u_1 + u_2} \tag{1}$$

其中，$u_1$ 表示数字经济指数，$u_2$ 表示会展业发展水平指数，$C$ 表示数字经济与会展业的耦合度，$C \in [0, 1]$，$C$ 值越大，说明数字经济与会展业相互关联程度越强。通过耦合度模型计算得出四川省各地级市数字经济与会展业耦合度（见附表1）。

根据四川省各地级市数字经济与会展业耦合度 $C$ 值的大小，将数字经济与会展业耦合分为四种类型，具体评判类型如表2所示。

表2　数字经济与会展业耦合度评价标准

| 耦合度 $C$ | 耦合类型 |
|:---:|:---:|
| $0 \leqslant C < 0.3$ | 形成阶段 |
| $0.3 \leqslant C < 0.6$ | 颉颃阶段 |
| $0.6 \leqslant C < 0.8$ | 磨合阶段 |
| $0.8 \leqslant C \leqslant 1.0$ | 高水平耦合阶段 |

附表1显示，所有城市在 2013 ~ 2019 年中的耦合度大小均介于 0.7457 ~ 1，根据评价标准，四川省18个主要地级市的耦合水平比较发达，除了2019年攀枝花市与雅安市处于磨合阶段外，其余城市均已进入高水平

耦合阶段。处于高水平耦合阶段的城市也存在差异，其中成都市、巴中市与泸州市的耦合度数值稳定保持在前十名，属于第一梯队，跟排名靠后的城市拉开一定的梯度。尤其成都市，历年的耦合度数值保持在第一位，接近最大数值1，可以说成都市的耦合水平几乎达到最优的良性共振耦合。

综观全省的耦合度指标，攀枝花和雅安这两个城市历年来的耦合度数值，与其余城市相比相对较低，一直处于后三位。攀枝花市仅有2015年与2016年耦合度大于0.9，雅安市耦合度呈下降趋势，且2019年雅安与攀枝花市耦合度小于0.8，处于磨合阶段；表明这两地数字经济和会展业尚未很好地融合，需以其他城市为标杆和榜样，积极调整会展产业结构，改变会展业传统模式，尽快向更高级、更优质水平的耦合类型迈进。

2. 耦合协调度模型

由于耦合度只分析了数字经济与会展业相互作用的强弱，不能反映两个系统的整体作用效果与协调效应，为了更真实客观地反映两个系统的协调发展水平，在此基础上构建了数字经济与会展业的耦合协调度模型：

$$D = \sqrt{C \times T} \tag{2}$$

$$T = \alpha u_1 \times \beta u_2 \tag{3}$$

其中，$T$ 为数字经济与会展业发展水平的综合指数，$D$ 是协调度，取值范围为 [0，1]，$D$ 值越大，表明数字经济与会展业的融合水平越高，相反，融合水平越低，$\alpha$ 和 $\beta$ 分别是数字经济与会展业发展水平的贡献系数，$\alpha+\beta=1$，本文则假设 $\alpha=\beta=0.5$。依据耦合协调度模型计算得出四川省各地级市数字经济与会展业的耦合协调度（见附表2）。

为了综合反映不同地区数字经济与会展业耦合协调度的综合发展水平，将数字经济与会展业耦合协调度划分为四大类型十个梯度，划分标准见附表3。

根据 $D$ 值的评价结果，2013~2019年四川省各地级市耦合协调度在0.3573~0.7789，其差距在市级之间较为明显。根据分类标准，四川省城市在濒临失调、勉强协调以及协调发展三大发展特征上有所体现，从低级到高级横跨轻度失调、濒临失调、勉强协调、初级协调以及中级协调五个等级。四川省各地级市耦合协调度发展类型如表3所示。

**表3　四川省各地级市数字经济与会展业耦合协调度发展类型汇总**

| 类型 | 2013 年 | 2014 年 | 2015 年 | 2016 年 | 2017 年 | 2018 年 | 2019 年 |
|---|---|---|---|---|---|---|---|
| 极度失调 | | | | | | | |
| 严重失调 | | | | | | | |
| 中度失调 | | | | | | | |
| 轻度失调 | 自贡、泸州、广元、遂宁、内江、乐山、南充、眉山、宜宾、广安、达州、巴中、资阳 | 自贡、遂宁、南充、达州、巴中 | | | | | |
| 濒临失调 | 攀枝花、德阳、绵阳、雅安 | 攀枝花、泸州、德阳、绵阳、广元、内江、乐山、眉山、宜宾、广安、雅安、资阳 | 攀枝花、自贡、泸州、德阳、绵阳、广元、遂宁、内江、乐山、南充、眉山、宜宾、广安、达州、雅安、巴中、资阳 | 攀枝花、自贡、泸州、德阳、绵阳、广元、遂宁、内江、乐山、南充、眉山、宜宾、广安、达州、雅安、巴中、资阳 | 自贡、泸州、广元、遂宁、乐山、南充、广安、达州、雅安、巴中、资阳 | 自贡、泸州、广元、内江、乐山、南充、宜宾、广安、达州、雅安、巴中、资阳 | 攀枝花、自贡、德阳、广元、遂宁、乐山、南充、眉山、宜宾、广安、达州、巴中、资阳 |
| 勉强协调 | | | | 泸州 | 攀枝花、德阳、绵阳、内江、眉山、宜宾 | 攀枝花、德阳、绵阳、遂宁、眉山 | 泸州、绵阳、内江、雅安 |
| 初级协调 | 成都 | 成都 | | | | | |
| 中级协调 | | | 成都 | 成都 | 成都 | 成都 | 成都 |
| 良好协调 | | | | | | | |
| 优质协调 | | | | | | | |

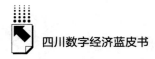

由表 3 可以看出，四川省各地的数字经济和会展业耦合协调关系处于良性的发展态势，轻度失调特征的城市数量在稳步减少，而濒临失调与勉强协调的城市数量正慢慢增加，既没有中度、严重以及极度失调的城市，也没有良好以及优质协调发展的城市。只有成都市达到协调发展的特征，成都市前两年处于初级协调，此后升为中级协调；自贡、遂宁、南充、达州与巴中在前两年一直处于轻度失调，此后升为了濒临失调；攀枝花、德阳以及眉山在2013～2016 年处于濒临失调，之后两年达到勉强协调，但 2019 年又退回了濒临失调，较不稳定；绵阳在 2013～2016 年处于濒临失调，之后跳转升为初级协调；广元、乐山、广安以及资阳仅 2013 年处于轻度失调，之后呈上升趋势，但一直未跳出濒临失调的发展类型；宜宾实现了从轻度失调到濒临失调再到初级失调的跨越，在 2018 年及以后又退回了濒临失调；泸州与内江较不稳定，从轻度失调升为濒临失调之后在濒临失调和勉强协调两个等级中切换；雅安相对于其他城市较为稳定，连续六年都处于濒临失调，在 2019 年跳出失调模式转为勉强协调。综观全省，四川省 2013～2019 年各城市总体处于濒临失调以及勉强协调的发展状态，要达到协调发展的特征类型，任务相当艰巨。

## 五　四川省会展企业数字化转型现状分析

本次调研主要采用向相关会展企业定向发放线上问卷和实地调研的方式，收集了来自四川省 68 家会展相关企业数据，包含有会展主（承）办单位、场馆经营公司、招商代理合作机构等，有国有企业、民营企业、合资企业等会展企业，参与调研的 60%以上为所在机构的中高层管理人员。

### （一）会展业数字化转型水平测度指标体系构建

问卷参考李君等[①]并基于会展企业特有属性和本文研究目的，主要从企业数字化战略与组织、基础条件、数字化平台应用、业务创新与效能效益分

---

①　李君、周勇、邱君降、刘帅、文莎、张旭：《制造企业工业互联网平台应用水平与绩效评价体系构建与实践》，《计算机集成制造系统》2021 年第 7 期，第 1846 页。

析四川省会展企业数字化转型现状，共设计了 5 个一级指标，并细分为 16 个二级指标，设置了 34 个采集项（见图 2）。

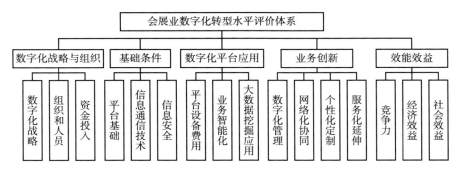

**图 2　会展业数字化转型水平评价体系**

## （二）四川省会展企业数字化转型现状

基于四川省 68 家会展相关企业数据从数字化战略与组织、基础条件、数字化平台应用、业务创新以及转型的效能效益方面分析四川省会展业数字化转型水平情况，形成了以下主要结论。

### 1. 数字化战略与组织

在企业数字化战略与组织方面，如图 3 所示，约 1/3 企业对数字化转型依然处于考察了解阶段，虽有 1/4 企业考虑开展数字化工作，但并未加入企业数字化战略规划，仅有约 1/5 的企业已形成了长期和短期的数字化转型的战略和方案。

大部分企业都对员工进行了培训，但 89.71% 的企业具备数字化管理平台应用水平的员工占比在 20% 以下；在数字化转型的资金投入方面也有不足，仅有 10.29% 的企业设立了数字化转型专项资金（见图 4）。被调研单位中仅有 26.47% 的企业配备了专职人员配合数字化平台服务商推进数字化部署、实施与应用相关工作，而 52.94% 的企业则由数字化平台服务商推进数字化相关工作；其中 35.29% 的企业初步开展了数字化相关工作，成效还未显现，20.59% 的企业阶段性战略目标的完成情况良好，而基本完成数字化转型的仅有 1.47%。

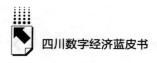
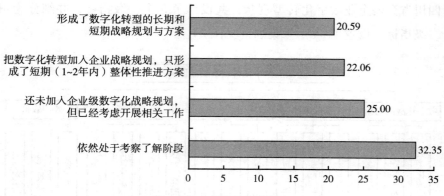

图 3　数字化战略制定情况

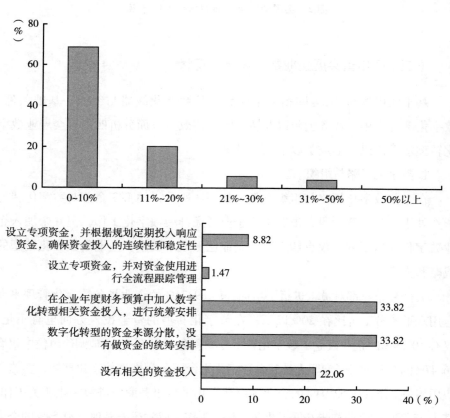

图 4　具备数字化管理技能的员工占比和数字化转型的资金投入

## 2. 基础条件

在基础条件方面，约 4/5 的会展企业数字化管理平台以及可以实现自动追踪的管理平台占比低于 1/5，其中企业管理平台中数字化管理平台占比在 20% 以上的仅有 17.64%，77.94% 的企业能够实现自动数据追踪的管理平台占比在 20% 以下，较少企业管理平台数字化在 50% 以上，数字化转型基础设备设施尚不完善，平台基础较为薄弱，制约了企业数字化转型的发展，是当前会展企业数字化转型的瓶颈（见图 5）。

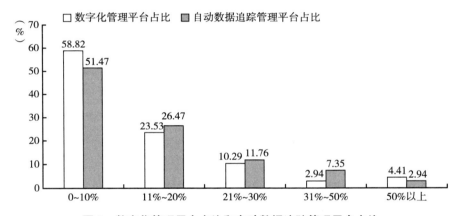

**图 5　数字化管理平台占比和自动数据追踪管理平台占比**

数字化转型是指企业运用数字技术的创新过程，而新一代信息通信技术是构成企业数字化转型的重要驱动因素，如图 6 所示，大多数会展企业应用了大数据，有少数企业还应用了云计算、人工智能、物联网、VR/AR、区块链、工业互联网等新一代信息通信技术，单位工作区域的通信网络网速稳定且速度可接受，但仍有 19.12% 的会展企业尚未运用相关数字技术，新一代信息通信技术应用程度仍待提高。为提升应用数字化信息安全，1/3 以上企业采取了相关工作，例如：围绕数字化进行相关风险评估、应急响应、安全防护等，具备完善的信息安全管理体系；进行各类设备设施及其传输协议、控制软件等的安全防护等，但仍有 1/4 的企业未采取上述工作，对数字化设施设备尚未形成完善的管理系统。

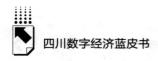

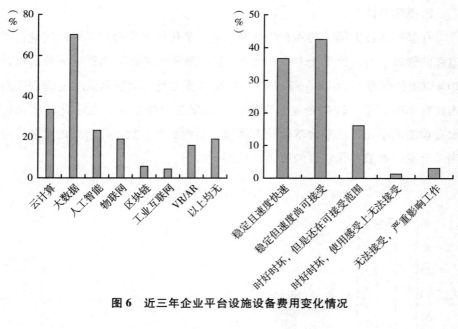

**图6 近三年企业平台设施设备费用变化情况**

### 3. 数字化平台应用

近一半的会展企业近三年平台设施设备费用有增长，大部分业务实现了智能化，具备大数据挖掘与应用能力，数字化平台应用相对较多。如图7所示，44%以上的会展企业互联网和电信支出以及更换IT硬件或软件的费用

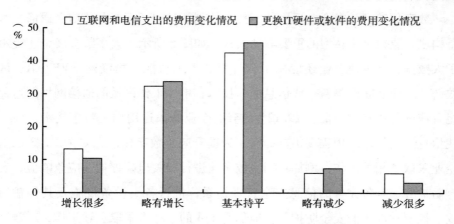

**图7 新一代信息通信技术的应用和工作区域的通信网络网速**

有增长，仅有10%左右的企业设施设备配套费用有所减少。平台设施设备费用有所增长，表明对数字化设备的利用程度有所提高。

较少企业实现了在线接单、供应商和客户系统、开票和付款、服务操作和营销业务等方面的自动化，业务自动化率普遍不高；一半以上企业使用社交媒体与客户沟通和营销；近40%的企业实现了会计和发票流程以及业务

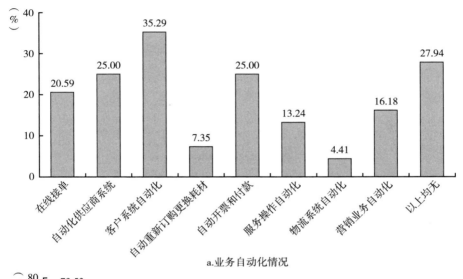

a.业务自动化情况

b.使用社交媒体开展的业务情况

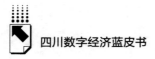

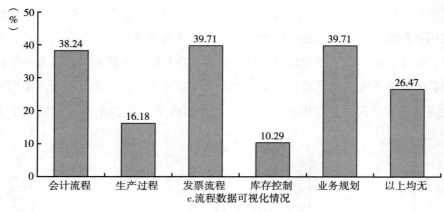

图8　业务智能化情况

规划的数据可视化，但总体上会展企业业务智能化程度不高，需进一步提高业务智能化，促进企业数字化转型（见图8）。

如图9所示，不到2/3的企业具备大数据挖掘与应用能力，其中约1/4的企业具备基于数字化转型实现企业研发、经营、服务等各类数据的云端分类分级存储，基于相关工具进行数据采集、清洗处理、挖掘分析与数据可视

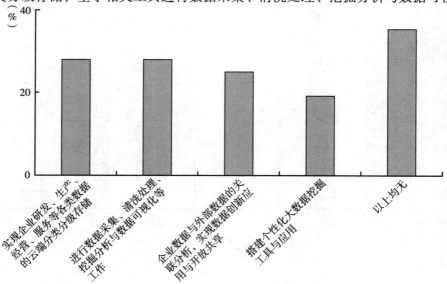

图9　企业具有的大数据挖掘与应用能力情况

化等工作，进行企业数据与外部数据的关联分析、实现数据创新应用与开放共享等，但仍有 1/3 以上的企业不具备大数据挖掘与应用能力。

### 4. 业务创新

一半以上的企业已经开展了远程在线办公、基于平台资源的线上培训和员工赋能等数字化管理实践，并基于数字化转型开展了个性化定制，及时响应客户的个性化需求，增加客户满意度；促进了会展企业资源整合、供需精准传递、生产联动调配、服务及时响应，实现产业链协同一体化运用，实现网络化协同；在主营服务的基础上，扩展了本行业之外的业务，有效延伸了价值链条，扩展服务空间，促进服务化延伸等相关实践。但仍有部分企业并未展开业务创新方面的实践探索（见图 10）。

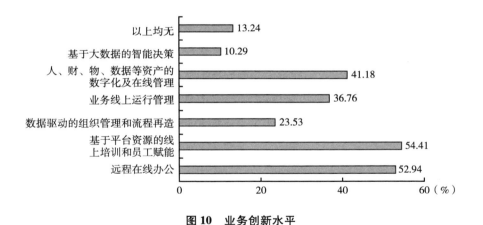

**图 10　业务创新水平**

### 5. 效能效益

随着数字化转型的投入，企业的竞争力、经济效益以及社会效益均有了不同程度的改变。如图 11 所示，企业的设备运维成本以及运营成本也有了不同程度的增长，而仅有约 15% 的会展企业的设备运维成本以及运营成本出现了降低。

如图 12 所示，与 2020 年相比，本单位与其他相关产业链的协同创新能力、利用外部资源和社会化资源的能力、为客户远程解决问题的能力以及产

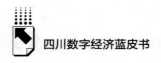
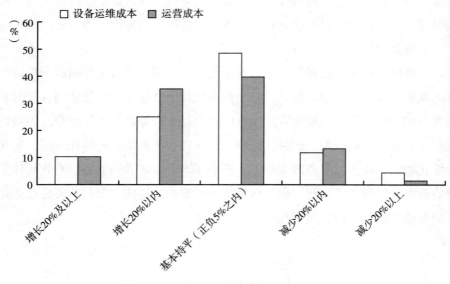

图11 成本变化

品和服务优化率都得到不同程度的提升,仅有约 10% 的企业出现了降低,基于数字化会展企业的竞争力有所提升。

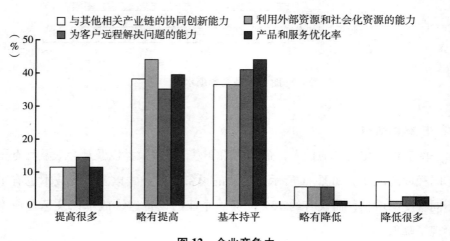

图12 企业竞争力

如图 13 所示，与 2020 年相比，4/5 以上的企业社会贡献率在疫情的影响下没有下降，反而有不同程度的提升，订单完成率、客户满意度，以及全员工作效率仅有不到 20% 的会展企业出现了降低，企业的人均利润率并没有因为疫情而有大幅度的下降，且约 40% 的企业人均利润率有所提高。

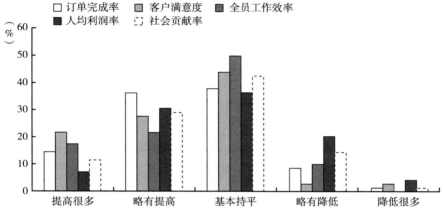

图 13　经济与社会效益

由上述分析可知，基于数字化转型，会展企业开展了个性化定制、网络化协同以及服务化延伸等实践，提高了企业业务创新水平；其中低于 1/5 的企业成本有较小幅度的下降，约 1/2 的企业数字化转型提高了订单完成率以及客户满意度，约 40% 的企业员工工作效率以及社会贡献率提高，企业竞争力有所提升，大部分企业的社会效益和经济效益均有不同程度的提升，数字化转型降低了企业的成本、提高了竞争力，为会展企业带来了经济效益与社会效益。

# 六　四川省会展业数字化发展策略

## （一）完善企业战略规划与组织结构

四川省会展业数字化转型体系尚不完善，大部分会展企业数字化转型处

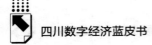

于初级阶段，未将数字化转型加入企业战略规划，且未形成较完善的线上线下相结合的数字会展体系。促进四川省会展业数字化转型，需要会展企业明晰战略目标，将数字化转型作为长期战略有序推进。积极适应会展业数字化转型趋势，采取"线上+线下"双线融合模式，推动会展业创新型和现代化发展。

数字化时代人力资源和组织构架已经发生了巨大变化，人才作为会展经济发展的重要因素，对此需完善数字会展人才的供给机制，健全"数字会展"的复合型人才培育引进机制，引进高素质数字化人才；支持会展行业协会、会展企业与院校、科研机构等开展合作，加强院校会展专业建设，与会展相关高校形成产、学、研联合；注重员工数字化体系培训学习；从企业内部与外部两方面培养全方位的会展人才。

### （二）完善会展业数字化转型基础设施

近年来，随着云计算、人工智能、VR/AR、工业互联网等新一代信息通信技术的迅速发展，会展业数字化从1.0时代逐步迈进4.0时代。会展业数字化转型需要数字技术的支撑，数字平台使会展业上、中、下游产业之间链接得更加紧密。其中，完善的信息基础设施是开展数字化应用的前提，而四川省数字化转型基础设备设施尚不完善、平台基础较为薄弱，制约了企业数字化转型的发展。为了促进四川省会展业数字化高质量发展，需要加大信息基础设施的投入，引进现代技术设备，建立数字化的会展信息平台，整合资源，提升展会的管理水平和服务水平，推动会展业高质量发展和转型升级。

### （三）提高数字化平台应用，推进业务智能化与自动化

数字平台可以有效整合各方资源，方便采购方与参展商之间进行交易。在数字化平台应用方面，一半以上的企业使用社交媒体开展相关业务，但会展企业相关业务智能化与自动化率低于40%，普遍不高，需进一步提高数字化平台的应用，推进业务智能化与自动化，促进企业数字

化转型。

总之，会展业在数字化转型过程中，需不断完善基础设施设备，建立数字化的会展信息平台，整合资源，吸引和培养会展数字化高素质人才，推动会展全流程数字化管理，构建完善的线上线下相结合的数字会展体系，推动会展业高质量发展和转型升级。

附表1　2013~2019 年四川省各地级市数字经济与会展业耦合度

| 城市 | 2013 年 | 2014 年 | 2015 年 | 2016 年 | 2017 年 | 2018 年 | 2019 年 |
|------|---------|---------|---------|---------|---------|---------|---------|
| 成都 | 1.0000 | 0.9999 | 0.9970 | 0.9984 | 0.9878 | 0.9617 | 0.9671 |
| 攀枝花 | 0.8976 | 0.8864 | 0.9315 | 0.9141 | 0.8834 | 0.8437 | 0.7505 |
| 自贡 | 0.9886 | 0.9534 | 0.9621 | 0.9185 | 0.9356 | 0.9094 | 0.8603 |
| 泸州 | 0.9674 | 0.9628 | 0.9858 | 0.9728 | 0.9096 | 0.8870 | 0.8890 |
| 德阳 | 0.9199 | 0.8850 | 0.9377 | 0.9206 | 0.8962 | 0.9044 | 0.8049 |
| 绵阳 | 0.9560 | 0.9439 | 0.9450 | 0.9208 | 0.9024 | 0.8864 | 0.8713 |
| 广元 | 0.9501 | 0.9280 | 0.9520 | 0.9295 | 0.9033 | 0.8840 | 0.8566 |
| 遂宁 | 0.9844 | 0.9704 | 0.9869 | 0.9273 | 0.9744 | 0.9501 | 0.8563 |
| 内江 | 0.9687 | 0.9804 | 0.9697 | 0.9514 | 0.8686 | 0.8415 | 0.8017 |
| 乐山 | 0.9394 | 0.9181 | 0.9564 | 0.9205 | 0.8950 | 0.8672 | 0.8587 |
| 南充 | 0.9776 | 0.9505 | 0.9497 | 0.9873 | 0.9207 | 0.9028 | 0.8132 |
| 眉山 | 0.9761 | 0.9431 | 0.9766 | 0.9353 | 0.8852 | 0.8455 | 0.8185 |
| 宜宾 | 0.9730 | 0.9537 | 0.9865 | 0.9621 | 0.9775 | 0.8803 | 0.8695 |
| 广安 | 0.9861 | 0.9584 | 0.9762 | 0.9470 | 0.9514 | 0.9172 | 0.8504 |
| 达州 | 0.9893 | 0.9590 | 0.9599 | 0.9325 | 0.8994 | 0.9173 | 0.8978 |
| 雅安 | 0.9337 | 0.9073 | 0.9121 | 0.8841 | 0.8644 | 0.8168 | 0.7457 |
| 巴中 | 0.9897 | 0.9566 | 0.9583 | 0.9281 | 0.9375 | 0.9123 | 0.8577 |
| 资阳 | 0.9611 | 0.9278 | 0.9330 | 0.9012 | 0.8869 | 0.8630 | 0.8506 |

资料来源：《中国展览数据统计报告》《中国展览数据发展报告》《中国城市统计年鉴》《中国区域经济统计年鉴》以及北京大学数字金融研究中心和蚂蚁金服集团共同编制的《中国数字普惠金融指数》。

附表 2 2013~2019 年四川省各地级市数字经济与会展业耦合协调度

| 城市 | 2013 年 | 2014 年 | 2015 年 | 2016 年 | 2017 年 | 2018 年 | 2019 年 |
|---|---|---|---|---|---|---|---|
| 成都 | 0.6853 | 0.6773 | 0.7390 | 0.7727 | 0.7767 | 0.7605 | 0.7789 |
| 攀枝花 | 0.4212 | 0.4271 | 0.4726 | 0.4629 | 0.5096 | 0.5216 | 0.4965 |
| 自贡 | 0.3586 | 0.3884 | 0.4294 | 0.4389 | 0.4773 | 0.4791 | 0.4624 |
| 泸州 | 0.3783 | 0.4296 | 0.4770 | 0.5013 | 0.4886 | 0.4993 | 0.5072 |
| 德阳 | 0.4089 | 0.4278 | 0.4725 | 0.4846 | 0.5336 | 0.5238 | 0.4916 |
| 绵阳 | 0.4247 | 0.4406 | 0.4698 | 0.4905 | 0.5126 | 0.5159 | 0.5063 |
| 广元 | 0.3907 | 0.4233 | 0.4592 | 0.4687 | 0.4764 | 0.4772 | 0.4710 |
| 遂宁 | 0.3633 | 0.3936 | 0.4421 | 0.4292 | 0.4918 | 0.5105 | 0.4652 |
| 内江 | 0.3774 | 0.4025 | 0.4314 | 0.4434 | 0.5076 | 0.4957 | 0.5169 |
| 乐山 | 0.3974 | 0.4100 | 0.4731 | 0.4689 | 0.4926 | 0.4977 | 0.4976 |
| 南充 | 0.3699 | 0.3904 | 0.4099 | 0.4997 | 0.4727 | 0.4633 | 0.4655 |
| 眉山 | 0.3886 | 0.4137 | 0.4602 | 0.4865 | 0.5103 | 0.5162 | 0.4841 |
| 宜宾 | 0.3738 | 0.4064 | 0.4735 | 0.4795 | 0.5344 | 0.4760 | 0.4821 |
| 广安 | 0.3615 | 0.4037 | 0.4576 | 0.4600 | 0.4738 | 0.4801 | 0.4473 |
| 达州 | 0.3578 | 0.3846 | 0.4117 | 0.4231 | 0.4399 | 0.4574 | 0.4301 |
| 雅安 | 0.4009 | 0.4160 | 0.4394 | 0.4501 | 0.4654 | 0.4910 | 0.5035 |
| 巴中 | 0.3573 | 0.3862 | 0.4376 | 0.4562 | 0.4682 | 0.4715 | 0.4424 |
| 资阳 | 0.3831 | 0.4044 | 0.4307 | 0.4402 | 0.4665 | 0.4610 | 0.4675 |

资料来源:《中国展览数据统计报告》《中国展览数据发展报告》《中国城市统计年鉴》《中国区域经济统计年鉴》以及北京大学数字金融研究中心和蚂蚁金服集团共同编制的《中国数字普惠金融指数》。

附表 3 数字经济、会展业耦合协调度分类标准

| 一级层次 | 耦合协调度值 | 二级层次 | $u_1$ 与 $u_2$ 的关系 | 协调等级 |
|---|---|---|---|---|
| 协调衰退 | 0<D≤0.1 | 极度失调 | $u_1-u_2>0.1$ | 极度失调会展业发展滞后型 |
| | | | $u_2-u_1>0.1$ | 极度失调数字经济发展滞后型 |
| | | | $0<|u_1-u_2|≤0.1$ | 极度失调数字经济、会展业发展不足型 |
| | 0.1<D≤0.2 | 严重失调 | $u_1-u_2>0.1$ | 严重失调会展业发展滞后型 |
| | | | $u_2-u_1>0.1$ | 严重失调数字经济发展滞后型 |
| | | | $0<|u_1-u_2|≤0.1$ | 严重失调数字经济、会展业发展不足型 |
| | 0.2<D≤0.3 | 中度失调 | $u_1-u_2>0.1$ | 中度失调会展业发展滞后型 |
| | | | $u_2-u_1>0.1$ | 中度失调数字经济发展滞后型 |
| | | | $0<|u_1-u_2|≤0.1$ | 中度失调数字经济、会展业发展不足型 |

| 一级层次 | 耦合协调度值 | 二级层次 | $u_1$ 与 $u_2$ 的关系 | 协调等级 |
|---|---|---|---|---|
| 濒临失调 | $0.3 < D \leqslant 0.4$ | 轻度失调 | $u_1 - u_2 > 0.1$ | 轻度失调会展业发展滞后型 |
| | | | $u_2 - u_1 > 0.1$ | 轻度失调数字经济发展滞后型 |
| | | | $0 < |u_1 - u_2| \leqslant 0.1$ | 轻度失调数字经济、会展业发展不足型 |
| | $0.4 < D \leqslant 0.5$ | 濒临失调 | $u_1 - u_2 > 0.1$ | 濒临失调会展业发展滞后型 |
| | | | $u_2 - u_1 > 0.1$ | 濒临失调数字经济发展滞后型 |
| | | | $0 < |u_1 - u_2| \leqslant 0.1$ | 濒临失调数字经济、会展业发展不足型 |
| 勉强协调 | $0.5 < D \leqslant 0.6$ | 勉强协调 | $u_1 - u_2 > 0.1$ | 勉强协调会展业发展滞后型 |
| | | | $u_2 - u_1 > 0.1$ | 勉强协调数字经济发展滞后型 |
| | | | $0 < |u_1 - u_2| \leqslant 0.1$ | 勉强协调数字经济、会展业发展同步型 |
| 协调发展 | $0.6 < D \leqslant 0.7$ | 初级协调 | $u_1 - u_2 > 0.1$ | 初级协调会展业发展滞后型 |
| | | | $u_2 - u_1 > 0.1$ | 初级协调数字经济发展滞后型 |
| | | | $0 < |u_1 - u_2| \leqslant 0.1$ | 初级协调数字经济、会展业发展同步型 |
| | $0.7 < D \leqslant 0.8$ | 中级协调 | $u_1 - u_2 > 0.1$ | 中级协调会展业发展滞后型 |
| | | | $u_2 - u_1 > 0.1$ | 中级协调数字经济发展滞后型 |
| | | | $0 < |u_1 - u_2| \leqslant 0.1$ | 中级协调数字经济、会展业发展同步型 |
| | $0.8 < D \leqslant 0.9$ | 良好协调 | $u_1 - u_2 > 0.1$ | 良好协调会展业发展滞后型 |
| | | | $u_2 - u_1 > 0.1$ | 良好协调数字经济发展滞后型 |
| | | | $0 < |u_1 - u_2| \leqslant 0.1$ | 良好协调数字经济、会展业发展同步型 |
| | $0.9 < D \leqslant 1.0$ | 优质协调 | $u_1 - u_2 > 0.1$ | 优质协调会展业发展滞后型 |
| | | | $u_2 - u_1 > 0.1$ | 优质协调数字经济发展滞后型 |
| | | | $0 < |u_1 - u_2| \leqslant 0.1$ | 优质协调数字经济、会展业发展同步型 |

# 数字产业化篇

Digital Industrialization

# B.11
# 四川省大数据产业发展报告

胡思佳*

**摘　要：** 本文详细总结并分析四川省大数据产业发展现状。当前四川省大
数据产业呈现产业规模持续稳定增长、产业生态环境与基础设施
不断优化、优质企业空间和行业分布集中以及应用场景不断深化
等特征。针对四川省大数据产业在总体发展水平和产业上中下游
均存在问题的现状，本文分别从推进大数据产业研发、提高数据
安全建设、推动产业标准建设和打破信息孤岛四个方面阐述了四
川省大数据产业的发展策略，并进一步对四川省大数据产业的发
展前景和趋势进行预测。

**关键词：** 大数据　信息安全　工业互联网　四川省

---

\* 胡思佳，经济学博士，成都师范学院经济与管理学院讲师，主要研究方向为数字经济、区域
经济。

# 一 四川省大数据产业发展现状

## （一）大数据产业规模持续稳定增长

"十三五"期间，四川省大数据产业发展快速，大数据产值规模从2018年的600亿元增长至2020年的1000亿元。2020年四川省大数据产值增长率为20%，产业发展综合排名指数居全国第七位，属于第二梯队前列。全省建成成都天府软件园、菁蓉汇等25个大数据产业园区；建成了川西大数据园区数据中心、联通公司天府新区云计算数据中心等一批绿色数据中心；创建了四川省工业云制造创新中心和工业大数据创新中心等一批重大创新平台；培育了创意信息、四方伟业、国星宇航等一批活力较强的本土大数据创新企业；推广了《四川省交通运行监测与应急指挥系统》《支撑航空复杂装备制造数字化转型的大数据融合应用》等一批国家重点示范应用项目。全省纳入统计在用数据中心100余个，机架总量9.7万个，数据中心全年用电量525.6亿KWh①。

如图1所示，从区域分布来看，2021年，在16565家处于健康发展阶段及以上阶段的优质大数据企业中，四川省优质企业数量有770家，占比约5%，列全国大数据企业数量的第六位，是全国大数据产业发展较为领先省份。根据前瞻产业研究院的数据，全国53家上市大数据行业企业中四川省占了4家，占比约8%，列全国第五位。

在助力抗疫复工方面，四川省开展了支撑疫情防控和复产复工复课大数据产品和解决方案征集工作；征集印发了四川省抗击新型冠状病毒肺炎疫情的推荐云服务应用指南，共征集了63家企业的369款云服务应用。此外，2021年四川省还成功举办了中国大数据应用大会——大数据应用实践高峰论坛，论坛上发布了139项大数据与实体经济融合创新项目，有效带动了示范应用。

---

① 四川省经济和信息化厅、四川省大数据产业联合会：《2020年四川省大数据产业白皮书》，2021。

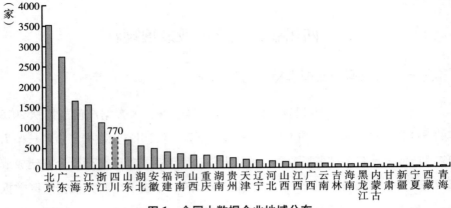

**图 1　全国大数据企业地域分布**

资料来源：前瞻研究院。

## （二）产业生态环境与基础设施不断优化

2020 年，四川省在大数据基础设施方面加快完善，陆续开展了宽带城市群、大型数据中心、超算中心等重大工程建设。全省网络基础设施建设已初具规模，截至 2020 年底，共建设 4G 基站 29.5 万个，实现全省城乡全覆盖，建成 5G 基站 3.7 万个，省际出口带宽达到 31Tbps，成都国家级互联网骨干直联点间互联带宽增至 770Gbps，IPv6 活跃用户 6600 万；建成川西大数据园区数据中心、联通天府新区数据中心等一批绿色数据中心，全省纳入统计数据中心百余个、机架总量 9.7 万架，其中大型及超大型数据中心 10个；区块链基础设施"蜀信链"已成功接入 10 个城市公共节点、6 个行业节点。西部地区首个超级计算中心——成都超算中心建成投运，最高运算速度达到 10 亿次/秒，进入全球前十；并创建了省级工业云制造创新中心、工业大数据创新中心和工业信息安全创新中心等一批重大创新平台。

随着四川省大数据基础设施的不断完善和产业规模的进一步扩大，大数据产业生态环境不断优化，技术应用不断创新。2020 年，四川省多次举办大数据领域各级别会议，体现了省、市各级政府对大数据产业发展的高度重视，推动了大数据技术与产业的创新融合，促进了省内高校对大数据相关专业人员的培养。四川省作为国家数字经济创新发展试验区，吸引了国内外大量企业如IBM、浙大网新、四川移动等先后在成都布局大数据云计算中心。四川省各地均积极推动大数据产业链的资源整合与协作共享，促进企业共同发展①。

### （三）大数据产业优质企业空间分布较为集中

随着四川省大数据基础设施的不断完善和产业规模的进一步扩大，大数据产业生态环境不断优化，技术应用不断创新。2020年，四川省多次举办大数据领域各级别会议，体现了省、市各级政府对大数据产业发展的高度重视，推动了大数据技术与产业的创新融合，促进了省内高校对大数据相关专业人员的培养。四川省作为国家数字经济创新发展试验区，吸引了国内外大量企业如IBM、浙大网新、四川移动等先后在成都布局大数据云计算中心。四川省各地均积极推动大数据产业链的资源整合与协作共享，促进企业共同发展。

四川省大数据产业的中心集中在成都平原附近。从优质大数据企业区域分布来看，2021年四川省大数据企业共770家②，成都市拥有优质企业701家，占四川省优质大数据企业的91%③（见图2）。

环成都平原经济区是四川省大数据产业发展较好的核心区域，其他地区产业基础比较薄弱，各地区大数据产业差异化发展和优势互补不明显。根据工业和信息化部公布的2022年大数据产业发展试点示范项目，四川省入选的6个项目中有4个均是成都企业。2021年前三季度成都市大数据产业规模达到374亿元，全年有望突破550亿元，占比接近全省大数据产值的一半。其他优质企业与项目也较多分布在成都市附近的绵阳、德阳和泸州市等地区④。

---

① 工业和信息化部电信研究院：《大数据白皮书（2014）》，2014。
② 赛迪研究院信息化与软件产业研究所：《中国大数据区域发展水平评估报告（2022年）》，2022。
③ 前瞻产业研究院：《中国大数据产业发展前景与投资战略规划分析报告》，2022。
④ 谭海波：《"因时就势"：地方大数据产业发展中的政府运作机制——以G省为例》，《学术研究》2021年第9期，第64~73页。

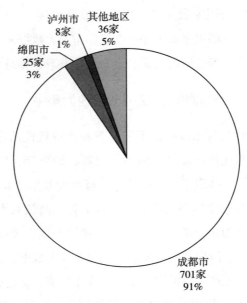

**图2 四川省优质大数据企业区域分布**

资料来源：前瞻研究院。

## （四）龙头企业集中在信息传输和信息技术等领域

四川省大数据行业的龙头企业集中在信息传输和信息技术等领域。从行业分布来看，2021年四川省770家处于健康发展阶段及以上阶段的优质大数据企业中，所处行业分布排名第一的领域为信息传输、软件和信息技术服务业，企业数量达447家，占比达58%（见图3）。

## （五）大数据应用场景不断深化

2020年以来，四川省大数据产业规模进一步扩大，技术应用不断创新，并在疫情防控等重大公共事件上取得了应用场景创新突破。在产业氛围营造方面，2020年四川省举办大数据领域多次各级别会议，不仅体现了省、市各级政府对大数据产业发展的高度重视，也推动了大数据技术与产业的创新融合，更促进了省内高校对大数据相关专业人员的培养。在2020年工业和

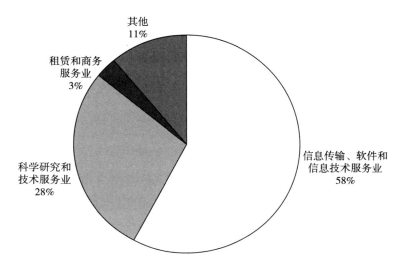

**图3 四川省优质大数据企业行业分布**

资料来源：前瞻研究院。

信息化部公布的大数据产业发展试点示范项目名单中，四川省共7个项目入选，包括1个工业现场方向、4个重点行业方向和2个民生大数据创新应用。随着产业政策的持续支撑和保障，行业协会、研究机构和公司企业的研究成果逐渐实现转化应用①。

在智能治理领域，四川省大数据应用场景取得了突破性进展。四川省人民政府和四川省大数据中心联合主办的四川公共数据开放网于2019年12月2日正式上线，开放应用19个，开放资源4145个，开放数据总量达9199万条，涵盖多个主题，为四川省公共数据开放工作翻开了新的篇章。此外，四川省还上线了"天府通办"大数据支撑一体化政务服务平台，实现了20个部门64个专用业务系统的对接融合，截至2020年初，注册用户超过1080万人，活跃用户达到300万②。

---

① 高婴励：《2021年中国大数据区域发展水平评估报告发布》，《软件和集成电路》2021年第8期，第32页。
② 中国大数据网产业创新力大数据与科技传播联合实验室：《2021年中国大数据产业白皮书》，2021。

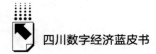
2020 年，四川省举办了一系列大数据行业会议，在会议规模与质量等方面较之前有更大的提升，体现出四川省对大数据产业发展的高度重视，并通过会议整合更多的力量，推动四川省大数据在各个行业领域的快速发展，加快推动大数据技术和产业创新融合发展。由四川省经济和信息化厅指导、四川省大数据产业联合会主办的 2020 年中国大数据应用实践高峰论坛在成都举行。作为最具特色的"大数据"品牌推介活动，大数据应用实践高峰论坛邀请到大数据、云计算、人工智能、区块链等领域政府部门主管领导、专家学者、产业领袖、应用人才，以及各行业广大用户参会，由"专家分享、成果展示、巅峰对话、商务交流"四大主要板块组成，围绕大数据技术创新与最新成果，共同探讨和推动大数据、云计算与智能技术的深入融合，探寻大数据发展的时代变革、打造高端专业的大数据交流服务平台。会议当天，以"新西部、新重构、新机遇"为主题的西部最大的电子信息产业盛会 2020 中国（西部）电子信息博览会也在四川成都举行。

综合来看，作为人口大省、经济大省的四川，电力资源丰富，清洁能源占比高；数据信息资源丰富，应用场景众多；特色工业发达，工业自动化普及率较高；信息基础设施良好，电子信息产业比较发达。这都是四川省在大数据产业发展方面的优势条件。以云计算、大数据为核心的数字经济新基建，正着力推动四川省的数字经济建设健康发展①。

## 二　四川省大数据产业发展的不足之处

### （一）大数据产业发展整体水平有待提高

当前，四川省大数据产业发展的整体水平仍然有待提高。首先，大数据企业创新能力还有待提升，大数据产业集群发展优势还不够突出。在 2020

---

① 王庆德：《中国西南地区大数据产业差异化发展研究》，《区域经济评论》2019 年第 6 期，第 60~65 页。

年中国大数据百强企业中，四川省仅 3 家企业入围。大数据产业链各垂直领域普遍缺少冠军型、带头型、标杆型企业，缺少示范性、引领性和标志性的产业项目，对产业链各环节带动作用不强，难以为产业发展提供行业引领和示范作用。

其次，四川省大数据产业发展全面性有待提升。在 2022 年工信部全国大数据产业试点项目中，四川省一共有 5 项入选，略低于贵州省的 6 项，分别为大数据重点产品方向、工业大数据应用方向和服务业大数据应用方向。在数据管理能力提升、数据交易流通方向、数据要素服务生态培育、大数据服务和农业大数据应用这 5 个方向没有项目入选。

### （二）大数据产业上游"数据源存储层"存在的问题

由于四川省大数据技术存在水平不高、技术扩散不畅的问题，大数据产业上游的"数据源存储层"有待提升。当前，我国互联网企业具备将国际先进的开源大数据技术整合为自身系统服务的能力，但是原创技术相对不足，对开源社区贡献有待提升。此外，由于国内开源社区等产业组织发育不够完善，国内大企业在大数据领域的技术创新也较难向社会扩散[①]。

在这样的技术限制下，四川省信息基础设施支撑不足。政务网络尚未完全整合，电子政务网络集约化程度较低，部门业务专网互联互通不够，尚未形成全方位、多层次的网络安全防护体系。省级政务云亟待扩容升级，平台支撑服务能力有待提升。全省大数据中心建设缺乏统一规划、统一标准，算力、存储等资源缺乏统一调度机制[②]。

同时，四川省数据中心布局还存在不尽合理，规模化、绿色化、国产化程度不够高，"老旧小散"数据中心比较多，计算资源利用率低等方面的问题。全省大型、超大型数据中心占比较低[③]，数据中心大型化、规模化不

---

① 电子信息产业网：《理念快于应用，大数据呼唤突破性创新》，2014 年 6 月 13 日，http：//www.cena.com.cn/appin/20140613/52282.html。
② 陈桂龙：《大数据发展呈"阶梯式"格局》，《中国建设信息》2014 年第 11 期，第 34~37 页。
③ 魏凯：《对大数据国家战略的几点考虑》，《大数据》2015 年第 1 期，第 115~121 页。

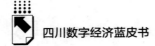

足，支撑产业发展力度有待加强。数据中心建设缺乏统一规划和引导，部分数据中心上架率、使用率不高；已建数据中心 PUE 平均值为 1.7，低于全国平均水平。

## （三）大数据产业中游"数据分析处理层"存在的问题

在人工智能时代，通过大数据驱动的深度学习技术，可以将海量数据经过加工处理形成大量有效信息和知识，进而归纳出可以被计算机运用在类似数据上的知识或规律。通过数据分析，将在医疗健康、金融、零售、广告、交通、教育等细分领域的应用取得突破，最终从"大数据"演变为"大智慧"。

目前，伴随大数据的热潮，我国大量的组织对大数据平台建设、分析应用等方面盲目投入，缺乏对大数据资源的整体规划和综合治理。随着一些项目实施的终止和失败，以及数据量的继续激增，数据治理的重要性逐步得到业界的共识。治理是基础、技术是承载、分析是手段、应用是目的，随着国家政策支撑以及产业实际需求的增长，通过数据治理提升组织数据管理能力、消除数据孤岛、挖掘数据潜在价值将成为重点发展领域[1]。

四川省已初步建成大量大数据平台，数据搜集工作初具成效。但是根据2022 年工信部全国大数据产业试点项目的统计，四川省在数据管理能力提升和数据要素服务生态培育等领域仍然缺乏入选项目，数据分析处理与大数据服务行业有待进一步培育。

## （四）大数据产业下游"数据交易层"存在的问题

当前，四川省数据资源共享能力较弱。一方面，数据资源库的建设有待完善，基础库、主题库和专有库均有待进一步建设，且缺乏业务中台和协同办公平台等服务窗口。此外，当前四川省数据共享机制运行有待进一步提升，仍然存在"数据孤岛"现象。尤其是政务数据和社会数据之间缺乏有

---

① 吕明元、麻林宵：《中国省域大数据与制造业融合测度分析——基于 2013—2018 年中国省级面板数据》，《技术经济》2022 年第 1 期，第 88~100 页。

效融合，进而难以支撑各类应用场景，尚未实现数据价值的充分利用。在这样的背景下，四川省数字政府的建设也有待进一步提升。数字政府建设技术架构不清晰、数据存储管理不规范、安全防护体系标准不健全，标准规范体系有待完善和优化。缺乏权责明晰的运行架构，各部门建设任务缺乏明确划分；统筹推进机制有待健全，信息化人才资源缺乏，工作合力有待加强①。

另一方面，四川省大数据产业链有待进一步丰富和完善。需要将上下游的企业，尤其是本土中小企业通过数据要素贯穿起来，争取实现智慧蓉城和数字乡村等新场景，让成都本土大数据企业的竞争力得到提升，进一步活跃数据要素的流通和交易。

# 三　四川省大数据产业发展策略

## （一）推进大数据的研发应用

当前，全球都在推进大数据技术的基础研发工作。2012 年美国联邦政府就在全球率先推出"大数据行动计划（Big data initiative）"，重点在基础技术研究和公共部门应用上加大投入。在该计划支持下，加州大学伯克利分校开发了完整的大数据开源软件平台伯克利数据分析软件栈（Berkeley Data Analytics Stack），其中的内存计算软件 Spark 的性能比 Hadoop 提高近百倍，对产业界大数据技术走向产生巨大影响②。美国政府还在积极推动数据公开，已开放 37 万个数据集和 1209 个数据工具，并在 2013 年 5 月初进一步要求，政府必须实现新增和经处理数据的开放与机器可读，激发大数据创新活力③。

四川省积极推动大数据产业的基础研发工作，大量建设产学研合作平

---

① 《中国大数据区域发展水平评估报告》，《软件和集成电路》2022 年第 8 期，第 32 页。
② 迪莉娅：《我国大数据产业发展研究》，《科技进步与对策》2014 年第 4 期，第 56~60 页。
③ 王伟玲：《大数据产业的战略价值研究与思考》，《技术经济与管理研究》2015 年第 1 期，第 117~120 页。

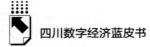

台，成立了如成都大数据产业技术研究院和四川省大数据应用研究院等一系列科研平台。科研平台以高校专业和人才为基础、以政府产业政策为依托，切实解决行业数字化进程痛点，引领大数据产业技术创新，积极推动前沿性技术研究成果转化。

### （二）提高大数据安全建设

加快数据安全监管支撑技术研究和应用将会成为大数据领域的重要工作。四川省政府将提升针对敏感数据泄露等安全隐患的监测发现与处置能力，并引导和鼓励企业开展自身风险评估工作，提升数据安全防护水平和应急处理能力，不断完善信息安全监测预警平台，抓好突发信息安全事件的监测预警和协调处置。

此外，四川省积极推动与大数据相关的法律法规完善工作。随着大数据挖掘分析越来越精准、应用领域不断扩展，个人隐私保护和数据安全变得非常紧迫。在隐私保护方面，现有的法律体系面临来自两个方面的挑战：个人隐私保护和建立在"目的明确、事先同意、使用限制"等原则之上的个人信息保护制度[①]。由于我国个人信息保护和数据跨境流动等方面的法律法规尚不健全，因此在大数据场景下关于信息安全的法制建设的重要性进一步凸显[②]。

### （三）推动大数据产业标准建设

自 2018 年 9 月 5 日全国信标委国家大数据标准宣贯会（四川地区）在蓉召开以来，《数据管理能力成熟度评估模型》（DCMM）在四川省多个企业得到贯彻。DCMM 是由中国电子技术标准化研究院、北京大学、中国人民大学、清华大学、中国建设银行股份有限公司、华为技术有限公司、阿里云计算有限公司等科研院所、高校、企业以及众多专家共同起草，并于

---

① 《大数据：如何应对成长的"烦恼"？》，《人民邮电》2014 年 5 月 20 日，第 005 版。
② 曾望峰：《大数据时代政府网络舆情管理研究》，湖南大学硕士学位论文，2017。

2018 年 10 月 1 日起正式发布实施的国家标准。该标准给出了数据管理能力成熟度评估模型以及相应的成熟度等级，定义了数据战略、数据治理、数据架构、数据应用、数据安全、数据质量、数据标准和数据生命周期 8 个能力域，每个能力域又包括若干能力项，共 28 项。成熟度评估分为 5 个等级，由低到高依次为初始级、受管理级、稳健级、量化管理级、优化级。

四川省大数据产业联合会自 2018 年引入 DCMM 国家标准评估工作以来，一直致力于该项标准的宣传推广以及评估实施工作，针对家电、轨道交通、旅游、电子商务等不同大数据行业领域，多家典型代表企业开展了评估认证工作，评估成绩居全国前列。

《数据服务企业能力评估规范》（DSCA）是由四川省大数据产业联合会、西南交通大学、成都信息工程大学、中国电信股份有限公司四川分公司、中国移动通信集团四川有限公司、四川省有限广播电视网络股份有限公司、中国电子科技网络信息安全有限公司、四川长虹电器股份有限公司等高校、企业以及众多专家共同编制，于 2020 年 9 月 29 日正式发布实施的一项团体标准。该标准结合大数据产业发展的实践，对以数据服务为核心业务企业的基本情况、经营业绩、团队结构、创新能力、管理能力、资质荣誉等进行评估，为数据服务企业提供了管理实施规范，也为软件行业服务机构、政府相关管理部门提供了评价依据。该标准评估分为 5 个等级，由低到高依次为 A、AA、AAA、AAAA、AAAAA 级。四川省大数据产业联合会自 DSCA 团体标准发布以来，重点针对川内数据服务企业积极开展标准推广和评估工作，截至 2020 年 12 月，在短时间内已完成对 30 家企业的评估，取得了突破性成效①。

## （四）打破大数据产业信息孤岛

由于我国数据资源不够丰富且数据开放程度较低，大数据产业信息孤岛

---

① 曹钰：《双城经济圈观察 | 破"圈"共融大数据协同"一盘棋" 促川渝经济"一起赢"》，封面新闻，2021 年 9 月，https：//baijiahao.baidu.com/s？id＝1710043913293082034&wfr＝spider&for＝pc。

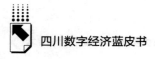

现象仍然存在。近几年，随着互联网产业和金融科技的快速发展，我国数据资源总量提升迅速，但是受到信息化水平制约，数据总储量仍不丰富，且已有数据的标准化、准确性和完整性均有待提升，数据利用效率低。此外，我国政务数据和社会数据资源联通程度有待提升，数据开放程度滞后，形成了众多"信息孤岛"。建立良性发展的数据资源储备与共享体系，是我国大数据发展的重要问题。

为了进一步提升数据利用效率，打破大数据产业信息孤岛，四川省需要在三大领域做出完善。首先是推动政务数据共享开放。应当大力建设政务云平台、政务信息资源共享交换平台和一体化政务服务平台，在安全可控的前提下，加快挖掘数据价值，强化信息共享，推动设施联通、网络畅通、平台贯通、数据融通，避免形成信息孤岛、数据烟囱，从而将数据要素变现为生产力。

其次是完善信息基础设施建设。四川省应当继续大力推动"宽带乡村"试点工程、中西部中小城市基础网络完善工程和电信普遍服务试点建设，加快推动 5G 网络规模化部署，实现 2022 年底建成 12 万个基站的目标。积极探索跨行业信息通信基础设施合作建设、跨区域数据中心共建共享机制等，努力缩小城乡之间的"数字鸿沟"，让更多偏远地区的老百姓享受到数字经济发展带来的实惠。

最后，要加强数字经济领域的培训，提升全民数字素养，让各级政府和社会公众更为深入地认识到数字经济的作用和发展趋势，进而将数字经济发展与经济社会各领域发展相结合。应当举办网络安全宣传和数字经济科普等面向公众的论坛活动，切实提升企业和公众对于大数据产业以及数字经济的参与度和认知能力。

## 四　四川大数据产业发展前景及趋势预测

### （一）信息消费逐步提质升级

2022 年 8 月 31 日，四川省经济和信息化厅发布《四川省关于加快新型数字基础设施建设扩大升级信息消费的若干政策措施（征求意见稿）》，对信息消费升级提出了新的方向指引。

首先，将进一步推进 5G 网络覆盖和规模化应用。适度超前开展 5G 基站等投资建设，重点深化县城城区、重点区域、重点行业的网络覆盖，并向有条件有需求的乡镇、行政村延伸。进一步优化重点场所室内 5G 网络覆盖，推动 5G 等网络设施与新建建筑物同步设计、同步建设、同步验收，积极稳妥推动既有建筑物信息基础设施升级改造。

其次，将推进消费电子产品升级换代。充分利用 5G、人工智能、物联网等信息通信技术，大力支持可穿戴设备、消费级无人机、虚拟现实、超高清视频终端等高端智能产品创新，结合"百城千屏"活动，加快 4K/8K 应用普及，促进微型计算机、智能手机、北斗终端、平板电脑、家电音响等省内特色终端产品更新换代。

再次，将开展家电"以旧换新"和智能家电、新能源汽车下乡活动，通过节能补贴、折旧补贴、购置优惠、新能源汽车免征车购税等措施，鼓励消费者提前淘汰能耗高、安全性差的家电和汽车产品，购买变频空调、智能冰箱、智能电视以及新能源汽车、氢燃料电池汽车等产品，加速更新升级。

最后，将扩大数字家庭场景化应用。鼓励企业发展面向定制化应用场景的智能家居"产品+服务"模式，推广新一代智能影音图文信息设备、智能电视、智能音响、智能健身、智能安防、智能服务机器人等新型数字家庭产品，推动制定智能家居行业标准和服务规范，鼓励企业建设智能家居服务平台，发展移动看家、智能家居、健康养老、爱家教育、家庭办公等全住宅、场景化、智能化家庭服务，实现全屋智能。鼓励既有住宅参照新建住宅设置智能产品，并对门窗、遮阳、照明等传统家居建材产品进行电动化、数字化、网络化改造。鼓励设置健康、舒适、节能类智能家居产品①。

---

① 电子信息产业网：《理念快于应用，大数据呼唤突破性创新》，2014 年 6 月 13 日，http：//www.cena.com.cn/appin/20140613/52282.html。

## （二）工业互联网建设进程加快

当前，四川省围绕工业"5+1"、农业"10+3"、服务业"4+6"产业体系，按照统一架构，构建产业链大数据库和多个产业链应用，为产业发展提供数据支撑和精准服务。近三年来，四川省开启了工业互联网标识解析二级节点建设探索。2020年，四川长虹电器股份有限公司和四川郎酒股份有限公司成为试点企业。2022年，成渝地区联合实施工业互联网一体化发展示范区建设，主要工作包括重点行业工业互联网二级节点建设、"5G+工业互联网"项目等。

为贯彻党中央、国务院关于深化新一代信息技术与制造业融合发展的重大决策部署，进一步巩固提升四川省工业互联网发展成效，四川省发布《四川省加快发展工业互联网推动制造业数字化转型行动计划（2021—2023年）》，指出到2023年，工业互联网赋能传统产业效应凸显，成渝地区工业互联网一体化发展示范区建设成效显著，新模式、新业态大范围推广，融合应用广度、深度不断拓展，制造业综合实力明显提升。工业互联网产业增加值规模超2000亿元。数字化研发设计工具普及率超80%，关键工序数控化率超55%。覆盖各市（州）、各行业的工业互联网网络基础设施初步建成，在10个重点领域打造"5G+工业互联网"样板工程，建成20个工业互联网标识解析行业节点。工业软件、工业控制系统等供给能力大幅增强，形成3个具有全国影响力的综合型平台和50个实现大规模应用的特色型、专业型平台，新增20万家企业上云。基本建成工业互联网安全技术监测服务体系。培育3个"5G+工业互联网"融合应用先导区和5个工业互联网产业示范基地，打造全国老工业城市数字化转型标杆①。

2020年，四川省共安排工业发展资金3770万元，支持大数据示范项目13个，直接带动22689万元社会资金投入。成都超算中心、北斗导航数据

---

① 程怡欣：《四川将支持成都创建"5G+工业互联网"融合应用先导区》，《成都日报》2022年1月6日，第001版。

中心四川分中心、京东西南智能运营结算中心、科成云计算大数据产业中心、宜宾长江上游区域大数据中心等一批重大项目进展顺利。蜀信链（四川区块链服务基础设施）建设顺利，已建成 10 个城市节点，接入 6 个行业节点①。8 家企业入围国家新一代人工智能产业创新重点任务揭榜项目，目前正在组织验收。组织推动长虹供应链决策分析平台、成都航天科工汽车产业生态圈云平台、成都中科大旗基于大数据的旅游产业运行监测与应急指挥平台等 24 个国家级大数据示范项目落地。在 2020 年中国大数据应用大会上发布了 138 项大数据与实体经济融合项目，涵盖大数据、云计算、人工智能、区块链、AR/VR 等类别，有效带动了示范应用。2020 年四川省还推广了《四川省交通运行监测与应急指挥系统》《支撑航空复杂装备制造数字化转型的大数据融合应用》等一批国家重点示范应用项目②。

## （三）大数据相关立法进程加快

为加快推进四川省大数据发展立法进程，进一步梳理全省大数据发展中的困难和问题，摸清大数据立法实际需求，高质量做好《四川省大数据发展条例（草案）》起草工作，2022 年 3 月 10 日，省人大经济委、经济和信息化厅、司法厅、省大数据中心组织召开四川省大数据发展条例立法座谈会。会上，《四川省大数据发展条例（草案）》起草组介绍了工作推进情况。与会同志围绕大数据发展条例立法进行了深入交流，并提出有针对性的意见建议。

---

① 《四川省人民政府关于印发〈四川省"十四五"新型基础设施建设规划〉的通知》，《四川省人民政府公报》2021 年第 18 期，第 3~19 页。
② 云上：《四川省加快推动工业互联网赋能制造业数字化转型》，《人民邮电》2022 年 1 月 13 日，第 006 版。

# B.12
# 四川省人工智能发展研究

张　苑*

**摘　要：** 人工智能的发展已经有 70 多年的历史，随着算力、算法和数据的快速发展，人工智能在波动中迎来最好的发展环境，人脸识别、语音识别、工业机器人等人工智能技术和产品在经济生活中得到广泛应用。在数字时代，人工智能的技术不断突破、应用场景持续丰富、产业规模快速扩张，尤其是随着各国对人工智能技术的持续关注，配套制度不断完善、技术迭代持续加速，人工智能的发展环境不断改善。四川将人工智能产业作为数字经济发展的核心产业，积极支持人工智能领域基础理论研究和关键技术攻坚，在智能机器人、无人机、语音识别、智能家居等人工智能领域取得了较好成效，从关键技术突破、创新产品研发、赋能产业发展、数字人才支撑等方面持续优化四川人工智能发展环境，将有助于提升全省数字经济质量，增强数字经济核心竞争力。

**关键词：** 人工智能　算法　算力　安全可信　四川省

人工智能作为数字经济的重要组成部分，是引领未来发展的战略性产业，是驱动新一轮科技革命和产业革命的重要力量，习近平总书记强调"要深入把握新一代人工智能发展的特点，加强人工智能和产业发展融合，为高质量发展提供新动能"。近年来，随着算法、算力和数据发展不断提

---

* 张苑，四川省大数据中心高级经济师，主要研究方向为数字经济、区域经济、产业经济。

速，人工智能产业得到很好发展，人脸识别、语音识别等人工智能技术在经济社会发展中得到广泛应用。

# 一 人工智能发展概况

## （一）人工智能概念

人工智能（Artificial Intelligence，AI）是计算机的一个重要分支，主要是通过研究人类大脑的运行机制，构建与人类相似的推理、学习、感知、操控等能力，从而使计算机可以模拟人的思维过程和学习、推理、思考等能力，使得计算机呈现一定的人类智慧。人工智能的发展涉及计算机科学、心理学、神经科学、数学和哲学等多领域。

## （二）人工智能发展历程

从 20 世纪 50 年代到 21 世纪，人工智能的发展大致经历了以下几个阶段。

20 世纪 50~60 年代为人工智能的起步阶段。1950 年，英国著名数学家和逻辑学家、"人工智能之父"艾伦·图灵发表了"计算机器和智能"，提出了模仿游戏的想法，开始思考机器是否可以像人一样来思考问题。图灵提出，如果一台机器可以与人类通过设备开展对话交流，而不能被区分出其机器身份，那么这台机器就是具有智能的。1952 年，计算机科学家亚瑟·塞缪尔开发了一种跳棋计算程序，第一次探索让机器可以独立学习，并在1959 年正式创造了"机器学习"这一词语。1956 年，在美国汉诺斯小镇的达特茅斯学院中，一场由约翰·麦卡锡组织的人工智能研讨会正式举办。马文·闵斯基、克劳德·香农、艾伦·纽厄尔、赫伯特·西蒙等科学家花了两个多月的时间，讨论如何让机器模仿人类学习，并且赋予其更多的智慧。两个多月的讨论虽然并没有达成共识，却提出了"人工智能（AI）"这个概念，就这样"人工智能"被正式创造了出来。60 年代，麻省理工学院发布

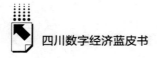

了世界上第一个聊天机器人 ELIZA，美国斯坦福国际研究所研制了全球采用人工智能的移动机器人 Shakey。

20 世纪 70 年代人工智能发展进入低谷。经历过前一阶段的起步期，人工智能研究取得了一定突破，但是进入 70 年代，原有的人工智能研究及应用并未达到预期效果，如机器翻译等实际应用效果欠佳，同时，受到硬件和技术的限制，很多人工智能领域的研究成果无法得到验证，导致政府、企业等对人工智能投入的积极性下降，进入相关领域的资金持续减少，人工智能研究停滞不前。

20 世纪 80 年代人工智能进入第二次发展高潮，1980~1986 年，XCON 专家规则系统、Hopfield 网络和 BP 网络等人工智能系统的建设再次提升了社会对其的关注度，同时伴随着硬件水平和运算能力的提升，人工智能的发展进入了快车道，甚至出现了能够与人进行沟通的智能机器人 wWabot2。卡耐基梅隆大学为日本数字设备公司设计的 XCON 专家规则系统是一套具有完整专业知识和经验的计算机智能系统，实现了人工智能从理论研究走向实际应用、从一般推理策略探讨转向运用专门知识的重大突破，在医疗、化学、地质等领域取得了较好的效果，可以为该公司一年节省数千万美元。但是，伴随着人工智能应用规模的扩大，XCON 专家规则系统存在的应用领域下载、知识获取困难、推理方法单一等问题逐渐暴露。同期，日本政府拨款 8.5 亿美元开展人工智能领域的科学研究，包括了能够与人交流、翻译语言、理解图像、像人一样进行推理演绎的机器。但是受到系统通用性差、未与概率论、神经网络等内容进行整合，不具备自学能力等限制，人工智能的应用领域受限，尤其是随着新一代计算机的出现，人工智能系统的优势不再。到 80 年代中期，相关研究开始进入第二个低谷期。

20 世纪 90 年代中期人工智能进入第三次发展高潮。计算机的算力性能不断突破，同样体积集成电路密集度和处理运算能力持续快速增加。硬件技术的突破带动人工智能领域的快速发展，在摩尔定律下英特尔的处理器每 18~24 个月晶体管体积可以缩小一半，同样体积上的集成电路密集度增长 1 倍。1997 年 IBM 的国际象棋机器人"深蓝"战胜国际象棋冠军卡斯帕罗夫，同年两位德国科学家提出了可用于语音识别和手写文字识别的 LSTM 递归神经网络。这一阶段人工智能发展虽然取得了不少成就，但从整体上看，人们对人工智能的认知开始更加客观理性。

进入 21 世纪，人工智能的算力、算法和数据发展进入快车道。2006 年杰弗里辛顿发表了 *learning of Multiple Layers of Representation*，在神经网络的深度学习领域取得了突破，奠定了当代神经网络的全新架构。同年亚马逊的 AWS 云计算平台发布，大幅提升了人工智能网络模型计算所需要的算力。2014 年 4G 时代的到来与智能手机大规模普及、移动互联网的急速发展，催生了覆盖人起居生活工作方方面面的各色应用，为神经网络训练迭代带来了更多的养料——海量的数据。尤其是近 10 年来，伴随着大数据、云计算、物联网等技术的发展，人工智能所需算法、算力和数据快速发展，人工智能商业化加速推进，图像识别、语音识别、自然语言理解、用户画像等人工智能技术在金融、工业互联网等行业和领域得到广泛应用。

人工智能发展的 60 多年时间，有上升期、有低谷期，每次上升期都是一些先进技术发明被使用，每次走向低谷，往往都是人们对人工智能发展提出了过高的期望，超出了当时可以实现的条件。但是，整体来看，推动人工智能的发展已经成为趋势，在上升期、低谷期之间不断演进的过程，也是在新的起点上不断前进的过程，人工智能必将为未来数字经济的发展贡献核心力量。

## （三）人工智能发展环境

全球多个国家和地区提出了人工智能发展战略，积极推进本区域人工智能发展。2016 年以来，有 40 多个国家和地区将推动人工智能发展列入国家或区域发展战略。尤其是新冠疫情突发以来，国家和地区对人工智能的作用和认识快速提升，推动越来越多人工智能技术得到应用。欧盟发布了《升级 2020 新工业战略》，美国成立人工智能倡议办公室等机构，日本提出要建设"超智能社会 5.0"，澳大利亚发布了"AI 行动计划"等，发达国家和地区的这些举措无不显示着人工智能将会越来越受重视。同时，各经济体也通过设置激励计划、研究任务、直接投资等方式不断加大对人工智能产业发展

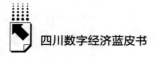

的资金支持力度。

我国高度重视人工智能发展，制定了一系列支持人工智能发展的政策措施。国务院印发实施了《新一代人工智能发展规划》，明确到 2025 年人工智能基础理论实现重大突破，部分技术与应用达到世界领先水平，人工智能成为我国产业升级和经济转型的主要动力，智能社会建设取得积极进展。科技部、工信部等部委相继出台了一系列政策措施，为新一代人工智能发展提供支撑和保障。科技部、国家发展改革委等 15 个部门组成新一代人工智能发展规划推进办公室，并组建新一代人工智能战略咨询委员会，着力推进新一代人工智能发展规划和重大科技项目的组织实施，建立开放协同的人工智能科技创新体系，推进智能研发攻关、产品应用和产业培育"三位一体"建设。

人工智能算法、算力和数据积累迈入新的阶段。随着基础支撑能力、管理能力的提升，人工智能开始真正从实验室研究走向产业实践，大量的应用场景加快从"可用"到"好用"转变。人工智能研发管理体系日益完善，工程实践能力不断提升，使得更多的人工智能产品可以落地应用，实现产品交付，为参与人员带来经济社会收益。以深度学习为代表的算法研究，在计算机视觉、智能语音识别、自然语言处理等领域获得广泛应用。

## 二 四川省人工智能发展现状

### （一）关键技术取得突破

四川将人工智能产业作为数字经济发展的核心产业，积极支持人工智能领域基础理论研究和关键技术攻坚，支持和推动企业实施了重大项目 80 余项，投入财政经费 3 亿余元，带动企业投入近 10 亿元，组织实施了"新一代人工智能"等重大科技专项及重点研发项目，围绕人工智能专用芯片、跨媒体感知与分析、5G 安全产品、智能无人机等领域开展关键技术攻关和重点产品培育，取得了一批科技成果。成都人工智能计算中心上线运营，中科曙光的人工智能高性能计算专用芯片、川大智胜的三维人脸智能感知与识别、新网银行的互联网金融智能风险管控等人工智能技术和产品均具有国内领先水平。

## （二）应用范围持续扩展

积极培育智能机器人、无人机、语音识别、智能家居等人工智能重点产品及企业，全省约有4万家人工智能及相关产业企业，数量位居西部第一，占全国的5%，涵盖了机器人、无人机、无人驾驶、语音识别、智能家居、智慧交通、智慧农业、智慧医疗、智能硬件以及智能社会治理等领域。四川长虹、成都京东方等企业入选中国智能制造试点示范单位。川大智胜、成都博恩思、四川腾盾科技、成都纵横自动化、成都国星宇航等企业获批工业和信息化部新一代人工智能产业创新重点任务揭榜优胜单位。同时聚集了一批科研机构和企业在人工智能领域持续开展科技攻关和成果转化，为四川人工智能发展提供了支撑。

## （三）产业实现快速发展

四川已成为国家重要电子信息产业基地，军事电子装备整体实力居全国第一、信息安全产业总量居全国第二，是中国第三大游戏产品研发和运营中心、全国四大电脑生产基地之一和五大国家级软件产业基地之一。目前，四川省在高档数控机床、智能钻机、智能焊接装备以及大型成套装备等领域已达到国内领先水平，增材制造装备、智能服务机器人和智能仪表等也有较强实力。

虽然四川省人工智能产业发展取得了较好成绩，但是仍存在领军高端人才缺乏、基础算法创新不足、人工智能应用广度和深度需要增强等问题。

# 三　人工智能发展前景展望

人工智能发展空间大、影响深，面临的挑战也越来越多，从制度、技术、人才等方面加强人工智能行业发展就显得更加重要、紧迫。

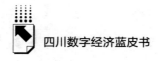

### （一）政策制度不断完善

人工智能的快速发展引发了对现有规范体系以及伦理社会秩序的讨论，需要从人工智能主体资格、隐私保护、责任划分等方面持续构建相关制度体系。加快完善现有法律法规制度，以更好地适应人工智能发展的需要。加强人工智能新问题、新技术、新趋势的研究，掌握人工智能发展过程中可能面临的问题，及时制定应对预案，推进相关法律法规制度建设。抓好人工智能安全监管工作，以数字化思维推进人工智能监管平台建设，加强监管技术研发，提高监管效率和灵活性。

### （二）人工智能技术加速迭代

人工智能的算法、算力和数据三个核心方面将会加快发展，尤其是随着人工智能应用场景的持续增加，加大技术创新投入、推动技术迭代升级已经成为产业发展的源泉。在技术方面，技术的创新发展拓展了人工智能的应用空间，从整体的发展趋势来看，技术创新和产业发展要领先于制度建设，需要及时制定鼓励人工智能发展支持政策，把握技术发展方向，全面系统提升各方面技术能力。在算法方面，推动超大规模预模型训练，人工智能与各科学研究领域的融合创新也更加受到重视和关注。在基础算力方面，虽然现阶段人工智能算力持续突破，但是需要利用的数据规模和计算量的增速将会快于人工智能硬件算力增速，需要持续提升算力支撑能力，打破单点算力的限制。

### （三）人才需求大幅增长

人工智能作为数字经济的重要组成部分，不论从现有产业规模还是从未来发展趋势看，对人才的需求都将持续增加，人工智能作为最近几年发展起来的行业，专业技术人才储备不足，尚有很大的发展空间。百度与浙江大学联合发布的《中国人工智能人才培养白皮书》显示，目前人工智能行业人才缺口高达500万，人工智能人才的市场需求将会持续增长，人才短缺在未来一段时间内也将持续存在。

## （四）安全可信程度更受重视

安全可信将会成为未来人工智能关注的重点，商务部将算法等纳入禁止出口、限制出口技术目录，客观上体现了算法安全的重要性。作为人工智能发展核心的算法、算力和数据，已经成为未来影响一个国家或地区发展的重要基础支撑。人工智能的安全性不仅仅涉及数字层面，物理层面的安全性也越来越受重视。人工智能的训练依赖大量数据的存在，数据流转流通过程、人工智能训练过程都涉及数据安全问题，未来从数据源端开始确保原始数据真实可信将会是重要发展方向。

# 四　加快发展人工智能助推数字经济提质增效

## （一）加强关键核心技术研发

从人工智能的发展历程和现阶段发展的重点来看，技术创新始终是人工智能发展的关键。人工智能企业要实现服务各个行业发展、响应不同应用场景的需求，需要持续加强科学技术创新，尤其是要突破人工智能专用芯片、低功耗人工智能、视听觉信息识别与理解等人工智能关键共性技术，从而提升四川人工智能发展的基础支撑能力。应建立政府主导的人工智能技术融合创新体系，形成联通企业、高校、研究机构、政府和社会组织的人工智能技术创新生态；围绕四川重点发展产业，梳理不同细分领域"卡脖子"技术，开展有针对性的技术攻关行动。

## （二）积极培育人工智能产品

要实现人工智能持续健康发展，需要持续的人工智能产品输出，在人工智能技术不断迭代升级的基础上，推出新产品释放新价值。应加大横向拓展，在持续做好图像识别、语音合成、机器翻译等感知类技术应用产品研发的基础上，推动人工智能技术向更多行业领域渗透，形成更多创新应用产

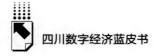

品。围绕传统产业发展需求，结合传统行业数字化、智能化转型，加大人机共融等关键核心技术研发，形成一批服务产业发展的智能无人机、智能机器人。应围绕服务居民生活大力推进人工智能终端产品应用，做好人工智能在家居生活、网联汽车、教育服务、节能环保、应急安全等领域的应用，形成一批标志性的人工智能产品，实现人工智能技术向产品的转化。

### （三）强化人工智能行业应用

打造多元化应用场景、推进典型应用场景建设是推进人工智能技术发展的重要路径，也是各地推动自动驾驶、智慧医疗、人脸识别等人工智能领域发展的重要举措。加强人工智能应用场景研究，围绕产业发展、民生服务、社会治理等方面，积极推进人工智能与相关领域融合发展，挖掘设计一批人工智能应用场景。在产业发展领域，依托成都市新一代人工智能发展先导试验区，加快建设人工智能开放平台，布局人工智能基础产业体系，鼓励探索"人工智能+"新业态、新模式，建设一批智能制造、智慧农业等应用场景，鼓励人工智能技术与电子信息、装备制造、车辆制造等产业深度融合，加快成都龙泉网联汽车智能管理平台和智能网联驾驶测试评价与监管系统平台建设，提高产业发展智能化水平。在民生服务领域，积极打造一批智慧医疗、智慧文旅、智慧社区等应用场景，提升人民日常生活线上化水平。在社会治理方面，围绕社区管理、环境治理、交通监管、城市管理等领域打造应用场景，降低基层社会治理负担，提升社会治理的智能化水平。

### （四）加大人工智能人才培养

加强人工智能理论与应用技术融合研究，开展相关的学科建设和学历教育。鼓励高等院校布局人工智能学科，形成以"人工智能+"为主线的复合型人才培育体系，打造基础理论和应用并重的学科体系。积极建设产业学院，由高校与企业合作开展人工智能技术研究和应用，形成一批企业级的人工智能研究院。构建多层次人才队伍，打造中高端人才相结合的人才结构，让培养的人才、引进的人才留得住、用得了。加强人工智能人才配套制度建设，制定子女入学、医疗保障、科研申报等支持政策。

## （五）优化人工智能发展环境

做好政策规划引导，围绕人工智能涉及的算法、算力和数据等关键要素，明确所需解决的重大问题，及时开展问题发展等相关评估，统筹指导人工智能发展。做好人工智能发展资金支持，打造全生命周期的人工智能领域资金保障机制，设立创投基金、天使基金、产业扶持基金等，围绕人工智能发展的不同阶段为企业发展提供全生命周期的保障。鼓励金融机构开展投贷联动业务，通过设立风险基金池和部分贴息等方式，全面加大对人工智能发展的支持力度。制定专项扶持政策，充分发挥电力资源优势，为人工智能企业提供优惠电力支持。

**参考文献**

王君、廖华杰、宋泽生等：《浅析人工智能技术在5G时代的发展与应用》，《科技与创新》2021年第7期。

白静：《数字经济引领各行各业创新创造》，《中国科技产业》2022年第4期。

李玉敏：《简述人工智能与智能制造相互借鉴和融合》，《中国仪器仪表》2017年第11期。

# B.13
# 四川省电子信息产业发展研究

高秀娟　卢阳春　张　杰*

**摘　要：** 在数字经济快速发展的大背景下，抓住机遇保持电子信息产业发展优势、持续驱动经济增长是四川省电子信息产业发展的当务之急。从这一问题出发，本文首先从产业结构规模、重点发展领域、地区发展差异等方面详细剖析了四川省电子信息产业发展现状；然后从核心技术、商业模式、资本人才储备等方面分析四川省电子信息产业发展存在的突出矛盾和问题；最后针对现状与问题，提出建议与对策，一是加快推进 5G 网络建设和产业协同发展，二是争取国家重大产业布局，三是加大对电子信息产业的投资力度，四是加快集聚培养"高精尖缺"人才和高水平创新创业团队，五是促进电子信息产业全产业链现代化融合发展，六是制定清洁生产的参考指标，强化企业落户的约束性准入门槛。

**关键词：** 数字经济　电子信息产业　协同发展　四川省

## 一　四川省电子信息产业发展现状概述

2021 年 3 月，党中央发布了关乎民生、社会发展的《中华人民共和国国民经济和社会发展第十四个五年规划和 2035 年远景目标纲要》，从总体思

---

* 高秀娟，博士，成都师范学院讲师，主要研究方向为数字经济、数理金融、金融建模；卢阳春，成都师范学院经济与管理学院院长、教授，主要研究方向为区域经济、农村经济；张杰，博士，成都师范学院讲师，主要研究方向为数字经济。

路、发展目标、重点任务和重大举措等方面构建了我国数字经济发展的顶层架构，制定了"十四五"时期我国数字经济优质、高速发展的路径。为积极响应党中央号召，深化"十四五"纲要精神，加速数字经济发展，四川省政府于2021年11月正式印发实施《四川省"十四五"数字经济发展规划》，规划中明确提出以党中央"十四五"规划为新的契机，从提质、引强、补链、建圈等多个维度持续推动四川省电子信息产业优质、快速发展。

近年来，四川省电子信息产业发展突飞猛进，由2018年的千亿元级产业规模到2021年的万亿元级产业规模，用了仅仅13年，这背后不仅是规模的增长更是质量与效益的跃升。在当前数字经济快速发展的大背景下，四川省紧抓电子信息产业这个"大事业"，持续发力，制定数字经济发展的战略规划，加快构建电子信息产业体系，积极推进工业互联网赋能实体经济，"智能+"助推产业转型升级进程。

## （一）产业规模稳步提高，产业结构持续优化

全省规模以上电子信息制造业企业数量以年均10.8%的增长率快速发展[①]，由2012年的292户增加到2020年的665户，企业数量增长128%；规模以上工业企业占比由2012年的2.3%提高到2020年的4.5%。2021年上半年，四川省电子信息企业数持续快速增长，由2020年的665户增加到729户，企业户数增长10%，占全部规模以上工业企业数的4.8%。从电子信息制造业的用工人数看，尽管企业生产自动化水平逐渐提高，减少了对人力资源的需求，但平均用工人数仍然由2012年的32.9万人增加到2020年的39.3万人，有效拉动了就业。

四川省电子信息产业规模快速增长，极大地拉动了全省经济发展。电子信息制造业的资产总额也呈现快速增长趋势，由2012年的2038.9亿元增加到2020年的6467.2亿元，增加了4428.3亿元。电子信息产业占全省规模

---

① 王娟：《四川电子信息制造业发展图鉴》，四川省电子学会，2021年11月16日，https：//m. thepaper. cn/baijiahao_ 15409063。

以上工业企业资产总额的比重由 2012 年的 6.8% 提高到 2020 年的 12.8%。
2012 年，电子信息制造业营业收入额为 2507.5 亿元，2020 年增至 6666.8
亿元，年均增速达 13.0%，尤其是 2017~2020 年这三年，年均收入额增速
约 20%；占全省规模以上工业企业营业收入的比重从 2012 年的 8.0% 提升
到 2020 年的 14.7%，占比增加 6.7 个百分点。2012~2020 年，利润总额增
幅达 29.6 亿元，由 139.8 亿元跃升至 169.4 亿元（见图 1）。

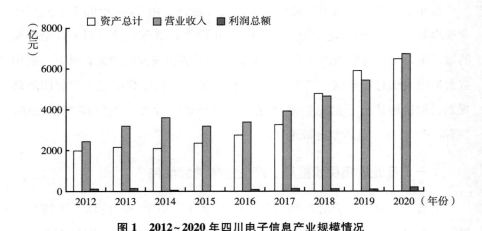

**图 1　2012~2020 年四川电子信息产业规模情况**

资料来源：《四川电子信息制造业发展图鉴》。

　　四川省不断优化电子信息产业结构、夯实产业基地建设，核心竞争力不
断增强，已经逐步建立起覆盖集成电路、新型显示与数字视听、终端制造环
节、软件研发、移动互联网应用等方面的全链条、全方位的电子信息产业体
系。经过一系列的优化与建设，四川省电子信息制造业取得了跨越式发展，
产业规模从小到大，实现了产业链式聚集和联动发展，逐渐形成了以成都、
绵阳、宜宾等地为主的电子信息制造业发展集群。产品覆盖了终端产品
（手机、电脑、智能手表）、中间产品（液晶显示屏、液晶显示模组）、电子
元器件及配件等。2021 年上半年，全省电子计算机整机、手机、集成电路
圆片、液晶显示屏的产量分别为 4309.1 万台、6550.1 万台、5025 万片和
19613.3 万片。

## （二）产业集聚规模不断增强，龙头企业发展壮大

为了进一步加快电子信息产业结构调整升级，四川省正加快引进和建设一批投资规模大、产业带动力强的项目。通过引进龙头企业、集聚一批配套企业、联通产业链条，四川省逐渐形成了"产业集聚规模不断增强，龙头企业不断壮大"的局面。当前，华为、京东方、微软、IBM、德州仪器等一批具有全球影响力的龙头企业已经扎根于川渝大地，四川省还将继续培育壮大市场主体，进一步强化"龙头"企业的引领作用，带动和加快四川电子信息产业发展步伐。

招大引强，是增加产业"厚度"的重要手段。在党中央和四川省政府的加持下，四川省电子信息产业，已经逐步形成了"一核一带两走廊"电子信息产业空间发展新格局，即以成都市为发展核心，以成绵乐高铁沿线为发展带，以川南（成都—资阳—内江—自贡—宜宾—泸州）、川东北（成都—遂宁—南充—广安—达州—巴中）为发展走廊的新型发展格局。同时，着力发展集成电路与新型显示、新一代网络技术、大数据、软件与信息服务等产业领域，重点招引集成电路、数据存储、新型传感、元器件（芯片）、5G、网络安全、卫星互联网、AI智能等领域的龙头企业和重点项目。

## （三）产业重点领域加快发展

为了驱动电子信息产业的"全产业链"快速发展和解决"卡脖子"问题，四川省正在引进一批国家重大科技专项和产业关键核心技术攻坚工程。形成覆盖材料、元器件（芯片）、整机、服务等重点领域的较为完整的产业体系，实现强"核心"，并以信息安全、智能终端、新型显示、集成电路、卫星互联网、智慧家庭、物联网、云计算、大数据、工业互联网、人工智能、数字娱乐等新的经济增长点为引擎，助推电子信息产业重点领域和核心技术的快速发展。近年来，四川省电子信息产业正在积极探索高效、优质的发展路径，由生产制造为主逐步转向产研相结合，并不断向高附加值的产业领域或产业链环节进军。"无新不强、不进则退"是电子信息行业的制胜法

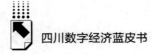

宝，四川省聚焦材料、元器件（芯片）、存储等重点领域，已形成了"芯一屏—存—软—智—网—端"细分行业产业链图。在此基础之上，四川省编制了《四川省电子信息产业"十四五"高质量发展路径研究》，进一步夯实电子信息产业优质、高速发展的基础。

以"成渝地区双城经济圈建设""国家数字经济创新发展试验区"等机遇为契机，四川省不断向外发力——打造川渝两地电子信息产业协同布局，助推电子信息产业高质量发展再提速。2020年10月，西部电子信息产业最具发展潜力的四川省和重庆市，签署了一系列共建电子信息产业经济走廊的高质量协同发展战略合作协议。为了全方位整合优势资源，发挥产业"标杆"作用，2021年4月，重庆两江新区、四川天府新区联手成立了电子信息产业联盟，共同助力成渝地区建设"两中心两地"。

### （四）全省各市电子信息产业呈现差异化发展

目前，四川电子信息产业发展空间呈现"大"字形的"一核一带两走廊"发展格局。

#### 1. 成都

成都无疑是四川省电子信息产业发展最强劲的城市。2020年，电子信息成为成都首个产值突破万亿元的产业，规模达到10065.7亿元，同比增长19.8%，在中西部城市名列前茅。

#### 2. 遂宁

近年来，遂宁以产业园为突破口，着力打造产业链条较为完整、服务设施较为齐全、交通建设较完善的专业化产业园区，电子信息产业规模位居全省前列。

#### 3. 绵阳

近年，绵阳一直保持较为猛进的发展势头，四川省仅有的2家全国电子信息百强企业、5家全国电子元件百强企业，均安家于绵阳市，而且有10余个重点产品国内市场占有率第一。随着京东方第6代AMOLED（柔性）生产线、惠科8.6代薄膜晶体管液晶显示器件、长虹智能制造产业园等重大项目的相继建成，绵阳市电子信息产业发展大有后来者居上的势头。

### 4. 宜宾

智能终端成为支柱产业，宜宾智能终端产业规模以上企业营业收入由2017 年的 13 亿元增加至 2020 年的 328.7 亿元，"领跑"全市工业增长。2020 年上半年，宜宾智能终端产业出口手机和成套散件预计占到同期四川手机出口总额的 85.2%。

### 5. 南充

强势招引"龙头"企业，提升核心技术竞争力。近年来，南充市招引了三环电子、中科九微、华讯方舟等重大项目。已完成三环电子 1~12 期的投资，计划总投资 100 亿元的 13 期项目也即将落地。13 期项目所涉及的 10余项技术有望解决当前我国面临的"卡脖子"问题，一举突破国外的高精技术封锁。

### 6. 内江

2021 年 3 月在深圳签下瞄准新型显示、电子元器件等细分领域的总投资 21 亿元的"大单"。近年来，聚焦信息产业重点发展领域，内江已初步形成电子信息产业集群，实现了"从单一产品到成链发展、从单个企业到产业集群、从低端产品到高端技术"的重大转变。

四川各市州在结合各自优势寻求电子信息产业发展新路径的同时，也在积极探索新的合作共赢模式。


## 二 四川省电子信息产业发展存在的问题

### （一）核心技术占有不足，产业竞争力不强

经过不断的努力，虽然取得了骄人的成绩，但是应该更加清醒地认识到不足和问题。四川省电子信息企业的核心竞争力与当前世界范围内的知名企业仍有较大差距，尤其是在软件、集成电路、新型元器件、电子材料和专用设备仪器等核心技术上，国际竞争力不强甚至是较弱。在电子信息产品制造

领域处于世界领先地位的仍旧是美、日等发达国家，美国统治着核心微处理器系统芯片技术领域，日本统治着半导体存储器、电子生产设备以及平板显示器、硬盘驱动器等领域。

生产线落后、核心技术占有不足，关键零部件、制造设备基础元器件、基础材料、基础软件和制造设备大量依赖进口等问题日益突出；产业结构需要进一步优化与改进，现代信息产业主要领域如集成电路、软件以及信息服务业占比较低，核心技术、关键专利和标准仍然受制于人，还需要攻克核心技术，实现知识产权自主并打造驰名世界的知名品牌。

当前，我国的制造业处于生产链的底端，生产一些低端产品，而高端产品仍依赖于进口，四川省仍旧是一个以劳动密集型生产方式为主、高技术含量产品产量较低的"世界代工厂"。集成电路、新型元器件、软件等高技术、基础产品仍然制约四川省电子信息产业的自主发展，电子信息产业核心竞争力仍显不足。只有加速自主创新，攻克被"卡脖子"的核心技术，才能让电子信息产业在世界舞台上占有一席之地。

## （二）商业模式创新能力较弱，企业吸引力不足

四川省电子信息产业自主创新能力不足，主要表现在产品的应用、外观、功能等方面，而企业商业模式创新能力较弱。除了华为、成都京东方光电科技有限公司具备较强的综合创新能力外，大多数电子信息产业公司是在借鉴和模仿一些成功公司的商业运行模式，缺乏自主创新能力和企业吸引力。四川省商业模式创新能力弱主要表现在以下几个方面。

其一，自主创新能力较弱。缺乏自主创新不仅是自主知识产权的核心技术专利缺乏、自主知识产权的产品较少的主要原因，也是商业模式创新能力较弱以及缺乏商业模式创新实践的主要原因。商业模式的不断创新使得企业能够实现新价值、满足新的市场需求，是企业持续生存的基本条件。当前，四川省的电子信息企业商业模式创新实践正处于摸索阶段，以模仿沃尔玛、苹果等为主。

其二，数字化转型与产业融合制约着商业模式的创新能力。当前，世界

范围内互联网技术不断应用到第一产业、第二产业和第三产业，使数字技术与传统经济不断融合、发展，原有的商业模式不断创新与改进。但是由于起步较晚，四川省多数企业正处于利用信息技术与互联网平台对传统产业进行改造、企业数字化转型的进程中，数字技术与传统实体经济的融合速度与程度在某种程度上制约着电子信息产业商业模式的创新。

### （三）资本人才储备不足，产业发展受到制约

电子信息产业是技术密集型的高科技产业，所以该产业间的竞争也是技术型人才的竞争。当前全球范围内，电子信息产业竞争异常激烈，谁拥有了"高精尖"的人才，谁就占据了产业制高点。虽然四川省正加快电子信息类人才的引进与培养，但短时间内"高精尖"人才难以满足当前的需要，尤其是在高新技术研究开发领域，高端技术专家和复合型人才更加紧缺。造成这一困难局面的主要原因，一是全国范围内信息人才的培养起步较晚，尤其四川省电子信息产业中很多企业都没有足够的人才储备，领军人才以及骨干类人才更是寥寥无几；二是我国电子信息产业中小型企业占多数，企业规模较小，对一些人才的吸引力不足，很多人才进入外资企业或者流入发达国家。

在资本市场，与深圳、广州等地相比，四川省对电子信息产业的资本储备略显不足，例如，在半导体领域的投资，无论是频次还是体量而言，四川省国有上市平台的动作并不多。以深圳国资体系为例，其旗下的股权投资平台曾多次向大型集成电路制造企业出售，该产业也是深圳国资近几年来重要投资方向之一。2022年6月19日，高新发展（000628.SZ）发布关于现金收购成都森未科技有限公司和成都高投芯未半导体有限公司控股权暨关联交易的公告。此次高新发展的并购，可视为国资在四川资本市场的探路。

### （四）产业发展联动效应较弱

信息技术使得企业所属的行业出现联动效应。联动效应表现在三个方面：第一，场景连通，此时，无论是国企、还是民企，在整个价值链上，整

个产业上下游是一个共生关系。因为场景贯通，上下游关系改变后，价值空间就变了。第二，数据贯通，因为数据本身的贯通，原来完全不相关的行业，被贯穿在一起，产生完全不同的共振。第三，价值互通，在不同的场景下把数据的关系和用户融合，是在一个可控的成本下做出巨大的磁场价值体系。

四川省传统实体经济与电子信息产业联动性弱，未形成明显的联动效应和相互促进效用。数字化与电子信息产业的互动发展有待深化，产业数字化的推进与转型没有成为电子信息产业聚集发展的需求和市场基础，电子信息产业的发展也还不能够为产业数字化推进提供足够的产品和服务保障。联动性较弱主要表现在：一是缺乏纵向联动效应，即上下游联动的效应较弱；二是缺乏横向联动，缺乏从国际市场获利的知识和经验，缺乏国内外创新资源；三是相关配套设施建设不完善，与电子信息产业其他发达地区相比，差距仍旧较为明显；四是缺乏创新，创新能力弱，相关投入不足，产学研的联合停留在较低层次上，缺乏带动行业发展的科研成果，形成产业聚集效应的高新技术的产业化率不高。

## （五）产业发展与环境污染矛盾加大

电子信息产业迅速发展，但在高速增长的同时，电子信息产业在加工、制造和工厂废物处理过程中产生了严重的环境污染、损害人民健康等问题。电子产品制造过程中会产生大量含重金属的污泥等危险废物。企业对危险废物的处置也存在安全隐患。污染物不仅危害环境，也危害普通周边居民和职业工人的健康。

多家知名电子信息企业的供应商因为企业废气、噪声、废水等问题被附近居民投诉，较为突出的问题是直接损害企业职工健康的职业安全问题，这些环境污染问题已经对相关企业的工人和周边居民的身心健康构成了一定的影响和威胁。电子信息产业在增加就业岗位、拉动当地经济发展的同时，也威胁到当地的生态环境和人民的健康。而且，这一矛盾日益加剧，严重阻碍了电子信息产业的可持续发展。

# 三 促进四川电子信息产业发展的对策建议

## （一）加快推进5G网络建设和产业协同发展

数字经济时代，5G技术是网络强国建设的根本保证，是新一轮科技革命和产业变革的强大驱动力。5G技术的网络建设规划、部署、推广、应用，是四川省实现数字技术与实体经济深度融合、加速产业数字化转型、构建"5+1"现代工业体系高质量发展的关键。

一要以建设网络强省为核心目标。既要加速完善5G网络基础建设，使得5G网络实现重点区域全覆盖；又要加速推进5G技术创新和成果转化、丰富5G应用场景、推动5G网络技术与重点垂直行业的融合应用示范并培育一批5G创新发展新业态，实现5G核心产业及关联产业联动发展。

二要加快推进5G网络建设、完善管理。主要持续深化5G网络基站布局、全域布局和保障频谱资源有效利用等3个方面的建设部署，实现多维度、深层次的5G网络覆盖。持续优化5G网络建设环境条件，既要简化报装验收程序，又要统筹设施管理，还要优化改善建设环境等，为5G规划和部署提供便利。多方面、多角度持续为电信运营商和通信企业创造良好发展条件，推动公共资源开放共享、加快智慧塔杆综合利用、加强基站电力供应保障，从而大幅度降低企业运营成本，进一步深化产业协同发展，为电子信息产业发展提供良好条件。

三要持续推进产业协同发展。从技术创新、产业平台建设、产业集聚发展、5G产业规模、5G应用示范等方面持续发力，聚焦5G核心及联动产业，加大力度持续推进5G创新发展新模式、新业态、新服务。

## （二）抓住国家发展支持机遇，争取国家重大产业布局

电子信息产业已经成为数字经济发展的内在驱动力，被我国视为战略性发展产业。国家和地方政府纷纷出台相关支持政策，加速各行业数字化转型

步伐，构建以新一代电子信息技术为基础的全新产业结构。自 2014 年以来，国家的扶持政策层出不穷，优化重大产业布局，为电子信息行业快速发展保驾护航。2020 年 3 月，《关于促进消费扩容提质加快形成强大国内市场的实施意见》的出台，极大地鼓舞和加快了"智能+"消费生态体系的建设，不仅为智能终端、物联网场景提供新的增长需求，而且为整个电子信息产业链上的厂商带来了快速发展的大好机遇。近年来，国家的大力扶持为四川省带来了大量的外资、人才，也使得电子信息领域的相关产业向四川省转移，以四川省为代表的西部电子信息产业异军突起，逐渐成为我国重要的电子信息产业基地。

在深化西部大开发和西部产业升级的利好大背景下，四川省要抓住国家发展支持机遇，争取国家重大产业布局。牢牢把握"抓龙头、铸链条、建集群、强配套"这一发展思路，紧紧抓住电子信息重大项目这一突破口，充分发挥国家级基地、大中型产业研究院、高新技术协同中心等构建电子信息产业生态圈的优势作用，助推链式产业聚集和电子信息类产业联动发展。不断升级和优化涵盖集成电路、新型显示与数字视听、终端制造环节、软件研发、移动互联网应用等领域的电子信息产业链条，彻底打通电子信息产业链体系，着力打造世界一流的电子信息产业基地和聚集发展区。

### （三）加大对电子信息产业的投资力度

电子信息产业优质高速发展离不开资金的注入。但是，经济全球化使得国际竞争由资源、产品的竞争转向技术、品牌、资本和市场份额的竞争，随着科学技术的快速革新和市场竞争日益激烈，电子信息技术开发的难度和风险越来越大，所需经费的投资力度也逐渐增大。因此，多元化的扶持方式和市场化、精准化的金融支撑体系是促进四川省电子信息产业发展壮大的关键，为加速四川省电子信息技术高效快速发展，应从以下几方面加大投资力度。

（1）以四川电子信息产业投资基金、"科创贷"等政策性融资产品为依托，鼓励银行开展融资服务创新，加快聚集天使和风险投资机构，为产业发展注入新动能。放宽中小微企业资金使用条件和范围，并扩大其贷款风险补偿资金池和应急周转金规模。

（2）大力扶持引进国外先进技术、设备的电子信息类项目，既要在多边、双边赠款方面优先考虑电子信息类项目，又要在省有关部门申报国外商业贷款指标上给予优先支持。

（3）拓宽融资渠道，既要依照相关规定吸纳社会资本和外资进入电子信息产业，又要按照规定程序积极支持和鼓励有重大项目的电子信息类企业通过发行债券进行融资，加大资本市场对电子信息产业的支持力度，拓展电子信息产业的融资和再融资渠道。鼓励符合证券市场融资条件的企业进行上市融资，大力扶持已经上市的高新技术企业通过资产重组、资产置换等方式借壳上市或买壳上市，落户四川。

（4）鼓励引进国内外风险机构投资。凡风险投资公司对电子信息类企业的投资额占该项目投资总额70%以上的，可从企业获利年度起5年内，企业所得税的60%作为政府财政补贴先征后返，用于补偿风险投资机构当年和以后年度的投资性亏损。

（5）各类金融机构要优先支持被列入国家和省规划的电子信息类产业化项目，对市场前景好、经济效益好的电子信息类企业，要严格执行基准利率，并适当增加授信额度。

（6）以政府的投入为引导，以企业和民间资本为主体，按照现代企业制度的要求，加快组建风险投资公司，重点扶持电子信息类企业的发展。各级政府加大资金投入，作为风险投资资金支持高新技术产业、扶持新创办企业和新上高新区技术项目。

（7）依据现代企业制度的要求和市场经济运行规律，加快组建四川省中小企业投资担保公司，重点支持四川省电子信息类中小企业的发展，依照政策法规对于电子信息类中小企业和重点发展技术领域提供相应额度的资金支持。

完善省、市（地、州）财政对高技术产业资金配套，增加省科技三项

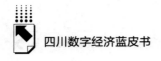

经费中科技成果转化资金和技术创新资金投入，保证上述资金用于电子信息产业达到40%以上。

### （四）加快集聚培养"高精尖缺"人才和高水平创新创业团队

电子信息产业快速发展和科学技术的革新对人才提出了更高的要求，使得核心人员的人才缺口不断增大，加快集聚培养"高精尖缺"人才和高水平创新创业团队迫在眉睫。

第一，相关政策应当鼓励有相关技术背景的高校加强电子信息产业建设，包括新材料技术、新一代信息技术和基因编辑技术等；高校、企业应当积极联合建设培训基地，创建综合学界和业界培训课程；高校应当创造出灵活、生动、个性化的学习环境，编写前沿的教学内容，帮助学生理解掌握电子信息产业的基础知识与最新实用技能。

第二，四川省继续发挥高等院校人才培养对电子信息产业科技创新的支撑作用，加强产学研合作，并出台相关政策鼓励有相关技术背景的高校加强电子信息产业建设，包括新材料技术、新一代信息技术和基因编辑技术等。高校、企业应当积极联合建设培训基地，创建综合学界和业界培训课程；高校应当创造出灵活、生动、个性化的学习环境，编写前沿的教学内容，帮助学生理解掌握电子信息产业的基础知识与最新实用技能。

第三，要充分发挥"天府英才"工程中高层次人才引进计划、高层次人才特殊支持计划的作用，吸纳海内外优秀人才。针对电子信息产业细分领域人才需求特点，制定差异化的人才引育专项政策，加快集聚培养"高精尖缺"人才和高水平创新创业团队。

第四，所有的人才培养和汇聚政策要抓好落实，大力引进电子信息产业积蓄的高端人才。构建人才培养、激励和服务体系，充分落实电子信息产业高端人才公寓、产业园区住房、配偶就业、子女入园入学等配套服务。

### （五）促进电子信息产业全产业链现代化融合发展

当今世界正经历百年未有之大变局，国内发展环境正发生深刻变化，新一代信息技术加速在制造业全要素、全产业链、全价值链渗透融合，持续引发技术经济模式、生产制造方式、产业组织形态的根本性变革。四川省信息化、工业化深度融合发展正处于加速创新、深化应用、加速转型升级的快速发展战略机遇期。大力推动新一代信息产业全产业链条现代化融合发展，一方面能够对产业全方位、全角度、全链条地改造创新，另一方面推动产业数字化和数字产业化，统筹推进制造强国与网络强国建设，加速实现我国经济发展"弯道超车"。

为了促进电子信息产业全产业链现代化融合发展，一方面要瞄准传感器、存储等重点领域，通过搭建平台、做好配套、优化服务、盘活存量等多种方式推进对重点骨干企业和产业链缺失环节精准招商，确保重大项目加快落地，促进现有产业规模扩大和结构转型升级。另一方面，加快构建以"芯—屏—存—软—智—网—端"为支撑的电子信息产业新体系，推动集成电路、新型显示、存储、软件等核心基础产业突破发展；推动5G、网络安全、卫星互联网、超高清等特色优势产业领先发展；推动人工智能、量子科技、大数据、工业互联网等战略先导产业融合发展；推进"产业基础高级化、产业链现代化"攻坚战，打造世界级电子信息产业集群。

### （六）制定清洁生产的参考指标，强化企业落户的约束性准入门槛

习近平总书记多次强调，"要牢固树立绿水青山就是金山银山的理念"。实践证明，经济发展不能以破坏生态为代价，生态本身就是经济，保护生态就是发展生产力。我们在大力发展电子信息产业的同时，既要强化生态保护概念，又要牢固树立环保意识。进一步规范清洁生产审核指南的编制，加快建立和完善清洁生产标准体系。

第一，加强企业清洁生产的审核机制，按期组织对重点排污企业进行清洁生产审核评估、验收，督促企业污染减排目标的完成。充分按照当地污染物减排计划和指标要求，制定重点排污企业名单和数量。

第二，加强企业清洁生产审核工作的规范管理，为依法推进重点排污企

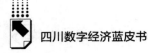

业清洁生产审核工作的开展，地方环保部门应将重点排污企业清洁生产审核工作与政府年度考核体系挂钩。

第三，加强对清洁生产审核咨询机构的管理，进一步提高审核质量。既要强化管理清洁生产审核咨询机构及人，又要强化管理咨询机构履行合同情况，还要强化咨询机构在清洁生产审核各阶段所起的作用、提高独立提出清洁生产方案的能力以及清洁生产进行审核绩效评估的能力。

第四，落实清洁生产审核的奖惩措施。对于通过清洁生产审核评估、起到表率作用的企业，给予清洁生产专项资金、污染减排专项资金和环保专项资金等的支持。对未通过清洁生产验收或评估的，视情况要求其重新进行清洁生产审核、评估和验收，并依法进行处罚，严格约束其准入门槛。

**参考文献**

李晓钟、贾舒：《电子信息产业竞争力区域差异比较研究》，《国际经济合作》2017年第 7 期。

商新军：《对电子信息产业发展趋势及我国发展状况分析》，《中文科技期刊数据库（全文版）工程技术》2016 年第 9 期。

康俊：《"互联网+"背景下商业模式创新与产业融合的互动机制分析》，《信阳师范学院学报》（哲学社会科学版）2016 年第 3 期。

王晓燕：《电子信息企业商业模式创新——以华为技术有限公司为例》，《山西农经》2017 年第 17 期。

欧阳星玙：《新常态下四川省电子信息产业发展路径研究》，《科学与财富》2015 年第 6 期。

刘琳：《电子信息产业阔步向"万亿"》，《经营管理者》2019 年第 5 期。

朱文飞：《四川电子信息产业发展研究》，电子科技大学硕士学位论文，2003。

唐千惠、李春梅、秦瑶：《持续加"码"　发展有"度"》，《经营管理者》2022 年第 1 期。

# B.14
# 四川省软件产业发展报告

苗 苗*

**摘 要：** 本文对四川软件产业发展现状及主要特点做出基本分析，剖析四
川省软件产品收入情况重要指标即软件业务总收入、软件产品收
入等，把握四川省软件产品收入情况发展规律，前瞻未来发展态
势。同时，本文指出四川软件产业发展存在的主要问题和困难，
包括基础软件、高端工业软件等"卡脖子"领域基础薄弱；软
件与信息服务产业大而不强；发展模式陈旧；研发创新水平和可
持续性受到相关软件政策和法律的影响；人才结构不足以及相关
组织的桥梁作用缺失。最后提出促进四川软件产业发展的对策建
议：要加强软件产业引领性创新；加快软件新技术应用推广；培
育软件产业名企名品；加速制造业数字化转型；推动农业农村数
字化发展；助力服务业智能化提升；加快高质量软件名城建设；
加快产业园区建设；加快推进示范基地建设；加快推进新型基础
设施建设；充分发挥金融资本效能；推进产业创新平台建设；加
快软件人才梯队建设；强化软件标准体系建设；加强知识产权保
护及价值评估。

**关键词：** 软件产业 高质量发展 四川省

---

\* 苗苗，博士，成都师范学院教授，主要研究方向为管理学。

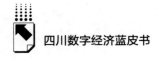
# 一 四川省软件产业基本状况

## （一）四川省软件产业区域特征

全省围绕信息安全、数字文化创意、集成电路设计、工业软件等特殊优势领域，形成以成都为核心集中的绵阳、德阳、雅安等领域的特殊发展标准。成都 2020 年软件收入占全省产业规模比重达到 94.6%，已逐步形成"一个核心聚集区、五大产业基地、多领域融合应用"的产业发展格局；绵阳、德阳、宜宾、雅安、泸州、乐山等市（州）结合自身优势积极作为，在电子制造、重型装备、移动终端、大数据等领域特色化发展。区域协同发展推动软件企业做大做强，全省 2020 年主营业务收入百亿级的企业 11 家，十亿级企业 69 家，涉软类上市公司 150 家，其中，境外上市公司 4 家。省软件百强企业研发经费投入强度 9.39%，研发投入强度高于全国平均水平企业 781 家，主持或参与制定软件相关国家标准 166 项、软件与信息服务细分领域行业标准 73 项。

## （二）四川省软件产业发展环境分析

基础设施方面，截至 2020 年底，全省拥有固定互联网宽带接入用户 2975.45 万户，（固定）互联网宽带普及率为 32.7 户/百人，移动互联网用户达 7521.36 万户，移动电话普及率为 109 部/百人，成都国家级互联网骨干直联点网间互联带宽增至 770Gbps，2020 年底四川本地网光缆线路长度 353.54 万公里，全国排名第二。全省建成交付 5G 基站 9.6 万个（实物基站 3.7 万个，逻辑基站 5.9 万个），IPv6 活跃用户达到 6600 万，建成并纳入统计的数据中心近百个，机架总量 9.7 万个，其中大型及超大型数据中心 10个，成都超级计算中心获批中国西部地区首个国家超级计算中心。农村地区网络基础设施不断夯实，全省行政村已实现 4G 网络和光纤网络全覆盖。全省建成工程技术研究中心、工程研究中心（工程实验室）、企业技术中心、重点实验室、产学研联合实验室等国家级、省部级科技创新平台近 900 个，其中超过 200 个是国家级的。

## （三）四川省软件产业收入分析

"十三五"期间，四川省软件与信息服务产业持续强势增长，2020 年全省软件和信息服务业实现主营业务收入 5727 亿元，是 2015 年的 2.1 倍，年均增长率达到 15.9%。其规模占电子信息企业主营业务收入的 45.2%，其中，软件业务收入 4241 亿元，同比增长 15.3%；实现税金总额 158 亿元，同比增长 5.1%；利润总额达到 515 亿元，同比增长 15.8%；业务利润率达到 12.1%。作为我国中西部地区软件服务业发展的领军标杆省份，四川的软件业务收入总量约占全国的 5.2%、中西部的 30.9%、西部的 42.4%，位列全国第七、中西部第一。

## （四）四川省软件产业产品收入分析

如图 1 所示，2022 年 1~3 月四川省软件业软件产品实现收入 286.8 亿元，同比增长 1.3%，占全行业收入的比重为 29.9%；信息技术服务实现收入 601.48 亿元，同比增长 14.9%，占全行业收入的比重为 62.7%；信息安全实现收入 29.22 亿元，同比增长 42.2%，占全行业收入的比重为 3.0%；嵌入式系统软件实现收入 42 亿元，同比增长 11.7%，占全行业收入的比重为 4.4%。

## （五）四川省软件产业发展规模分析

2013~2019 年，四川省软件公司的数量稳步增长。自 2005 年以来，软件公司的数量一直以不均衡的速度增长。2011 年以后，四川省的软件产业蓬勃发展。软件公司的数量几乎翻了一番，从 2013 年的 1030 家增至 2019 年的 1831 家。四川软件公司在中国的比例从 2013 年的 3.23% 上升到 2019 年的 4.54%。四川软件企业数量的持续快速增长，在很大程度上反映了四川软件产业的良好发展势头。

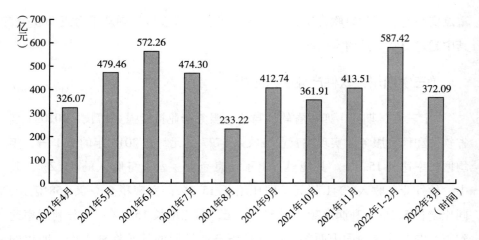

**图1　近一年四川省软件业务收入**

资料来源：工信部、华经产业研究院整理。

在过去的7年里，四川省软件业务收入的年平均增长率为13.56%，处于高增长水平。2016年后，软件公司的收入增长率加快。与一些参考省份的软件商业收入相比，四川省的软件产业具有很强的可持续发展潜力。2019年，四川省软件产业发展好于预期，软件和信息服务业整体呈现稳步增长状态。全省1831家软件企业核心营业收入2232亿元，同比增长14.9%；全省软件企业收入达到3171.57亿元，同比增长13%。其中，软件行业的收入不断增长，软件行业的营利能力不断提高，软件市场规模不断扩大。在经济下行压力下，产业结构调整的关键时期，四川省软件产业总体保持健康稳定的发展趋势。近年来，四川省在软件产品、信息技术服务、信息安全和嵌入式应用系统四大领域保持了持续增长，信息技术服务收入逐年增长。到2019年，平均增长率达到51.08%，软件行业的服务化转型和升级将继续稳步推进。与全行业收入结构相比，四川省智能软件行业信息安全服务收入从2013年的56.79亿元增长到2019年的9058亿元。软件行业的信息安全是四川省产业信息安全建设的重要基础。2019年，集成系统服务收入增长率达到109.80%，说明四川软件行业智能制造关键技术水平更高。

# 二 四川省软件产业发展前景

## （一）四川省软件产业发展机遇

### 1. 产业融合能力显著增强

"十三五"期间，软件产业与制造业发展持续深度融合。2020 年，两化融合发展水平居全国第 10 位；智能制造产业发展加快，数字化研发设计工具渗透率达到 76.4%，同比提高 2.7 个百分点，关键工序数控化率为 50.1%，同比提高 2.5 个百分点。工业互联网标识解析节点标识注册量达 6.5 亿条。高端工业软件领域，离散制造行业生产控制软件及流体力学仿真软件产品拥有一定优势基础，相关产品在航空制造、汽车制造、轨道交通等领域应用成熟；重型装备、航空制造等领域龙头企业针对细分行业具体生产需求，搭建完成一批工业互联网及工业私有云平台，标识解析服务等行业规模化应用和主动标识载体规模化部署融合推进。

### 2. 创新体系持续优化

"十三五"期间，四川省软件和信息服务业技术创新和人才资源不断增强，在数字文创、信息安全及生产制造软件等领域技术创新取得国内领先。省内计算机著作权累计新增登记总量超过 15 万件；获授权专利数量 22962 件，同比增长 21.4%，每亿元业务收入获授权发明专利数量达 5.41 个，均呈快速增长态势。软件产业就业人数和收入稳步增长，2020 年全省软件从业人员平均人数达 39.1 万，年人均贡献软件业务收入 108.5 万元。全省 132 所大专以上院校软件相关专业 189 个，每年毕业生 1.5 万人。软件与信息技术领域领军高端人才达到 200 余人，计算机科学与技术学科进入国际 ESI 前 0.1%，企业建立人才培养点基地 100 余个。

## （二）四川省软件产业发展重点

### 1. 基础软件

培育操作系统、数据库、中间件、人工智能开发框架和在系统关键环节有充分特色的通用封装工具等基础软件产业，突破掌握关键技术和根本技术。大力推进智能操作系统、车载操作系统以及其他高端装备嵌入式操作系统研发。加快自主可控、安全有效的数据存储软件发展，加快可信存储软件研发，发展密态数据安全存储系统与分布式数据库。研发可集成及优化自主硬件、数据库、操作系统、安全软件的中间件和特色通用封装工具，聚力攻关面向底层异构适配、抽象内核驱动的人工智能开发基础框架，打造自主创新的基础软件体系。

### 2. 工业软件

攻克数字孪生驱动的工业协作与融合、高可靠工业用工程组态设计编译、电子产品数字化集成调试、边缘计算基础网关、工业大数据处理等工业软件共性与关键技术，开发设计研发类、信息管理类、生产控制类等工业App，加强算法库、零部件库、模型库等工业软件基础资源建设，提升工业软件成熟度。立足四川省优势产业，面向航空航天、高端装备、集成电路、轨道交通、车联网（智能网联汽车）、生物医药等优势主导行业，研发三维数字化协同制造，高端能源装备设计、仿真与测试、管理一体化等平台产品，以及面向电磁频谱、光电、雷达等特定应用对象的算力软件嵌入式产品，打造易于适配、迁移与重组的工业集成平台，大力发展基于工业互联网的云化工业软件新形态。

### 3. 应用软件

面向政府、国防、金融、通信、交通、商业、物流、能源、医疗、文化、林业、新城建设等领域的信息化需求，推动行业数据开放，引导产学研协同着力攻关，完善企业体系结构的主要应用核，改善建筑的规划、设计和开发能力的技术和体系结构，专注于数据的核信息系统开发和系统的大规模应用，创造出行业的典型应用。聚焦能源电力、车联网（智能网联汽车）、地理信息、电子商务、智慧服务、智慧医疗、智能家居、大数据服务等领域，重点发展自动驾驶、卫星导航、智能交通、智慧城市、数字政务、5G、智能楼宇等应用软件系统，发展新一代软件综合应用基础设施，打造行业应用软件标杆，提升软件质量赋能、价值赋能和智能化水平。

### 4. 数据和云服务

大力发展 Everything as a Service 等云计算服务、云计算评估工具研发和评估体系建设、个人信息存储云服务平台、在线开发工具、安全可信的云计算外包服务。重点发展大数据采集与资源建设、资源流通与交易、成熟度评估、标准验证、评估认证、处理与存储等数据服务；旅游、林业、就业、环保等领域数据服务应用。

### 5. 平台和平台运营服务

围绕"5+1"支柱产业，实施"工业互联网产业领军者计划"，支持龙头企业打造行业专属的云化工业互联网平台；围绕具体行业场景，支持技术专业型工业互联网平台建设。加强平台的控制、运维等行业数据集成管理和提升行业机制建模能力，打造一批融合人工智能、区块链、5G 的创新解决方案和服务。加快建设跨境电子商务一站式服务平台，支持四川自贸试验区、跨境电子商务业务流程、监管模式和信息化建设。推动全产业链、大宗商品等四川优质产品出口。

### 6. 集成电路设计

建立 IP（知识产权）资源库。提高内存、处理器、射频基带集成、信息安全、视频监控和逻辑处理等芯片设计，CNC/工控设备、工业互联网、车联网（智能网联汽车）、智能电网、金融 IC/RFID（集成电路/RFID）等行业应用芯片设计，复合芯片、生物芯片等新一代集成电路设计等服务能力。鼓励提供以先进技术为导向的 EDA（电子设计自动化）、测试、验证、IP 共享、故障分析等配套信息服务。

### 7. 信息系统服务

围绕主流操作系统、数据库、中间件等开展迁移适配，广泛支撑软件产品和服务的迁移应用，研究异构系统集成关键共性技术，增强关键软件集成和互操作能力。发展壮大信息系统集成和运维服务，强化信息模型和标准接口的可复用，促进面向产业链供应链协同的包含订单、质量、生产实绩等内容的灵活云化部署，涵盖设计、生产、管理、服务等信息系统服务全过程，满足跨网络、跨系统、跨平台的数据和业务贯通融合服务需求。

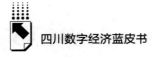

### 8. 人工智能

积极推广人工智能优化的嵌入式操作系统、安全中间件、智能服务框架等核心技术，在智能芯片控制软件、混合增强智能等重点领域形成具有自主知识产权的战略性标志性成果，工业智能、灾害预警、精准医疗等领域的解决方案及应用。坚持人工智能软件研发、产品应用和产业培育"三位一体"推进。加快建设国家新一代人工智能创新发展试验区和国家人工智能创新应用试验区，推进人工智能等产业创新集群建设，努力打造具有国内影响力的人工智能高地创新产业。

### 9. 数字文创

研究媒体融合软件识别、内容关联等关键技术，推动数字内容与技术装备协同创新。以发展游戏动漫、创意设计、影视媒体、数字音乐、虚拟旅游等数字产品，搭建数字文化创意产业公共服务平台。以整机带动超高清视频产业链各环节整体提升，加快实现8K智能显示设备、8K激光投影机、8K VR／AR一体机等产业链关键优势环节重点突破，构建涵盖技术、产品、应用各环节的全产业链协同发展体系，建设成为具有全国影响力的超高清视频技术创新策源地和产业发展高地。

### 10. 区块链

积极推进面向区块链优化的智能合约、共识机制、加密算法、分布式系统等软件技术攻关，以联盟链为重点发展核心区块链软件与"全栈式"算力服务，积极推进四川省区块链服务基础设施"蜀信链"建设，在金融科技、供应链管理、政务服务等领域实现产品落地。扎实推进成都数字货币试点工作，优化和完善数字货币应用场景，加强数字货币监管体系建设，推动数字货币相关政策平稳落地。加快构建基于区块链基础设施的新型软件系统，助力"百行千业"全面转型升级，加速实现产业全面上链。

### 11. 卫星互联网

建设高速泛在、天地一体、集成互联、安全高效的软件与信息化基础设施。融合卫星和地面5G网络，解决川西偏远山区覆盖以及减灾救灾应急应用。探索通导遥一体化卫星解决方案创新，通过异构接口互通和域间协议兼容的信息通信交互实现天地网络按需选网、灵活组网、一体发展；加强高通量通信卫星、高精度导航卫星、高清晰遥感卫星应用场景创新和应用推广，实现资源管理统一，最大化实现产业链复用。持续突破卫星互联网软件产品核心技术能力，通过模块化、批量化能力降低成本，持续推动产业链完备，形成可复制推广的四川经验。

### 12. 量子科技

积极发展量子密钥分发等方向的量子技术和产品，探索发展量子精密传感测量，以及基于微观粒子系统及其量子态的精密测量和量子芯片等。深化量子技术与产业链上下游的合作，推动信息安全行业和量子通信行业的深层次融合，进一步提高兼容性和稳定性，使量子通信更加"安全好用"。加强量子技术在金融、政务、电信、电力、国防、医疗等领域的应用，发展各种基于量子计算应用的衍生服务。

## （三）四川省软件产业发展前景

### 1. "软件定义"承担数字经济发展新使命

"软件定义"是全球新一轮科技革命和产业变革的新标杆，已成为驱动数字经济发展的核心力量。软件作为整合云网边缘数据和服务资源的枢纽，向下赋能硬件，向上支持多样化计算架构、聚合应用，促进数字经济生态繁荣。其不仅是大数据、云计算、区块链、人工智能、工业互联网等新一代信息技术的创新源泉，更是推动传统产业转型升级和新兴产业发展的重要引擎、数字经济的形式和模型。

### 2. 关键软件产业驱动自主创新格局

当前，基础软件、工业软件等重点软件产业面临产业链、生态链、供应链和创新体系的全面竞争，以及软件产业链各环节如研发设计、工艺仿真等的协调配合。原型测试、制造和远程服务已被提出更高的要求。提升关键软件自给率、防范软件产业信息安全风险、提高软件与信息服务整体解决方案能力，成为在关键软件领域构筑自主创新体系的重要遵循。

### 3. 全场景智能服务拓展软件应用新空间

人工智能、区块链、5G 等新一代信息技术,有力拓展了软件的功能与边界,催生新的软件框架、开发工具、开发模式和部署方式。工业 5.0、无人经济、共享经济等新业态新模式加速数字化转型和智能升级,促进万物智联与跨界融合发展,推动形成立体化、全方位、广覆盖的软件与信息化新型服务体系。

### 4. 开源生态重塑软件发展新模式新业态

开源体现了软件开发和服务的能力和水平。工业互联网、软件云平台等软件和信息服务基础设施的加强和完善,带动软件开放架构、光耦合集成、软件微服务等技术快速发展。组件层级和基本算法逐渐清晰。国内外开源环境持续优化,一批运营规范、聚集能力强的开源社区涌现,由软件研制方、用户、集成商等多方组成的开放式软件发展模式在产业发展中优势明显。

### 5. 产业链升级凸显软件发展新机遇

在当前日益复杂和变化的国际环境中,迅速形成一个以大型国内循环作为主体、国内和国际双重循环相互促进软件和信息服务发展的新标准迫在眉睫。坚持软件自主供应,完善软件产业体系,成为重要的战略先发制高点。作为我国中西部软件与信息产业重要聚集区、智能制造产业高地,四川省发展软件与信息产业具有明显的基础及先行优势。同时,做好成渝地区双城经济圈软件产业发展协同与配套,填平补齐我国软件产业链短板,打造强大西部软件产业集群,有力推动四川省软件产业创新发展。

## 三　四川省软件产业发展存在的问题

四川省软件与信息服务业虽取得了丰硕成果,但产业发展仍存在诸多问题。

一是基础软件、高端工业软件等"卡脖子"领域基础薄弱,研发设计软件短板尤为明显,相关企业自研软件仅服务内部产线,未形成具备外部服务辐射能力的软件产品,金融服务对关键软件产业支撑有限,产业化进程滞后。

二是软件与信息服务产业大而不强,以系统集成行业应用为主,标准化程度不高，龙头企业少（中国软件业务收入前百家企业四川仅 3 个），国家级软件与信息化公共服务平台较少，软件生态存在结构性短板，成都和其他市州软件与信息服务推广应用深浅不一。

三是发展模式陈旧，同浙江、广东等地区相比，企业运营方式与管理水平有待加强，省内尚未建成成熟的软件开源社区，相关企业开源项目贡献率不高，软件开源环境待完善，人才存在结构性短缺，工业互联网和工业云平台对外开放程度不高，未发挥平台聚集效应。

四是四川软件产业的研发创新水平和可持续性受到相关软件政策和法律的影响。政策方面，国家出台了《国务院关于印发鼓励软件产业和集成电路产业发展若干政策的通知》（国发〔2000〕18 号）和《振兴软件产业行动纲要》（国办发〔2002〕47 号），要求只有"软件企业"和"软件产品"双重认证的企业才能享受相关政策。从法律角度看，中国的专利法对软件申请条件规定得相对严格，导致中小软件企业的专利申请数量相对较少。

五是人才结构不足，软件企业融资困难成为制约四川省软件产业可持续健康发展的重要因素。在软件人才培养方面，四川省软件产业人才培养存在结构性缺陷。目前，四川省软件人才资源的分布结构呈橄榄状。

六是四川软件产业协会在软件产业发展中的桥梁作用还没有充分发挥。软件行业协会和其他非政府组织比政府机构更为灵活。建立政府与软件企业之间的信息交流平台，同时加强国际交流与合作，避免商业摩擦，促进四川软件行业的国际化。软件产业的发展是由各种活动驱动的，如组织论坛活动、专家研究和学术报告。然而，在实践中，一些软件行业协会未能在支持软件行业发展方面发挥桥梁作用。

## 四 四川省软件产业发展的对策建议

### （一）加强软件产业引领性创新

加大软件研发投入力度，推动先进传感、自动控制、集成研发、工业仿

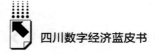

真、测试验证、检测装配等关键软件的创新升级，打造基于自主可控技术路线的软件生态系统。发挥四川本地研发优势，积极探索"芯片—操作系统—基础软件"端到端自主研发路径，鼓励优势企业、科研院所、系统解决方案商积极参与国家工业互联网基础共性、关键技术和重点行业领域平台与标准建设，形成自主知识产权。支持企业与高校、科研院所联合组建开源社区，增强开源社区对产业发展的支撑能力，形成一批优质开源项目。

### （二）加快软件新技术应用推广

大力支持软件关键技术与"5+1"产业深度融合，结合工业软件、信息安全、人工智能、数字文创、智慧城市、智慧农业等重点产业，推进数据开放、发展新兴应用软件和系统平台，加快推进软件技术产业应用，促进传统产业转型升级。加快软件在工业研发设计、生产制造、运维服务、企业管理等重点制造领域的创新应用。利用人工智能、大数据等新一代信息技术，推动产融结合，发展医疗、教育、文化、娱乐、媒体、社交、生活等多维度信息消费，加快形成新经济增长点。支持软件首版创新示范应用，推动软件与经济社会各领域融合不断深化，凝聚经济社会发展新优势新动能。

### （三）培育软件产业名企名品

充分发挥龙头企业的引领带动作用，联合软件产业链上下游企业，实施软件技术产业化示范工程，推动技术含金量高、带动作用大的软件成果实现产业化。实施软件名优企业梯度培育计划，重点扶持自主创新能力强、掌握核心关键技术、引领行业发展的软件企业。积极倡导软件知识产权保护，推动企业建立健全专利、商标、著作权、商业秘密等保护制度，加快打造一批国际国内知名品牌，提升四川软件知名度。

### （四）加速制造业数字化转型

深化软件与制造业的融合发展，打造一批特色型、专业型、综合型工业互联网平台，支持优势龙头企业建设一批工业互联网应用创新体验中心和产业示范基地。推进对标识行业生态的培育，构建和推进互联网行业标识解决体系，实现行业各要素和环节的互操作性，加快实现行业聚合。推进企业"上云用数赋智"，加快"云+智能"融合，着力提升中小企业数字化、网络化和智能化运营水平。鼓励企业利用平台云化资源，降低 IT 硬件、软件、部署和运维成本，加快企业现有内部核心业务系统向云端迁移，推进基于云原生技术进行新业务系统研发。鼓励传统制造企业加快智能化改造，实现设备智能化和管理数字化，构建小批量、高质量和快交付等服务新模式。推进工业互联网深度应用，着力推广数据采集和感知、辅助装配、精准操控、无损检测、机器视觉、维护巡检、智能物流、安全监控等典型应用场景。加快工业信息安全应用核心技术突破和相关标准制定，促进需求侧与供给侧有效对接和协同创新，推动商用密码技术在工业互联网领域的深入应用。

### （五）推动农业农村数字化发展

开展农业生产数字化试点示范，以国家级现代农业示范园区、国家数字乡村试点地区、省级现代农业示范市县为重点，加快对农产品、林产品加工业生产过程进行智能化改造，综合分析土地、气象、水文等环境大数据，辅助农事规划、改良育种、病虫害防控等农业决策管理。强化关键技术攻关，联合高校、科研院校、推广单位、涉农企业组织成立农业技术创新团队，提高农业信息技术及装备应用能力。加强农业和农村统计与监测、预警与预防、质量与安全、综合服务信息系统建设，促进农业大数据公开共享。强化林农和林企生态文明理念，运用云计算、物联网等技术推进智慧林业建设，打造以人为本的林业发展新模式，提供生态屏障和产业支持数字农业。推进农产品电子商务管理系统建设，着力打造川酒、川茶、川猪等川牌农产品在线展示和销售平台。农业推广系统和农业信息服务系统用于村庄和家庭推广，并为附近的农民和新的农业企业实体提供培训和服务。

### （六）助力服务业智能化提升

聚焦电商物流、数字文旅、数字金融、医疗康养等领域，强化软件和信

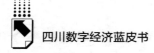

息服务业支撑。推进省内电商平台建设，助力打造省级电商创新发展示范区。加快建设跨境电商一站式服务平台，提高跨境电商通关效率。打造数字化配送分拨调配平台，支持构建智能物流配送体系，推进建立完整的商品追溯体系和服务平台。培育数字文旅消费新业态，推动虚拟景区、虚拟娱乐、旅游直播、线上运动、沉浸式场馆、超高清全景视频、VR 游戏等数字文旅产品发展，探索"5G+数字文旅"应用新场景。加快建设四川数字资产交易中心，建立大数据融资监测评估系统，依法对部分市场主体的融资数据进行采集和分析，提供面向民营企业及小微企业的数字融资服务。推进医疗行业"上云用数赋智"，加快人工智能技术应用于医疗影像分析、辅助诊断、远程医疗等领域，加快数字医疗康养相关软件研发与应用，鼓励企业开发健康管理类智能可穿戴设备和便携式健康检测设备，推广使用医疗机器人、医院自助服务设备等。

### （七）加快高质量软件名城建设

支持成都中国软件名城建设，打造国际软件名城。支持绵阳创建中国特色软件名城，支持德阳、雅安等打造新型工业化产业示范基地（软件）。以成渝经济圈建设为契机，建立强有力的软件产业和信息服务业双城合作机制，推动数字产业化和产业数字化，强化"一个核心聚集区、五大产业基地、多领域融合应用"的软件产业城市布局，打造具有竞争力的软件与信息技术产业集群。持续迭代升级以"天府通办"为代表的便民服务平台，在数字社会、数字政府、公共服务、社会治理等领域提升软件和信息服务行业的数字智能水平，打造区域合作高层次模式。

### （八）加快产业园区建设

支持成都建设国家先进制造业（软件和信息服务）集群，支持建设以工业软件为特色的著名软件园区，支持特色产业基地和产业园区建设，形成成都高新区、天府新区、武侯科技园、绵阳科技城等产业集群引领四川省软件产业高端化发展。推进成都国家新一代人工智能创新发展试验区、人工智能创新应用试验区、成渝地区国家级工业互联网融合发展示范区建设。支持各市（州）结合产业基础和市场需求，建设大数据、人工智能等新兴产业园区，促进相关产业发展。

### （九）加快推进示范基地建设

加快新一代信息技术示范基地建设，支持新工业化重点领域（大数据、工业信息安全、工业互联网）示范基地建设。支持新创示范试点，建设四川省新创产业示范基地，推动全省新创产业生态不断优化完善。

### （十）加快推进新型基础设施建设

加快第五代通信技术网络（5G、F5G）、数据中心、人工智能、区块链等信息基础设施建设，稳步推进智能交通、智能能源等融合基础设施建设，前瞻性设计大型科技基础设施，优化和拓展省政府平台体系，继续推进四川省政府信息资源共享平台等公用事业平台建设，加快基本信息数据库的完善，促进政府和社会数据的共享、互操作性和积极互动。

### （十一）充分发挥金融资本效能

发挥财政资金杠杆作用，引导社会资金和金融资本支持软件及信息产业创新发展。鼓励社会资金支持软件和信息服务领域关键技术攻关、产业基地及公共服务平台建设。引导社会资金参与软件与信息服务领域的重点工程和示范工程建设。拓展资本市场融资渠道，建立支持软件和信息服务业发展的风险投资机制，为中小企业提供融资服务。支持优质软件和信息服务企业积极上市，拓展融资渠道。

### （十二）推进产业创新平台建设

加强产学研利用接口，建立国家和省级创新中心，建立持续改进完善的机制，快速落实创新成果。推动条件成熟的省级中心升级为国家级中心。依靠行业顶尖创新单位，整合全省创新资源，积极推进技术创新中心、天府实

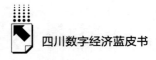

验室等国家和省重点（工程）实验室、工程（技术）研究中心等科技创新平台建设，形成功能互补、良性互动的协同创新新格局。支持数据要素流通体系等生产和创新要素市场建设。

### （十三）加快软件人才梯队建设

贯彻落实"蓉漂""蓉贝"等国家、省市人才优惠政策，吸引国内外顶尖人才到四川投资、创业或从事软件和信息技术服务，引进技术研发和企业管理领域的顶尖人才。进一步加强省内高校软件与信息服务业学科建设，鼓励省内高校基于我国自主创新操作系统、数据库、AI 开发框架等根技术，开发高等教育课程体系和职业培训体系。建立集"产需对接、培训培养、能力测评、技能竞赛、双创孵化、诚信评价"于一体的软件人才发展公共服务平台。加强人才政策的宣传和实施，开展政治宣传活动，扩大人才政策的社会影响力。

### （十四）强化软件标准体系建设

推进关键软件标准规范的制定与实施，支持省内软件企业主导或参与软件和信息技术服务领域国际标准、国家标准、地方标准等制定和应用。建立标准实施体系，鼓励企业走上标准化、能力建设和评估的道路。支持发展符合第三方标准的认证服务，建设合格评定体系、技术标准公共服务平台和公共测试平台。鼓励企业加入国际和国家标准化组织，参与相关标准的制定和修订，实现检测认证行业的相互承认和国际相互承认。

### （十五）加强知识产权保护及价值评估

大力推进知识产权保护，坚持"保护知识产权就是保护创新"的理念，注重"强调法律法规的普及，加强政治指导，努力扩大影响力"，坚持"分类指导，加快人才培养"，推动知识产权"五入"（进入企业、单位、社区、学校和网络）。大力加强知识产权宣传和教育，讲述知识产权四川故事，传播四川之声，有效加强全社会对知识产权保护的尊重和意识，激发全社会创新活力，推动新发展格局的建设，促进高质量经济发展。

## 参考文献

姜德全、王鼎恩、柴立斌等：《跨越式发展是必然选择——关于加速发展大连软件产业的调查报告》，《大连干部学刊》2000年第6期。

刘超：《软件产业发展环境报告发布》，《中国知识产权报》2007年8月17日。

闫文锋：《〈中国软件产业发展环境调查报告〉发布》，《中国电子商务》2004年第7期。

张曦：《初具规模、崭露头角——中国嵌入式软件产业发展报告》，《软件世界》2006年第10期。

# B.15
# 四川省新能源汽车产业发展报告

何东 蔡云 赵韦韦 蒋鑫泉 等*

**摘 要：** 多年以来，四川省委省政府高度重视新能源汽车产业发展，新能源汽车销量及推广量大幅提升，动力电池等关键零部件产业稳步提升，碳减排数据趋势向好，已初步构建起关键零部件、整车制造及营销服务等总体完整的新能源汽车产业链条，全省新能源汽车产业提质升级取得明显成效。2021 年，我国新能源汽车产业继续迅猛发展，而四川省仍面临缺少头部企业和车企总部、电机电控等关键零部件产业薄弱等问题亟待解决。四川省应坚持促进产业转型升级，提升新能源汽车产业区域和领域集聚度，推动企业进行技术改造，推动现有整车制造厂商兼并重组以及引入产销对路的新能源乘用车产品，解决存量和增量问题，完善电池系统的相关产业配套，推进新能源汽车产业稳步发展。

**关键词：** 新能源汽车产业 数字化发展 区域集聚 四川省

---

\* 何东，经济学博士，西华大学长江产业园区规划研究院院长，教授，硕士生导师，主要研究方向为区域经济、产业经济和新经济；蔡云，西华大学汽车与运输学院汽车系副主任，副教授，硕士生导师，主要研究方向为汽车服务工程；赵韦韦，成都纺织高等专科学校讲师，主要研究方向为金融学；蒋鑫泉，西华大学管理学院工商管理系副教授，主要研究方向为企业管理；严杰，西华大学经济学院硕士研究生，研究方向为产业经济；陈鑫，西华大学管理学院硕士研究生，研究方向为企业战略管理；聂国港，西华大学经济学院硕士研究生，研究方向为产业经济；安明荣，西华大学经济学院硕士研究生，研究方向为产业经济。

# 一 四川省新能源汽车产业发展现状

## （一）新能源汽车市场产销量

新能源汽车目前已成为世界各国汽车工业发展的一个主要趋势，同时也是解决能源危机和减轻环境污染的重要路径。新能源汽车按类型主要分为纯电动汽车、混合动力式汽车、插电式混合动力汽车等，按国家标准又分为乘用车和商用车两种。目前四川省已集聚了中嘉沃尔沃汽车、雷丁和成都大运汽车等18家整车制造企业和60余家关键零部件企业，初步形成以整车制造为主导、以"电动机、动力电池、电控系统"为主要配套的上下游体系，正统筹市政、电力和交通等相关资源，着手建立四通八达的充电服务网络。四川省统计局数据显示，2021年四川省全年生产新能源汽车6.4万辆，同比增长1倍，在全国排名第15位，占全国总产量的1.8%。截至2021年底，全省累计推广新能源汽车33万辆，如图1所示。

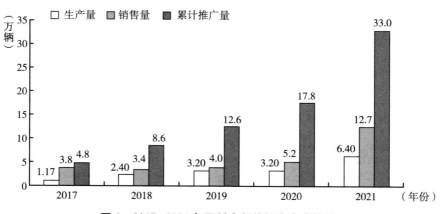

图 1　2017~2021 年四川省新能源汽车产销量

资料来源：四川省统计局、四川省经信厅、四川省生态环境厅资料，《中国汽车工业年鉴》。

从动力来源看，纯电动为主要动力类型，市场占有率在近四年内基本保持在85%左右。从车型来看，2017年四川省推广乘用车1.2万辆，占比达到 60%，推广商用车（货车、客车、专用车）0.8 万余辆，占比 40%。乘用车细分市场中，长安、北汽新能源、野马等品牌的纯电动 A 级及以上乘用车推广量占比达 54.5%，奇瑞、北汽新能源、众泰等的纯电动 A0 级及以下乘用车占比 32.8%，插电式混合动力乘用车占比仅为 12.7%；商用车细分市场中，纯电动客车占比 28.5%，纯电动专用车推广量超 0.5 万余辆，占比达 60.6%，插电式混合动力客车仅占 10.9%，如图 2 所示。

### （二）新能源汽车产业发展基础

#### 1. 企业空间分布

根据企查查数据，截至 2021 年 12 月，全国拥有新能源汽车相关企业共 40.9 万家，其中注册地在四川的企业有 2.21 万家，企业数量全国排名第五，如图 3 所示。1～10 月，四川省新增相关企业 458 家，增量排名全国第六，分布于成都、德阳、眉山、绵阳四个城市，并以成都居多。

根据成都市经信局数据，目前成都市整车企业大多已布局生产新能源汽车，全市新能源汽车整车年产能超过 30 万辆，车型超过 150 款。从产业链的分布来看，成都市在"两线（纯电动车、氢燃料电池车）、三纵（乘用车、专用车、客车）和三横（通用部件、氢燃料电池、智能网联）"新能源汽车产业链上均实现布局，已初步搭建起较为完整的产业链。截至 2021 年 9 月，成都市拥有新能源汽车重点企业已达 100 家，其中规上企业 27 家，整车生产企业 18 家，拥有新能源汽车相关企业达 1.48 万家（见图 4），产品涵盖新能源乘用车和商用车，初步形成较完整的整车制造体系，零部件及充电设施运营企业 40 余家，产品包括了"三电"关键零部件及配套设备，形成了从研发制造到后端服务等零部件制造完整体系。成都市在 2021 年 12 月新能源汽车推广创下新纪录，达到 23466 辆，跻身全国前三，全年推广量达到 10.8 万辆，同比增长 155%。

四川省新能源汽车相关企业主要分布于成都、德阳、眉山、绵阳、宜宾、遂宁、乐山、内江等市，其中成都企业数占比达 65% 以上，近年来，由于宁德时代动力电池产业链的完善，宜宾市也在加快新能源汽车的布局。

乘用车细分市场

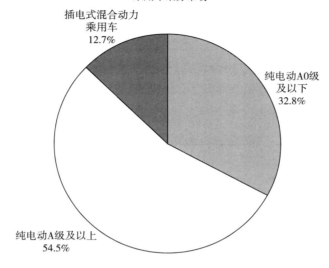

商用车细分市场

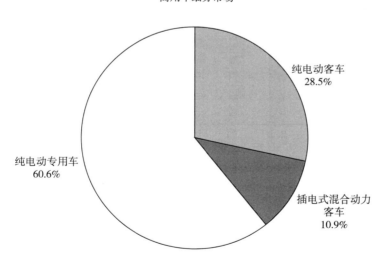

**图2 四川省新能源汽车推广量细分市场**

资料来源：《中国汽车工业年鉴》。

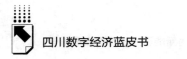
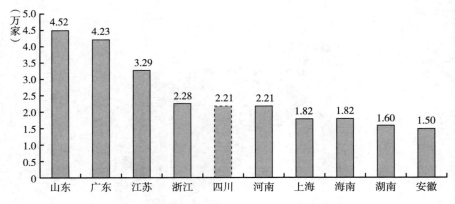

**图3　新能源汽车相关企业地域分布 Top10**

资料来源：企查查（Qcc.com）。

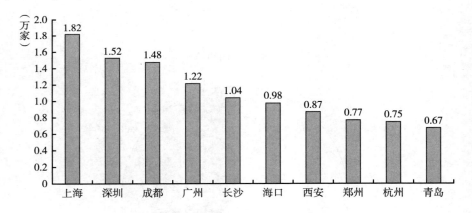

**图4　新能源汽车相关企业城市分布 Top10**

注：仅统计名称、经营范围和产品中含"新能源汽车"的企业。

资料来源：企查查（Qcc.com）。

### 2. 零部件生产基地

同传统的能源汽车不同的是，"三电系统"是新能源汽车的核心零部件。由于锂矿、氢能资源丰富，四川省在电池生产布局方面优势明显，吸引众多动力电池企业布局，属全国靠前位置，截至 2021 年底，四川省已基本集齐动力电池整个产业链的头部企业。

四川省新能源汽车电池零部件生产基地重点布局宜宾、成都、遂宁、眉山、南充、达州、德阳、绵阳等市，基地建设内容涉及锂电材料、动力和燃料电池等领域。主要包括：中航锂电动力电池及储能电池成都基地、宜宾新能源汽车动力电池生产基地、遂宁市射洪县锂电产业园、宣汉新能源新材料产业基地、德阳锂电材料产业基地、绵阳锂电池研发及智能制造基地等。

在电机、电控系统方面，四川省本地企业研发生产较薄弱，未形成规模生产的基地和成为市场主流的产品，同比亚迪、精进电机、北汽新能源等处于市场头部的企业还有较大的差距，导致川内新能源整车制造企业"三电系统"部件普遍从省外购进，新能源汽车在川内的配套率不到10%。

### 3. 特色研究平台

四川省已形成企业自主技术中心、企业政府高校联合创办的研究机构、高校自主研究中心三梯队新能源汽车研究平台。

四川省新能源汽车生产企业，从整车生产企业：蜀都客车、成都沃尔沃、南充吉利、威马汽车、雷丁汽车等，到零部件生产企业：宁德时代、中航锂电、天齐锂业、川能动力、东方电气等，大多数有自主技术中心。

企业政府高校联合创办的研究机构，以四川新能源汽车创新中心和产业技术创新联盟为代表，高校自主研究中心则以西华大学四川省新能源汽车智能控制与仿真测试技术工程研究中心、四川大学新能源与低碳技术研究院、西南交通大学汽车与能源动力研究所为代表。

### 4. 投融资情况

2021年，四川省新能源汽车产业投资项目共计近40个，投资金额达到2500亿元，投资项目主要集中在锂离子动力电池和氢能汽车装备领域，全年投资金额排在国内中上位置[①]；四川省新能源汽车产业融资事件共发生7起，全国共452起，四川省新能源汽车产业融资金额103.6亿元，全国融资金额3208.3亿元[②]，事件和金额数量均未能跻身全国前十，吸金能力弱，

---

[①] 资料来源：《节能与新能源汽车年鉴》。
[②] 资料来源：上奇产业通。

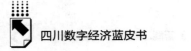
这同四川省新能源汽车产业缺少主板上市、专精特新等龙头企业关系紧密。

**5. 创新能力**

**（1）创新支撑能力**

创新支撑能力分为外部环境支撑和内部环境支撑。从外部环境来看，四川省近年来聚焦新能源汽车产业发展，将新能源汽车与智能汽车作为重要发展方向列入省"5+1"现代产业体系，出台多项支持政策。2020年9月，四川省人民政府发布支持新能源汽车与智能汽车产业发展的若干政策，鼓励省内企业在新产品生产、重大技术突破、创新平台建设等领域加快发展，同时组织新能源汽车省级专项科技计划、新能源汽车测验项目在公共交通等领域的推广应用，奖补力度100万~4000万元不等。

从内部环境来看，四川省目前已形成企业自主技术中心、企业政府高校联合创办的研究机构、高校自主研究中心三梯队新能源汽车创新研究平台，涉及零部件制造、整车制造等环节，覆盖新能源汽车产业链上下游，为产业发展提供创新动力。

**（2）创新产出能力**

近年来，四川省新能源汽车产业创新能力不断增强。从知识产权来看，2016~2021年四川新能源汽车产业专利申请数量逐年增加，2021年专利申请数量在全国省区市中排名未跻身前十。

**（三）新能源汽车产业发展现状**

**1. 新能源汽车运行状况**

随着新能源汽车的推广应用，截至2022年4月，全省累计推广新能源汽车35.78万辆。全省新能源汽车累计行驶里程达到93.23亿公里（全国第七位），全省新能源汽车运行累计碳减排达151.86万吨（全国第二位）（见表1）。当前私人购买成为新能源汽车市场增长的重要驱动力，新能源乘用车市场份额增加，行驶里程及碳减排数量占比进一步扩大，客车行驶里程占比及碳减排数量呈现逐步降低的趋势。

**表1　新能源汽车累计碳减排及行驶里程数据（全国前9名）**

| 省份 | 累计碳减排(万吨) | 排名 | 累计行驶里程(亿公里) | 排名 |
|------|----------|------|-----------|------|
| 广东省 | 380.49 | 1 | 479.91 | 1 |
| 四川省 | 151.86 | 2 | 93.23 | 7 |
| 浙江省 | 149.47 | 3 | 191.61 | 2 |
| 福建省 | 98.91 | 4 | 106.04 | 5 |
| 湖北省 | 92.56 | 5 | 76.64 | 8 |
| 江苏省 | 70.18 | 6 | 124.35 | 4 |
| 湖南省 | 66.91 | 7 | 68.34 | 9 |
| 上海市 | 63.62 | 8 | 158.07 | 3 |
| 河南省 | 44.71 | 9 | 94.11 | 6 |

资料来源：新能源汽车碳资产平台（HTTP：//WWW. mundane.com/c/#/）。

其中乘用车（分营运乘用车及非营运乘用车如图5）碳减排占比64.45%，客车占比15.57%，专用车占比19.98%。

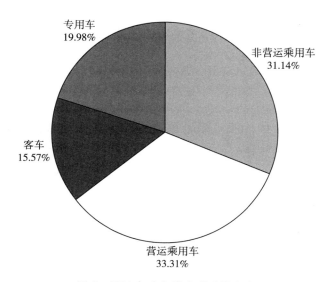

**图5　2021年度各类车碳减排占比**

资料来源：新能源汽车碳资产平台。

通过观测2021年度四川省各类新能源汽车碳减排各月数据可知，乘用车（含营运及非营运）数量居多，碳减排数量明显高于专用车及客车。客车及专用车类新能源汽车碳减排数量趋于平稳，乘用车（含营运及非营运）碳减排数量总体提升，9月底达到峰值，之后开始回落（见图6）。

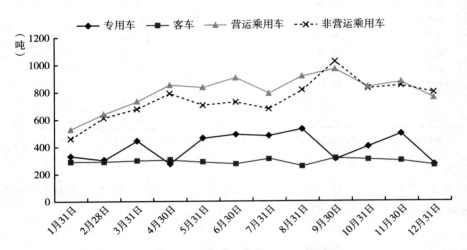

**图6 2021年度各类车碳减排趋势月度对比**

资料来源：新能源汽车碳资产平台。

## 2. 道路示范应用

截至2022年4月，相关部门在全国已累计授牌智能网联汽车测试示范区（场）16家，其中四川省拥有1家，地处成都市龙泉驿区，为中德智能网联汽车四川试验基地（国家级），其封闭测试区目前具备14类34项智能网联汽车测试验证能力。另外，省内还拥有中国汽车技术研究中心等研究机构建设的德阳Dicity智能网联汽车测试与示范运营基地[①]。

截至2022年4月，全省开放52.6公里测试道路，主要包含成都高新区、龙泉驿区约50公里公共道路，以及2.6公里都汶高速龙池段。

四川省成都市积极推动载人载物智能网联汽车示范应用，于2022年3

---

① 该节资料来源：成都市人民政府官网。

月开放首批 12 张智能网联汽车道路测试车辆行驶号牌，挂牌车辆已在新川创新科技园智能化改造道路上进行无人驾驶测试，覆盖地铁站、科技园区等特定场景。

### 3. 基础设施体系

四川省新能源汽车基础设施建设逐步完善[1]。截至 2022 年 4 月，四川省的充电设施有 9.19 万个（公共充电桩总量 4.2 万个），较半年前的 2021 年 10 月，增长了 46.8%（见图 7）。其中充电站保有量 2955 座（排名全国第八），换电站保有量 52 座（排名全国第六），车桩比为 3.47∶1。

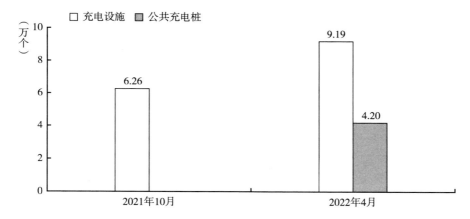

**图 7　四川省充电设施数量**

资料来源：中国充电联盟（截至 2022 年 4 月）。

其中累计在 79 对高速公路服务区建成充电桩设施，平均间距 60 公里，最大间距 200 公里，最小间距 27 公里，覆盖全省 20 个市州[2]，基本实现主要路段全覆盖。截至 2022 年 4 月，四川省部分市州充电基础设施数量见表 2。

---

[1] 该节资料来源：宜宾新闻网（http：//www. ybxww. com/dzkx/html/2022/0415/446869. shtml）、中国充电联盟。

[2] 程怡欣、刘泰山：《服务区半个小时可充电至 80%》，《成都日报》2022 年 2 月 2 日，第 002 版，DOI：10. 28063/n. cnki. ncdrb. 2022. 000469。

表 2　部分市州充电基础设施数量（截至 2022 年 4 月）

| 市州 | 充、换电站(座) | | 充电桩(个) |
|---|---|---|---|
| 成都 | 1413 | | 61000 |
| 绵阳 | 公交等车辆专用 | 14 | 3362 |
| | 社会车辆(含换电站 4 座) | 181 | |
| | 高速公路 | 8 | |
| 宜宾 | 188 | | 1945 |
| 德阳 | 54 | | 794 |
| 泸州 | 29 | | ≈600 |
| 自贡 | 5 | | 652 |
| 眉山 | 35 | | 220 |
| 遂宁 | 35 | | 448 |
| 南充 | 公交等车辆专用 | 15 | 2000 |
| | 社会车辆 | 38 | |
| | 高速公路 | 11 | |
| 乐山 | 公交等车辆专用 | 10 | 800 |
| | 社会车辆 | 75 | |
| | 高速公路 | 2 | |
| 达州 | 9 | | 310 |

资料来源：各市州"十四五"新型基础设施专项规划、发改委官网。

据统计，2021 年全年四川全社会充电设施用电量达 13.8 亿千瓦时，同比增幅达 118.11%[1]。其中公共充电基础设施充电量达 8680.8 万千瓦时（排名全国第三）[2]。

在成渝"氢走廊"背景下，四川省正有序推动加氢站及相关设施建设，截至 2021 年底，成渝地区已累计投入运营氢燃料电池汽车 440 辆，建成加氢站 15 座，燃料电池汽车单车最高运营里程超过 20 万公里，应用规模在全国领先[3]。

---

① 张彧希：《绿色的车轮》，《四川日报》2022 年 4 月 15 日，第 005 版。
② 中国充电联盟发布《2021 年全国电动汽车充换电基础设施运行情况》，2022 年 1 月 12 日。
③ 该段资料来源：成都市人民政府官网。

# 二 四川省新能源汽车产业技术进展

## （一）"三电系统"是新能源汽车的三大核心部件之一

新能源汽车动力系统占据了生产成本的约60%，而传统汽车动力系统只占生产成本的30%。动力电池上游主要以锂、石墨等资源作为生产零部件原材料，所以新能源汽车产业链上下游有别于传统汽车。传统汽车生产厂在产业链下游需掌握发动机、底盘和变速箱等核心技术；而新能源汽车整车厂可以外采"三电"，使核心零部件的研发与生产企业分离。在更下游的后期服务中，也有着充电桩、换电站、加氢站、动力电池回收等分支产业，这完全不同于传统汽车产业，这些分支产业直接确立了整个新能源汽车产业链的扩展空间。四川上游资源上游产业的"三电"是生产制造的"重点三环"。四川省已经将尽快突破新能源汽车"三电"重大关键技术的需求写进了本省政策规划之中。川内新能源汽车产业上游的原材料布局近况如下[1]。

### 1. 锂矿资源

坐落于四川省成都市的天齐锂业、兴能新材两家企业，在锂电池生产、新材料研发上均有良好表现，并在四川境内拥有各自的锂矿与研发机构。其中天齐锂业在我国锂盐产能领域占据重要地位，也是锂电新材料以及新能源领军企业。因此，天府之国在锂矿开发和应用上具备明显的区域优势。

### 2. 石墨

四川省石墨矿储量位居我国第三，其中位于四川省东北部的巴中市南江县有三个矿区已勘探到的资源储量高达1754万吨。川内石墨矿虽多，但目前已经获得开采权限的5个矿区因为各种原因，迟迟按兵不动，至今尚未开工。

### 3. 钴矿

四川省内的钴矿石禀赋不佳，导致川内钴业在全国范围内不占优势。然

---

① 刘琳：《四川省新能源汽车产业集群发展模式研究》，西南石油大学硕士学位论文，2018。

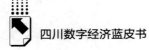

而，新能源汽车需要装备的锂电池，在正极材料生产的过程中需要大量使用钴作为原材料，极大地刺激了市场对钴这种资源的需求，进而发展形成相关产业。四川地区的钴业发展还具有较大的进步空间，有待探索。

### 4. 正极材料

在四川省，从事锂电正极材料相关商业活动的主要代表性企业包括：彭山经济开发区的中创新航材料、绵阳市的四川富骅、四川剑兴锂电池、宜宾锂宝新材料、阿坝州的四川浩普瑞、绵阳安州工业园区的绵阳天明、成都市的四川南光等企业，都在正极材料领域有所建树，经济、社会效益颇丰。

### 5. 负极材料

四川省的锂电池负极材料禀赋优异，四川德阳金士能与中科院合作研发的一项高新技术，可以将普通的石墨焦通过特殊手段，转化成人工石墨。转化而成的人工石墨同样具备导电性良好、可塑性强等优势。该机构预计建立产能约 10 万吨的锂电池负极材料生产基地，待一期工程建成投产，其生产规模在中国的负极生产企业中排名，估计将挤进前十。

### 6. 电解液

市场上的电解液溶质以六氟磷酸锂为主。位于成都高新区的四川省黄铭锂能源新材料有限公司主营业务便是生产锂电池核心材料，该公司近年经过不懈努力、科学探索，在制造生产六氟磷酸锂电解质技术上取得重大突破。

### 7. 隔膜

隔膜在电池中的作用不可忽视，它可以为锂离子在正负极材料分离的情况下依然保持自由流通提供条件。隔膜占据锂电池材料总成本 20%～25%，隔膜在四大锂电池材料中技术难度最高，同时国产化也是最晚的。西南地区首张锂电池隔膜的研发制造，由成都芝田高分子材料有限公司在 2015 年率先完成，四川省锂动力电池研发技术获得极大进步。

### 8. 永磁同步电机材料

四川省稀土储量位居国内第二，现探明稀土矿资源储量 440 多万吨，仅次于内蒙古包头市。在永磁同步电机制造领域具有显著的资源禀赋优势。但是四川的永磁同步电机材料生产企业较少，市场影响力很小。

### （二）中游零部件——动力电池

四川拥有得天独厚的锂资源优势，除了天齐锂业、四川南光、绵阳天明、中力汇通、科能锂电、中航锂电、银隆新能源、华鼎国联动力等10多家新能源电池生产及研发企业外，随着全球新能源动力电池（锂电）领军企业宁德时代四川宜宾基地（四川时代）项目落地和时代吉利项目落户四川，新能源汽车产业能量进一步迸发。缺点是四川的新能源汽车电池生产企业对电池隔膜和热管理系统等方面研发较少，同时与整车企业的合作还有待进一步加强。

### （三）中游零部件——驱动电机和电控

四川虽然也有电机及电控生产与研发企业，如东方电气集团和四川长虹新能源等，但是这些企业现在都没有对电机电控进行规模化生产，市场占比较少，影响很小。

### （四）产业下游——整车制造

目前四川共有新能源汽车重点企业100家，其中整车生产企业18户，关键零部件企业60余家，研发销售运营企业14户，初步形成了整车制造引领、"三电系统"关键配套的产业链上下游体系；正努力整合市政、电力和交通等资源，构建通畅的充电服务网络。

### （五）产业后期服务——电池报废回收

2021年11月23日，国家工业和信息化部公示了第三批满足《新能源汽车废旧动力蓄电池综合利用行业规范条件》的企业名单。至此，新能源汽车废旧动力蓄电池综合利用的正规企业达到47家。四川在第二批有1家企业四川长虹润天能源科技有限公司入选。

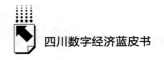

# 三 四川省新能源汽车产业发展竞争力分析

## （一）优势

### 1.四川省资源禀赋优势突出

四川省锂矿储量占全国已探明储量的 52%，为锂电池等产业发展提供有力支撑。进而宁德时代项目选择落户四川宜宾，助推新能源汽车产业整体发展。

### 2.市场潜在需求巨大

全省汽车保有量处西部第一。成都等地地势及消费观念适合推广新能源汽车，有利于拓宽该市场。同时四川省在氢燃料电池技术上具有一定优势，且氢燃料电池汽车产业链基本完整，有望在该方面实现弯道超车。

### 3.科研机构及专业场地发展迅速

位于宜宾三江新区的欧阳明高院士工作站与中国汽车工程研究院等机构协作，共同筹建国家级新能源汽车检测平台和年检体系。威马汽车全球研发中心落户成都，规划建设新能源汽车研究院、整车安全研究院、三电系统安全研究院、前瞻技术研究院、汽车创意设计院五大研究院[①]。与新能源汽车产业相关的高端科研机构不断落户四川，将助力四川省在智能电动汽车领域形成全球领先的研发实力。

同时国家级中德智能网联汽车试验场地、三江新区 1 号重卡换电站、西部氢能产业园、东方氢能产业园等专业场地逐渐投入运营，表明未来四川省在汽车换电技术、智能网联等领域标准制定上，具有主要地位。

## （二）劣势

### 1.缺少头部企业和车企总部

在四川新能源汽车产业中，具备新能源及传统能源乘用车、客车等完

---

① 张彧希：《绿色的车轮》，《四川日报》2022 年 4 月 15 日，第 005 版。

整生产资质的头部企业及车企总部较少，本地企业不具备较强牵引力，总体规模较小。成渝地区产业配套率低，其配套物流和仓储成本较高，是新能源汽车相关头部企业在川布局较少的原因之一。以宜宾凯翼汽车为例，公司配套主要依托长三角地区，相较省内一辆车配套等物流成本将减少2000元左右。

### 2.缺少乘用车热销车型

中国汽车工业协会统计显示，2020年中国车市新能源乘用车和商用车销量之比约为10∶1。拉动地方新能源汽车产量，主要靠新能源乘用车的热销车型。当前新能源车销量高度集中于头部车型，如特斯拉等。

四川新能源汽车产业产品结构中商用车占比较高，相较于乘用车，商用车具有更高的价格弹性，更为依赖政府补贴，对其价格影响大。诸多因素导致四川新能源汽车在国内的占比不增反降。

### 3.部分关键零部件产业较薄弱

其中电机、电控系统等关键性零部件产业不强。当前省内未有企业规模化生产新能源汽车用电机和电控系统，吉利四川商用车有限公司等车企主要备件均来自省外，新能源汽车本地配套率约为30%[①]。四川本地零部件企业主要供应中低端产品及维修维护，无法满足头部车企需求，且与本地车企整体关联性较弱，没有形成长期共同发展的分工协作关系。

# 四　四川省新能源汽车产业支持政策

## （一）顶层设计

2021年12月，由中共四川省委印发的《中共四川省委关于以实现碳达峰碳中和目标为引领推动绿色低碳优势产业高质量发展的决定》提出要大

---

① 《川观智库丨市场角逐不进反退，亟需翻身仗！四川新能源汽车产业发展报告（2020）发布》，https：//cbgc. scol. com. cn/news/729181。

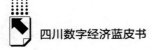

力促进四川省新能源汽车产业高质量发展，指明了四川省新能源汽车产业智能化、网联化、电动化的发展方向，明确了培育引进新能源汽车头部企业、建立我国关键的新能源汽车研发制造基地的目标；2021年10月发布的《四川省"十四五"综合交通运输发展规划》提出，要在四川省主要城市形成城际快充网络，即布局国省道沿线、综合客货枢纽和高速公路的充换电、加氢等基础设施，并且要进一步加大新能源和清洁能源在车船装备领域的应用力度。

### （二）推广应用

#### 1. 开展新能源汽车下乡活动

为促进新能源汽车市场往农村地区下沉，相关部门于2021年3月印发了《关于开展2021年新能源汽车下乡活动的通知》。同年12月，在四川宜宾，新能源汽车下乡活动最后一站启动。新能源汽车下乡活动有效地稳定和扩大了汽车消费，改善了农村出行条件。

#### 2. 推动公共领域用车电动化

为支持四川省新能源汽车产业发展，《四川省人民政府关于印发四川省支持新能源与智能汽车产业发展若干政策措施的通知》明确规定：自2021年起，原则上成都市新增加及更换的公交车应为新能源汽车，且除特殊情况外，党政机关更新公务车时应优先选用新能源汽车；成都市交通运输局2021年发布的《成都市网络预约出租汽车经营服务管理实施细则》规定，除特殊情况，成都市新购入的出租车应全部为新能源汽车。

#### 3. 促进特色园区内新能源汽车充电桩建设

2021年2月《四川省人民政府办公厅关于印发四川省"5+1"重点特色园区培育发展三年行动计划（2021—2023年）的通知》明确，应加快布局新能源汽车充电桩、5G等新型基础设施的建设，从而提升特色园区的承载能力与支撑作用。

### （三）财税政策

#### 1. 推动氢燃料电池汽车示范奖励落实

为了支持氢燃料汽车关键核心技术突破，促进氢燃料汽车产业发展，2021 年 12 月，四川省财政厅、经济和信息化厅印发《关于下达 2021 年第二批省级工业发展专项资金的通知》。该通知明确氢燃料电池汽车示范奖励分为示范车辆奖励、加氢基础设施奖励、示范技术奖励三部分。

#### 2. 积极出台促消费政策

四川省本为新能源汽车需求大省，但受 2021 年疫情影响，四川省新能源汽车市场低迷。四川省及其他市州为缓解新能源汽车消费市场受到的冲击、有效刺激四川省新能源汽车消费市场，出台了一系列促进消费的政策（见表 3）。

表 3　2020~2021 年四川省及各市州汽车促消费相关政策

| 区域 | 发布时间 | 政策名称 |
| --- | --- | --- |
| 四川省 | 2021 年 3 月 | 《四川省深化"放管服"改革优化营商环境 2021 年工作要点》 |
| 四川省 | 2021 年 8 月 | 《关于遴选培育四川省第二批信息消费体验中心的通知》 |
| 成都市 | 2020 年 12 月 | 《成都市关于持续创新供给促进新消费发展的若干政策措施》 |
| 达州市 | 2021 年 9 月 | 《达州市进一步繁荣市场促消费稳增长 10 条措施》 |

资料来源：由作者整理汇编。

### （四）建设新能源汽车特色小镇

2021 年 6 月，南充市嘉陵新能源汽车特色小镇在《四川省人民政府办公厅关于公布四川省特色小镇名单和创建名单的通知》中被确定为"四川省特色小镇"，这一政策将助推南充市向建设我国汽车汽配产业基地迈进。

### （五）四川省与其他省市新能源汽车产业支持政策对比分析

规划引领不足。2021 年，全国有多个省市公布了"十四五"期间新能

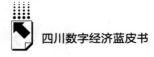
源汽车产业发展规划，明确了当地新能源汽车产业发展的目标与路径，但四川省并未发布相关规划。

相关政策数量不及省内其他新兴产业。2021 年，四川省发布的与新能源汽车相关产业政策数量不及其他省份，处于全国中等水平，而且省份内部对该产业的政策力度也不及新一代信息技术、电子信息等其他新兴产业，新能源汽车产业政策力度有待进一步加强。

多个省份谋求从细分赛道"换道超车"。在全国范围内，一些省份除了兼顾乘用车、商用车、专用车的常规安排，还有 6 个省份提出了各自特定领域的目标，其中云南计划把昆明打造成客车基地，贵州着力发展轻、中、重型货车，并在新能源汽车细分赛道上提出具体的支持政策。而四川并没有具体到车型的明确规划和支持政策。

## 五　四川省新能源汽车产业未来发展对策建议

### （一）以动力电池为核心发展新能源汽车

建议以动力电池头部企业——宁德时代为牵引，围绕头部企业的产业链条进行延伸，引入有技术、有发展潜力的中小企业，带动地方甚至全省产业链发展，并逐步做大配套产业规模。

### （二）以传统整车制造为抓手推动新能源汽车整车制造

四川省传统汽车整车制造企业不多，且省内没有汽车总部，但四川省传统汽车产业基础相对雄厚，产业化和市场化发展较成熟，电池、电机和相关零部件的生产体系也相当完善，对新能源汽车产业的运作产业化和生产规模化极为有利。结合四川新能源汽车巨大的市场潜力，各地政府应抓紧机遇，积极引入新能源汽车总部，提升四川省新能源汽车整车制造水平。

### （三）推动兼并重组，解决存量问题

受限于产能利用率不达标，四川省新能源汽车整车的新项目落地、产业

转型等受到直接阻碍。新项目要落地，目前只有兼并已有产能，但代价太高。因此为改善四川新能源汽车整车"产能富余"的现象，亟待政府出台政策推动企业之间的产能兼并重组，并进行招商补齐产业链条。

### （四）提高区域和领域集聚度

推动企业招引、产业链打造等工作都应遵循聚焦原则。成都是西南地区首个开展燃料电池物流车示范的城市，拥有全国唯一氢储运加注装备技术创新中心，已初步形成"制备—存储—运输—加注—应用"完整产业链条。同时，为充分发挥四川省在电子器件、软件研发方面的巨大优势，建议进一步发展氢燃料电池汽车和汽车智能网联相关技术。

# 数字治理篇
Digital Governance

# B.16
# 四川省城市治理数字化研究

周　斌*

**摘　要:**　近十年来，四川省城市治理数字化快速发展并取得了一定成绩，但与发达省份相比，全省城市治理数字化总体滞后，存在顶层架构设计不完善、信息基础设施支撑不足、数据融合推进难度较大、数据资源共享能力较弱等问题，限制了四川省城市治理数字化的深度与广度。为更好利用城市数据资源，加快四川城市治理数字化转型升级，促进四川城市高质量发展，应加快城市数字化要素资源整合，推动城市数字化标准体系建设，推进数字应用与城市治理深度融合，优化完善城市治理数字化的制度体系，培育城市治理数字化人才队伍，让数字技术更好赋能四川城市治理，以期带来更好的经济与社会效益。

**关键词:**　城市治理　数字化　精细化治理　四川省

* 周斌，西南石油大学经管学院副教授，硕士生导师，主要研究方向为城市治理与城市发展。

实现国家治理体系和治理能力现代化的重要方法是城市治理现代化。为了有效应对城市治理生态系统中的不确定性和复杂性，需要借助和运用各种新技术、新方法和新工具，而推进城市治理数字化转型无疑是最佳选择。以智慧城市、城市大脑和数字城市孪生建设等为主要应用场景的数字化转型，是落实党中央网络强国战略、数字中国战略和智慧社会战略部署，推进政府治理体系和治理能力现代化，提升城市治理水平和提高公共服务质量的重要抓手[①]。随着经济和社会的转型发展，城市治理的生态环境愈加复杂和多变，面临的诸多不确定性给城市治理带来了一系列风险。数字时代呼唤与之相适应的城市治理新形态，伴随着"数字时代城市化（Digital-era urbanization）"的全球浪潮，越来越多的城市正在努力推进新技术应用和数据开发，不断提升城市发展的速度和质量，提升解决社会问题的能力[②]。充分有效利用"互联网+管理""线上+线下"等技术手段，通过数字化转型，为城市治理技术赋能，是实现中国式城市治理现代化的重要命题。

四川积极贯彻党中央和国务院对数字城市建设的决策部署，在有效推动全省城市治理数字化建设的过程中，取得了一定的成效。在进一步推进城市治理现代化发展过程中，需要厘清现有城市治理数字化发展进程的状况，找寻发展中存在的不足，结合四川省经济和社会发展的实际，进一步尝试探索四川城市治理数字化转型和发展的创新路径。

# 一 城市治理数字化的概念及发展历程

## （一）城市治理数字化的概念

城市治理数字化是运用信息化方式对城市进行管理，有效整合城市治理

---

① 翁士洪：《城市治理数字化转型的发展与创新》，《中州学刊》2022 年第 5 期，第 75~82 页。

② Salem, F. "A Smart City for Public Value: Digital Transformation through Agile Governance —— The Case of 'Smart Dubai'". Dubai: Governance and Innovation Program, Mohammed Bin Rashid School of Government, World Government Summit, 2016.

中的各种可利用资源，以便在城市精细化治理过程中实现各要素的相互链接。对治理相关信息进行聚散性分析是城市治理数字化的核心要义，通过城市数据精准治理、智能中枢精准分析、基层资源精准联动，构建起纵向上（各层级）、横向上（各部门）之间的整体联动机制，其工具主要有大数据、区块链、云计算、人工智能等。利用信息技术研发出相关系统应用于数字化城市管理平台，从而使城市治理更加精细化、处置城市问题效率提高。信息覆盖面有所扩大的城市治理新模式出现，促成了相互协作的新工作方式，让城市治理的执行和监督得到正常运行，使城市治理的流程更加规范。具体而言，城市治理数字化具有以下几个特征。

1. 运用技术方法

使用计算机、信息网络、无线传输、传感、数据库、图像、编码、物理空间定位等各种信息化技术，实现城市治理的统一高效与协调运行。

2. 无缝隙治理

采用城市网格化管理模式，构建综合化管理标准，明确各管理部门和主体的职责与功能，不再给城市治理预留死角。

3. 有效整合资源

城市治理的数字化模式有效地将零散的管理资源进行整合，能够有效解决信息收集的滞后问题，并鼓励城市政府职能部门制定一致目标，进而实现城市治理数字化的预定目标。

4. 将监督和处置分离

通过分别设置指挥中心和监督中心，有效协调城市政府职能部门处置问题和监督问题的处置结果。由于监督中心是独立设置的，因此可以通过对职能部门的激励来提高城市治理的效率。

5. 实现公众参与式治理

数字化系统的开放性，有助于实现城市政府与公众的多渠道互动。通过有效的交流和互动，公众可以更为充分地表达自己的诉求和建议，进而实现社会公众与城市政府部门的协同共治。

### （二）我国城市治理数字化发展历程

数字时代的城市治理面临的治理任务、难题和挑战日趋复杂多元，技术进步给城市治理创新提供了技术支持，多重因素共同推动城市治理的数字化转型[①]。2012 年以来，北京、上海、深圳、杭州相继进行了以"数字城市"和"智慧城市"为主题的城市治理数字化转型与建设实践，并各自形成了独具特色的地方实践和探索经验，为加快推进"数字中国"建设提供了参考样本。整体来看，我国城市治理数字化的发展历程分为以下四个阶段。

1. 第一阶段：初步摸索阶段（2008~2012年）

自 2008 年底"智慧城市"的概念被提出以来，我国进入城市治理数字化的初步探索阶段。随着云计算、物联网等技术应用加速，智慧城市概念逐步得到广泛认可，上海、南京等城市在 2011 年制定了相关规划，初步探索城市治理数字化。但是，整体而言，该时期城市治理数字化发展速度较为缓慢。

2. 第二阶段：试点发展阶段（2012~2014年）

自 2012 年，我国城市治理数字化建设进入试点发展阶段。从上至下，相关部委、各省级及市级政府相继出台具体领域的细化政策，支持城市治理数字化转型。

其中，在住房和城乡建设部的推动下，数字城市试点示范工作正式启动，相继发布第一批试点城市名单（90 个市、区县、乡镇）和第二批试点城市名单，并配 4400 亿元授信额度支持数字城市建设。此外，科技部、发展和改革委员会、工业和信息化部等部门也陆续发布数字城市试点相关政策。

3. 第三阶段：统筹发展阶段（2014~2016年）

该阶段，经国务院同意，国家发展和改革委员会、工业和信息化部、财政部、科技部、国土资源部、公安部、交通部、住建部等八部门印发《关于促进智慧城市健康发展的指导意见》，要求各地各相关部门落实本意见提

---

[①] 陈水生：《城市治理数字化转型：动因、内涵与路径》，《理论与改革》2022 年第 1 期，第 33~46、156 页。

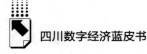

出的相关任务，并成立了国家层面的"促进智慧城市健康发展部际协调工作组"。自此以后，各省份的数字城市建设开始接受相关部委的协同指导，城市治理数字化进入统筹发展阶段。

4. 第四阶段：加速发展阶段（2016年至今）

该阶段提出了新型智慧城市理念并上升为国家战略，明确了新型智慧城市的发展目标：让惠民服务无处不在、让在线政府透明高效、让信息经济融合创新、让城市治理精准精细、让运行体系安全可靠；分级分类推进新型智慧城市建设、打造智慧高效的城市治理、推动城际互联互通和信息共享、建立安全可靠的运行体系。

# 二　四川省城市治理数字化的实践

## （一）四川城市治理数字化发展阶段

四川省城市治理数字化发展分为四个阶段，如表1所示。

表1　四川省城市治理数字化发展阶段

| 建设阶段 | 具体措施 |
| --- | --- |
| 筹备阶段<br>（2011~2012年） | （1）明晰方案设计以及实施目标，突出城市治理数字化的重要优势；<br>（2）加强相关职能部门之间的交流，抽调核心管理工作人员组建运营团队，保障决策科学；<br>（3）通过可行性研究报告，有效撰写项目建议书，加强相关部门之间的联系；<br>（4）规范相关招投标行为，加强项目的前期评审，注重项目立项的全过程管理；<br>（5）加强与建设单位之间的沟通，形成长效合作机制 |
| 探索阶段<br>（2013~2014年） | （1）推进数字化城市管理项目有效落实；<br>（2）推进信息系统建设与相关软件开发，划分网格单元，加强数据库建设；<br>（3）明确规章制度、管理要求和工作标准；<br>（4）加强资源整合以及有效利用，构建并完善应用操作系统，促进硬件和软件环境的优化；<br>（5）设置城市数字化治理指挥中心和监督中心；<br>（6）推进对管理人员、平台操作员和相关人员的培训；<br>（7）城市数字化治理系统试运行 |

| 建设阶段 | 具体措施 |
|---|---|
| 评估阶段<br>（2015~2017 年） | （1）梳理工作流程，提炼运营模式；<br>（2）构建完善的考核指标体系；<br>（3）优化以及完善管理信息系统；<br>（4）促进后期项目验收以及评估考核 |
| 拓展阶段<br>（2018 年至今） | （1）推进基础数字平台体系建设，划分万米单位网格，做好城市治理要素普查以及数据库建设；<br>（2）启动各市（州）一级工程建设，并且将经营范围延伸至区县及基层治理的相关领域 |

## （二）四川城市治理数字化现状

### 1. 信息基础设施加快建设

四川省电子政务外网已上连国家电子政务外网中央节点，横向覆盖所有省直部门（单位），纵向联通 21 个市（州）、183 个县（市、区）以及所有乡（镇）并向村组（社区）延伸，全省接入部门（单位）超过 1.5 万个。建设"1+N+N+1"（1 个云监管平台、N 个运营商平台、N 个部门云整合平台、1 个云灾备平台）省级政务云，已有 82 个部门 504 个应用系统部署上云，总存储量达 5.23 拍字节（PB）。

### 2. 业务应用系统逐步贯通

持续推进系统整合，省级非涉密政务信息系统已由 2018 年初的 3000余个整合为 2020 年末的 1056 个。建成全省统一的一体化政务服务平台和贯穿"省—市—县—乡—村"五级的政务服务网络，通过"天府通办"这一智慧化平台，实现了全省政务服务事项"一库管理"，社会公众办事"一号登录"。建成全省统一的投资项目线上审批监管平台，实现了公开化、便捷化、规范化、高效化、精准化的投资项目审批和监管。建成省社会信用信息平台，通过信息资源归集共享，形成以信用监管为核心的政府监管新模式。

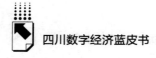
### 3. 资源整合共享初见成效

建成省、市两级政务信息资源共享交换体系和公共数据开放网站，政务信息资源共享开放深入推进。省共享平台纵向上打通 21 个市（州）、横向上链接 58 个省直部门（单位）。截至 2020 年末，全省共编制资源目录 52542 项、挂接资源 16973 项、提供查询核验 1873.68 万余次、库表交换 49.93 亿余条①。

### 4. 政务服务能力持续提升

"十三五"期间，四川已基本建成"一网通办"政务服务框架，基本实现一体化政务服务平台线上线下全覆盖，全省"最多跑一次"事项占比 99.83%，"全程网办"事项占比 83.2%。公众需求较强烈的交通运输、住房城乡建设事项全程网办程度分别达到 94%、89%。截至"十三五"末，省政务服务网总访问量突破 4200 万次，注册用户 2963 万余户，各类办件量 3521 万余件。全省社会保障卡持卡人数 9072 万余人，普及率 99.7%，省内异地就医结算覆盖所有县（市、区），就业创业、社会保险等民生领域 121 项公共服务事项接入一体化政务服务平台。

### 5. 社会治理水平逐步提高

公共安全视频监控建设联网应用全面推进，基层综合治理中心不断夯实，城乡社区网格化管理实现全覆盖，全省超过 98% 的 4A 级及以上景区实现视频监控联网，社会治理更精细、更精准、更智能。"十三五"期间，建成了"互联网+监管"平台，编制省级监管事项目录清单 1265 条，省、市、县三级检查类实施清单 84263 条，向国家监管系统上报 2276.8 万条，逐步实现全省监管业务"再监管"、重点领域风险"早预警"、监管效能评估"可量化"。

## （三）地市州典型案例及实践经验

### 1. 成都：积极探索超大城市智慧治理模式

成都市以"智慧蓉城"建设为牵引，积极探索超大城市智慧治理模式，

---

① 资料来源：《四川省"十四五"数字政府建设规划》，2021。

促进城市治理体系和治理能力现代化。构建了"智慧蓉城"建设框架体系，围绕政务服务、城市治理、生活服务、风险防控、产业智能、基础设施更智能等六个分项目标来协同推进，形成了体系化、融合化、实战化的超大城市智慧治理模式。

（1）体系化建设智慧蓉城数字基础底座。统一建设"智慧蓉城"运行管理平台、城市运行数字体征体系、市域物联感知体系、数据资源体系、"城市一张图"及标准规范体系，以"智慧蓉城"三级运行管理平台建设为核心和总揽，推动城市运行从事后统计向事前预测、从被动（消极）处置向主动（积极）发现、从"九龙治水"向整体性智治转变。并提出了"11153"行动框架，即包含1个"城市大脑"、1个数据资源中心、1套智能基础设施、5大智能化应用体系、3个支撑体系。

（2）融合化提升"智慧蓉城"数字服务质效。推动实现政务服务"一网通办"、公共服务"一网通享"、社会诉求"一键回应"。搭建覆盖市域的统一社会诉求受理平台，实现诉求回应提速、政府社会协同，不断增进群众的获得感，让城市有机生命体有"温度"。

（3）实战化构建"8+N"智慧蓉城应用场景。围绕超大城市管理突出问题，以数字化治理牵引应用场景建设，完成城市环境、城市保障、热门景区等60余类场景开发和系统整合。启动疫情防控、交通管理、智慧社区等8大重点领域应用场景建设，正在围绕公共管理、公共服务、公共安全领域，持续打造N个智慧应用场景，进一步提升城市的宜居性和城市居民的获得感、幸福感、安全感。

2. 绵阳：全力推进新型智慧城市建设

绵阳市通过推进基础信息网络提升、智慧政务服务、智慧健康服务等13项重点工程，全力打造智慧城市生态体系。着力推进基础设施智能化、城市数创资源共享化、民生服务便捷化、城市治理协同化、产业发展数字化，基于"城市智脑"，形成了以民生服务、城市治理、产业经济为综合集成的智慧城市生态体系，一方面，促进了包括物联网、大数据等智慧产业的创新发展，另一方面，也有效提升了政府治理能力、公共服务能力和城市综

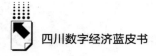

合服务能力。

探索并形成了"1131"新型智慧城市建设总体架构，即包含1套基础支撑体系，指建设和形成统一的城市大数据平台，构建高速稳定的通信网络和辐射面广的感知体系；1个城市智脑，指以数据的开放共享和融合利用为核心，重点提升建设数据共享和业务共性支撑能力，建设城市态势感知与仿真平台、城市联动指挥与协同处置平台、城市智能决策与预测预警平台；3类融合应用，即着力建设民生服务、城市治理、产业经济三类融合应用；1个城市统一服务入口，指汇聚城市的政务、公共、便民等服务以及其他各类城市应用。

### 3. 达州：构建智慧城市公共服务体系

达州市极力构建智慧城市公共服务体系，主要围绕和聚焦城市治理数字化和城市公共服务数字化建设开展。城市治理数字化方面：持续深化和推进"互联网+政务服务"，截至2020年，政务服务事项网上可办率达83%；建成了数据中台、业务中台、智能中台以及物联网平台、数字孪生平台、融合通信平台、视频融合平台、区块链平台五大技术平台，开发完成了政策精准配套、城市综合治理、"零证明"城市、公共资源交易监管、120智慧急救、非法营运治理、应急救援七大子模块。城市公共服务数字化建设方面：聚焦"善政、惠民、兴业"目标，完善医疗监管和全民健康信息平台建设，数字医疗惠民应用有序推进。

## 三 四川省城市治理数字化面临的主要问题

### （一）信息基础设施支撑不足

政务网络尚未完全整合，电子政务网络集约化程度较低，部门业务专网互联互通不够，尚未形成全方位、多层次的网络安全防护体系。省级政务云亟待扩容升级，平台支撑服务能力有待提升。全省大数据中心建设缺乏统一规划、统一标准，算力、存储等资源缺乏统一调度机制。

## （二）数据资源共享能力较弱

基础库、主题库、专有库等数据资源库建设不完善，缺乏业务中台、协同办公平台等公共平台，数据共享机制运行不畅，数据回流不足，"数据孤岛"依然存在。数据资源质量不高，政务数据与社会数据融合不够，难以有效支撑各类应用场景，尚未充分实现数据价值化利用。"信息孤岛"的困局依然存在，部门间缺乏有效的信息共享交换机制，多数政务部门有自建机房，且利用效率普遍偏低，信息资源亟待整合。

## （三）数字融合推进难度较大

全省产业数字化融合应用虽然取得初步成效，但整体推进难度较大。大数据、人工智能、物联网等产业尚处于起步阶段，新产业、新业态、新模式相对匮乏，尚未培育出具有区域影响力的平台型企业。企业信息化基础设施建设需要大量资金投入，现阶段以企业自有资金为主，多数中小型企业受限于自身实力，数字化转型投入意愿不强。同时，行业层面尚未建立垂直型大数据中心，无法满足中小企业数字化转型需求。行业龙头企业虽然已在探索企业数字化转型，但局限于行业强制性要求和产生直观效益等领域，如生产环节的设备升级改造、生产过程的安全监控和环境监测等。业务流程再造、产品生命周期管理、系统集成创新等方面的数字融合应用仍然欠缺。

# 四　四川省城市治理数字化的发展策略

## （一）完善城市治理数字化制度体系

推进和优化城市治理数字化转型，需要将提升治理效能的着力点放在系统集成、协同高效上，增强跨领域跨层级体制机制之间的对接，运用人工智能实现智能精细精准的治理，提高政务服务的个性化，让城市政务服务更有温度[①]。一是通过数字平台形成立体协同的治理结构，将多领域多层次全方位的制度体系、治理主体协调起来，开展重构式创新、系统性协同，进一步实现线上线下融合，以提升全要素综合治理能力。二是进一步推进省内各级城市政务服务大厅"前台综合受理、后台分类审批、统一窗口出件"的综合窗口改革。三是以完备的法律为保障，持续探索信息技术推动下的治理变革与既有制度融合创新的多重可能性[②]，比如，推进区县行政服务中心集中处理企业事项、街镇社区事务受理服务中心集中处理个人事项，进行窗口"最后一米"服务创新，用统一预约、线上线下联动的模式，并提供帮办服务等。

## （二）提升城市治理数字化平台技术水平

将各种数字技术引入城市治理领域和场景，实现全省城市治理技术的升级迭代。一是加强城市治理数字化关键技术的研发和攻关，加快布局关键共性和前瞻引领的数字技术，着力发展人工智能、云计算、大数据、区块链、数据脱敏脱密等现代化信息技术，为城市治理数字化提供技术支撑。二是加强互联网、大数据、计算机三大关键技术要素的融合应用，打造统一的城市治理数字化平台，推动全省数字化平台、数字围网和数字智能物联网的同步建设，进而发挥技术的系统合力。三是通过数据、信息、技术等要素网络的相互融合，发挥叠加效应满足城市治理数字化所追求的精准、高效、可及，实现"技术+制度"双轮驱动数字化转型，助力建成全过程、全周期的城市治理数字化体系。

## （三）全方位构建城市治理数字化体系

通过全方位整合全省各类城市的信息资源、数据资源和管理资源，加强

---

① 张丙宣、任哲：《数字技术驱动的乡村治理》，《广西师范大学学报》（哲学社会科学版）2020 年第 2 期，第 62~72 页。
② 郑磊：《数字治理的效度、温度和尺度》，《治理研究》2021 年第 2 期，第 5~16 页。

城市治理各个部门之间的协同合作，以此构建四川省城市治理数字化体系。一是将大数据、5G、智能终端、北斗导航、虚拟现实等技术逐步拓展到教育、医疗、养老等领域应用空间；二是通过公私合营、租赁以及购买服务的方式继续统筹和整合社会资源，有效利用城市政府的信息资源，资源共享、数据共用，以数字化实现城市治理各流程、各环节的互助互通；三是将城市管理的服务项目和有关案例整合到城市治理数字化平台的大数据库之中，实现城市治理的信息资源共享，并实施全生命周期管理，进而将城市治理数字化平台建设成一个多功能、跨行业、跨部门的综合管理体系。

**参考文献**

张蔚文、张永平：《数字城市治理：科技赋能与数据驱动》，浙江大学出版社，2022。

许竹青、骆艾荣：《数字城市的理念演化、主要类别及未来趋势研究》，《中国科技论坛》2021年第8期。

温雅婷、余江、洪志生、陈凤：《数字化背景下智慧城市的治理效应及治理过程研究》，《科学学与科学技术管理》2022年第6期。

郑磊、张宏、王翔：《城市数字治理的期望与担忧》，《治理研究》2022年第6期。

陈振明、黄子玉：《数字治理的公共价值及其实现路径》，《郑州大学学报》（哲学社会科学版）2022年第6期。

# **B**.17
# 2021年四川省县域数字农业农村发展报告

四川省县域农业农村信息化发展水平评价课题组*

**摘　要：** 近年来，四川省县域数字农业农村建设取得明显成效，发展水平稳步提升，财政投入显著增长，基础设施建设逐步健全，生产信息化改造提速扩面，乡村治理服务信息化建设成效显著。但是，也面临人均投入不足，不同农业产业领域发展不平衡凸显，县域、区域发展水平不均衡，农业生产和农产品质量安全追溯信息化水平有待提高等问题。对此，提出系列政策建议：从投入入手，统筹推进区域协调发展；从基础入手，提高农业农村现代化支撑力；从生产入手，提高农业产业数字化水平；从经营入手，持续推进"互联网+"农产品出村进城；从服务入手，提高信息传播便捷化等。

**关键词：** 县域数字农业农村　数字治理　四川省

## 一　县域数字农业农村发展政策背景及研究方法

### （一）政策背景

党中央、国务院高度重视农业农村信息化和数字乡村建设，中共中央

---
* 刘娜，四川省农业农村厅信息中心中级农艺师，主要研究方向数字应用；冷奕光，四川省农业农村厅信息中心副主任，高级畜牧师，主要研究方向为农业农村信息化与大数据应用；陈挚，四川省农业农村厅信息中心科长，高级工程师，主要研究方向为信息化与大数据应用；秦宇，四川省农业农村厅信息中心助理工程师，主要研究方向为农业农村信息化应用；蒋艺，四川省农业农村厅信息中心助理工程师，主要研究方向为农业物联网；高文波，四川省农业科学院农业信息与农村经济研究所助理研究员，主要研究方向为智慧农业与区域农业发展；胡亮，四川省农业科学院农业信息与农村经济数字农业研究中心副主任，副研究员，主要研究方向为农业信息化与大数据应用。

办公厅、国务院办公厅出台了《数字乡村发展战略纲要》，国家有关部门先后出台了《数字农业农村发展规划（2019—2025 年）》《2020 年数字乡村发展工作要点》《数字乡村建设指南 1.0》等一系列重大方针政策，为新阶段推进数字乡村建设指明了方向。四川省委、省政府深入贯彻落实党中央、国务院关于数字乡村工作的决策部署，紧紧抓住数字经济为乡村振兴赋能的新机遇，相继出台了《四川省"十四五"推进农业农村现代化规划》《四川省落实〈数字乡村发展战略纲要〉重点任务分工方案》等文件，为四川省全面实施乡村振兴战略、推进数字乡村发展提供了政策指引和行动指南[①]。

四川省立足抢占数字乡村战略制高点，广泛运用物联网、云计算、大数据、人工智能等信息化技术，加快提升农业农村数字化水平。2020 年，四川省开展了 3 个国家级"互联网+"农产品出村进城工程试点县、4 个国家级数字乡村试点县建设，在广汉市、达州市通川区试点探索数字"三农"建设机制，坚持数字产业化和产业数字化两条主线，稳步推进农业农村大数据体系建设。结合农业农村部市场与信息化司《关于开展全国农业农村信息化能力监测试点的函》（农市便函〔2021〕154 号）的有关要求，立足四川省情，紧密围绕关键绩效理念，从发展环境、基础支撑、生产信息化、经营信息化、乡村治理信息化和服务信息化六个维度，对四川省涉农县（市、区）数字农业农村发展现状进行了研究分析，形成了《2021 年四川省县域数字农业农村发展报告》[②]。

开展全国数字农业农村发展能力监测工作，打造数字乡村发展的"坐标系"，既顺应了数字经济快速发展的时代要求，也必将促进四川省各级党委政府，特别是县级党委政府在数字乡村发展中能够科学、准确地找到自己在全国、在全省的坐标位置。通过对比，帮助各地找准差距

---

[①] 卢阳春、肖君实、程润华：《科技扶贫服务平台经济效应评价及县域差异分析——基于四川秦巴山区的调查》，《农村经济》2018 年第 10 期，第 97~104 页。

[②] 卢阳春、高晓慧、刘敏：《乡村振兴国内研究现状、热点与展望——基于 citepace 知识图谱的实证分析》，《中国西部》2019 年第 2 期，第 114~124 页。

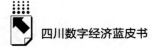
和问题、明确努力方向，从而补短板、强优势，在数字农业、乡村治理信息化和涉农部门数字政府建设等领域找准着力点，打造推动农业农村数字化转型的"新引擎"，推动全省数字农业农村建设快速、健康发展①。

## （二）研究方法

本次评价工作中，四川省 183 个县（市、区）中有 173 个参评，县域参评率达到 94.54%。因成都市所辖锦江区、成华区、武侯区、金牛区、青羊区不涉农，阿坝藏族羌族自治州九寨沟县、南充市阆中市以及凉山彝族自治州布拖县、甘洛县和雷波县多项数据异常，故上述 10 县域未参评。报告根据四川省的地形地貌等自然条件和农业农村工作特点，将全省参评县域划分为四个区域：成都平原及安宁河平原区（43 个参评县）、盆东丘陵低山区（69 个参评县）、盆周及川西南山地区（35 个参评县）和川西北高原地区（26 个参评县）。报告采用了农业农村部 2021 年推出的指标体系，包含"发展环境""基础支撑""生产信息化""经营信息化""乡村治理信息化""服务信息化" 6 个一级指标，"农业农村信息化财政投入情况"等 14 个二级指标，"农业农村信息化财政投入额"等 36 个三级指标。使用的基础指标数据为 2020 年度数据，并对部分数值范围不在 0~1 的三级指标值用 Min-max 标准化方法进行归一化处理。

# 二 四川省数字农业农村建设成效

## （一）总体水平评价

2020 年四川省数字农业农村发展总体水平为 38.3%，高于全国平均

---

① 卢阳春、高晓慧、刘敏：《城乡发展系统耦合协调的效率漏损及时空分异研究——以四川省 21 市（州）数据为例》，《农村经济》2021 年第 3 期，第 101~109 页。

37.9%的发展水平，高出西部地区综合发展水平 4.2 个百分点。四川省县域数字农业农村发展水平排名前三的市（州）分别是成都市、眉山市和资阳市（见图 1）。

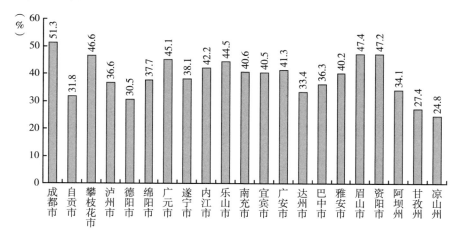

**图 1　2020 年四川省各市（州）数字农业农村发展水平统计**

资料来源：全国农业农村信息化能力监测试点的调查。

从地域方面分析，全省四个区域数字农业农村总体发展水平全部高于30%。其中：成都平原及安宁河平原区发展水平最高，为 49.7%，显著高于四川省其他区域；盆周及川西南山地区和盆东丘陵低山区紧随其后，分别为39.7% 和 39.6%；川西北高原地区发展水平最低，为 31.7%，低于全国平均发展水平（见表 1）。

**表 1　2020 年四川省按地形分区各区域数字农业农村发展水平统计**

| 地形分区 | 县（市、区）数量（个） | 乡村人口数（万人） | 发展水平（%） |
|---|---|---|---|
| 成都平原及安宁河平原区 | 43 | 1234.0 | 49.7 |
| 盆东丘陵低山区 | 69 | 3380.1 | 39.6 |
| 盆周及川西南山地区 | 35 | 744.4 | 39.7 |
| 川西北高原地区 | 26 | 132.5 | 31.7 |

资料来源：全国农业农村信息化能力监测试点的调查。

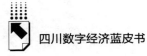

从 6 个维度分析四川省的特点，可以看出，四川省在发展环境、基础支撑、乡村治理信息化和服务信息化方面水平均高于全国平均水平，但生产信息化和经营信息化发展相对滞后。

从 6 个维度分析各个区域的特点，成都平原及安宁河平原区数字农业农村发展较好，6 个维度的指标均高于全国平均水平；盆东丘陵低山区发展环境、基础支撑、乡村治理信息化和服务信息化 4 个维度的指标好于全国平均水平，但生产信息化和经营信息化两个指标分别比全国平均水平低 1.0 和 3.3 个百分点；盆周及川西南山地区发展环境、经营信息化和乡村治理信息化 3 个维度水平高于全国平均水平，但基础支撑、生产信息化和服务信息化 3 个维度分别低于全国平均水平 2.1 个、6.6 个和 1.5 个百分点；川西北高原地区在发展环境方面优于全国平均水平，但其他 5 个维度的指标均低于全国平均水平（见图 2）。

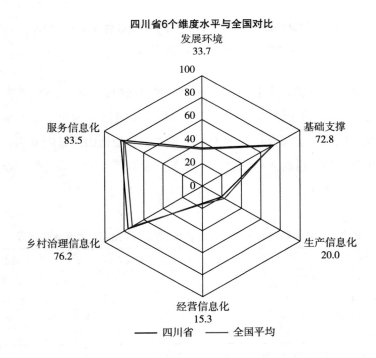

四川省 6 个维度水平与全国对比

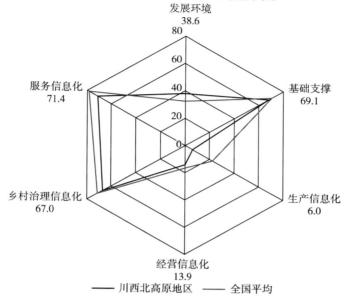

川西北高原地区6个维度水平与全国对比

发展环境
38.6

服务信息化
71.4

基础支撑
69.1

乡村治理信息化
67.0

生产信息化
6.0

经营信息化
13.9

—— 川西北高原地区　—— 全国平均

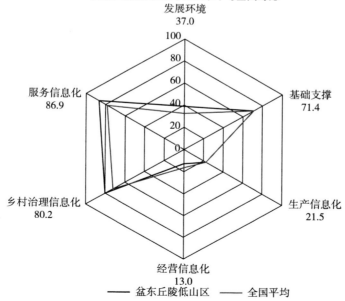

盆东丘陵低山区6个维度水平与全国对比

发展环境
37.0

服务信息化
86.9

基础支撑
71.4

乡村治理信息化
80.2

生产信息化
21.5

经营信息化
13.0

—— 盆东丘陵低山区　—— 全国平均

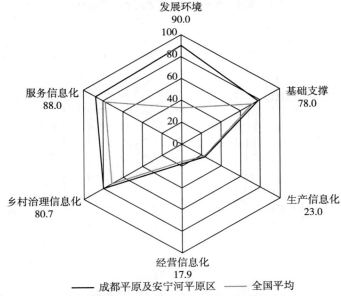

成都平原及安宁河平原区6个维度水平与全国对比

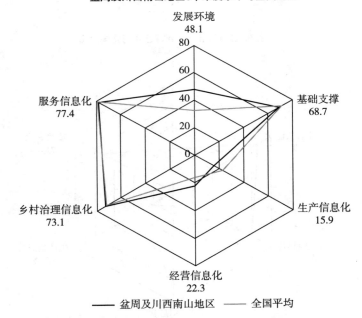

盆周及川西南山地区6个维度水平与全国对比

**图2　2020年四川省及各地区数字农业农村6个维度的发展水平雷达图**

资料来源：全国农业农村信息化能力监测试点的调查。

从各县域数字农业农村发展水平来看，各县域差异较大，雅安市芦山县以70.79%排在第一；成都市所辖彭州市、温江区、大邑县；南充市所辖顺庆区；眉山市所辖丹棱县、洪雅县；资阳市所辖安岳县；乐山市所辖井研县以及遂宁市所辖射洪市在此次评价中分别位居前十，其中平原区县（市、区）5个，丘陵低山区县（市、区）4个，盆周山区县（市、区）1个。

排名全省前十位的县（市、区）平均发展水平为61.66%，排名全省后十位的县（市、区）平均发展水平为20.12%（见图3）。发展水平超过50%的县（市、区）共计23个，其中成都平原及安宁河平原区8个，盆东丘陵低山区10个，盆周和川西南山区5个；发展水平高于全国平均水平37.9%的县（市、区）有94个，其中来自成都平原及安宁河平原区、盆东丘陵低山区、盆周和川西南山区、川西北高原地区的县（市、区）分别占参评县（市、区）总数的34.04%、39.36%、18.09%和8.51%。

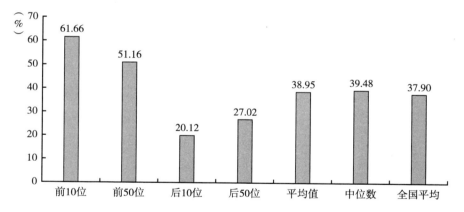

**图3 2020年四川省县域数字农业农村发展水平总体分析**

资料来源：全国农业农村信息化能力监测试点的调查。

## （二）"六维"发展水平评价

根据指标体系，对四川省涉农县（市、区）数字农业农村发展环境、基础支撑、生产信息化、经营信息化、乡村治理信息化和服务信息化等六个维度分析如下。

1. 发展环境

（1）数字农业农村建设资金投入

从市（州）维度分析，2020年，四川省数字农业农村建设总体投入排名前三的市（州）分别为成都市、雅安市和南充市。社会资本投入排名前三的市（州）分别为成都市、宜宾市和达州市。

2020年，全省人均数字农业农村建设财政投入40.1元，人均数字农业农村建设社会资本投入73.8元，分别比全国平均水平低5.9元/人和35.2元/人。

成都市、雅安市和阿坝藏族羌族自治州人均财政投入位居前三，全省仅有成都市、雅安市、阿坝藏族羌族自治州、甘孜藏族自治州和乐山市的人均财政投入高于全国平均水平；人均数字农业农村建设社会资本投入仅有攀枝花市、成都市和宜宾市高于全国平均水平，分别为260.2元/人、245.4元/人和207.4元/人（见图4）。

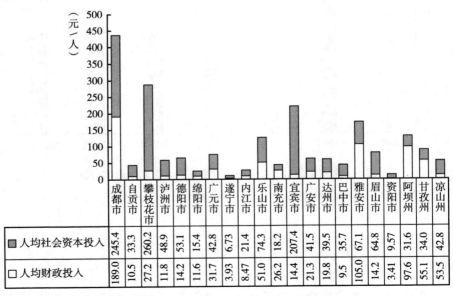

图4　2020年四川省各市（州）数字农业农村建设人均投入统计

资料来源：全国农业农村信息化能力监测试点的调查。

以不同区域分析结果来看，成都平原及安宁河平原区乡村人均数字农业农村建设资金投入较多，财政和社会资本投入水平均高于全国平均水平；盆东丘陵低山区和盆周及川西南山地区的数字农业农村人均资金投入相对偏少，财政投入和社会资本投入均低于全国平均水平；川西北高原地区人均财政投入较好，但社会资本投入较少（见表2）。

表2　2020年四川省按地形分区各区域数字农业农村投入及机构设置统计表

| 地形分区 | 数字农业农村建设人均财政投入（元/人） | 数字农业农村建设人均社会资本投入（元/人） | 县级乡村数字农业农村管理服务机构覆盖率（%） |
|---|---|---|---|
| 成都平原及安宁河平原区 | 102.2 | 152.1 | 75.0 |
| 盆东丘陵低山区 | 18.8 | 48.5 | 77.5 |
| 盆周及川西南山地区 | 34.6 | 73.6 | 76.4 |
| 川西北高原地区 | 50.2 | 22.6 | 68.3 |
| 四川省 | 40.1 | 73.8 | 74.4 |
| 全国平均 | 46.0 | 109.0 | 68.5 |

资料来源：全国农业农村信息化能力监测试点的调查。

（2）相关机构设置情况

2020年，四川省县级数字农业农村管理服务机构覆盖率为74.4%，比全国平均水平高5.9个百分点，除川西北高原地区略低于全国平均水平以外，其余地区均高于全国平均水平（见表2）。全省有146个县农业农村局被列为县网络安全与信息化领导机构成员或组成单位，137个县农业农村局成立了网络安全与信息化领导机构，141个县农业农村局设置了承担信息化相关工作的行政科（股），97个县农业农村局设置了信息中心或信息站等事业单位（见图5），成为四川省县域数字农业农村建设发展重要管理保障力量。

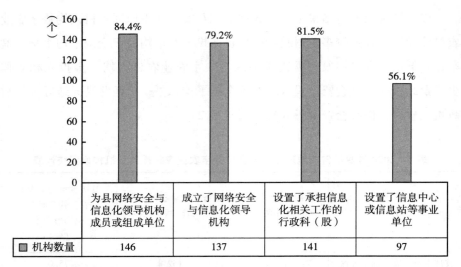

**图5　2020年四川省数字农业农村建设管理服务机构综合设置情况**

资料来源：全国农业农村信息化能力监测试点的调查。

### 2. 基础支撑

截至2020年底，四川省涉农县网民数总计达到6120.2万人，互联网宽带接入用户约2181.5万户，互联网普及率和家庭宽带入户率分别为72.4%和73.2%，分别高出全国平均水平2.1个和1.9个百分点。

全省互联网普及率高达90%的县（市、区）共计24个，占比约14%；互联网普及率80%～89%的县（市、区）37个，占比21%；互联网普及率70%～79%的县（市、区）47个，占比27%；互联网普及率60%～69%的县（市、区）31个，占比18%；互联网普及率60%以下县（市、区）34个，占比约20%。从地区来看，成都平原及安宁河平原区共有32个县（市、区）互联网普及率在70%以上，占该区域县域总数的74.42%；盆东丘陵低山区互联网普及率在70%及以上的县（市、区）有43个，占该区域县域总数的62.32%；盆周及川西南山地区互联网普及率有23个县（市、区）互联网普及率在70%及以上，占该区域县域总数的65.71%；川西北高原地区互联网普及率在70%及以上的县（市、区）仅10个，占比约38.46%（见图6）。

**四川省县域互联网普及率不同水平数量统计**

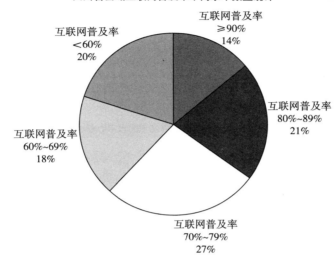

**四川省各地区县域互联网普及率统计**

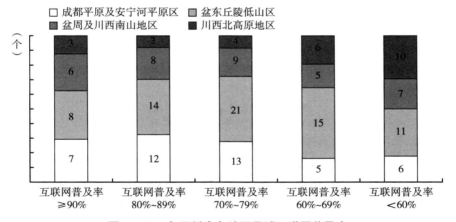

**图6　2020年四川省各地区县域互联网普及率**

资料来源：全国农业农村信息化能力监测试点的调查。

全省农村家庭宽带入户率达到及高于90%的县（市、区）共计48个，占比约28%；家庭宽带入户率80%～89%的县（市、区）33个，占比19%；家庭宽带入户率70%～79%的县（市、区）20个，占比12%；家庭宽带入户率60%～69%的县（市、区）24个，占比14%；家庭宽带入户率60%以下县（市、区）48个，占比约28%。从地区来看，成都平原及安宁河平原区共有

33 个县（市、区）互联网普及率在 70% 及以上，占该区域县域总数的 76.7%；盆东丘陵低山区互联网普及率在 70% 及以上的县（市、区）有 37 个，占该区域县域总数的 53.6%；盆周及川西南山地区互联网普及率有 18 个县（市、区）互联网普及率在 70% 及以上，占该区域县域总数的 51.4%；川西北高原地区互联网普及率在 70% 及以上的县（市、区）仅有 13 个，占比 50%（见图 7）。

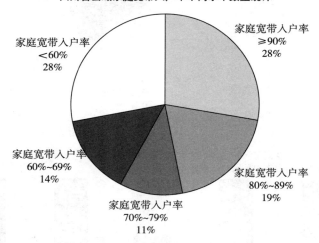

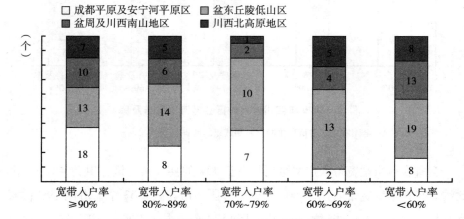

**图 7  2020 年四川省各地区县域家庭宽带入户率**

资料来源：全国农业农村信息化能力监测试点的调查。

### 3. 生产信息化

农业生产信息化水平主要涵盖大田种植、设施栽培、畜禽养殖及水产养殖领域。2020 年，四川省农业生产信息化水平为 20.02%，低于全国平均水平（22.46%）2.44 个百分点。四川省农业生产信息化水平排名前三的市（州）分别为资阳市、眉山市和乐山市。此外，处于全国农业生产信息化平均水平以上的市（州）还有广安市、达州市、绵阳市、南充市、成都市和广元市（见图 8）。

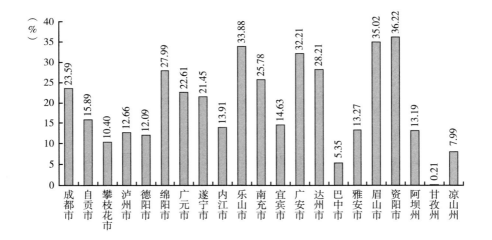

**图 8　2020 年四川省市（州）农业生产信息化发展水平统计**

资料来源：全国农业农村信息化能力监测试点的调查。

四川省大田种植业、设施栽培业、畜禽养殖业和水产养殖业信息化水平分别为 17.05%、28.26%、24.30% 和 9.10%。全省除了成都平原及安宁河平原区以外，其余地区生产信息化水平均低于全国平均水平。成都平原及安宁河平原区的大田种植、设施栽培和水产养殖信息化水平也高于全国平均水平，畜禽养殖信息化水平比全国平均水平低 3.43 个百分点；盆东丘陵低山区的设施栽培和水产养殖信息化水平高于全国平均水平，而大田种植和畜禽养殖信息化水平分别比全国平均水平低 1.51 个和 2.63 个百分点；盆周及川西南山地区和川西北高原地区四个领域的信息化水平均低于全国相应领域的平均水平（见表3）。

表3　2020年四川省按地形分区各区域农业生产信息化水平

| 区域 | 生产信息化水平（%） | 大田种植业（%） | 设施栽培业（%） | 畜禽养殖业（%） | 水产养殖业（%） |
|---|---|---|---|---|---|
| 成都平原及安宁河平原区 | 23.01 | 20.53 | 28.62 | 26.75 | 20.81 |
| 盆东丘陵低山区 | 21.53 | 17.03 | 24.69 | 27.55 | 15.84 |
| 盆周及川西南山地区 | 15.92 | 10.74 | 22.79 | 22.21 | 14.61 |
| 川西北高原地区 | 5.97 | 4.21 | 22.22 | 6.69 | 0.00 |
| 四川省 | 20.02 | 17.05 | 28.26 | 24.30 | 9.10 |
| 全国平均 | 22.46 | 18.54 | 23.45 | 30.18 | 15.74 |

资料来源：全国农业农村信息化能力监测试点的调查。

四川省各市（州）农业不同领域生产信息化水平见图9。大田种植业，全省排名前三的市（州）是乐山市、眉山市和资阳市；设施栽培业，广元市、乐山市和达州市位列前三；资阳市、广安市和眉山市的畜禽养殖业信息化水平领先于全省其他市（州）；水产养殖业，全省排名前三的市（州）是乐山市、绵阳市和眉山市（见图9）。

4. 经营信息化

经营信息化水平由农产品网络零售额和农产品质量安全追溯信息化水平两个指标来表征。

2020年，四川省农产品网络零售额占比为13.55%，农产品质量安全追溯信息化水平为19.29%，分别比全国平均水平低0.25和2.76个百分点。

全省农产品网络零售额占比水平前三的市（州）分别是攀枝花市、资阳市和内江市；遂宁市、南充市和成都市列全省农产品质量安全追溯信息化水平前三位（见图10、图11）。

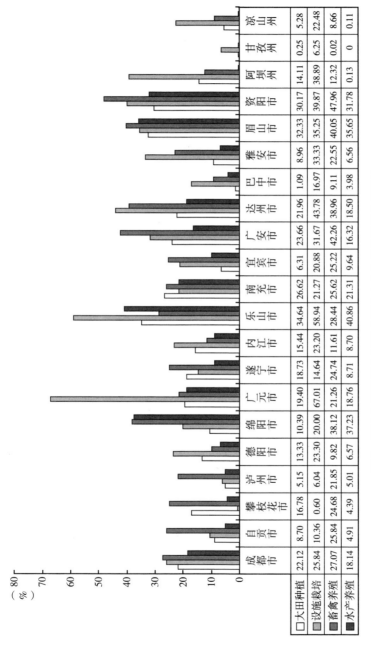

**图9　2020年四川省市（州）分行业农业生产信息化水平统计**

| （%） | 成都市 | 自贡市 | 攀枝花市 | 泸州市 | 德阳市 | 绵阳市 | 广元市 | 遂宁市 | 内江市 | 乐山市 | 南充市 | 宜宾市 | 广安市 | 达州市 | 巴中市 | 雅安市 | 眉山市 | 资阳市 | 阿坝州 | 甘孜州 | 凉山州 |
|---|---|---|---|---|---|---|---|---|---|---|---|---|---|---|---|---|---|---|---|---|---|
| 大田种植 | 22.12 | 8.70 | 16.78 | 5.15 | 13.33 | 10.39 | 19.40 | 18.73 | 15.44 | 34.64 | 26.62 | 6.31 | 23.66 | 21.96 | 1.09 | 8.96 | 32.33 | 30.17 | 14.11 | 0.25 | 5.28 |
| 设施栽培 | 25.84 | 10.36 | 0.60 | 6.04 | 23.30 | 20.00 | 67.01 | 14.64 | 23.20 | 58.94 | 21.27 | 20.88 | 31.67 | 43.78 | 16.97 | 33.33 | 35.25 | 39.87 | 38.89 | 6.25 | 22.48 |
| 畜禽养殖 | 27.07 | 25.84 | 24.68 | 21.85 | 9.82 | 38.12 | 21.26 | 24.74 | 11.61 | 28.44 | 25.62 | 25.22 | 42.26 | 38.96 | 9.11 | 22.55 | 40.05 | 47.96 | 12.32 | 0.02 | 8.66 |
| 水产养殖 | 18.14 | 4.91 | 4.39 | 5.01 | 6.57 | 37.23 | 18.76 | 8.71 | 8.70 | 40.86 | 21.31 | 9.64 | 16.32 | 18.50 | 3.98 | 6.56 | 35.65 | 31.78 | 0.13 | 0 | 0.11 |

资料来源：全国农业农村信息化能力监测试点的调查。

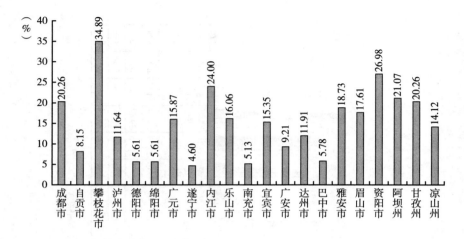

**图10 2020年四川省市（州）农产品网络零售额占比统计**

资料来源：全国农业农村信息化能力监测试点的调查。

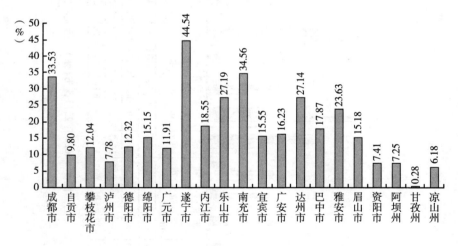

**图11 2020年四川省市（州）农产品质量安全追溯信息化水平统计**

资料来源：全国农业农村信息化能力监测试点的调查。

全省大田种植业、设施栽培业、畜禽养殖业和水产养殖业农产品质量安全追溯信息化水平分别为15.22%、36.05%、23.96%和12.14%。全省除了盆东丘陵低山区以外，其余地区农产品网络零售额占比均高于全国平均水平，其中盆周及川西南山地区农产品网络零售额占比达到 24.15%，居全省首位。全省除了成都平原及安宁河平原区以外，其余地区农产品质量安全追溯信息化水平均低于全国平均水平。其中：成都平原及安宁河平原区的大田种植业农产品质量安全追溯信息化水平高出全国平均水平 4.22 个百分点，其他产业均低于全国平均水平；盆东丘陵低山区的设施栽培业农产品质量安全追溯信息化水平高出全国平均水平 16.87 个百分点，其他产业均低于全国平均水平；盆周及川西南山地区的大田种植业和设施栽培业农产品质量安全追溯信息化水平分别高出全国平均水平 1.0 和 3.94 个百分点，畜禽养殖业和水产养殖业农产品质量安全追溯信息化水平均低于全国平均水平。川西北高原地区四个产业的农产品质量安全追溯信息化水平均低于全国平均水平（见表4）。

表4　2020年四川省按地形分区各区域农业经营信息化情况

| 地形分区 | 农产品网络零售额占比(%) | 农产品质量安全追溯信息化水平(%) | 其中:大田种植业(%) | 其中:设施栽培业(%) | 其中:畜禽养殖业(%) | 其中:水产养殖业(%) |
|---|---|---|---|---|---|---|
| 成都平原及安宁河平原区 | 15.54 | 23.47 | 20.85 | 28.83 | 27.52 | 21.10 |
| 盆东丘陵低山区 | 10.30 | 19.36 | 12.56 | 46.53 | 25.87 | 23.82 |
| 盆周及川西南山地区 | 24.15 | 18.08 | 17.63 | 33.60 | 16.98 | 20.35 |
| 川西北高原地区 | 18.40 | 3.27 | 3.32 | 11.98 | 3.08 | 0.00 |
| 四川省 | 13.55 | 19.29 | 15.22 | 36.05 | 23.96 | 12.14 |
| 全国平均 | 13.80 | 22.05 | 16.63 | 29.66 | 28.3 | 24.45 |

资料来源：全国农业农村信息化能力监测试点的调查。

　　大田种植业追溯信息化水平全省排名前三的市（州）是遂宁市、成都市和南充市；设施栽培业追溯信息化水平达州市、乐山市和德阳市位列前三；遂宁市、南充市和成都市的畜禽养殖追溯信息化水平领先于全省其他市（州）；水产养殖追溯信息化水平方面，全省排名前三的市（州）是达州市、资阳市和乐山市（见图12）。

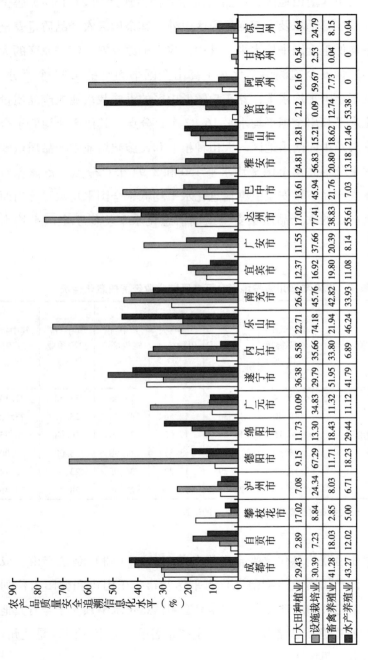

图 12　2020 年四川省市（州）分行业农产品质量安全追溯信息化水平统计

| | 成都市 | 自贡市 | 攀枝花市 | 泸州市 | 德阳市 | 绵阳市 | 广元市 | 遂宁市 | 内江市 | 乐山市 | 南充市 | 宜宾市 | 广安市 | 达州市 | 巴中市 | 雅安市 | 眉山市 | 资阳市 | 阿坝州 | 甘孜州 | 凉山州 |
|---|---|---|---|---|---|---|---|---|---|---|---|---|---|---|---|---|---|---|---|---|---|
| 大田种植业 | 29.43 | 2.89 | 17.02 | 7.08 | 9.15 | 11.73 | 10.09 | 36.38 | 8.58 | 22.71 | 26.42 | 12.37 | 11.55 | 17.02 | 13.61 | 24.81 | 12.81 | 2.12 | 6.16 | 0.54 | 1.64 |
| 设施栽培业 | 30.39 | 7.23 | 8.84 | 24.34 | 67.29 | 13.30 | 34.83 | 29.79 | 35.66 | 74.18 | 45.76 | 16.92 | 37.66 | 77.41 | 45.94 | 56.83 | 15.21 | 0.09 | 59.67 | 2.53 | 24.79 |
| 畜禽养殖业 | 41.28 | 18.03 | 2.85 | 8.03 | 11.71 | 18.43 | 11.32 | 51.95 | 33.80 | 21.94 | 42.82 | 19.80 | 20.39 | 38.83 | 21.76 | 20.80 | 18.62 | 12.74 | 7.73 | 0.04 | 8.15 |
| 水产养殖业 | 43.27 | 12.02 | 5.00 | 6.71 | 18.23 | 29.44 | 11.12 | 41.79 | 6.89 | 46.24 | 33.93 | 11.08 | 8.14 | 55.61 | 7.03 | 13.18 | 21.46 | 53.38 | 0 | 0 | 0.04 |

资料来源：全国农业农村信息化能力监测试点的调查。

### 5. 乡村治理信息化

2020 年，四川省应用信息技术实现行政村"三务"综合公开水平、"雪亮工程"行政村覆盖率和在线办事率分别为 74.8%、84.91%和 69.02%，分别高于全国平均水平 2.68 个、7.94 个和 2.64 个百分点。除盆周及川西南山地区和川西北高原地区以外，其他区域应用信息技术实现行政村"三务"综合公开水平和县域政务服务在线办事率（%）均高于全国平均水平；各区域的"雪亮工程"行政村覆盖率均大于 80%，高于全国平均水平（见表 5）。

表 5　2020 年四川省按地形分区各区域乡村治理信息化情况

| 区域 | 应用信息技术实现行政村"三务"综合公开水平（%） | "雪亮工程"行政村覆盖率（%） | 县域政务服务在线办事率（%） |
| --- | --- | --- | --- |
| 成都平原及安宁河平原区 | 83.37 | 86.01 | 73.09 |
| 盆东丘陵低山区 | 76.74 | 86.16 | 77.64 |
| 盆周及川西南山地区 | 71.68 | 82.28 | 65.71 |
| 川西北高原地区 | 63.94 | 85.38 | 52.20 |
| 四川省 | 74.80 | 84.91 | 69.02 |
| 全国平均 | 72.12 | 76.97 | 66.38 |

资料来源：全国农业农村信息化能力监测试点的调查。

其中：应用信息技术实现行政村"三务"综合公开水平排名前 3 的市（州）是攀枝花市、广元市和巴中市，以上三市应用信息技术实现行政村"三务"综合公开水平均为 100%；"雪亮工程"行政村覆盖率 100%的市（州）有广元市、巴中市、泸州市、遂宁市和资阳市；在线办事率位居前三的市（州）为自贡市、巴中市和雅安市（见图 13）。

### 6. 服务信息化

由县域建有电商服务站的行政村数量占行政村总数的比重表示乡村服务信息化水平。

2020 年四川省电商服务站行政村覆盖率达 83.5%，高出全国平均水平 4.58 个百分点。其中，泸州市、巴中市和眉山市列全省前三位（见图 14）。

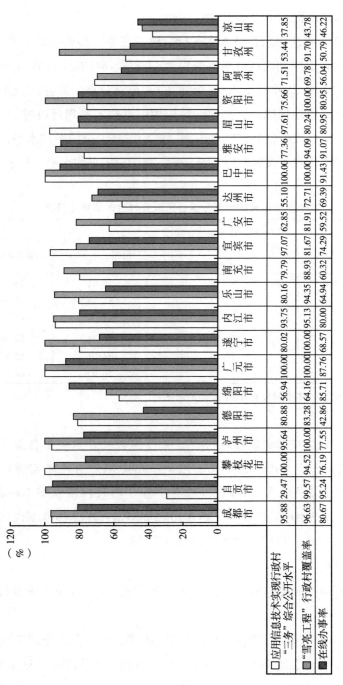

图13　2020年四川省市（州）乡村治理信息化情况

资料来源：全国农业农村信息化能力监测试点的调查。

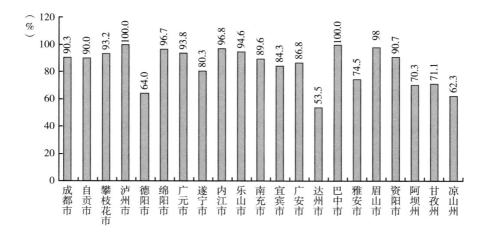

**图 14　2020 年四川省市（州）县域电商服务站行政村覆盖率**

资料来源：全国农业农村信息化能力监测试点的调查。

成都平原及安宁河平原区电商服务站行政村覆盖率达 88%；盆东丘陵低山区电商服务站行政村覆盖率为 86.9%；盆周及川西南山地区电商服务站行政村覆盖率为 77.4%；川西北高原地区电商服务站行政村覆盖率为 71.4%（见表 6）。

**表 6　2020 年四川省按地形分区各区域电商服务站行政村覆盖率**

| 区域 | 电商服务站行政村覆盖率（%） |
| --- | --- |
| 成都平原及安宁河平原区 | 88.00 |
| 盆东丘陵低山区 | 86.90 |
| 盆周及川西南山地区 | 77.40 |
| 川西北高原地区 | 71.40 |
| 四川省 | 83.50 |
| 全国平均 | 78.92 |

资料来源：全国农业农村信息化能力监测试点的调查。

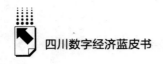

## 三 四川省县域数字农业农村发展存在问题及对策建议

### （一）主要问题

#### 1. 数字农业农村建设人均投入不足

尽管 2020 年四川省数字农业农村建设财政投入显著增长，但人均财政投入和人均社会资本投入均低于全国水平，尤其是盆东丘陵低山区和盆周及川西南山地区涉农县数字农业农村建设人均投入明显偏低。

#### 2. 不同领域数字化水平发展不平衡凸显

我省各地数字农业农村发展水平在发展环境、基础支撑、乡村治理信息化和服务信息化等方面均高于生产领域和经营领域。在农业生产领域和农业经营领域方面，设施栽培信息化水平和畜禽养殖信息化水平要显著高于大田种植信息化水平和水产养殖信息化水平。

#### 3. 县域、区域数字化发展水平不均衡

四川省县域数字农业农村发展水平评价结果分差幅度较大，发展水平较高、中等、较差的县（市、区）分布大致呈纺锤形，其中总体水平在30%~50%的占比近66%。成都平原及安宁河平原区发展水平最好，6 个维度的指标均高于全国平均水平；盆东丘陵低山区发展水平次之；盆周及川西南山地区和川西北高原地区数字农业农村发展相对滞后。

#### 4. 农业生产和农产品质量安全追溯信息化水平有待提高

2020 年，四川省农业生产信息化和农产品质量安全追溯信息化水平较全国平均水平低，主要原因是大田种植业、畜禽养殖业以及水产养殖业信息化水平发展相对滞后。

### （二）对策建议

#### 1. 从投入入手，统筹推进区域协调发展

区域数字农业农村发展水平不平衡已成为我省乡村全面振兴发展和全面

推进数字乡村发展的阻碍。因此需要进一步完善支持政策，建议政府相关部门加大对数字农业农村建设的资金投入，分区域、分产业、分环节制定相适应的扶持政策，尤其对发展水平相对滞后的地区、产业以及环节加大财政支持力度和社会资金扶持力度。同时积极推广示范县（市、区）成功经验，以点连线带面，整体协调推进数字乡村发展。

**2. 从基础入手，提高农业农村现代化支撑力**

推进数字乡村建设，首先要解决基础支撑的问题。应持续推进农村光纤宽带和 4G 网络深度覆盖，加速 5G 落地农村。加强信息化装备建设。加强农田水利设施、畜禽水产工厂化养殖、农产品加工贮运、冷链物流、农机装备等基础设施的数字化提档，加快推进北斗导航系统在农业农村中的应用。加强数字乡村建设所需的人才队伍培养，加大农业农村系统干部职工数字技能培训力度，培育一批数字化农业专业型、复合型管理和技术人才；加强职业农民数字技能培育，利用现有培训项目，动员企业、行业协会等社会参与，加快培育扶持一批既懂互联网、物联网，又懂农业农村的新型职业农民。

**3. 从生产入手，提高农业产业数字化发展水平**

提升农业产业数字化水平是数字乡村建设的首要任务。建议开展产业试验示范。以现代农业园区为抓手，利用互联网、物联网、大数据、空间信息、智能装备等现代信息技术，加快对种植业、畜牧业、渔业、农产品加工业生产过程进行数字化改造，发展精准农业、智慧农业，实现节本增效、绿色发展。应强化关键技术攻关，组织成立乡村数字治理技术创新团队，加强标准规范研制，强化科技创新，重点突破农业产业数字化关键技术、装备研发。创新推广应用机制，开发创新应用场景，加大推广力度，扩大应用规模，尽快把使用成本降下来，确保农民用得起、用得上、有效益。

**4. 从经营入手，持续推进"互联网+"农产品出村进城**

农业农村电子商务是农产品流通的重要方式，是引导生产、调整优化资源配置的重要手段。建议按照 3~5 年建设 20 个省级"互联网+出村进城"试点的工作目标，组织市（州）积极开展省级"互联网+"农产品出村进城

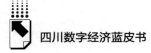
工程试点县申报工作，优中选优择出部分区（县）作为省级试点并授牌，全力推进国家级"互联网+"农产品出村进城试点建设。大力培育电商产品知名品牌，加快培育农产品品牌、企业品牌和区域性品牌，推进农业品牌向互联网品牌延伸。利用"直播+短视频"等新媒体内容的优势，搭建四川农产品网红孵化平台，深入挖掘包括地理标志、绿色食品在内的四川本土特色农产品文化底蕴，以天府之国、巴山蜀水为特征，讲好四川农耕故事，传播"四川文化""四川品质"。

5.从服务入手，提高信息传播便捷化

继续推进数字"三农"大数据信息平台建设，完善数字"三农"协同应用平台，构建农业农村数据资源体系，建立乡村重要资源天空地一体化全域地理信息"一张图"。全面提高乡村治理能力和治理体系现代化水平，拓展农村民生领域数字技术的应用。加强信息公益便民服务，结合做好全省合乡并村两项改革"后半篇文章"，通过科学调整益农信息社点位布局、优化配置信息员队伍、持续开展培训、丰富完善益农平台服务内容、举办专题营销推广活动等方式，提升益农信息社运营和服务能力，探索持续运营长效机制，充分发挥益农服务产业带动作用，提高益农信息社可持续发展能力，持续打通乡村数字治理的"最后一公里"。

# **B.18**
# 四川省数字政府建设面临问题
# 及对策建议

郭　涛*

**摘　要：** 数字政府建设是建设网络强国和数字中国的基础性、先导性工程，
正成为引领驱动数字经济发展和数字社会建设的关键性力量。"十
四五"时期，全国各地深刻认识数字政府的时代背景和演变态势，
全面把握数字政府建设发展趋势方向，积极主动作为，推动政府
治理体系和治理能力现代化。本文深入阐述了四川省数字政府建
设的现状和面临的问题，探讨了下一步数字政府建设的目标和发
展思路，并在充分借鉴发达国家和地区的建设经验基础上，有针
对性地提出完善顶层设计、构建数据共享应用长效机制、提升政
府数字化管理服务效能、优化数字政府建设生态体系等对策建议。

**关键词：** 数字政府　政务服务　数据共享　四川省


# 一　四川省数字政府建设背景及发展态势

## （一）建设背景

一是从全球范围看，世界各国数字政府发展进度不一，欧美、韩国、新
加坡等发达国家数字政府建设各有优势和经验。首先，数字技术深度应用将

---

* 郭涛，四川省大数据中心高级经济师，主要研究方向为宏观经济、数字经济、区域经济。

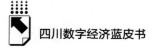

全面加速政府数字化转型，通过数字技术植入，业务运转机制、机构管理模式将发生全方位、全流程的转变，以指导型、服务型为导向的政府快速发展，全社会的公共服务效能、政府管理方式将显著提升。其次，数据要素的投入将是数字政府建设的关键支撑。数据时代加速了海量数据的产生和运用，围绕数字政府业务的数据治理问题变得尤为重要，很多国家将以构建数据治理框架为底层基础，通过将政务数据、公共数据和社会数据等综合运用至数字政府建设，不断叠加数字化管理的新应用、新场景，让数字红利充分激发。随着发达国家数字政府建设模式的日益成熟，广大发展中国家也效仿实施，掀起数字政府建设的新高潮，实现全球化下的跨国家、跨领域的系统集成和数据开放，使得政府服务更有效率、更公开、更透明和更具包容性，全面提升全球政务服务水平。最后，数字政府将是综合国力的重要体现。新一代信息技术革命加速了数字政府与经济社会各领域、各行业的深度融合，有利于构建全新的国家治理能力和治理体系，促进国家治理的现代化，这是增强国家竞争力的重要手段，也是体现综合国力的重要标志。

二是从国内发展看，我国数字政府建设在政策推动、设施建设、平台支撑、业务服务、场景应用等方面奠定了坚实基础，正快步进入全面加速期。首先，数字政府必将是推动国家治理体系和治理能力现代化的强大支撑。我国经济转型升级的特征决定了政府治理转型发展的必然，目前，伴随数字技术发展，政府治理转型有了新手段、新方法，探索构建与经济社会发展相适应的政府治理模式，将有效破解传统政府治理难题，特别是实现了政府决策科学化、社会治理精准化和公共服务高效化的治理目标。其次，数字政府建设必将加速我国数字经济蓬勃发展。"十四五"时期，我国将以把握新发展阶段、贯彻新发展理念、构建新发展格局推动高质量发展为主题，牢抓时代机遇，深刻理解数字政府作为数字经济发展核心资源的组织者、引导者的内涵，未来数字政府的行政体系将更加完善，行政效率将显著提升，以数字政府为牵引下的要素资源加快流向数字经济领域，数字经济的发展氛围和营商环境得到持续优化，数字经济发展进入新的发展高潮。同时，数字政府建设将有力提升我国政务服务能力。政务服务数字化是当前我国数字政府建设最典型的特征。"十四五"时期，数字政府服务能力将进一步提升，未来省市县乡村等多层级、多区域的服务将更加精准高效、便捷智慧。最后，数字政府的安全保障能力将大幅提升。数字政府的发展涉及国家、企业、个人等多主体的安全内容。随着数字政府建设进入深水区，符合国家总体安全部署的线上政府安全保障体系将进一步完善，数据安全、隐私安全、数据伦理等安全问题也将逐步予以破解。[①]

三是从四川发展实际看，近年来，四川省积极贯彻落实党中央、国务院和省委、省政府关于数字政府建设的重大决策部署，全面推动政务信息基础设施建设，高效科学整合政务信息系统，有序推动政务信息资源共享开放，政务服务、协同办公、数字治理等已成为四川全省各级政府高效履行经济社会管理职能的重要体现。同时，四川省数字经济发展不平衡不充分问题仍较突出，数字政府建设特别是在公共服务、社会治理、政务应用等领域还存在不少短板弱项。面对新形势、新问题和新挑战，省委、省政府着眼全局、整体谋划，以国家重大决策部署为依据对全省数字政府建设做出全面部署，顺利出台《四川省"十四五"数字政府建设规划》，要求进一步促进政府职能转变，加快建设法治政府、廉洁政府和服务型政府，全面提升四川省政府治理体系和治理能力现代化水平。

## （二）发展态势

数字政府建设受到党中央、国务院高度重视，做出一系列重大部署，出台了《关于加强数字政府建设的指导意见》等重大文件。近年来，四川省数字政府建设也已步入快车道，始终围绕深化"放管服"改革要求和企业、群众的实际需求，不断提高政府效能，综合运用云计算、大数据等新技术手段，开展一系列实践探索，在制度规范、政务服务、数据开放、基层治理、数字监管等方面取得系列成效。根据清华大学数据治理研究中心《中国数字政府发展研究报告（2021）》测评，四川省数字政府建设水平已位居全

---

① 王益民：《"十四五"时期数字政府建设新趋向》，《学习时报》2020年12月21日，第3版。

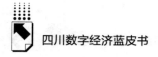

国第五，正全力追超先进省市。

建立健全数字政府建设体制机制。以体制机制为突破口，探索组建新统筹机构，完成四川数字政府建设运行机构。整合原省信息技术机构编制资源，组建了省大数据中心，配合省发展改革委共同推进全省数字政府建设，承担全省大数据立法、标准规范、政务基础设施、政务数据管理、政务服务平台建设维护等工作。目前，全省 21 个市州也先后成立大数据主管部门负责推进本地数字政府建设工作，涌现出成都、德阳、泸州、雅安等一批在全省甚至全国领跑的先进城市，为全省数字政府建设提供了良好的示范和样本。

推动大数据政策法规和标准体系建设。为保障数字政府建设工作的加快推进，近几年，四川省全力推进大数据立法工作，研究起草数据条例等立法规范。同时，加强数字政府的顶层设计，2021 年 9 月正式出台《四川省"十四五"数字政府建设规划》，推动数字政府标准化建设，对外发布《四川省政务信息资源目录编制指南》《四川省公共数据开放技术规范》等系列标准规范类文件，为四川省数字政府建设提供了参考依据。

提升一体化政务服务能力。协助部门整合自建系统，停用老旧系统，改造优化现有系统，实现省直部门数十个自建业务系统完成对接。通过建立健全一体化政务服务平台功能，持续提升一体化政务服务能力，整合网上办事大厅、天府通办等线上渠道以及实体办事大厅、自助服务终端等线下渠道，向广大老百姓提供广覆盖、更精准的服务方式，打通服务"最后一公里"，实现随时随地可网上办、就近办目标。同时，不断迭代升级"天府通办"功能，持续通过大数据挖掘用户行为习惯和办事需求，推出个人出生、就学、结婚、养老，企业开办注销、投资经营、用人用工等政务应用，实现政务服务的精准定位。据统计，"天府通办"注册用户超过 3900 万，在 2021年 6 月国家发布的 2020 年度省级政府一体化政务服务能力调查评估中排名第五位，首次进入全国第一方阵。

推动政务信息基础设施建设。全省电子政务外网覆盖省本级、21 个市（州）、183 个县（市、区）及 97%以上的乡镇，全省接入部门（单位）超过万个，目前省级政务云支撑全省数百个应用系统，数量居全国前列。成都超算中心 2020 年 9 月正式建成投运，成都智算中心正式上线，成为赋能经济社会高质量发展的"双引擎"。同时，以推动全国一体化算力网络成渝国家枢纽节点建设为契机，出台《全国一体化算力网络成渝国家枢纽节点（四川）实施方案》，加快推动天府数据中心集群建设，打造东数西算算力高地。

推进政务数据共享开放。省政府各部门的信息化程度普遍较高，省直单位现有政务信息系统上千个，各级部门在信息化建设和应用过程中，沉淀了丰富的数据资源，实现了初步的数据汇聚。省级共享交换平台、政务信息资源共享网站、公共数据开放网站已全面建成，在全国率先实现国省平台互联互通，为多数省级部门部署了前置交换节点，21 个市（州）全面建成市级平台并实现与省平台互联互通。政务数据共享开放初显成效，四川公共数据开放网上线开放数据目录超过 1 万个，有力支撑政务服务、人口普查、疫情防控等重点工作。在 2021 年中国开放数林指数报告中，四川省以全国第三的成绩被评为省域标杆。

强化政务数据应用能力。全省各部门全力整合行业数据资源、打破数据壁垒，探索建设各类场景应用，实现数据平台快速联动，为解决应急管理、医疗卫生、交通安全、文化旅游等公共领域的问题提供更加精细、高效的途径。同时，以探索数据流通推进数据要素创新应用。四川省正积极探索培育数据要素市场，通过公共数据授权运营、建设四川数据要素产业园等途径，着力推动数据交易试点工作，为数字政府建设向纵深发展奠定数据流通基础。

# 二 四川省数字政府建设面临问题

## （一）顶层设计仍需持续完善

一是体制机制仍不健全。数字政府越来越受到各地"一把手"重视，但全省统筹协调机制仍未理顺。省大数据中心成立之初虽赋予了建设数字政府的重要职责，但受限于体制身份，统筹协调能力受到很大掣肘，虽有省电子政务办、省发展改革委、经济和信息化厅共同推进，但多部门的参与也增加了协调工作的难度，不利于统筹推进建设数字政府。同时，省级部门协调机制的问题也传递到地方政府，各地牵头部门不一，对上缺少统一对接单位，给地方数字政府建设的统筹工作带来不便，导致地方应用平台建设管理缺乏有效协同。另外，部分地方数字政府始终突破不了分散规划、分散建设、分散运营的固化思维和利益考量，重建设轻运营，导致建设运营机制不科学，项目建运的职责不清，资金分配混乱，难以形成共建合力，阻碍数字政府建设进程。

二是配套制度规范滞后。健全的治理体制、规范性文件及法律法规是数字政府建设的根本保障。当前，四川省数字政府正由建设向管理阶段跨越，由技术实施向事务处理阶段过渡，但原有社会结构和治理基础难以在短期内完成调整，进而在新阶段与新的治理要求产生冲突，配套的规范性文件与政策法规处于研究摸索中，数字治理技术和手段未形成统一的标准规范，数字政府建设向纵深发展遭遇重重困难。

## （二）数据共享开放深度不够

随着对数据资源管理模式的深入探索，跨区域、跨部门、跨层级的数据整合共享开放取得明显成效。但是，部门业务系统建设标准、数据标准仍未实现完全统一，导致信息壁垒和"孤岛"现象未根本破除，统筹集约效应未完全体现。同时，部分共享政务数据质量不高，碎片化、重复化、无序性特征明显，仍然难以实现实质性的共享应用，导致业务协同联动难度大，无法适应数字政府运转要求。同时，数据资源权属、流通、交易、应用等制度规范未完全建立，市场化配置能力明显不足，导致政务数据开发利用深度不够，与社会数据的深度融合面临很大问题，进一步影响到政府政务服务效率。

## （三）应用服务能力有待提升

一是有效支撑决策的力度不足。目前，四川基于数字化的管理决策所需的大数据资源还不够完整，政府数据、公共数据、社会数据归集体量虽大但质量不足，融合应用难度大，难以发挥科学决策、精准决策的效能。同时，四川当前仍然缺少统一政府大数据融合机制和治理调度平台，全方位数据挖掘和分析应用能力不足。此外，现有的政府数字化程度难以在经济调节、市场监管、社会治理、公共服务、生态环境保护等政府职能方面发挥实质性的支撑，与政府治理体系和治理能力现代化的要求有较大差距。

二是一体化办公水平不高。目前，四川还未建立起全省跨部门、跨层级的线上统一、高效、畅通的协同办公平台，导致部门之间、省市（州）之间业务系统始终未实现办公系统的完全互联互通，业务审批与办公自动化系统协同联动性差。基于系统化的协同办公平台建设不足导致移动办公水平没有得到大幅提升，文件转发、信息传达层级多、流程长，严重制约政府协同效率。

三是部分应用场景脱离现实。政府数字化转型不是"事项简单上网"，更要注重现实需求和人性化设计。近些年，四川各地虽积极探索数字政府应用场景建设，但由于未深入思考和实践需求端的实际需求，老百姓、企业对大量功能场景实际使用情况并不乐观。以"互联网+政务服务"为例，在需求论证、功能设计、系统测试等方面缺少用户实际体验，导致新建功能场景使用率低，出现老百姓和企业不愿用、不常用等问题，政务服务能力得不到提升，白白浪费财政资源。因此，直面市场主体使用困难、完善用户需求匹配是下一步急需解决的重点问题。

### （四）数字发展生态亟须优化

一是各地发展不平衡。全省 21 个市州基本将数字政府建设提上日程，政府数字化也取得一定进步，但是区域数字经济发展不平衡也导致各地建设水平、发展生态出现明显两极分化。综合来看，成都市、德阳市、泸州市、雅安市等在数字政府生态方面起步较早、投资建设力度大、应用场景较多，数字政府建设取得较为明显成就，有力支撑了当地数字经济发展。但同时，也有甘孜州、阿坝州及其部分县域数字政府建设进度较滞后，数字化程度明显低于省内其他市州，在一定程度上制约了经济社会的数字化转型。

二是数字化人才缺口较大。一方面，四川省各地数字政府治理人才引

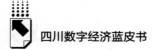

进、培养和激励机制还未成体系，导致部分市州难以引进、留住数字政府建设人才。另一方面，许多数字政府建设者的数字素养欠缺，数字化服务的意识与理念差，不具备懂理念、懂知识、懂技术的基本数字技能，导致无法处理好现阶段政府数字化转型的新问题、新矛盾。

## 三　四川省数字政府建设的经验借鉴及路径建议

### （一）主要发达国家的经验借鉴

一是建立法治保障体系。欧盟、美国、新加坡等国家先后出台了一系列法律制度。欧盟为有效提升隐私数据的安全保护和应用能力，先后出台《通用数据保护规则》《欧盟数据留存指令》等法律。美国围绕跨境数据、数据隐私、数据泄露等重点关注领域，制定了《合法使用境外数据明确法》《隐私盾协议》等系列法规。新加坡为避免公民受无用信息骚扰，颁布了《个人资料保护法令》。同时，世界各国始终把数据安全与隐私保护作为推进数字政府建设的重要支撑，也先后出台了一系列保护数据安全和隐私的法律法规。

二是提升公共服务能力。发达国家在数字政府建设中积极构建政务服务的智能化供应平台，以提升政务服务能力。美国在政府数字化转型中较突出公共服务的个性化服务，主要是通过挖掘不同阶层、群体及家庭个体的需求，向国内公民提供个性化、精准化的公共服务。英国强调公共服务基础服务能力，在发布的《数字服务标准》中充分强调了政府部门有义务在法律上考虑每个人、每个群体的服务需求，特别是要提供包括残疾人等特殊群体在内可以使用的公共服务事项。丹麦政府以建立友好、简洁、高效的政府部门为主要目标，建立政府部门同市场主体及利益关联体合作共建机制，推动公共服务部门的全面数字化转型。新加坡通过建设数字政府的基础设施平台，构建数字政府的基础运行机制，基本建立起了数据采集、共享开放、决策分析和公共服务的基础服务功能，数据的环流机制基本实现，定制化公共服务正加快探索。

三是推动数据开放共享。推动数据共享开放方面，美国专门颁布了《开放政府指令》。指令明确提出了政府数据要坚持透明、参与、协同三类原则，目的就是通过整合各部门和机构数据建立起统一高效协同的政府数据开放平台。同时，英国借鉴了美国模式，通过设立并依托公共数据集团、开放数据用户组等社会组织，探索建设了一站式数据开放平台，切实为各类数据提供共享开放渠道。新加坡主要是以政府统一服务的网站为载体，推动汇集整合各部门的权威有效数据，以向全社会提供各类信息数据的查询调用和开发应用。[①]

### （二）数字政府建设的对策建议

一是持续完善数字政府建设的顶层设计。政府在数字化转型过程中需持续完善体制机制和制度规范。要积极借鉴发达国家有益经验，以立法和制度建设为着力点，以规范服务和隐私保护为出发点，树立"一盘棋"思维，系统性推进政府数字化建设。一方面，需完善体制机制体系，加快制定出台系列数字政府建设的政策法规，进一步创新完善组织架构支撑全省数字政府建设；另一方面，要按照既定实施路径深化数据管理、标准规范和业务服务的制度体系，建立健全数据共享开放和场景应用规范，将"数据、管理、决策"整体联动机制与"放管服"改革深度有机结合。

二是持续构建数据共享应用长效机制。数字政府建设向纵深推进需要全面实现政府部门之间数据共享，推动公共数据资源向社会开放，同时以业务应用推动部门数据流通，形成业务与数据双向互动、螺旋式上升的共享开放态势。当前，数据共享关键是要彻底破解部门利益壁垒对数据共享的阻碍，以数据共享标准的建立提升政务数据开放的质量。同时，公共数据资源面向全社会，针对开放数据的数量和质量，政府部门要以公共数据资源开发利用

---

① 陈小鼎、李珊：《美国数字基建的现状与挑战》，《现代国际关系》2021 年第 10 期，第 46~54 页。

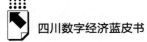

为契机，加大向社会公众开放力度，提升数据开放质量，并明确数据资源开放流通中的责任主体、权益保障和安全管理等，确保数据资源开发利用权责明确，清晰透明、合法合规地实现数据畅通流转和价值增值。针对数据交易市场不成熟、政府部门数据融合应用的体量和深度均不足等问题，要加快培养数据要素流通交易市场，搭建数据要素交易平台，推动全社会各类数据充分整合应用，推动数据业务流程再造，提升各类数据在政府管理和政务服务中的融合应用能力，实现多领域、多层级的数据资源管理与应用创新服务协同。

三是持续提升政府数字化管理服务效能。当前，四川各地基本实现线上线下业务整合"一网通办"的能力，但社会公众对政府服务的能力和价值要求也在进一步提升，数字政府正向新的发展阶段跨越，亟须通过更加有效的手段和应用提升数字化服务能力。一方面，通过开发创造数字政府典型应用场景克服政府各职能部门管理服务碎片化问题，推动数字化、智能化技术运用到行政审批、市场监管等政务服务场景中，提供线上线下的整合式服务，利用数据将人财物、信息等要素进行有效整合和协同，有效提升政府自身的运行效率和管理效能，彻底释放数字政府建设的红利。另一方面，以数字政府建设为引领，通过行政指引和带动效应促进行业企业数字化转型和衍生新业态发展，通过对行业企业进行数字化监管，持续优化数字经济发展环境，提高市场运行效率，推动数字经济发展的服务效能提升。

四是持续优化数字政府建设生态体系。在新发展阶段的新要求，数字政府建设急需更加良好的生态氛围，让数字政府建设的生态环境成体系化发展是接下来四川数字政府建设的重要任务。首先，要充分挖掘四川各市（州）数据要素的特色价值，丰富各地政务应用场景，强化构建数字理念、数字治理、数字应用、数字安全等均衡发展的政务数据生态体系。其次，要着力构建数字政府建设的技术生态体系，搭建数字政府建设产学研一体化推进机制，加快推动数字技术创新，探索数据、技术的标准化发展，为四川数字政府向纵深发展提供科学的技术和标准指南。最后，要加快数字政府的人才队伍建设，一方面要制定招引政策，注重引进高层次数字政府建设的技术专业人才，另一方面，要重视通过利用高校、社会组织等平台开展本土化的数字政府专业人才培养和技能提升工作，同时要提升全民基本数字素养和数字技能，增强公民、企业的数字应用能力。

# B.19
# 四川省大数据支撑公共危机应对：
# 疫情影响与数字经济应用

张红历*

**摘 要：** 自新冠疫情发生以来，四川省经历了武汉疫情扩散导致的集中暴发、境外和省外疫情交错输入导致多轮小范围局部流行，以及奥密克戎毒株导致多地病例持续出现三个阶段。新冠病毒因其传播速度快、感染范围广、防控难度大而对社会治理产生重大影响，数字经济和大数据技术则为四川省疫情防控工作提供了有力支撑。网络平台及时公布最新疫情动态、防疫知识等；天府健康通平台助力场所管理、流动人员和涉疫人员管理；5G 和大数据技术满足远程医疗、物资对接调配等需求，缓解了地区医疗资源短缺；人工智能技术实现影像和基因诊断分析、无接触式智能产品使用，提高了救治效率和降低医护人员感染风险；健康申报、推动健康码共享交换为外出务工人员健康返岗提供认证支持，网上政务平台特定板块助力全省小微企业和个体工商户复工复产等。在应对新冠疫情带来的公共危机方面，大数据技术有效激活基层治理潜力，强化政府和人民多方主体协商对话，让智能治理为社会治理提质增效赋能，为社会治理创新提供新思路。

**关键词：** 数字经济 大数据技术 公共危机应对 四川省

---

* 张红历，管理学博士，西南财经大学教授，主要研究方向为空间数据分析与优化决策。

# 一 COVID-19特点及四川省疫情公共危机

2022年以来，新冠疫情在全球持续传播，国内本土疫情的频率明显增多，疫情影响的区域较为广泛。新冠病毒也发生多次变异，其中奥密克戎变异株成为我国境外输入和本土疫情的优势流行株。奥密克戎变异株的潜伏期较短、病毒传播能力较强、传播速度较快，具有较强的免疫逃逸能力，传播具有隐匿性[①]，对于人民生活、经济发展和社会治理均产生重大的影响，给四川省带来严重的防疫公共危机。

面对多轮疫情，四川省委省政府高度重视并迅速部署开展防控工作，及时对省内的中高风险地区进行管控，有效应对疫情公共危机。随着对疫情特点认识程度加深、隔离管理工作不断完善，以及大数据等数字技术广泛应用，核酸检测过程全流程提速，对密切接触者以及基于大数据技术识别密接及次密接高风险人群，进行疫情排查和隔离管理，在较短时间基本控制了疫情社区传播，最大限度地避免了疫情扩散，保障全省生活生产的有序进行。

# 二 大数据治理背景下对疫情公共危机
# 应对的新认知

新冠疫情带给人类有史以来传播速度特别快、传播范围特别广泛、影响特别严重的公共危机，不断地更新着我们处理公共危机的知识，督促各地注重强化社会治理能力，构建公共危机防控体系。大数据、云计算、物联网、人工智能和其他数字技术，在支撑防控疫情公共危机方面显示出强大的力量，为各地政府部署疫情防控和推动社会经济发展提供有力的技术支撑[②]。

---

① 尤方明：《入境隔离从"14+7"到"7+3"统一封管控区和中高风险区划定标准》，《21世纪经济报道》2022年6月29日。
② 中国信通院：《疫情防控中的数据与智能应用研究报告（1.0版）》，http://www.caict.ac.cn/kxyj/qwfb/ztbg/202003/t20200303_275553.htm，最后检索时间：2022年9月4日。

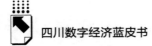

新冠疫情给中国社会治理能力与疫情公共危机应对体系带来了巨大挑战，大数据技术支撑疫情公共危机有效应对，充分激发了国家治理效能和治理能力提升，充分展示了中国特色社会主义制度的优越性。基于创新治理的角度，积极利用大数据技术，增强大数据治理背景下疫情公共危机应对的社会治理能力，是各级政府部门进行实践探索的首要着力点。一方面，需要总结过去治理经验，研究优秀案例，在对疫情公共危机应对模式及大数据技术应用场景深入了解后，根据当地实际，实现有效的治理创新。另一方面，也需要各地各部门打破僵化的思维，开阔治理思路，坚持以科技为先导，利用科技信息优势，充分发挥大数据和其他技术的作用，把现代技术有机融入社会治理之中。通过新技术提高政府应对突发公共事件的能力，实现"善治"目标。具体来讲，在应对新冠疫情这样的公共危机中，可以从以下几个方面加以探究。

第一，让治理重心下沉至基层，充分凝聚群众力量，保证基层治理活力与秩序并存。就疫情公共危机应对的经验来看，疫情防控和有效治理的关键在基层。例如在隔离管控时期，通过网格化方式组织和管理群众，社区以楼栋为单元建立社群，团购物资，组织核酸检测，汇报健康状况等。总结各地社区治理的成功经验可以发现，疫情促使街道和社区充分发挥其基层治理效能，与此同时全面覆盖、要素完整的基层治理进一步推动社会防控体系的完善。因此，提升基层治理能力，动员各基层领导干部立足公共危机事件实际情况，组织群众高度配合、广泛参与，形成广泛扩散、高实效的基层社区共治的治理模式，是创新治理的落脚点。

第二，重视柔性服务与有效协商，构建多方主体对话平台，释放社会治理的发展空间与活力。疫情防控期间，我国探索实施了多项审慎包容的柔性治理创新政策，比如部分城市允许居民合理设定临时摊位，中央文明办取消了全国文明城市测评中占道经营考核指标等。与此同时，疫情发生以来，全国人民积极主动申报健康信息，为了公共安全而让渡自有权益。

第三，以数字经济发展为背景，搭好大数据和人工智能的技术快车，让智能治理为社会治理提质增效赋能。疫情公共危机应对实践所反映出来的社会治理短板导致社会治理的时间成本和人力成本耗费巨大，催化了智能技术在社会治理中的广泛应用，深入挖掘大数据和人工智能在社会治理中的应用优势，是推动创新治理、提升社会治理能力、加快构建社会防控体系的重要手段。例如，四川省较早在四川推广健康码实现精准防控与追踪溯源，对常态化疫情防控下社会治理提质增效降本发挥了很大功效。数字经济时代，大数据和人工智能技术等数字技术能针对性地结合疫情公共危机应对展现出独有的治理优势。

## 三　四川省应用大数据技术应对新冠疫情公共危机的重要成效

习近平总书记在 2020 年 2 月 14 日主持召开的中央全面深化改革委员会第十二次会议时强调，"要鼓励运用大数据、人工智能、云计算等数字技术，在疫情监测分析、病毒溯源、防控救治、资源调配等方面更好地发挥支撑作用。"① 面对新冠疫情这一世界性难题，四川省委、省政府高度重视并积极应对，按照国家疫情防控要求，充分重视大数据、人工智能等新一代信息技术在疫情分析、防控救治、资源调配等疫情防控方面的优势，从疫情发生之初就使用大数据手段防输入、防扩散、防输出，并结合疫情防控形势变化，从疫情防控信息服务、人员管控、医疗救治、复工复产等多个方面推进大数据、人工智能的应用，有效地支持了全省疫情防控工作。大数据与交通、医疗、教育等领域深度融合，以科学有效的方式提升了防疫工作的组织和执行能力，成为全省各级政府开展疫情防控工作的技术基础，也为未来公共危机应对思路和方法创新等提供有益启示。

### （一）信息服务

借助移动互联网和智能手机，人们可以随时随地获取最新疫情动态、科学防疫知识等各种数据。围绕做好信息发布，政府积极提供新冠疫情防控服务专

---

① 中国信通院：《疫情防控中的数据与智能应用研究报告（1.0 版）》，http://www.caict.ac.cn/kxyj/qwfb/ztbg/202003/t20200303_275553.htm，最后检索时间：2022 年 9 月 4 日。

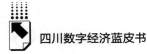

区网络平台，帮助人们随时随地了解最新的疫情动态、防疫知识等防疫信息，有力地支持了疫情防控知识的宣传和普及（见图1至图4）。

四川省围绕数据自动化采集和数据质量核验两个方面构建了智慧防疫系统，一方面实现了疫情信息的实时、快速获取；另一方面通过数据质量核验加强数据治理，使得数据的精准性和适用性得以保证。在此基础上，四川省深入完善部门疫情数据共享机制，基于"需求共提、平台共建、功能共用、成果共享"等理念实现了多方疫情防控数据实时、自动关联匹配，使得疫情防控服务一网通办成效显著。

**图1　中国政府网疫情防控服务**

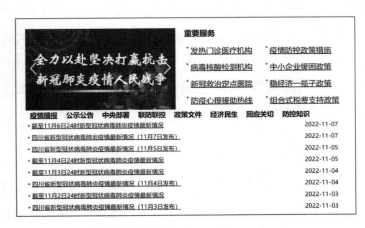

**图2　四川省新冠疫情防控服务专区**

资料来源：http：//www.sc.gov.cn.1191184049.proxy.jingzhou.gov.cn/search/s？proxy=https_&qt=%E7%96%AB%E6%83%85&siteCode=5100000062&tab=all&toolsStatus=1.

**图3 四川省人民政府网站疫情防控政策措施**

资料来源：http：//www. sc. gov. cn. 1191184049. proxy. jingzhou. gov. cn/10462/yqfkzccs/yqzccszt. shtml？proxy＝https_ .

**图4 四川省大数据中心新冠疫情防控服务**

资料来源：http：//qjd. sczwfw. gov. cn. 1769408601. proxy. jingzhou. gov. cn/col/col13172/index. html.

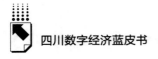

### （二）防控服务

疫情防控的关键是找到潜在风险人员。疫情防控工作期间，通信企业与科技企业等针对不同的应用场景，利用大数据、人工智能等技术，实现对高危人群的识别、进行区域监测等，为控制疫情的传播提供技术支撑，有力支持疫情防控调度指挥、疫情流调、疫情通知等疫情防控重点工作。

利用大数据分析疫情发生地区人员的流入流出数据，可以明确疫情输出的主要范围，从而为进一步预测高危风险地区和潜在风险地区提供依据，帮助流入地各级政府预测潜在染病人群，制定疫情防控策略，缩小疫情传播范围，实现提早防范。通过共享航空、铁路、公路、轮渡等交通部门统计数据，在用户授权前提下通过整合三大运营商数据，结合调用的用户手机位置数据，可以发现重点监控人群范围及流向，绘制出被感染者手机的移动轨迹，从而发现被感染者的疾病传播路径、定位感染源，配合关系图谱，锁定被感染者接触的人群，并及时将每日数据发送市州、县区，进而及时采取隔离、治疗等防控措施，避免疫情扩散。同步开发上线"四川战疫快报"，建立疫情地图、诊疗数据、病例轨迹等模块，对确诊和疑似病例活动轨迹进行分析追踪，精准排查密切接触者，有效地支撑了疫情防控决策。

中国电信四川公司搭建的"5G+数字孪生智慧社区"，已建成超2000个电信智慧小区，并在234个小区完成前端感知源部署和打造数字孪生小区标杆。该项目在疫情防控方面的较大优势在于，将天府健康通平台和社区人脸识别智能门禁系统整合，小区人员在刷脸通过门禁时，门禁系统将同步校验是否为社区住户、健康码状态，并与天府健康通平台同步更新人员的到访场所信息。住户层面，人脸识别门禁系统使得社区门禁卡成为非必要选择，为住户进出社区提供了较大的便捷性。同时，仅有绿码人员可以通过门禁进入社区，并且能够准确识别进入社区人员身份信息，大大保证了社区安全并且能有效控制疫情风险。社区基层层面，通过电子化、系统化、非接触式的疫情智慧排查，实现社区内人员健康码状态的全面检测，提高防疫工作效率。疫情防控中，中国电信四川公司通过"天翼云""魔镜慧眼""安全大脑"

"智能门磁""云广播""智能短信"等信息化应用，有力支撑疫情防控调度指挥、疫情流调、疫情通知等疫情防控重点工作①。

疫情常态化管理背景下，摸清返乡流动人员的健康状况，在基层压实疫情排查责任、提高排查效率尤为重要。返乡流动人员需要通过电话报备、现场报备等方式向所居社区进行报备。事实上，这两种方式报备效率低，主要体现在数据汇总周期长、时效性弱，疫情信息填报质量参差不齐、分析对比困难等方面，同时还可能存在人员漏报情况，加重疫情扩散的风险，难以及时掌握地区层面的返乡流动人员健康情况和有效进行疫情风险预警与开展疫情管理工作。在此背景下，返乡人员报备小程序的推广和运用实践则大大提高了疫情排查效率，实现疫情防控精细化管理。返乡人员只需扫描小程序二维码，按照提示信息填写即可完成个人基本信息、健康状况、核酸检测结果、疫苗接种情况、行程信息、返乡居住地等信息报备。一方面，自主报备小程序以"线上推广+线下场所覆盖"等模式确保返乡人员第一时间报备个人行程。在机场、火车站、高速公路服务区、景区景点、酒店、社区等人流量大的场所张贴小程序二维码以供返乡人员扫码填报。另一方面，基层单位可借助自主报备小程序及时分解排查任务，再由社区（村）网格员进行报备比对筛查、督促漏报人员填报，最大限度做到排查到位、管控到位、不漏一人。基层单位工作人员通过手机登录小程序，可实时在线查看本辖区内返乡人员自主报备的信息和省上下发的风险排查数据，并在线填报反馈排查结果，有效提高疫情排查效率，并能及时对接上级疫情防控平台、推送报备人员数据，助力全省疫情防控。

为避免各地防疫平台技术标准不统一、管控政策差异等造成防控盲点和应急处置不当，根据国务院联防联控机制关于"原则上各省（区市）仅保留一个统筹建设的健康码"的要求，四川省充分利用大数据技术构建全省统一的四川天府健康通（四川健康码）平台，并于2021年1月11日在四川地区正式启用，一人一码、亮码通行，实名认证。2021年7月9日，新冠

---

① 唐刚：《硬核"战疫"显担当　电信云网剑出鞘》，《通信信息报》2022年11月2日。

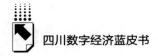

疫苗接种可以在天府健康通上预约，也可为家庭成员预约；2021年7月26日，四川天府健康通可以显示疫苗接种状态。

2021年1月19日，四川省应对新型冠状病毒疫情应急指挥部印发了关于加强"四川天府健康通"宣传推广使用的紧急通知，在通知中，首次提出"场所码"，要求各地各部门（单位）根据属地和行业疫情防控标准，制定重点场所应用管理措施，并做到全省范围内省、市、县、乡、村五级重点场所全覆盖，督促落实重点场所出入人员扫码查验。"场所码"是"四川天府健康通"的重要功能，是标识场所相关信息的一个专有二维码。市民扫码后会自动记录进入该场所的相关信息，仅用于疫情防控。在使用时，重点场所管理人员要核验扫码人的扫码结果，掌握其个人健康状态，根据"红码禁止、黄码限制、绿码通行"原则和场所相关管理规定，确定是否放行。扫码核验可以记录人员时空轨迹。2021年8月4日起，四川天府健康通小程序首页新增"扫场所码"功能。

常态防控中，场所码有助于场所出入人员及时登记，方便获取出入人员健康状况，实现个体层面的即时查验、事后溯源的防控体系。一旦发生疑似新冠病例或者出现不明原因发热等异常事件时，利用现场采集的场所码能有效地识别可疑人员，并快速定位到疑似病例相关位置。同时场所码可以协助地区及行业主管部门，分区域合理设置或调整场所管理措施并分类统计等，引导场所做好疫情防控工作。针对不同场景需要采用对应的场所码识别技术来实现。处于局部应急状态时，可经确诊者、密接者扫描场所码记录，与扫描到场所码的其他人相匹配，开展时空关联，适时协助进行精准追溯排查。另外，"场所码"还具有防篡改性和不可抵赖性高、不易丢失等特点，便于追踪溯源。"场所码"可以更好地对个人信息进行保护。随着互联网技术的发展，"场所码"逐渐应用到多个领域，如医疗健康、金融消费等。传统手工登记方法，由于经手的数量较大，易暴露个人信息，"场所码"则降低了个人信息曝光率。

2022年4月21日起，为进一步加强来（返）川人员风险排查管理，有效防止省外疫情输入，保障人民群众生命健康安全，来（返）川人员抵川后，通过"四川天府健康通"扫描各查验点"入川即检特殊场所码"，系统将出现弹窗提示。2022年5月，入川码优化升级，在弹窗底部增设了"亮码测核酸"按钮功能，来（返）川人员点击该按钮即可生成核酸检测登记专用二维码，可更加便捷完成采样登记。"四川天府健康通"平台不仅是电子健康凭证，还提供核酸检测机构查询、核酸与抗体检测结果查询、新冠疫苗接种查询、风险区域查询等便民服务①。政府相关部门全力确保"四川天府健康通"大数据平台安全稳定运行，并根据疫情形势不断拓展平台功能，优化升级，强化对风险区域和潜在风险区域的分析，将防控工作向前推进，增加收集信息的频次；提高赋码变码的准确性和有效性，实现对潜在风险人员早发现、早推送、早管控，并强化智能管理，实现"因人赋码""码随人变""以码找人"。在保障平台正常运营、保护用户隐私的同时，积极推进健康码在公众服务中的多码融合，促进健康码从单一的防控专业平台逐渐转变为提供数字公共服务的基础性平台②。

同时，在上述利用大数据进行防控过程中，主管部门始终把确保数据安全放在最重要的位置。制度上，严格遵守中央网信办做好个人信息保护的要求和国家安全标准，与技术支撑企业、项目参与人员签订保密承诺书，收集的数据仅用于疫情防控。技术上，对采集的数据进行加密处理和脱敏处理，有效保证了数据安全和个人隐私。管理上，加大安全监测及监督，通过漏洞扫描、渗透测试等技术手段，开展多批次安全检查，及时发现和修补漏洞，减少安全隐患。

## （三）医疗救治

为解决一些高风险人群的"怕隔离、不敢问诊、不敢上报、不愿上

---

① 康琴、王一伊：《与病毒赛跑的14天——"四川天府健康通"诞生记》，《廉政瞭望》2021年第2期，第50~51页。

② 张守帅：《充分运用大数据服务常态化疫情防控 进一步提升防控科学化智能化精细化水平》，《四川日报》2022年4月12日。

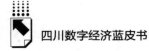
报"的问题，四川省大数据中心会同四川省卫生健康委在全国率先推出直接面向群众服务的"四川群防快线"，搭建起群众与政府线上沟通交流和服务的桥梁。实时动态更新国家、省、市权威疫情信息和防控知识，发布全省各地发热门诊、定点医院分布情况，让群众第一时间获取最新疫情信息，及时查询周边定点医疗机构，实现就近就医诊治。开通网上自我诊测和视频问诊功能，汇聚全省 200 余名中级职称以上呼吸道疾病专家，为群众提供在线免费视频问诊和咨询服务，让群众全面了解自身身体状况，降低群众现场问诊感染风险，减少医疗机构压力。面向广大群众在线征集疑似疫情和重点地区入川未登记报备人员线索，并将线索信息实时推送给县级疫情防控指挥部进行排查，有效弥补了线下疫情排查漏洞（见图 5）。

**图 5　四川群防快线小程序**

5G 具有高带宽、低延时、海量物联的特性，为开展远程医疗提供有力的信息技术支持，实现与医院、专家实时连线，远程咨询，多种医疗影像实时、快速传送，让医疗专家无论在什么地方，均可就典型病例发展过程进行重点讨论与诊断分析，在适当时候分享治疗方案与经验，治疗成效得到改善，最新治疗经验被加速发现与普及。同时采用5G技术连接超声机器人和其他人工智能医疗器械，通过远程操作机器人实现诊断，引导现场操作人员远程处理。例如，四川省的道孚县位于高原地区，辖区面积大，气候宜人，为更好支撑道孚地区新冠疫情的防控工作，相关部门组建道孚县疫情防控、医疗救治2个专家组，采用5G技术，建立了日常专家远程指导制度，对于全部确诊病例、疑似病例确立"一人一册"的原则，在大数据技术的支持下，深入进行流行病学调查与跟踪。由此，疫情的蔓延得到有效控制，达到高海拔地区病人治疗"零死亡"的目标。

疫情期间，5G+远程CT系统的应用为病情诊断提供了更加全面、精准、优质的影像学资料，使得对确诊患者的治疗更有针对性。四川省建成了全国第一个覆盖省、市、县三级医疗卫生单位的5G双千兆远程会诊新型冠状病毒感染系统，同时省内华西医院也实现了全国首个跨省用5G+远程CT系统进行新冠病毒感染诊疗。2020年3月2日上午9时，成都华西医院医学团队3名放射科医生基于5G双千兆+远程CT系统技术，完成了湖北黄冈市黄州总医院一名新冠病毒感染患者密切接触者的CT检查[1]。通过该套系统，四川远程医疗实现了由传统"会诊"模式向"实操"模式的重大转变，不仅缓解了医护人员人手紧张的情况，还减少了医护人员与患者不必要的接触。在此基础上，华西医院将与中国电信和西门子医疗深入合作，力争将5G+远程CT系统技术推广到偏远山区、高原地区医院[2]。除此之外，5G网络直播的使用使得疫情防控远程教学培训得以顺利开展。四川省人民医院组织感染控制中心、检验等多个科室，借助5G网络远程平台为县级人民医院

---

[1] 杨宇成：《四川省5G网络建设及产业生态发展研究》，《决策咨询》2020年第3期，第86~90页。

[2] 《远程医疗支援"升级"：5G+远程CT扫描应用于新冠肺炎诊疗》，新华网，2022年8月4日，http://www.xinhuanet.com/politics/2020-03/04/c_1125662616.htm.［2020-03-04］。

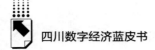
医护人员开展了数十场新冠疫情专题培训①，包括最新的新冠疫情防护知识、教学等。

　　大量人工智能技术被用于疫情防控工作，通过 AI 与人工协作的方式，利用语言、图像识别等算法技术，大幅提升检查效率，帮助医生更好地进行病情诊断，有效减轻医务人员工作量，缩短确诊时间，提高医疗救治的工作效率和安全性。例如，通过上线自动化全基因组检测分析平台，有效缩短了疑似病例基因分析时间。在临床诊断过程中，医生辨别一位新冠病毒感染病人的 CT 影像大概在 300 张，耗时 5~15 分钟，而利用 AI 算法模型和腾讯觅影 AI 辅助诊断新冠病毒感染的解决方案均可实现对 CT 影像的秒级判定，并在一分钟内为医生提供辅助诊断参考，大幅提升诊断效率。

　　同时期，大学、企业通过开展多方协作，对学界、业界的大数据成果资源进行整合、统筹使用，进而对疫情防控产生积极影响。以新型冠状病毒大数据交叉学科研究平台②为例，该平台由四川大学牵头，电子科技大学、国防科技大学联合组建，依托于"大数据+人工智能+临床流行病学+循证医学"等手段，分析疫情传播路径、风险期和发病趋势，进而对疫情趋势进行预判。此外，高校和企业的协同合作加速疫情防控产品落地。如电子科技大学与相关企业紧急联合研发的"全域测温雷达系统""小护士智能机器人"，在机场、医院等大型动态场景中获得广泛应用，实现疫情防控中的无接触高精度测温，对降低岗位工作人员感染风险和工作强度起到重要作用③。

　　另外，大数据的应用可以实现更加有效的资源配置，疫情期间对医疗物资需求激增，信息发布分散导致部分医院医疗物资严重短缺，通过大数据技术对

① 《省委统战部积极利用远程医疗站　助力基层新冠肺炎疫情防控工作》，四川在线，2022 年 8 月 4 日，https：//baijiahao. baidu. com/s？ id = 1660691656900331102&wfr = spider&for = pc. [2020－03－09]。
② 郭战伟、郭治鹏：《抗击新冠肺炎疫情的重要生力军——高校科研阶段性工作回顾分析》，《中国高校科技》2020 年第 5 期，第 21~25 页。
③ 《疫情防控科研攻关　四川高校积极行动成效显著》，中国教育在线，2022 年 8 月 5 日，https：//news. eol. cn/yaowen/202003/t20200325_ 1718164. shtml. [2020－03－25]。

公开需求数据进行抓取，建立资源对接平台，有效提升医疗资源使用效率，为资源调配机构和捐赠者快速获取物资短缺信息提供了很好的技术支撑。

## （四）复工复产

新冠病毒具有较高的传染性，因此实现务工人员健康返工就显得尤为重要。根据在家隔离情况、基层医务人员的检查情况以及用工单位用工信息，可以了解外出务工人员在一段时间内接触的人群及现在的健康状况，为返岗复工提供"健康"认证支持，帮助员工实现健康返岗。四川省大数据中心联合四川省卫生健康委共同开发了"四川外出务工人员健康申报和查询系统"，为外出务工人员提供健康申报、确认和查询服务，帮助外出务工人员返岗复工。另外，三大运营商也都推出了疫情期间个人行程查询应用服务，推出"通信大数据行程卡"，方便用户查询自己 14 天的行程，为企业了解职工出行状况、健康状况提供信息支持。中国移动（成都）产业研究院无人机团队利用 5G 红外热成像技术，对流动人口进行快速、高效的检测。5G 网联无人机热成像技术能够迅速对公共场所的流动人群进行无接触式的体温检测，降低一线工作人员的工作压力和风险，真正做到高效率、高精准、高可靠。有效预防疫情，加强企业管控，为保障企业、学校、商业等各类场所的安全生产提供坚强保障。

为精准稳妥推进全省小微企业和个体工商户复工复产，四川政务服务网和天府通办 App 推出"小微企业和个体工商户服务"专题，为公众、小微企业、个体工商户提供社保、金融财税、行政审批、稳企稳岗等百余条政策文件、复工复产动态以及防控要点。同时，四川省通过开发四川省健康码共享交换服务平台，推进"健康码"数据融合共享和互信互认，被国务院办公厅作为全国第一个共享健康信息的典型案例进行了推广。四川省健康码接入国家政务服务平台，与"国家码"实现互通，促进省际互认。打通省内互认通道，获取省级健康证明的外出务工人员，仅需线上一次申报，即可生成当地健康二维码。

四川省相关部门还通过紧急改造升级身份认证、人脸识别、电子证照等

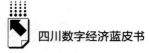
基础保障系统，将更多的行政审批、公共服务等事项纳入网上办理，发布政务服务"网上办、掌上办、不见面"公告，鼓励和引导广大企业、群众运用"四川政务服务网"或"天府通办"App 等进行远程线上办理。全省服务事项网上办理率达 90%以上，实现了疫情期间让群众和企业不出门，让数据多跑路，让政务服务不打烊、不断档。围绕网络问政平台核心要求，四川各地区积极探索不同模式，不断打通政府与人民群众的网上连心桥。广安市"12345"政务服务便民热线实行"一个号码对外、一套机制办理、一个平台受理"工作机制，实现日均受理 1800 余条群众需求；建立各部门单位联动，群众诉求办理平均提速 50%以上；聚焦解决群众"急难愁盼"等问题，将社情民意数据整合及时形成报告供市委市政府部门决策参考使用，通过政府有效作为实现舆情引导和提高社会治理能力。德阳市则是上线"疫情防控问诊助理"并提供疫情自助咨询，对疫情相关来电进行细化分类、形成涵盖德阳市各区域的疫情热点舆情分析《12345 疫情防控热点舆情专报》，为市委市政府及疫情防控相关部门提供预警信息和决策支撑。

# B.20
# 四川省"智慧警务"典型案例分析

张学勤 刘书伶 王先俊 白雪园 巨晶*

**摘 要：** 四川省各级公安机关在四川省公安厅的统筹下，落实公安部关于科技兴警战略的部署，开展四川省"智慧警务"建设和应用，主要在治安防控、风险预警、社区治理、服务群众等领域，对警务大数据进行收集与整合，着力对新型犯罪的打击与社会治理效能的提升。本文重点分析成都市公安局和泸州市"智慧警务"典型案例，以对解决四川省"智慧警务"建设面临的区域发展不均衡、业务发展不均衡等问题带来有益启示。通过案例分析，可以把握智慧警务的发展趋势：一方面是推进数据综合使用在城市治理中发挥更大的效能，另一方面，对智慧警务本身加强建设和提升，"把大数据作为推动公安工作创新发展的大引擎"，全面落实科技兴警战略。

**关键词：** 智慧警务 大数据技术 社会治理 四川省

2019 年 5 月，习近平总书记在全国公安工作会议上指出："要把大数据作为推动公安工作创新发展的大引擎、培育战斗力生成新的增长点，全面助推公安工作质量变革、效率变革、动力变革。"为落实全国公安工作会议精

---

\* 张学勤，博士，四川警察学院四川公安宣传舆论研究中心主任，副研究员，主要研究方向为公安舆情；刘书伶，四川警察学院四川公安宣传舆论研究中心讲师，主要研究方向为公安舆情；王先俊，四川警察学院四川公安宣传舆论研究中心讲师，主要研究方向为公安舆情；白雪园，四川警察学院四川公安宣传舆论研究中心助教，主要研究方向为安全工程；巨晶，四川警察学院四川公安宣传舆论研究中心讲师，主要研究方向为公安舆情、涉藏警务。

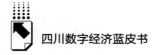

神，落实公安部关于"智慧警务"的战略部署，四川省公安厅及全省各地市州公安局全面推进大数据智能化警务的建设和布局。

近年来，四川智慧公安警务大数据建设已经形成了"省厅统抓、科信主抓、部门合抓、上下共抓、各方齐抓"的战略布局，培育了全省一体化大数据创新应用生态。根据"统筹规划、集约建设"原则，四川公安机关全警一体化推进公安云平台、大数据平台等软硬件基础建设，为全省公安大数据应用和业务系统提供了雄厚的云服务资源和强大算力，为四川"智慧警务"的建设打下坚实基础。

在规划布局上，四川公安把多警种信息化升级改造项目统一编入省厅警务大数据整体规划工程，将多警种多部门的基础软硬件设施和资源进行科学统筹。根据这一布局思路，各市（州）和各警种部门均依托统一的基础数据支撑平台进行实战化应用，形成了立体的数据生态系统，并在数据共享、模型搭建和信息互通、服务开放上，进行了有效的推进和探索①。

在数据基础设施建设和完善的基础上，四川省公安系统进行智能警务平台及产品研发，多款智能警务 App 上线，供一线民警使用，包括省公安厅与四川警察学院联合研发的派出所"一网考"项目，都在实战、服务与管理中发挥了巨大的科技赋能的作用。一方面，一线民警的信息收集完成了警务数据便捷采集处理与便捷传输。另一方面，相关处理中心对警务数据进行有效的整合与反馈，保证了办案信息的快速抵达，基本实现了警务大数据从"移动警务终端"到情指中心的指令发出的快速反馈，使公安机关的办案和服务更紧凑地与移动互联时代保持智能同步。

四川公安系统在智慧建设的过程中，既重视省厅的统筹工作，也鼓励各市（州）和警种结合实际的创新业务，在"智慧警务"从数据到算力的转化过程中，紧盯社会治理的前沿问题，紧盯人民群众的急难愁盼，始终支撑川渝一体化的战略发展，努力为治蜀兴川事业贡献公安答卷。四川公安机关

---

① 《省公安厅组织召开"向人民报告"之"智慧公安"专场新闻通气会》，四川省公安厅官网，http://gat.sc.gov.cn/scgat/c103399/2019/12/18/，2019 年 12 月 18 日。

全面完善应急通信保障工作体系，实现了高清音视频通信和接入公安数据网功能，形成了覆盖省、市、县三级公安机关及 3000 多个基层所队的全省公安扁平化高清视频指挥体系，在重大突发事件中如糖酒会、成都马拉松、疫情防控等方面都发挥了扁平化指挥的高效和保障作用。

# 一　成都市"智慧警务"案例

## （一）规划引领成都市"智慧警务"布局

成都市公安局以创建全国社会治安防控体系建设示范城市为载体，以建设智慧韧性安全城市为契机，从宏观布局上，专门印发了《关于加强社会治安防控体系建设实施意见》，在具体的落实上，研究出台智慧感知工程《建设规范》《技术导则》《管理规定》，以指导全市 33 个重点区域、264 个环蓉、环城道路基本实现安全数据全覆盖，引领全市"智慧警务"建设和实践。

同时，成都市公安局深化"大脚板+大数据"机制建设，常态开展"一标三实"信息采集、风险排查、矛盾化解。"动态更新 2285 万条实有人口、1188 万条实有房屋、82 万条实有单位等信息。按照达标、优质、示范标准，分层分类推进智慧小区建设，全市 3000 个小区完成智慧安防建设改造，并接入市级智慧小区模块，智慧小区可防性案件发案显著下降。①""以最优导向做强风险隐患预警预防功能、做强突发事件防范处置功能、做强公共安全协同监管功能、做强行业单位动态防控功能、做强网络安全综合治理功能、做强违法犯罪预防打击功能'六大功能'。②"在成都市范围内，从市局到各区县分局，都在布局智慧警务的体系建构，通过大数据推动公安工作的创新，从而形成新的战斗力的快速增长，推动城市治理的现代化发展。"公安

---

① 成都市公安局：《成都公安加快构建特色现代化治安防控体系，全方位服务城市高质量发展》，人民网，2022 年 3 月 18 日。
② 成都市公安局：《成都公安加快构建特色现代化治安防控体系，全方位服务城市高质量发展》，人民网，2022 年 3 月 18 日。

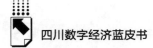
警务云提供了高可靠、弹性灵活的计算和存储资源支撑；公安信息网络实现全部派出所百兆直连，并向社区警务室、自助服务区延伸；移动警务终端配备率稳步提升，公安工作进一步服务群众；建成全国先进水平的'一主一备'数字集群通信网、3套高清视频指挥会议系统、'动中通'应急通信车辆，形成集语音、图像、数据为一体的可视化、扁平化的公安通信保障技术架构。"①

近年来，成都市公安局警力人数投入糖酒会安保的递减，也是得益于"智慧警务"的投入和警务智慧指挥大脑的建设。"2018年第98届糖酒会首次在成都西部博览城举办，投入警力5169人次；2019年第100届糖酒会，投入警力932人次，警力投放比例下降82%。警力下降的背后，得益于成都公安依托的'智慧大脑'。"②

### （二）智慧韧性安全城市建设

成都市公安局在推进智慧韧性安全城市建设的过程中，以提升驾驭社会治安的能力水平为目标，重点在"顶层设计、基座建设、智慧应用、智慧服务"四个强化上发力，凸显"智慧警务"的治理效能。

第一，成都市公安局智慧韧性安全城市建设顶层设计，主要是"形成以信息感知、智能分析、精确指挥、基础支撑四种功能和移动警务、'互联网+'两个延伸为核心的智慧公安工作体系"。

第二，成都市公安局智慧韧性安全城市建设的智慧警务"基座"建设，主要体现在"健全公安三级网、视频专网，完善数据库集群警务云平台。健全'一标三实'基础信息采集维护常态机制，整合公安内外部数据资源，提升基层单位高级权限覆盖率，累计为全省100余万起案件提供数据服务"③。

---

① 于婷：《成都·科技兴警｜打造数据警务　建设智慧公安》，封面新闻，2020年8月7日。
② 颜雪：《成都公安背后潜藏的"智慧大脑"》，成都商报官网，https：//e.chengdu.cn/html/2021-03-24，2021年3月24日。
③ 颜雪：《成都公安背后潜藏的"智慧大脑"》，成都商报官网，https：//e.chengdu.cn/html/2021-03-24，2021年3月24日。

第三，成都市公安局智慧韧性安全城市建设的智慧警务应用，主要是移动警务终端应用产品，包括手持终端、智慧警务穿戴等。先后研发了"社会治安风险评估系统"，实现风险的精细化防控。同时，还建设了"智慧安防社区管理平台"，主要是通过平台建设，实现智慧校区建设的全覆盖。出于成都市是会展之都、旅游城市的发展需求响应考虑，在大型安保领域，将相关的智慧安保项目纳入了"成都大运会城市智慧提升建设"总方案。

第四，成都市公安局在智慧服务上，则主要体现在"放管服"改革和"多证合一"登记制度改革，落实民生项目的办证和服务的"最多跑一次"，提升民众的"获得感、幸福感、安全感"等方面。

### （三）"智慧+平安"的社区治理

成都市都江堰公安机关从治安到治理，借助警务大数据的应用，推动基层市域治理难题的破解。在成都市统筹推进的"智慧警务"建设和实践工作中，都江堰市大力推行"党政领导、政法牵头、社治统筹、公安主抓、部门协作、社会参与"的工作思路和工作模式。都江堰在推进智慧平安小区建设进程中，先后经历了 2017 年的探索阶段，主要在重点小区降低案发数量，实现平安落地；到 2018 年，开始了试点阶段，借助数据大联动，融合立体化防控体系，实现小区的微治理，试点打造 21 个智慧平安社区。2019 年则做到在全市的推广应用，通过《都江堰市全面推进平安智慧小区建设实施意见》《都江堰市平安智慧小区信息安全管理制度》《都江堰市住宅小区安全技术防范系统建设标准指导意见》等文件，系统设计技术标准、体系配套和目标绩效考核。

都江堰市平安智慧社区的治理主要是通过数据的动态管控和融合创新来实现，借助风险点排查、相关信息采集与汇聚、重要线索应用与感知，实现智能预警、智能分析、智能协作，在疫情防控工作中，充分整合 255 个智慧平安小区防疫信息，有效消除了潜在病毒感染与传播的风险。同时，在安全守护上，人像识别、道闸抓拍、电子围栏等有效地降低了盗窃警情。

智慧平安社区在人文关怀和温情服务上发挥了积极作用，在对留守老人

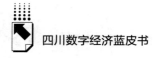

和儿童的服务上，设计了风险研判与安全守护等全流程环节。在社区的公共区域，安装了以环境安全为保障的物联网设备，包括燃气泄漏报警器、井盖监测器、烟雾报警器等，初步实现了远程监测、智能管控、节能降耗的成效。

### （四）智慧战训警务实践

四川公安机关依托四川省公安厅崇州战训基地、四川警察学院战训基地、成都市龙泉驿区战训基地等战训基地，历年来都在定期开展民警的战训工作。现在随着"智慧警务"的建设和实践，通过场景设置的技术来节约战训成本，已经成为智慧战训推进的实战思路。

**1. 数字技术建构创新训练场景**

第一，近年来成都市公安局轨道公交分局已经开始探索在训练中使用MR规范化执法警务实战训练系统，开展规范化执法训练，以应对可能出现的突发警务，如打架斗殴、扰乱秩序、家庭暴力、纵火爆炸、室内抓毒、恶意袭警等；在有限的资源配置的前提下，借助科技的力量，快速提升轨道公交民警的应变处突能力。"民警们头戴MR显示器，通过全息智能化训练系统及MR规范化执法警务实战训练系统开展警务实战化训练，训练内容涵盖规范化执法流程、武器警械使用、安全防护及应急处突战术技巧等。"

**2. 数字技术虚拟创新执法场景的设计**

在"智慧警务"的建设和实践中，根据公安机关实战中碰到的执法问题和执法场景，设置相应的情节与虚拟现实，提供多种应用场景及执法对象反应，要求民警应该出示证件、口头警告、使用警械、呼叫支援等对应执法流程和执法策略，实现全流程、多场景的单兵警力虚拟现实战训。同时，在"智慧警务"架构虚拟应用场景战训中，参训民警还可以通过系统反馈，对自己的战术动作进行修正，从而更加精准地使用法言法语，从而在效果、效率和效能上都得到极大的提升。

**3. 数字技术支撑智能量化训练考核**

在大数据建构的应用场景下，智能量化能够实现实时的训练效果反馈与成绩评估,从而便于民警在训练过程中战术动作的修正。虚拟执法环境对于"法言法语、战术动作、规范流程"等都做了标准化的设定,参训民警在虚拟执法环境中,可以借助显示器、仿真警械及装备,与系统中设置的"数字蓝军"进行特定场景中的执法模拟对抗演练。虚拟数字化系统在模拟对抗中,就已经对数据进行了实时的采集和量化打分,从而实现数据呈现和数据反馈。这种实时的考核与反馈,考评系统通过数据,客观反映战训中的执法用语、行为、武器装备使用、舆情风险等情况,能够增强参训民警的体验感。

# 二 泸州市"智慧警务"案例

## (一)智慧社区警务平台设计

泸州市公安局"智慧警务"工作的突出业绩在于智慧社区警务平台及运行成效,其平台建设是按照《四川公安大数据智能化建设规划》要求,结合治安业务应用系统集成整合、治安管理业务流程再造和机制创新等要求,在全面汇聚整合大数据资源(即警务、政务及社会数据资源)的基础上,在省警综平台及省、市各级大数据信息化系统平台支撑下,并在深入分析调研基层派出所需求的基础上,进行设计规划的。

在2020年全国智慧警务探索和创新发展大会上,泸州市智慧社区警务平台入围"全国公安业务创新类上榜项目",在"2020年度全省公安移动应用创新"评选工作中,荣获全省公安移动应用创新项目一等奖,成为全市唯一获全国、全省两项殊荣的项目。

## (二)泸州公安"数据警察"实践

### 1. 专业化队伍建设支撑"智慧警务"

高精尖的科技"武器"需要专业化、实战化的队伍来使用。"大数据警务建设应用需要一支专门汇聚数据、研究数据、应用数据的专业队伍,是一项系统工程，需要统一规划管理、统一需求建设、统一标准实施，一体化推进，通过组建专业部门，统筹推动大数据建设应用系统性、整体性、协同性发展。"2017年，泸州市公安局在泸州推进智慧城市、平安建设的历史背景下，实施了以"智慧云护墙工程"为统领的泸州公安大数据发展战略。2018年1月30日，泸州市公安局大数据警察支队正式成立。泸州市公安局建设的专业"数据警察"队伍，成为全省率先的首支"专业警种+全警赋能"的大数据警察支队，所辖的县级公安机关大数据警察大队相继组建。"大数据专业警种的组建，推动了大数据思维、大数据技术与警务工作深度结合，既是大数据智能化建设的中枢，又是牵引大数据应用的纽带，既牵头统筹规划、组织实施，又负责新系统、新模型的实战试用检验，是新型警务工作的'孵化园'和'试验田'"。① 为构建专业实力应用与全警普及应用新格局，提升数据作战素养和战力，泸州市公安局还与华为、阿里等高新科技公司共建"大数据实验室""视频图像实验室"，培育大数据建设应用专家型、复合型领军人才。

**2. "数据警察"专业警种应运而生**

大数据成为生产要素，因此对数据的加工就成为生产过程，泸州市公安局的大数据专业警种集合了数据规划、研发、建设、管理、应用等职能业务。泸州大数据警察支队的主要职责是负责全市公安大数据及视频图像的规划、建设、管理和应用；牵头全市局各警种合成作战，集中各警种系统，为重大警情、案事件处置提供实时支撑，为全警提供合成研判支撑；指导全市视频图像巡逻，开展视频侦查；负责主城区街面犯罪合成侦查打击等工作。对于具体业务，已形成大数据警察支队牵头，以三级视频专业队伍为主体，以分布于市、区县及基层所队的200余名应用专员为补充的全警视频应用队伍，呈现数据警察的队伍建设新格局。专业"数据警察"警种成建制地建立，并进行相应的技术赋能和专业培训，根据泸州市公安

---

① 蔡长春：《大数据警察揭开警务发展新篇章》，法治日报政法聚焦，http：//epaper.
legaldaily.com.cn/fzrb/content/20210513，2021年5月13日。

局的介绍,"大数据警察支队"和"大数据警察大队"成为统筹规划"引领设计者"、数据资源"汇聚服务者"、运行质态"监督管理者"和数据情报"直接实战者";而科信管理员、数据分析员、视频应用专员"三员"队伍活力迸发,数据管理、算法推演、平台研发、模型建设、战法提炼、培训推广六大职能引领实战战力提升。

### (三)智慧警务产品与服务创新

#### 1. 构建"云墙"智慧城市安防体系

泸州公安局发挥自身专业力量,结合外部力量研发了突出信息化、实战化应用功能"智慧云护城墙"(以下简称"云墙")警务服务平台,培养具备"云墙"信息采集和对涉案数据解读能力的两支专业队伍,建立起了治安防控的圈层体系。通过科技手段,实现对街面警力、处突机动力量、巡逻车辆精准调度,建立起立体化、动态化的智能防控新机制,有效提升复杂区域的社会治安防控能力。依托着圈层防控体系,泸州公安还建立了勤务等级响应模式,能够随时快速启动相关公安检查站快反点、盘查点、值守点等。依托泸州市"云墙"工程,2017年11月,泸州市公安局开展了"智慧社区警务"改革试点。龙马潭分局自主研发了专门的社区警务工作平台,如果发现异常情况,就立即通报附近的巡逻民警或是相关负责人第一时间赶到现场,及时掌控情况,进行先期处理。依托"云墙"工程,泸州公安还建立了"楼宇卫士"项目,由智能门禁卡、防爬刺、刀刺笼、视频监控等组成。可以通过平台清晰地看到各个小区的相关情况,让安全防范工作"清晰可见"[①],有效防范了"入室盗窃"等可防性案件[②]。

#### 2. 打造"云系家族"(云海、云剑、云慧、云盾、云基、云瞳)六大子系统

"云海"汇聚了最丰富、最齐全的多维数据,建设大数据应用最完备的

---

① 《四川泸州治安防控样本:建大数据警察支队,打造智慧社区警务》,澎湃新闻,https://baijiahao. baidu. com/s? id=1639398491063187609&wfr=spider&for=pc,2019年7月18日。

② 《四川泸州治安防控样本:建大数据警察支队,打造智慧社区警务》,澎湃新闻,https://baijiahao. baidu. com/s? id=1639398491063187609&wfr=spider&for=pc,2019年7月18日。

数据资源服务体系，建成全省第一家国家 A 级标准数据中心基础设施。"云剑"开发犯罪预测、数据碰撞等大数据实战工具集群。全省率先应用 OCR 技术开展涉毒案件卷宗数据提取、智能分析，为全警提供禁毒利器。"云慧"搭建研判类、预警类智能平台。全省首创研发风险洞察系统，预测预警矛盾纠纷、高风险警情、重点行业人员风险，有效预防民转刑案件和个人极端行为发生。"云盾"汇集各类治安防控应用，率先在全省建成"治综平台"，构建智能化、立体化治安防控新体系。"云基"打造智慧社区警务工作平台，自动推送任务清单、智慧管控治安要素、智能维护"一标三实"、一图展示全息社区，实现信息一网采、人员一网管、任务一网清、绩效一网考，运用大数据减轻了基层民警负担。"云瞳"集成以"人、车、物"为要素的视频智能综合应用系统，设置动态人像识别、重点区域图像管控、高点云防、车辆大数据、视觉计算等模块，统一入口、单点登录、分级授权①。

### 3. 提供"掌上"警务服务

近年来，泸州公安聚焦惠警和便民，着力构建无处不在、随时随地、便捷高效的移动服务体系。定制开发了"泸州云墙"、智慧社区警务、智慧巡防、智能接处警等一系列移动 App，将基层民警业务向移动端延伸，使警务协作、指令接收、人车核录、查询比对、群众走访、案件回访等业务实现掌上应用，使勤务报备、实时支撑、人像比对、信息采集实现从"云端"到"终端"的双向交互，成为基层民警管用、好用、实用的警务工作新助手。

### 4. 打造"大数据+互联网+公安政务服务"新生态

研发了 13 项出入境便民应用、驾考智能管理系统。打造的"泸州掌上户籍室"成为全省业务办理范围最广、服务项目最多、审批时限最快、功能整合最优的网络户政大厅。群众只需提供身份实名验证，网上提交办理需求及证明材料，户籍业务即可"掌上查、掌上问、掌上传、掌上办"，泸州警务工作与时俱进，跟上了移动互联的时代步伐。

---

① 《泸州"十三五"十大改革案例 | 深化大数据改革，泸州公安让警务智能化》，泸州新闻网，http://news.lzep.cn/content/2021-03-31/content_ 588592. html，2021 年 3 月 31 日。

# 数字经济生态篇

The Ecology of Digital Economy

**B . 21**

## 四川省数据交易市场构建研究

张 苑[*]

**摘 要:** 建设数据要素市场是我国要素理论的重要突破,推动数据交易是发挥市场机制的关键举措。随着数字经济的蓬勃发展,数据价值的挖掘也愈加受到重视,虽然数据要素市场建设提出时间并不长,但是全国已有贵州、上海、浙江、湖北、河南等多个省市进行了探索,四川也迈出了数据要素市场建设的步伐。在持续深化对数据要素认识的基础上,数据要素的交易也从底层数据向增值服务、交易数据价值密度提升、数据交易自动化水平提高、数据安全更受重视等方向转变。推动四川数据交易市场建设,要在保障数据安全的基础上,结合数据交易市场发展趋势,从完善配套标准制度、创新交易流通模式、打造数据流通生态等方面探索,以改革创新完善数据交易制度,以技术创新做好数据流通保障,持续提升数据交易市场建设水平。

---

[*] 张苑,四川省大数据中心高级经济师,主要研究方向为数字经济、区域经济、产业经济。

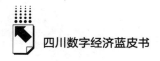
**关键词:** 数据要素市场 数字经济 大数据 四川省

数据作为生产要素,是要素市场理论新的突破和创新,要释放数据要素价值就必须加强数据要素市场建设,通过市场化的方式让数据要素参与生产经营活动。2019 年 10 月,中央文件首次明确提出将劳动、资本、土地、知识、技术、管理、数据等生产要素按照贡献一起参与分配。2020 年,《中共中央国务院关于构建更加完善的要素市场化配置体制机制的意见》发布,首次提出要培育数据要素市场。数据成为生产要素科技发展的结果,科技进步使得数据大规模采集、治理、存储、应用等能力提升,扩大了数据规模,为利用数据持续创造价值提供了可能。

## 一 数据交易市场发展概况

### (一)数据要素市场改革情况

数字经济时代,数据作为数字经济的关键核心要素,其作用愈加凸显。2019 年,党的十九届四中全会首次将数据要素正式纳入生产要素范畴。2020 年 4 月,《中共中央国务院关于构建更加完善的要素市场化配置体制机制的意见》明确提出:"引导培育大数据交易市场,依法合规开展数据交易。规范要素交易平台治理,健全要素交易信息披露制度。"10 月,党的十九届五中全会提出,建立数据资源产权、交易流通、跨境传输和安全保护等基础制度和标准规范,推动数据资源开发利用。12 月中央经济工作会议提出要健全数字规则。2021 年 1 月,中共中央办公厅、国务院办公厅印发了《建设高标准市场体系行动方案》提出:"研究制定加快培育数据要素市场的意见,建立数据资源产权、交易流通、跨境传输和安全等基础制度和标准规范,推动数据资源开发利用。"党中央、国务院先后出台了关于数据要素市场培育的多项政策法规,明确数据要素发展方向,鼓励开展数据要素交易流通。

## （二）数据交易市场建设情况

2015年，党的十八届五中全会正式提出"实施国家大数据战略，推进数据资源开放共享"，2015年4月，贵阳大数据交易所作为我国第一家数据交易所正式挂牌运营，拉开了我国数据交易的序幕。到2017年，面对数据孤岛问题难以解决、数据流通壁垒尚未消除、数据权属尚不明确等问题，各地数据交易场所经营困难，大数据交易机构建设进入冷静期和观望期。

2020年，党的十九届四中全会提出将数据作为生产要素参与分配，数据交易再度成为热点问题，2020年8月，北部湾大数据交易中心在南宁揭牌成立；10月，《深圳建设中国特色社会主义先行示范区综合改革试点实施方案》提出要研究开展数据交易的方式。目前，全国已有以贵州、上海、浙江、湖北、河南等为代表的多个省市建立了数据交易机构并开始运营探索。同时，国内数据交易参与主体已呈现多元化快速发展的态势，各地纷纷提出要打造数商生态。京东万象、天元数据、聚合数据、数据星河等大量民营资本踊跃参与到数据交易平台的建设中。

## （三）数据要素交易面临难题

数据要素作为新生产要素，与传统的土地、劳动力、资金等要素有很大的差异，其权属不清晰、定价机制不完善、可复制性可转移性强等特点，导致数据确权难度大，推动数据要素交易过程中面临诸多难题。

### 1. 数据确权问题

数据作为数字时代的核心生产要素，数据价值的释放会产生直接的经济效益，而这些效益的分配又与其所有权、使用权、收益权等息息相关。作为数据进行公开交易的基础，数据的确权不仅仅包括原始数据的所有权，还应该包括采集、治理后的数据以及在此基础上衍生出数据的使用权、收益权等。数据确权存在很多值得我们思考的问题，一是原始数据的所有权如何确定，数据是对现实和虚拟世界的描述，这种描述需要在一定的应用场景下才有意义和价值，例如，170厘米、60公斤等并不具有太多

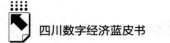

价值，但是当这些数据用在一个特定的场景下用来描述一个人或一个物品的时候，那么这些数据就有了意义，就会涉及隐私保护、数据安全问题。二是数据作为生产要素，其价值需要在流通、交易和场景应用中体现，就必须保证数据需求方可以合法合规取得数据的所有权、使用权、收益权等，从而更好释放出数据价值。数据"难采集、易复制"的特殊性决定了在数据所有人或控制人的权责尚不明确的情况下，合法合规地去追责、维护权益将很难实现。

2. 数据估值问题

数据估值是数据要素市场建设另一个重要基础和市场价格机制发挥作用的前提，缺乏明确定价机制的数据要素市场很难实现数据的大规模交易。数据价格是对数据质量、数据价值的一种衡量手段，数据要素能够产生的价值很难评估。数据资源本身的价值无法直接判断，只能根据通过它可以产生的价值或支撑应用场景的价值来衡量，但考虑到数据的特殊性，数据的所有者和购买者双方对数据质量、数据价值的认识是严重不对称的，更何况数据要素交易的参与者不仅仅是两个市场主体，如果每个市场主体对数据价值的认识都是千差万别的，那么市场的价值发现作用就会大打折扣。同一份数据，对于不同的买家能够产生不同的价值，不同应用场景对数据价值衡量的影响很大，在应用场景差异巨大的市场中，用相对合理的标准衡量数据价值、明确数据的价格是数据市场建设中需要面临的问题。

3. 数据安全问题

数据安全是关系数据能否大规模应用的前提。一是数据在采集、治理等过程中消耗的成本较高，而数据复制、窃取的成本很低，一旦发生数据安全问题，数据会在很短的时间内大范围扩散开，将会给数据采集方带来巨大损失。二是面临隐私保护问题。传统的数据如企业报表、个人账单等仅能从某个方面衡量个人或企业信息，而大数据采集能够涵盖企业、个人生产生活方方面面的数据，可以实现对企业或个人的精准画像、精准匹配。这就对数据采集、治理、存储、交易、使用等各环节提出了更高的安全要求，这种要求是全方位的，不再仅仅局限在某一阶段、某一层次。

数据要素市场建设面临确权、价格、安全等问题，这些问题的存在导致目前很难建设一个完整的、流动性充足的数据交易市场。现阶段数据交易、买卖等市场行为虽然一直存在，但是这些市场行为更多的是满足了买卖双方对于数据的需求，数据交易行为的透明性不足、市场化程度偏低。

## 二　数据交易市场发展趋势

### （一）交易对象从底层数据向增值服务转变

传统数据的交易对象主要是底层数据，以数据包的形式存在，但是数据的授权、确权、匿名化、定价、控制等难题短期内很难解决。同时，基于底层数据的交易撮合平台需要获取大量数据资源，面临个人信息保护等难题，不利于供需双方形成价格共识，制约了数据向纵深发展。随着数据交易探索的不断深入，未来数据交易的对象，将会由单一数据源交易向多维度多源数据融合转变，由高隐私风险的源数据交易向低隐私风险的以再加工数据产品、模型化数据和智能化数据为主要交易产品的方向转变。数据交易服务也会更多地从底层数据向提供场景化、持续性的数据解决方案转变，数据交易中介服务将介入包括数据清洗、加工、审计、资质认证、建模等环节在内的整个交易流程。例如，北京国际大数据交易所、北部湾大数据交易中心均表示将整合数据交易上下游企业，为数据交易参与方提供数据采集、存储、计算、清洗、分析、咨询、展示、应用等全链条服务。

### （二）参与数据交易的数据价值密度持续提升

数据交易双方对高价值数据的需求，将会推动数据要素交易从非均质、价值密度低的数据逐步向价值密度较高的数据转变。同一行业的市场主体往往对本行业的数据较为熟知和明确，交易双方也更易达成信任，对数据价值的认知相对一致，更利于数据的流通和开放使用。随着数据在医疗、交通、旅游、教育等场景应用越来越丰富，各行业对高价值数据需求日益旺盛，数据交易市场规模将逐步扩大。传统基于单一维度（如身份 ID）的数据归集

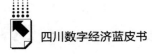

与分析已很难满足智慧城市、数字政府、产业数字化等复杂场景数据需求，多源数据融合分析及交易的需求规模将持续扩大。

### （三）数据交易自动化智能化管理成为趋势

随着个体、企业、社会、政府等主体的数字化转型，需要管理好、使用好的数据规模也在持续扩大，目前的数据管理方式自动化、智能化程度较低，实际使用中需要依赖大量人工，在机器学习等人工智能技术不断进步的情况下，可使用自动化智能化的数字技术，提升数据处理能力和数据管理能力，降低数据交易成本，增强数据资源的流动性，其中数据建模、数据标签、数据发现、数据标准应用将会成为自动化和智能化数据管理的主要应用方向。

### （四）数据安全将成为数据交易各方关注焦点

开展数据要素交易是将规模级数据在不同特定主体之间进行流转，考虑到数据采集治理成本较高、复制传播成本较低，参与数据交易流通的企业担心数据交易完成后，出现数据泄露或滥用现象，企业对数据交易行为较为谨慎。为了在安全可控的基础上推进数据交易流通，现阶段基于隐私计算的数据流通技术成为实现数据安全合规交易的主要思路，同时数据匿名、数据脱敏、数据加密、数据访问控制等技术也得到进一步发展。充分应用软硬件加密计算技术（如多隐私计算、同态加密、可信计算环境等）、联盟计算技术、区块链溯源技术，推动数据"可用不可见"交易方案的落地，将成为数据交易服务机构努力探索的方向。

## 三　四川省数据交易市场建设的思路分析

### （一）做好数据要素交易顶层规划与制度保障

推动数据要素交易市场建设，发挥四川省国家数字经济创新发展试验区优势，优先做好数据要素流通制度、法规、标准等规章制度建设，明确数据要素流通涉及的供给端、需求端、运营端、监管端、技术支撑体系、安全隐私保障体系等全流程的工作规程、法规条例、标准指引等。在特定行业和领域内形成小范围试点验证，同步优化完善相关制度规范与标准，逐步在全省推广应用。

### （二）率先推进价值密度较高数据的交易流通

大数据应用相较于传统统计的优势就在于数据的总量大、类型多，资料来源越丰富、种类越多样，能够挖掘分析出的有价值信息也就越多，挖掘分析出的结果相对来说就越准确。为了更好地推进数据交易市场建设，应该在充分考虑市场需求的基础上，汇聚政务、零售、物流、医疗、金融等领域稀缺的高价值数据资源，从而吸引大量数据需求方参与数据交易，提高数据交易规模和频次，形成高价值数据资源生态圈。

### （三）以应用场景为着力点推进数据要素交易

建设数据交易场所的核心是推进供给与需求的对接，推进数据要素交易要深刻理解不同行业和领域的数据应用需求，以释放数据要素的价值为方向，推动从数据本身或者数据结果的交易向数据价值挖掘转变。鼓励在零售、金融、医疗、智能制造等细分领域甚至跨行业开展数据需求场景分析，有针对性地拓展数据资源，挖掘高频、高价值应用场景，打造应用生态，提升数据要素交易的活跃度。

### （四）加强数据要素交易底座和平台支撑

数据交易平台是推动数据要素交易的核心承载平台，需要围绕数据供给方、数据需求方、数据服务方等多方需求，构建以数据资产、数据服务、数据产品为核心的综合性数据交易平台。构建数据从汇聚、生产、融合、交易到流通的一整套数据交易服务机制，形成快捷入驻、数据产品发布、交易、交付、结算的标准化流程，并集成数据治理、数据咨询、数据评估、数据合

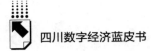

规等综合数据服务能力。推动数据交易平台建设与大数据、机器学习等数字技术相融合，提高从采集、清洗、组织、建模、标签到加工的自动化、智能化的数据加工处理能力，提升数据的利用和交易价值，提升数据处理效率，增强安全性。

### （五）持续开展数据要素交易创新研究

数据要素作为新兴的生产要素，其在流通共享、分析挖掘、安全保障、隐私保护、产业融合等多个领域都需要做好技术支撑，也同样面临着新兴技术研究的挑战，技术可行性和安全保障体系的实际落地需要长期持续的投入和研究，应做好数字资产交易流通、自主可控、加密脱敏、隐私计算、区块链等隐私保护和安全保障技术的研究工作。

## 四 推动四川省数据交易市场建设的建议

数据要素市场的建设不是一蹴而就的，要充分发挥市场对资源配置的决定性作用，依托价格、供求、竞争等市场机制发现数据价值，释放数据红利。应围绕数据要素市场建设中存在的问题，逐步完善产权制度，在保证数据安全的基础上，稳步推进交易行为的标准化规范化，逐步建设数据要素交易市场，扩大数据要素规模。

### （一）加快推进制度标准建设

针对数据产权登记、数据产权交易等关键问题，鼓励相关行业主管部门、科研机构、数据交易平台、数据运营公司等开展研究，为数据要素市场建设做好基础制度支撑。探索建立数据要素所有权、使用权、收益权等权益归属和登记体系，利用法律法规逐步完善数据要素市场建设的基础。制定数据的权属、流通、交易、保护等方面标准规范，建立数据流通交易负面清单。

准确把握数据交易推进步骤，率先在公共数据、政务数据领域制定数据流通规则，推进数据治理标准化、数据交易标准化。在统筹考虑数据获得成本的基础上，结合市场参与双方数据价格谈判结果，逐步累积数据价值衡量标准，通过交易行为的积累，为大数据治理标准、数据交易标准、数据流通规则、数据价值评估等数据流通关键环节提供实践案例支持，逐步形成区域数据价值衡量标准。

## （二）加强交易流通模式探索

根据公共数据、商业数据、个人数据等不同类型数据的敏感性、安全性，合理确定数据的交易方式及交易范围，建设"算力+算法+数据"的安全可信数据交易平台，鼓励数据交易参与方在平台上进行安全、合规交易。积极探索数据交易模式，利用协议定价、固定定价、集合定价等方式推动不同类型数据交易，例如，对不宜进行公开交易的数据，供需双方可以在充分了解数据内容的基础上，签署数据交易协议并通过明确保密义务等保障数据安全。推动政务数据资源开放，利用开放数据集、提供数据接口、数据沙箱等多种方式推进政企数据对接融合，盘活数据资源，激发政务数据流通活力。鼓励金融、交通、旅游、医疗、制造业等拥有丰富数据资源的行业深入探索数据交易流通模式。围绕个人数据、公共数据、商业数据等不同层次的数据交易需求，进行数据清洗、脱敏、建模，通过可视化的形式展示数据价值，减少数据交易参与各方的信息不对称。

## （三）搭建交易流通发展生态

鼓励政府、企业、社会组织等多方参与数据要素市场建设，形成推动数据要素交易流通运营和价值转化的有效路径。一是构建数据联盟生态，发挥龙头企业、社会组织等作用，在数据交易场所、数据要素产业园等载体中，集中引进培育一批云服务、区块链、隐私计算等技术服务企业和第三方专业服务机构。二是鼓励产学研合作，支持高校院所、行业协会、龙头企业等开展数字资产交易前瞻性研究，建立重点实验室、工程技术中心、协同创新基地等研发实体，围绕数据要素交易通用技术、核心技术开展深入研究，推动理论研究、科技研究与交易实践"并跑"。鼓励企业联合科研院所共建场景实验室、协同创新基地等创新实体，丰富数据交易新产品、新模式供给，深入挖掘数据要素价值。

### （四）提升数据交易安全性

数据交易流通过程中需要建立安全合规的技术运营体系，利用密码学技术包括可验证计算、同态加密和安全多方计算等方式，对数据进行加密，在保证数据安全性的基础上，减少数据泄露风险。探索利用区块链技术实现数据的追溯、存证、确权和利益分配，推动不同交易主体之间数据的连接。推动隐私计算技术的应用，在保护数据本身不对外泄露的前提下实现数据可用不可见、数据融合挖掘及数据价值流转，平衡安全性和隐私保护需求，让数据价值得以更好发挥。制定数据的隐私保护和安全审查机制，成立专业的数据审查委员会，对数据进行分级分类，明确数据的交易范围、交易方式，对涉及隐私安全的数据，可以在进行清洗、脱敏加工之后，再结合数据的敏感性确定合理的交易方式。

**参考文献**

陈舟、郑强、吴智崧：《我国数据交易平台建设的现实困境与破解之道》，《改革》2022 年第 2 期。

吴志刚：《重构数据生产关系 培育数据要素市场》，《数字经济》2021 年第 1 期。

应焕红：《深化数字要素市场化配置体制改革》，《浙江经济》2021 年第 12 期。

施羽暇：《培育数据要素市场的现状、问题与建议》，《信息通信技术与政策》2022 年第 1 期。

曹硕、廖倡、朱扬勇：《数据要素的证券属性设计研究》，《上海金融》2021 年第 4 期。

# B.22
# 四川省数字经济生态系统优化研究

马 丽 邵云飞*

**摘 要:** 打造具有强大生命力的数字经济生态系统，对促进四川省数字经济健康快速发展至关重要。四川省数字经济相关政策体系逐步完善、数字经济立法进程加快、数字经济产业集聚效应初显、数字经济品牌建设不断提升、数字信用监管机制逐步建立。但还存在经济政策的系统性和有效性有待提高、数字经济的法治和监管还存在短板、数字经济产业集群带动效应还未充分释放、数字经济"名片级"品牌较少等问题。应该着力从以下五个方面优化四川省数字经济生态系统：一是制定更加系统有效的数字经济发展政策；二是完善数字经济发展的法治治理体系；三是进一步建强"芯屏存端软智网"数字产业集群；四是着力塑造有世界影响力的数字经济品牌；五是进一步加强数字信用监管体系建设。

**关键词:** 数字经济 生态系统优化 四川省

数字经济生态系统是以数据资源为基础的边界开放的复杂网络系统，该系统中的生产者、消费者和分解者与生态环境之间形成良性互动的紧密合作

---

* 马丽，管理学博士，成都师范学院副教授，主要研究方向为技术经济与创新管理；邵云飞，管理学博士，电子科技大学经济与管理学院教授，博士生导师，主要研究方向为技术经济与创新管理。

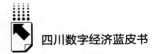
关系，不断实现价值创造和价值分配①。目前，四川省数字经济大而不强，从生态系统理论的视角，以开放式创新为核心驱动力，打造具有强大生命力的数字经济生态系统，对促进四川省数字经济健康快速发展至关重要。

# 一　四川省数字经济生态系统现状

## （一）数字经济相关政策体系逐步完善

自 2018 年以来，四川省委、省政府立足省情先后作出"抢占数字经济发展制高点""打造数字经济发展高地"等重大决策部署，出台《关于加快推进数字经济发展的指导意见》《关于深化"互联网+先进制造业"发展工业互联网的实施意见》《四川省"十四五"数字经济发展规划》《四川省"十四五"软件与信息服务业发展规划》《四川省"十四五"信息安全产业发展规划》《四川省"十四五"存储产业发展规划》《四川省"十四五"新一代人工智能发展规划》《关于支持四川省数字化转型促进中心建设的政策措施》《国家数字经济创新发展试验区（四川）建设工作方案》《全国一体化算力网络成渝国家枢纽节点（四川）实施方案》《关于推动平台经济规范健康持续发展十七条措施》等多项政策文件。四川数字经济战略规划和政策体系持续丰富完善，初步形成了从顶层设计到分级分类推进的发展态势，部分政策红利已经开始转换成发展新动能，极大地推动了四川省数字经济的健康快速发展。

## （二）数字经济立法进程加快

四川省数字经济规模快速扩张，但是数字经济衍生出数据安全、隐私保护、算法歧视、平台垄断等一系列问题，为保护数字经济参与主体各方合法

---

① 韩亚品：《数字经济生态系统的内涵、特征及发展路径》，《国际经济合作》2021 年第 6 期，第 43~51 页。

权益，促进数字经济快速健康发展，四川省相关部门和省人大常委会加快推进与数字经济发展密切相关法规的制定和审议工作，相继出台新修订的《四川省反不正当竞争条例》和《四川省数据条例》（见表1），《四川省知识产权保护和促进条例（草案）》和《四川省社会信用条例（草案）》也正在抓紧审议当中（截至2023年2月）（见表2）。

**表1　四川省近五年出台的数字经济相关法规**

| 实施时间 | 法规 | 主要内容 |
|---|---|---|
| 2022年1月1日 | 四川省十三届人大常委会第三十一次会议第二次全体会议《四川省反不正当竞争条例》 | 新条例对互联网领域不正当竞争行为的表现形式和特点以及处罚作出明确规定 |
| 2023年1月1日 | 四川省十三届人大常委会第三十八次会议《四川省数据条例》 | 条例共有八章七十条，包括总则、数据资源、数据流通、数据应用、数据安全、区域合作、法律责任和附则 |

资料来源：作者整理。

**表2　四川省正在审议的数字经济相关法规**

| 法规状态 | 法规草案 | 主要内容 |
|---|---|---|
| 审议当中 | 《四川省知识产权保护和促进条例（草案）》 | 条例（草案）共有六章五十六条，包括总则、创造与应用、行政与司法保护、社会共治、管理与服务和附则。 |
| 审议当中 | 《四川省社会信用条例（草案）》 | 条例（草案）共有八章六十一条，包括总则、信用环境建设、信用信息管理、信用信息应用、信用主体权益保障、信用服务业发展、法律责任和附则。 |

资料来源：作者整理。

## （三）数字经济产业集群集聚效应初显

四川突出发展"芯屏存端软智网"等数字经济核心产业，积极探索数字经济核心产业集聚发展模式，全力打造具有全球竞争力的数字经济产业集群（见表3），通过集聚发展模式的推动，2022年，数字经济核心产业增加值达到 4324 亿元①，占地区生产总值的比重超过 7%，数字经济产业集群集聚效应初显。

表3　四川省"芯屏存端软智网"数字经济核心产业集群概况

| 数字经济核心产业 | 产业集群概况 |
| --- | --- |
| 芯片 | 重点发展集成电路设计、制造、封装测试、配套发展集成电路材料和设备业，形成了较为完整的集成电路产业链条。中国电子信息产业集团与成都市政府共建的集成电路产业聚集区——成都芯谷是国家级"芯火"双创基地，引进了华大九天、氪盛科技、澜至电子、成都华微、中国网安、中电金信等重点企业，落地中国信通院成渝研究院、赛迪研究院四川分院、中科微电子产业技术西南研究院等重大创新平台，目前芯片产业已发展成为四川省集成电路产业创新策源地和中国集成电路产业的重要一级 |
| 新型显示 | 致力于构建贯通原材料、零部件、面板制造、整机集成的新型显示产业链，重点打造位于成都高新区、仁寿经济开发区、彭山产业新城和绵阳高新区等地的新型显示产业集群，AMOLED 产业规模位居全国第一，产业规模优势和集群影响力已初步形成 |
| 数据存储 | 打造中国"存储谷"，在成都、绵阳、德阳、遂宁、南充、资阳、眉山等市（州）重点布局存储核心软硬件，在成都、德阳、绵阳、遂宁、宜宾、泸州等市（州）重点布局消费级和企业级存储制造 |
| 智能终端 | 着力促进智能终端产品创新研发，打造以成都、宜宾、泸州、绵阳为核心的智能终端产业聚集区 |
| 软件和信息服务 | 重点打造国际软件名城，成都市软件和信息服务产业入选全国先进制造业集群 |
| 人工智能 | 重点建设成都市天府新区人工智能产业聚集区、智能制造产业园，加快推进德阳旌阳智能制造产业园、绵阳长虹智能制造产业园和远东股份宜宾智能制造产业园建设，支持成都、自贡打造千亿级无人机产业集群 |
| 信息网络 | 大力建设"天府无线通信谷"、中国移动（成都）产业技术研究院、中国电信云锦天府 5G 应用产业园、中国联通 5G 创新中心等产业载体和创新平台，构建了完整的 5G 产业链 |

资料来源：作者整理。

　　除此之外，四川省还加快推进大数据产业集聚区和产业园建设，成德绵眉泸雅宜乐大数据产业走廊初步形成，中国·雅安大数据产业园成为全国首

---

① 《2023 年四川省人民政府工作报告》。

个"碳中和"绿色数据中心。启动建设全国一体化算力网络成渝枢纽节点，算力排名全球前十的成都超算中心被纳入国家序列。与此同时，国家网络视听产业基地、国家超高清视频产业基地、中国电科成都产业基地落户成都，京东西南智能运营结算中心建成。

### （四）数字经济品牌建设不断提升

#### 1. 数字经济区域和城市品牌

2019 年 10 月，四川被列为国家数字经济创新发展试验区，2022 年如期完成试验区建设任务，新型基础设施建设跑出加速度，全域数字治理体系初步形成，数字产业集聚发展加快成势，产业数字化加速融合升级，川渝联合共建"数字双城经济圈"，已经在信息基础设施共建共享、川渝政务事项"跨省通办"等方面取得积极进展，成德眉资"数字都市圈"也加速形成，西部重要的数字经济区域品牌初步建立。

四川着力打造数字经济示范城市，通过省内数字经济领先城市外溢数字创新能力，平衡省内城市间数字要素资源，辐射带动全域城市数字经济水平提升。赛迪顾问发布的《2022 数字经济城市发展百强榜》中，成都、绵阳和德阳上榜，分别位列第 6、第 46 和第 93，成都电子信息产业营收超过万亿元，初步建立了数字经济城市品牌。

#### 2. 数字经济品牌会议

四川定期举办中国国际软件合作洽谈会、中国大数据应用大会、中小微企业云服务大会等品牌会议，积极承办全球 5G 产业创新峰会、数字中国峰会、中国信息通信大会、区块链合作高端峰会等品牌会议，举办中国数字经济投融资云路演活动，积极搭建数字经济发展交流合作平台，同时提升自身数字经济影响力。

#### 3. 数字经济品牌企业、产品和服务

四川加大对数字经济品牌建设的扶持和激励力度，鼓励重点企业实行品牌推广战略，着力塑造一批具有较强市场影响力和竞争力的数字经济品牌企业、产品和服务。目前，卫星、无人机、卡口、瞭望塔和护林员"五位一

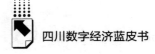

体"的防火监测体系，熊猫监测即报系统（简称DPS），华西医院数字医疗健康平台、成都公共数据运营平台、电信网络诈骗预警反制平台等数字经济品牌在全国影响力不断提高。

### （五）数字信用监管机制逐步建立

数字经济是信用经济，多元主体、跨界融合等数字经济发展特点要求各类经济主体必须要有契约精神、诚实守信。四川不断健全完善数字经济治理体系，强化以信用为基础的数字经济市场监管。

#### 1. 制定信用信息管理和开放应用的规章

2020年12月，四川省发展和改革委员会和中国人民银行成都分行联合印发《四川省社会信用管理暂行办法》的通知，其分为总则、信用信息管理、守信激励和失信惩戒、信用主体权益保护、信用服务行业发展、社会信用环境建设、附则共七个章节，该办法是四川省第一部综合性信用管理规范性文件。

#### 2. 推动信用数据共享

四川着力通过信用平台共建、信用数据共用、信用服务共创实现信用红利共享，逐步实现跨区域、跨部门、跨行业个人诚信评价结果互通互认。

#### 3. 加强互联网平台治理

四川重点加强互联网平台治理，推动构建基于信用积分的多元协同治理体系和触发式监管机制，探索共享经济、平台经济等新业态新模式的分类监管制度。积极培育信用产品应用市场，推广本地信用评价产品应用。

## 二　四川省数字经济生态系统存在的主要问题

### （一）数字经济政策的系统性和有效性有待提高

四川为推动数字经济健康快速发展出台了各种政策，但还存在涉及数字经济某些关键领域的支持政策较少、有效性不高等问题。例如，加快数据要素流通和价值化、企业数字化转型、数字人才引进和培育、数字技术创新、国际国内数字经济合作交流等方面的支持政策不足，有效性不高。

## （二）数字经济的法治和监管还存在短板

四川尽管已经加紧推进数字经济相关立法，但是，相比北京、上海、广东、浙江、江苏等数字经济发达省份，四川数字经济的法治和监管还存在较大短板。例如，在网络信息服务、网络安全保护、网络社会管理等方面的制度规范，个人信息保护、未成年人网络保护，以及互联网技术、商业模式等领域创新成果的知识产权保护制度规范，人工智能、云计算、大数据等新技术应用的地方立法研究，以及推动四川地方性法规和政府规章延伸适用到网络空间等方面的立法比较滞后。

## （三）数字经济产业集群带动效应还未充分释放

四川省数字经济产业集聚式发展，形成了一些数字产业集群，但集群大多初具规模，技术创新能力和竞争力还不强，产业集群带动效应还未充分释放，还无法有效发挥带动和辐射区域数字经济快速发展的作用。

## （四）数字经济"名片级"品牌较少

四川不断提升数字经济品牌，扩大数字经济影响力，但在数字经济区域和城市品牌方面，数字经济企业、产品和服务"名片级"品牌仍较少。

在数字经济区域和城市品牌方面，相较京津冀、长三角和粤港澳经济群，成渝数字双城经济圈的建设主要集中在信息基础设施共建共享、川渝政务事项"跨省通办"等方面，在数据要素资源共享、数字产业统筹规划和数字协同创新等方面的合作还比较薄弱。

赛迪顾问发布的《2022数字经济城市发展百强榜》中，成都、绵阳和德阳上榜，相较数字经济发达的省份，上榜城市数量和排名均有较大差距（见表4）。

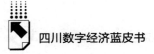

### 表4 2022数字经济城市发展百强排行榜

| 省份 | 上榜城市 | 排名 | 省份 | 上榜城市 | 排名 | 省份 | 上榜城市 | 排名 |
|---|---|---|---|---|---|---|---|---|
| 北京 | 北京 | 1 | | 厦门 | 20 | | 石家庄 | 30 |
| 上海 | 上海 | 2 | 福建 | 福州 | 21 | | 唐山 | 60 |
| 浙江 | 杭州 | 4 | | 泉州 | 31 | 河北 | 廊坊 | 64 |
| | 苏州 | 7 | | 漳州 | 63 | | 保定 | 70 |
| | 无锡 | 17 | | 青岛 | 13 | | 沧州 | 74 |
| | 宁波 | 18 | | 济南 | 16 | | 邯郸 | 80 |
| | 温州 | 27 | | 烟台 | 39 | | 成都 | 6 |
| | 绍兴 | 37 | | 潍坊 | 45 | 四川 | 绵阳 | 46 |
| | 嘉兴 | 38 | | 临沂 | 56 | | 德阳 | 93 |
| | 金华 | 43 | 山东 | 济宁 | 66 | | 南昌 | 29 |
| | 台州 | 51 | | 淄博 | 68 | 江西 | 镇江 | 50 |
| | 湖州 | 71 | | 威海 | 72 | | 赣州 | 58 |
| | 南京 | 8 | | 德州 | 81 | | 九江 | 91 |
| | 南通 | 26 | | 泰安 | 82 | | 长沙 | 15 |
| | 常州 | 34 | | 东营 | 87 | 湖南 | 岳阳 | 92 |
| | 徐州 | 35 | | 滨州 | 90 | | 衡阳 | 97 |
| | 扬州 | 40 | | 菏泽 | 94 | | 常德 | 98 |
| 江苏 | 盐城 | 49 | | 郑州 | 14 | 辽宁 | 大连 | 28 |
| | 泰州 | 52 | | 洛阳 | 53 | | 沈阳 | 32 |
| | 连云港 | 69 | | 南阳 | 65 | 陕西 | 西安 | 22 |
| | 淮安 | 73 | 河南 | 许昌 | 77 | | 咸阳 | 89 |
| | 宿迁 | 76 | | 新乡 | 83 | 云南 | 昆明 | 23 |
| | 深圳 | 3 | | 周口 | 96 | 内蒙古 | 呼和浩特 | 42 |
| | 广州 | 5 | | 开封 | 100 | | 鄂尔多斯 | 95 |
| | 东莞 | 19 | | 武汉 | 10 | 贵州 | 贵阳 | 24 |
| | 佛山 | 25 | | 襄阳 | 62 | | 遵义 | 84 |
| 广东 | 珠海 | 44 | 湖北 | 宜昌 | 75 | 山西 | 太原 | 33 |
| | 惠州 | 54 | | 江门 | 78 | 广西 | 南宁 | 36 |
| | 中山 | 67 | | 咸阳 | 89 | 黑龙江 | 哈尔滨 | 41 |
| | 汕头 | 79 | | 合肥 | 12 | 吉林 | 长春 | 47 |
| | 湛江 | 99 | | 芜湖 | 57 | 甘肃 | 兰州 | 48 |
| 重庆 | 重庆 | 9 | 安徽 | 滁州 | 86 | 新疆 | 乌鲁木齐 | 55 |
| 天津 | 天津 | 11 | | 阜阳 | 88 | 海南 | 海口 | 59 |
| | | | | | | 宁夏 | 银川 | 61 |

资料来源：赛迪顾问数字经济产业研究中心。

在数字经济企业、产品和服务方面，省内数字产业企业规模普遍偏小，规模大、掌握关键核心技术、具有突破式数字创新能力的龙头企业较少，缺乏"名片级"产品和服务。省内制造业龙头企业数字化转型推进阶段普遍滞后于国内行业龙头企业，对区域、行业和产业链融合引领作用不够突出，数字化转型需求不强、信息化投入能力弱等导致中小制造企业数字化转型较为滞后。

# 三 四川省数字经济生态系统优化的对策建议

## （一）制定更加系统有效的数字经济发展政策

首先，完善数据治理政策，切实发挥数据要素价值。尽快出台促进数据要素流通和价值化的支持政策。加快建设政务数据开放门户网站，完善公共数据开放制度，促进公共数据要素化和价值增值。健全政府部门与互联网企业间的数据共享机制，挖掘数据资产潜力，释放大数据活力。

其次，制定产业数字化政策，推动产业效率提升。研究出台推动企业数字化转型的支持政策，加快龙头企业数字化转型，充分发挥引领和示范作用，让中小企业愿意、敢于、善于高质量数字化转型。

最后，加大数字创新政策支持力度，促进关键核心技术研发应用。持续加大数字技术创新支持力度，通过推动"产学研金服"跨组织管理协作、强化数字技术创新激励、建立全省"数字工匠"技术人才库等举措，提升数字产业化能级。紧抓数字技术核心研发能力，聚焦关键核心技术，建设一批数字技术创新平台和重大工程，遴选具备较强技术基础、创新能力的团队集中攻关，形成多方参与、优势互补的数字技术研发应用体系。

## （二）完善数字经济发展的法治治理体系

四川应加快推进网络立法、完善网络制度规范，加快推进《四川省政务数据资源管理办法》《四川省大数据发展应用促进条例》的制定工作，尽快健全完善网络信息服务、网络安全保护、网络社会管理等方面的制度规范，健全个人信息保护、未成年人网络保护，以及互联网技术、商业模式等领域创新成果的知识产权保护制度规范，开展人工智能、云计算、大数据等新技术应用的地方立法研究，推动四川地方性法规和政府规章延伸适用到网络空间。

### （三）建强"芯屏存端软智网"数字产业集群

#### 1. 充分发挥平台引领作用

鼓励四川省本地优势企业如新大陆、锐捷、网龙等实施跨界并购，构建"平台企业 +功能性平台"发展模式，吸引高端要素集聚，在完善产业链布局中挖掘四川省数字经济发展潜力，以平台企业引领推动四川省数字经济产业集群实现"平台集聚—企业集聚—产业集聚"的内生驱动循环，为数字经济产业集群发展提供内生动力。

#### 2. 充分发挥龙头企业带动作用

出台相关政策，鼓励四川省数字经济龙头企业不断向数字经济产业链纵深方向发展，引导行业龙头企业充分发挥自身在资金积累、资源整合和系统集成等方面的优势，创新商业模式对产业链各环节涉及的小微企业进行投资孵化，由龙头企业裂变出若干小的数字经济创新企业或形成创新模式，以市场化方式做大做强产业链，引导、推动四川省数字经济产业集群朝全产业链协同创新方向发展。[1][2]

#### 3. 提高"政产学研用"协同创新能力

整合四川省数字科技创新资源，完善"政产学研用"组合的数字经济产业集群发展创新机制，鼓励四川企业与高校、科研院所建立四川数字经济产业发展联盟，营造更有利的数字技术创新环境，为四川省数字经济产业集

---

[1] 余川江、李晴、龚勤林：《政策工具视角下中外智能制造产业集群政策比较研究》，《东南学术》2021 年第 5 期，第 170~179 页。

[2] 王燕、孙超：《产业协同集聚对绿色全要素生产率的影响研究——基于高新技术产业与生产性服务业协同的视角》，《经济纵横》2020 年第 3 期，第 67~77 页。

群发展打好技术基础。

### 4. 内培外引数字经济高端人才

四川应依托四川省数字经济产业集群优势和良好的工作生活环境来吸引一批数字技术领军人才和既有互联网思维又理解制造业痛点的复合型人才，以人才集聚作为树立四川省数字经济产业集群发展竞争优势的基础支撑力，为四川省数字经济产业集群发展提供源源不断的高质量人才①。

## （四）着力塑造有世界影响力的数字经济品牌

在数字经济区域和城市品牌方面，加快成渝数字双城经济圈的建设，深化在数据要素资源共享、数字产业统筹规划和数字协同创新等方面的合作。巩固成都在电子信息产业方面的"名片级"地位，辐射带动绵阳和德阳在存储、智能制造、信息网络等方面的快速发展，支持宜宾、眉山、自贡等地的数字经济产业成链集聚发展，在数字经济城市品牌上打造更多"名片级"城市。

在数字经济企业、产品和服务方面，支持数字经济龙头企业壮大规模、加强数字核心技术和关键产品突破式创新，打造一批具有代表性、辐射性的龙头企业。鼓励企业通过在数字化发展实践中进行产品和服务创新、提高产品和服务的体验感、以数码和文化符号重构品牌、建立品牌与人心对话的桥梁等方式创建标准和品牌。

## （五）加强数字信用监管体系建设

### 1. 完善法治建设，夯实监管基础

法律制度对于数字信用监管机制的建立具有重要意义，要加大数字经济关键核心技术司法保护力度，持续优化科技创新法治环境。重点围绕个人信息分级与保护、数据确权与市场交易、数据采集与共享、数据安全多层级保

---

① 王欢芳、张幸、宾厚、何燕子：《新一代信息技术产业的空间集聚研究》，《财经理论与实践》2020 年第 1 期，第 131~138 页。

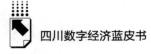

障等问题精细立法。厘清数字经济纠纷的特点，探索完善分层递进、耦合配套的多元解纷机制，积极搭建融合各类解纷资源于一体的"大平台""云解纷"，以审慎包容的思维在规制与发展之间寻求平衡，为数字经济高质量发展提供必要的司法保障。

2. 凝聚多方力量，形成监督合力

在数字经济发展过程中，需要监管者、经济活动主体等共同参与，协力构筑系统性的信用监管机制，涵盖诸如身份认证、数据加密、信用评价、失信惩戒、争议解决等各个方面，维护数字经济参与各方的合法权益。

3. 加强信用教育，提高守信的主动性

四川应通过加强诚信理念教育、开展诚信主题教育实践活动、学习宣传诚实守信道德模范、把诚信建设纳入群众性精神文明创建活动、广泛开展诚信公益广告宣传等活动加强公民信用教育，大力宣传数字经济时代信用的意义、价值、功能，让人们更好地理解和接受信用的好处，在全社会形成重信守诺的良好氛围。

4. 鼓励行业自律，提升监管质量

完善数字经济的信用监管，行业自律机制同样值得重视。在逐步完善相关法律法规的同时，可以通过行业自律更好地应对日新月异的数字经济发展带来的问题。特别需要大力推动、组织不同行业制定自律准则，鼓励第三方机构对企业进行评价评级。随着行业自律机制的不断完善，让失信无信者寸步难行，必将促使数字经济主体合法合规参与经济活动。

# B.23
# 四川省全民数字素养提升研究

邓　玲　刘晓梅　宋远东*

**摘　要：** 本报告以全民数字素养与技能提升路径为研究对象，在深刻理解国家提升全民数字素养与技能战略意图和总体要求的基础上，提出包含全民数字素养与技能提升在内的数字经济"3+1"总体框架。报告采用文献调查法和案例法，研究分析了大量国内外文献和重要政策，介绍了英国、澳大利亚、印度等国家在提升全民数字素养与技能方面不同的推进机制和有效路径，国内部分省市在提升全民数字素养与技能方面的具体措施，特别介绍了内江市威远县开展数字技能知识"培训培训者"工程，推进"学习力—创新力—生产力—竞争力"转化的创新实践经验。报告最后从做好顶层设计和组织实施、领导干部带头当好数字公民、开展试点示范、开展数字扫盲工作、扩大数字资源供给、构建数字素养与技能培训体系等方面对四川省提升全民数字素养与技能提出了对策建议。

**关键词：** 数字经济　数字素养数字技能　竞争力　四川省

发展数字经济是我国迈向社会主义现代化的重大战略部署，以数字技术为导向、数据资源为依托的数字经济已经成为推动中国经济持续增长的核心动能。发展数字经济是一项巨大的系统工程，主要由数字基础设施建设、数

---

\* 邓玲，四川大学经济学院教授、博士生导师，主要研究方向为信息系统分析与设计、区域经济学、人口资源与环境经济学；刘晓梅，成都格润创新科技研究院工作人员；宋远东，成都格润创新科技研究院工作人员。

字产业化、产业数字化和全民数字素养与数字技能提升四部分构成，呈现"3+1"的结构。其中数字基础设施建设、数字产业化、产业数字化三部分已经达成共识，而对于全民数字素养和数字技能提升在数字经济发展中的基础性和战略性作用的认识，还亟待提升。随着数字经济的高速发展，我国数字技术的发展正处于密集创新期和高速增长期，数字技术的快速发展必然带来与之相匹配的数字技能快速发展，势必要求劳动者不断提升掌握数字技能的水平，因此全民数字素养和技能水平就成为发展数字经济的重要基础和前提条件。事实上，全民数字素养和技能水平与信息基础设施水平一样，正在成为一个国家国际竞争力和软实力的重要标志，只有信息基础设施"硬实力"和数字素养"软实力"共同发力，才能最大限度地推进产业数字化和数字产业化，形成推进高质量发展的核心动能，塑造数字时代国家竞争的新优势。随着数字时代的到来，数字鸿沟造成的差别正在成为我国继城乡差别、工农差别、脑体差别三大差别之后的"第四大差别"，引发的各类经济社会问题日益凸显。对于一个公民而言，若不能掌握基本的数字技能，不仅无法高效地搜集信息和使用数字化产品与服务，成为"数字文盲"，而且无法更好地掌握其他的劳动技能，甚至不能够在这个数字化时代正常生活。党的二十大报告提出，"建设全民终身学习的学习型社会、学习型大国"。数字素养和技能是学习型社会人们需要具备的一种能力和素质，是人们生存于数字化社会的关键能力，加快提升公民数字素养和技能，是推动建设学习型社会、学习型大国的有效举措。

## 一 国家关于提升全民数字素养与技能的战略部署

党中央高度重视提升全民数字素养与技能工作。2020年党的十九届五中全会首次提出"提升全民数字技能，实现信息服务全覆盖"，紧接着出台了一系列关于加强全民数字素养和技能提升的政策措施（见表1）。我国大力推进全民数字素养与技能提升，主要基于三个目的，一是落实以人民为中心的发展思想，提高国民素质，促进人的全面发展；二是为网络强国和数字中国发展提供强有力的社会能力支撑;三是弥合数字鸿沟,促进共同富裕。提升的总目标是,到 2025 年全民数字化适应力、胜任力、创造力显著提升,全民数字素养与技能达到发达国家水平。提升的措施主要包括丰富优质数字资源供给、提升高品质数字生活水平、提升高效率数字工作能力、构建终身数字学习体系、激发数字创新活力、提高数字安全保护能力、强化数字社会法治道德规范等。"十四五"期间,国家层面将开展公民数字参与提升工程、数字社会无障碍和适老化改造提升工程、数字技能产教融合工程、领导干部和公务员数字素养提升工程、退役军人数字素养与技能提升工程、高端数字人才培育工程等六大数字工程。

**表 1　国家关于提升全民数字素养与技能的相关文件**

| 时间 | 相关文件 | 主要内容 |
|---|---|---|
| 2020 年 10 月 | 党的十九届五中全会《中共中央关于制定国民经济和社会发展第十四个五年规划和二〇三五年远景目标的建议》 | 在"加快数字化发展"部分强调,"提升全民数字技能,实现信息服务全覆盖" |
| 2021 年 3 月 | 全国人大第十三届四次会议《中华人民共和国国民经济和社会发展第十四个五年规划和 2035 年远景目标纲要》 | 第五篇"加快数字化发展　建设数字中国"第十六章"加快数字社会建设步伐"中提出要"加强全民数字技能教育和培训,普及提升公民数字素养" |
| 2021 年 4 月 | 人社部《提升全民数字技能工作方案》 | 聚焦加强全民数字技能教育和培训,普及公民数字素养,从完善提升全民数字技能政策措施、加强技工院校数字技能类人才培养、加强数字技能职业教育培训、推进数字技能类人才评价工作、积极开展数字技能类职业技能竞赛、提升数字技能人才培养基础能力建设六个方面提出具体举措 |
| 2021 年 11 月 | 中央网信办《提升全民数字素养与技能行动纲要》 | 明确了提升全民数字素养与技能的指导思想、基本原则、发展目标、主要任务与重点工程以及保障措施,对于提升全民数字素养与技能做出全面系统的部署。《行动纲要》提出到 2025 年,全民数字化适应力、胜任力、创造力显著提升,全民数字素养与技能达到发达国家水平;2035 年,基本建成数字人才强国,全民数字素养与技能等能力达到更高水平,高端数字人才引领作用凸显,数字创新创业繁荣活跃,为建成网络强国、数字中国、智慧社会提供有力支撑 |

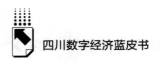
续表

| 时间 | 相关文件 | 主要内容 |
|---|---|---|
| 2022年1月 | 国务院《"十四五"数字经济发展规划》 | 提出将"提升全民数字素养与技能"作为一项重要的保障措施 |
| 2022年2月 | 中共中央 国务院《中共中央 国务院关于做好2022年全面推进乡村振兴重点工作的意见》 | 强调"加强农民数字素养与技能培训" |
| 2022年3月 | 中央网信办等四部门《2022年提升全民数字素养与技能工作要点》 | 到2022年底,提升全民数字素养与技能工作取得积极进展,系统推进工作格局基本建立、数字资源供给更加丰富、全民终身数字学习体系初步构建、劳动者数字工作能力加快提升等工作。可见,全民全社会数字素养和技能提升已上升到国家战略高度,并逐步从口号转化为实际行动,与每一位公民的生活息息相关 |

资料来源：作者根据公开信息整理。

## 二 国外提升全民数字素养与技能的经验

### （一）制定并实施数字技能提升战略或行动计划

欧盟在2015~2018年陆续发布了《欧盟数字技能宣言》、《欧洲新技能议程》和《数字教育行动计划（2018—2020年）》，提出各成员国要制定数字技能提升战略，建立数字技能工作联盟[①]。欧盟制定"数字欧洲计划"，投入92亿欧元专项资金用于提升数字技能和基础设施，计划到2025年，欧盟70%的成年人要具备基本数字技能。英国在2018~2019年陆续发布《成人将从数字技能改革中受益》《提高成人数字技能计划》等政策措施，鼓励和支持成人提升数字技能。埃塞俄比亚的国家数字技能发展战略提出，通过

---

[①] 刘茜、朱敏：《欧盟提升成人数字素养的经验与启示》，《中国成人教育》2021年第2期，第1页。

教育培训提高全体公民包括老年人等弱势群体的数字技能，使公民掌握的数字技能与劳动力市场需求相匹配。

### （二）加强数字技能的职业教育培训和技能认证

澳大利亚为了响应工业 4.0 人才培养需求，把数字技能纳入职业教育和培训，要求职业教育和一般技能培训者在教学过程中使用数字技能，从而引导受训者使用数字技能，最终受训者数字技能也将得到提升。目前，澳大利亚正在修订职业教育方案与资金模型，更新培训包，长远来看，或许会把数字技能培训纳入基础技能以及语言、读写和计算等能力培训课程中[①]。英国政府通过研究发现有 20% 的成年人缺乏求职和日常生活所需的数字技能，在此情况下，有关部门免费提供数字技能课程，帮助数字应用技能较低的成年人掌握必备的数字技能，并推出"必备数字技能"资格证书，提升数字化工作效率。

### （三）针对不同群体开展相应的数字技能培训

印度为打造"印度数字人才库"和"未来技能"平台，与电子信息、互联网等数字经济相关企业以及行业协会开展合作，提供人工智能、网络安全、区块链等 70 种新职位和 155 种新技能的培训。韩国以"机器人普及项目"为契机，政府出资组织老年人学习使用互动式服务设施，提供无接触式数码技能，提高数码设备使用技能。加拿大通过"数字扫盲交换计划"提供 130 万加元资金，为老年人、残障人士、低收入者、农村居民等群体提供数字技能培训。2018 年，欧洲启动数字素养发展系统项目，针对欧洲缺乏基础数字素养的成年人开展学习培训。

### （四）研究制定数字素养和技能框架

各个国家和地区都高度重视培养公民的数字素养，一些权威机构颁布许

---

① 翟涛、晋晓磊等：《关于提升全民数字技能的研究报告》，《中国培训》2021 年第 6 期，第 2~3 页。

多公民数字素养框架。Eshet-Alkalai 于 2012 年提出了包括图像素养、分支素养、信息素养、社会—情感素养、再创造素养、实时思考技能六方面内容的数字素养框架；2014 年，英国联合信息系统委员会（JISC）发布发展数字素养框架；2017 年，欧盟推出数字素养框架 DigComp 2.1；2018 年联合国在欧盟的基础上增加了硬件和软件基础以及与职业相关的能力，形成全球数字素养发展框架。在以上数字素养框架中，Eshet-Alkalai 和欧盟的数字素养框架被认可程度较高、使用最为广泛，JISC 数字素养框架更多是受到高校和图书馆的认可。

## 三 提升全民数字素养与技能的国内经验

### （一）学术界

2022 年 5 月 26 日，在由点亮智库和中信联推出的《蝶·变聊透数字化转型》系列公益直播第二期中，《提升全民数字素养与技能行动纲要》起草组专家、国家工业信息安全发展研究中心信息政策所数字经济研究室主任殷利梅，全国人大代表、中国第一汽车集团股份有限公司首席技能大师齐嵩宇，以及上海明材数字科技有限公司董事长冯德川，与主持人国联股份高级副总裁张健共同就《提升全民数字素养与技能行动纲要》进行解读、分享和互动。殷利梅首先引用国外提升数字素养与技能的相关政策举措，介绍了数字素养与技能的内涵，以及《提升全民数字素养与技能行动纲要》的 7 个主要任务与 6 个重点工程，并提出了未来的八大趋势。齐嵩宇介绍了一汽在"数智化"应用和人的"数智化"提升方面的各种探索。冯德川围绕培养工业数字化转型的市场机构极为缺乏这一问题，着重介绍了上海明材数字科技有限公司如何用工业数字孪生开发工具及云平台，还原工业真实场景，高效培养一线数字人才。在第二期最后的圆桌环节，主持人张健与 3 位专家讨论了如何破解数字化人才供需不匹配、分布不均衡，数字化人才培养和企业数字化转型错配等问题；围绕决策层、管理层、业务骨干和一线员工等不同层级以及大中小企业员工数字素养与技能提升，提出设计系统解决方案；并分享交流了数字化技能人才评级及政策补贴。

## （二）地方政府

各省份政府为落实《提升全民数字素养与技能行动纲要》，纷纷出台了相应的实施方案或行动计划，明确了本地区关于提升全民数字素养与技能的发展目标和重点任务（见表2）。

表 2　各省份关于提升数字素养与技能的相关文件

| 时间 | 各省市文件 | 主要内容 |
| --- | --- | --- |
| 2021 年 12 月 | 山东省委网信办《山东省提升全民数字素养与技能行动实施方案》 | 到 2025 年全省全民数字素养与技能水平达到全国前列，到 2035 年基本建成数字人才强省，全民数字素养与技能达到更高水平，在全国形成引领示范 |
| 2022 年 3 月 | 山东省委网信办等八部门《山东省 2022 年数字素养与技能社区提升行动计划》 | 对以社区为重要着力点的全民数字素养与技能提升工作做出安排部署 |
| 2022 年 3 月 | 江苏省人社厅等多部门《关于实施数字技能提升行动服务数字经济强省战略的指导意见》 | 提出 12 条具体政策和 4 条保障措施，明确了数字技能人才培养、培训、评价、选拔、激励、服务等六方面主要任务，提出通过三年努力，建设数字技能人才培育机制、数字技能资源供给体系与数字技能重点攻关平台，着力打造全国数字技能创新发展高地 |
| 2022 年 4 月 | 辽宁省人社厅等多部门《"技能辽宁行动"实施方案》 | 普及全民数字素养和技能，将数字技能相关培训纳入各类职业技能培训中，针对人工智能、大数据、云计算等新职业以及各类城乡劳动者开展数字技能培训，推广"互联网+职业技能培训"模式 |
| 2022 年 5 月 | 山东省委网信办等六部门《2022 年提升全民数字素养与技能工作要点》 | 明确提升全民数字素养与技能工作的重点任务和职责分工，内容涉及资源供给、职业培训、安全保护等诸多领域 |
| 2022 年 9 月 | 黑龙江省委网信办《黑龙江省提升全民数字素养与技能行动实施方案（2022—2025 年）》 | 从丰富优质数字资源供给、提高数字经济发展能力、提升数字生活涵养、建立终身数字学习体系、构建数字创新生态体系、筑牢数字安全保护屏障、加强数字社会文明建设等六个方面提出 22 项任务 |

资料来源：作者根据公开信息整理。

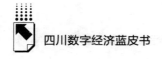

### （三）社会层面

2021年以来，广州市人社局大力推进新就业形态技能提升行动、全民数字技能培训行动、"互联网经济"技能培训行动"三大行动"，在全市范围内开展"互联网+"培训，增强职业技能培训的针对性和有效性，加大创新型、应用型、技能型人才队伍培养。2022年，广州市在建立科学的数字技能人才评价体系上先行探索，率先在数字技能领域推行"一试两证"人才评价模式，建立职业技能等级证书与企业数字技能认证证书互认互通道，首批选取华为技术有限公司、广州阿里云计算应用技术有限公司、广东今日头条科技有限公司共3家龙头企业试点"一试两证"，打破了数字技能人才评价的行业壁垒。

2022年4月，黑龙江省委网信办机关党委、省数字商务协会与尚志市委组织部联手，在尚志市举办黑龙江省首届农民数字素养与直播电商技能培训，旨在培养乡村振兴人才，弥合城乡"数字素养鸿沟"。17个乡镇的农民及驻村干部参与培训，并获得由国家人社部"国家专业技术人员继续教育基地"颁发的合格证书。

2022年6月30日，在2022年保定第七届互联网大会上，保定市委网信办发布《提升全民数字素养与技能倡议书》，鼓励全市人民增强数字学习意识，培养数字思维，提高数字技能，积极应对数字时代的新挑战，不断强化数字安全防范意识等。

2022年7月23日，上海市2022年全民数字素养与技能提升月在第五届数字中国建设峰会（福州）开幕式上正式启动。提升月由4个主题周组成，即数字学习周、数字生活周、数字工作周、数字创新周，重点开展全民数字素养与技能提升高峰论坛、大学生数字素养与技能科普漫画大赛、"长者数字生活工作坊"试点、提升数字素养与技能进校园、进社区、进机关、进园区"四进"等活动。

2022年7月24日，北京市2022年全民数字素养与技能提升月启动，通过开放数字教育资源，开展数字教育进社区、进校园等活动。主要开展信息技术展览、数字教育培训资源开放共享行动、数字技能进社区志愿活动、数字教育进校园活动、首都百万老年人数字素养提升行动、数字助残行动，共享未来、数字创新专题培训等活动。

2022年7月25日，山东省2022年全民数字素养与技能提升月在山东省科技馆启动，重点开展数字素养与技能提升宣讲活动、泰山科技论坛——高端数字人才培育及产业创新发展论坛、数字技能进社区活动、数字助老助残志愿行动、数字创新专题培训、数字金融知识科普活动、网约车管理服务提升行动、数字技能进校园等活动。

2022年7月26日，浙江省2022年全民数字素养与技能提升月正式启动，开展了数字技能进社区活动、数字教育培训活动、乡村数字经济巾帼人才培育活动、公益教育资源免费开放活动、百名科学家进中小学课堂、"网聚少年"暑期网络夏令营系列活动、全省青少年开展网上文化艺术与科学普及活动、"银龄跨越数字鸿沟"科普转型行动、劳模工匠宣传活动、云网数字化运营研发及大数据技能大赛、数智化客服技能竞赛、数智技能与网络安全职工职业技能竞赛、互助帮扶等志愿活动、助残服务数字化应用宣传教育活动。

## 四 四川省提升全民数字素养与技能的实践与创新

2021年1月，四川省印发《国家数字经济创新发展试验区（四川）建设工作方案》，在保障措施部分提出要强化人才引领，研究制定数字经济人才招引政策、加大数字经济领域教育和人才培训力度，全面提升全民数字素养。

2021年12月，成都市人社局发布《成都市人力资源和社会保障事业发展"十四五"规划》，在"专栏三 促就业稳就业重点行动"中提出实施全民技能提升行动，大规模开展技能提升培训，提高就业层次和竞争力，每年完成技能提升行动培训20万人次，完成劳务品牌培训5000人次以上；实施"互联网+职业技能培训计划"，依托成都职业培训网络学院，向全市城乡劳动者、行业和企业提供免费线上职业技能培训服务，促进全市人口技能结构持续优化。2022年4月，成都市发布《成都市"十四五"数字经济发展规划》，在保障措施部分提到要提升全民数字素养技能，加快构建全民终身数字学习体系，强化劳动者数字技能运用，提高公民网络文明素养。

2022年6月，"中国西部工匠城"在泸州市正式启动建设，将重点围绕泸州市能源化工、医药、白酒等行业，建设中国轻工工匠学院、打造工匠园区、搭建工匠平台、建设培育工匠实训基地，全链条培育更多高素质技术技能人才，打造一支高技能工匠人才队伍。到2025年，泸州市将初步形成"教培产城"体系，职业技能培训机构突破100个，技能人才总量突破30万人，产业工人总量达到60万人，有效支撑成渝地区工匠人才需求。

2022年7月，宜宾市发布《宜宾市"十四五"教育发展规划》，在第三篇中提到"高效推进智慧教育创新融合"，强调要优化数字教育资源供给，全面提升师生信息素养，到2025年，师生信息化素养和应用能力显著提升，利用线上教育资源进行教与学成为新常态。

2021年10月14日，由四川省委网信办、人力资源社会保障厅、农业农村厅等10个部门联合发起的"直播天府"乡村振兴计划正式启动，旨在通过直播带货、短视频制作等方式，促进四川省农产品电商交易，展示乡村文化、生活风采，营造互动直播、度假旅游和文化传播相结合的新业态体验；此外，计划还将选拔和培养新农人，创作优质内容，利用达人影响力展示乡村风貌。同时，以地方产业特点、人文特色为切入口，开展一系列主题活动，打造乡村名牌，塑造乡村品牌，带动川货品牌出川，助力乡村振兴。从6月起，"直播天府"乡村振兴计划已经持续开展"川农好物——四川乡村振兴富裕计划"活动，分别在宜宾、广元和南充为300余名四川农村青年致富带头人代表以及乡村村民进行了短视频运营和直播电商知识培训，并邀请三农领域网络达人开展公益直播电商带货，在2个多月实现农产品销售额1853.6万元。

为推动"直播天府"乡村振兴计划落地生效，积极开展全民数字素养与技能提升行动，省委网信办、商务厅、文化和旅游厅联合开展"直播天府"网络直播人才培育行动，选拔和培育网络代表人士、农村青年致富带头人群体，提升对新媒体运营的认知和实操能力，实现网络直播人才梯队建设和长远发展，推动产业链数字化转型。2022 年 5 月，四川省委网信办、商务厅、文化和旅游厅，联合字节跳动公益、头条学堂开展"直播天府"乡村网络直播人才培育行动，聚焦网络直播电商、文旅短视频内容创作，采取"线上课程学习+线下实操训练"形式开展专项培育。前期开展的"直播天府"乡村英才数字新媒体直播电商线上培训班，已为 2000 余名农村青年致富带头人、自媒体新人教授直播带货知识，提升直播带货经验。2022 年 7 月 6~27 日，举办"直播天府"网络直播人才培育行动第二期线上培训，以短视频内容创作、乡村文旅直播等为核心，围绕文旅行业现状、短视频选题策划、脚本创作与拍摄剪辑、账号运营、直播技能等实施培训和考核。

# 五　数字素养与技能提升的威远实践

2020 年 7 月 23 日，四川省内江市威远县被四川省人力资源社会保障厅批准为全省"公民义务授课与知识更新"制度试点县，为期 3 年（2020~2022 年）。威远县以公民数字技能提升为突破口，采用"培训培训者"的方法，从夯实基础做起，从县到村进行裂变式的培训，依靠本县资源，迅速把数字经济的知识和技能对农村干部和群众进行普及，实事求是地探索县域经济的数字化道路，为全国积累了经验、做出了榜样。

## （一）制定明确工作机制

2020 年 9 月，县委县政府制定《威远县开展"公民义务授课与知识更新制度"试点工作实施方案》，成立试点工作领导小组，负责整体规划、部署和工作指导，领导小组下设办公室，将试点工作纳入县委、县政府的重要工作日程。整个试点工作由县委县政府主要领导担任组长，全县各部门、各乡镇参加并积极配合各项工作的开展，县人社局具体负责组织实施，并邀请

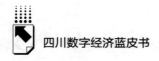
有经验的专家进行指导，开展数字技能摸底调查，摸清公民掌握数字技能的现状，以便制定针对性的培训方案，一共收回调查表4万余份。

### （二）实施"培训培训者"工程

2021年3月，领导小组办公室印发《威远县数字技能知识"培训培训者"工程实施方案》，由县人社局牵头组织实施"培训培训者"工程，即用"裂变式"授课方式培训能传播数字知识的讲师，充分挖掘当地人力资源优势，将凝结在个体劳动者中的实用知识、先进技术和管理经验开发出来，加快"学习力—创新力—生产力—竞争力"的传导（其中形成生产力是关键），汇集形成推动县域经济社会发展的新动能。

### （三）盘活本地资源打造优质教学团队

发挥"能者为师"的作用。县委主要领导亲自动员电信、移动、联通、铁塔公司等企业积极参与，组织各企业技术骨干组成优质教学团队，实行"师带徒"传承方式，让"受训者"成长为"培训者"。充分发挥本土企业作用，创新央企服务地方发展模式，利用本地数字技能人才作为授课教师，优化盘活本地数字技能人力资源，形成内生动力，以期为全市、全省乃至全国提供可复制、可借鉴、可推广的威远经验。

### （四）编撰数字技能培训配套教材

数字技能培训内容以数字应用技能为主，对重点行业发放数字技能问卷调查，对全县在家劳动力进行摸排，掌握数字技能需求表，系统梳理数字应用技能体系，穷举100个数字应用技能，编撰《数字应用技能指引》作为培训教材。教材构建了全新的数字应用技能体系，包括数字交流、数字获取、数字消费、数字健康、数字表达、数字安全、数字营销七类数字技能。

### （五）构建数字技能培训体系

构建"1+5+4+10+14"压茬推进培训体系。"1"即举办全县数字技能知识"培训培训者"工程示范培训班;"5"即重点围绕农业农村、经信行业、商务行业、教育系统和党政人才开展培训;"4"即向义镇、高石镇、镇西镇、连界镇等 4 个示范镇,实现在家劳动力培训全覆盖;"10"即严陵镇、新店镇、界牌镇、龙会镇、东联镇、山王镇、观英滩镇、新场镇、越溪镇、小河镇等其余 10 个镇重点人群培训全覆盖;"14"即全县 14 个镇每个镇至少打造一个明星村。2021 年以来,全县举办线上线下培训 1500 余次,"裂变式"培训了 1000 余名培训师,受训人群突破 10 万人次。

威远实施的"数字技能知识'培训培训者'工程",是提升全民数字素养和数字技能、建设数字中国的重大实践和制度创新活动,努力实践和完善"培训培训者"这样快速有效、降本增值的知识生产与传播的机制、路径和方法,是对中国式现代化的有益探索。威远创造了靠内生力量推动区域数字化的新模式,这是可学习可复制可推广的新模式,县人社局及时地将这一新模式推广应用,一方面向国家人社部、省人社厅和内江市人社局汇报,得到上级部门持续支持,另一方面将创新成果向县级兄弟单位、乡镇传播,将《数字应用技能指引》教材赠送到全省每个县的人社局和全国所有的数字乡村试点县。泸州市江北镇和成都市寿安街道在学习和借鉴威远模式和经验的基础上,结合本地实际,也开展了数字应用技能"培训培训者"工程,并有所创新。内江市移动、电信、联通、铁塔等央企也积极地将创新成果在本系统进行推广宣传和传播,产生了较好的社会影响。

## 六 四川省提升全民数字素养与技能的对策建议

### (一)做好顶层设计和组织实施

充分认识提升全民数字素养与技能工作对四川省发展数字经济、提升区域核心竞争力的重大战略意义,着力建立健全四川省提升全民数字素养与技能领导机构和工作机制。建议成立全省提升全民数字素养与技能工作领导小组,由省委省政府主要领导人担任组长,领导小组办公室设在省委网信办,

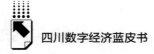

负责具体推进工作。尽快出台四川省提升全民数字素养与技能行动纲要或实施方案。构建具有四川特色的数字素养与技能评价指标体系，定期开展全民数字素养与技能发展水平调查和评估。同时，要求各地市州建立相应的领导机构和工作机制。

### （二）领导干部带头当好数字公民

数字公民是推进我国数字化的核心驱动力。数字公民有着丰富的内涵和具体能力指标，从一般公民到数字公民需要引领和培育。互联网时代的领导是数字领导，当好数字领导必须首先当好数字公民。从数字公民到数字领导，首先要具有数字公民的素质和技能，能够安全合法熟练地使用数字化信息和工具，能够运用数字技术充分挖掘民众的创造力和生产力，打通公民参与社会治理的渠道，提升公共服务和社会治理能力，为一般群众做出数字公民的表率。在当好数字公民的基础上，不断提高数字洞察力、数字决策力、数字执行力、数字引导力和数字组织力，做一个新时代的数字领导。

### （三）开展试点示范

开展全民数字素养与技能提升试点示范工作，支持部分地区和行业企业先行先试。打造一批数字素养与技能提升培训基地，针对不同类型群体、不同年龄段公民，加强课程设计，提升全民数字学习、数字工作、数字生活和数字创新等方面素养与技能。总结全省数字素养与技能提升工作的先进做法和经验，充分发挥典型案例的示范作用，带动全民数字素养与技能整体提升。

### （四）开展数字扫盲工作

坚持"网络进村、宽带入户、信息到人"，推动农村网络深度覆盖，加强落后地区和乡村数字基础设施建设。充分发挥政府主导作用，营造良好的数字应用、数字学习和创新创业环境，有效推进区域协调、城乡融合发展。重点针对数字弱势群体，缩小数字鸿沟。针对老年人和残疾人等重点群体，加速推进数字设施设备和 App 适老化、无障碍化改造。以电子商务进农村综合示范项目为抓手，完善县、镇、村三级电子商务服务网络。加快网络直销、直播带货等数字乡村创新创业基地建设，针对新型职业农民、乡村致富带头人等群体，加强数字媒介素养教育，培养其利用数字技术和设备致富的技能。积极开展全省数字扫盲行动，促进数字弱势群体更好地融入社会，参与社会发展，促进数字包容。

### （五）扩大数字资源供给

提高社会力量的参与深度，完善以政府部门主导，企业、出版社、非营利组织与个人等多方参与的数字资源供给体系，延长数字资源供给"服务链"。加快 IPv6、5G、千兆光网等新型基础设施建设，扩大农村地区网络普及率和宽带覆盖率，推动数据资源跨地区、跨层级共享，为优质数字资源供给提供支撑。着力构建统一的数字资源开发利用平台和端口，不断提升城乡公共数字资源开放水平，推动数字资源更大程度地开放共享。针对职业院校教师，开展优质数字技能教学案例征集评选，更大程度开放教学资源，培养一批数字技能培训人才。打造数字素养与技能培训网站、App 和微信公众号等学习平台，鼓励数字技能培训教师上传教学课件，有效提高数字技能培训效率和优质数字技能培训资源的覆盖面。

### （六）构建数字素养与技能培训体系

将数字素养与技能纳入家庭教育、学校教育、职业教育和社会教育体系中，构建政府机构规划领导、教育机构具体执行、社会力量辅助参与的多元数字素养和技能教育体系。加大数字化培训力度，丰富数字经济、数字社会、数字政府、数字生活等领域线上培训资源，有针对性地进行培养培训。重视数字人才的培养，深化分类培养标准，针对不同人员分门别类制定数字技术要求规范，构建多样化、有针对性的重点目标和分类分级分阶段的具体目标及相应的评价标准。加强数字技能培训人才引进，制定数字经济领域人才引进计划，建立完善的人才引进、培养、评价及激励政策。针对数字技术技能类人才，发展订单制、现代学徒制等多元化人才培养模式。

# 附录一 数字化城市场景

秦强子 张 锐 季 飞*

## 一 成都市成华区建立智慧城市治理中心

成都市成华区为了打造智慧城市治理创新领先城区，积极建设全区智慧城市治理中心，承载城市数据管理中心、指挥调度中心和城市治理中心的功能。

### （一）中心建设情况

#### 1.中心架构

中心构建了"1+3+6+N"智慧城市整体架构，即建设1个"智慧城市治理平台"，发挥"数据管理、指挥调度和城市治理"三大功能，形成"经济运行、市场监管、社会管理、公共服务、环境保护、社会诉求"六大智慧应用体系；强化系统集成共用，整合分散独立的信息系统，形成互联互通、功能互补、资源共享的"大系统"，整合接入27个区级部门街道共41个系统。中心整体架构由交互层、应用层、通用支撑层和数据层构成（见图1）。

（1）交互层支持桌面终端、大屏、便携式移动终端、门户网站等多种显示和交互方式，展现系统各项应用，用户可以灵活定义个人工作台，提供人性化的便捷使用。

---

* 秦强子，四川省大数据发展研究会副会长、秘书长，主要研究方向为大数据、数字经济、区块链；张锐，四川省大数据发展研究会副秘书长，主要研究方向为大数据、数字经济；季飞，四川省大数据发展研究会副秘书长，主要研究方向为大数据、数字政府。

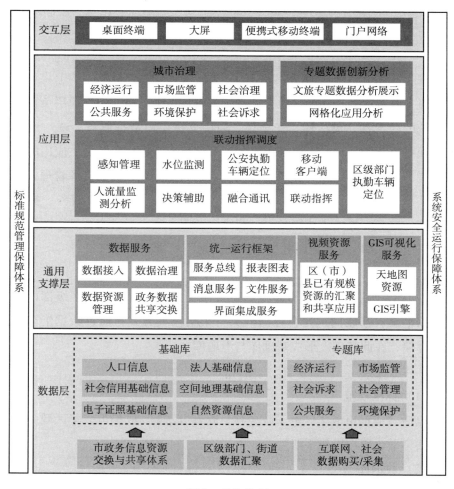

**图1　总体构架**

资料来源：由作者整理汇编。

（2）应用层实现业务管理的各个应用系统，包括城市治理、专题数据创新分析、联动指挥调度三大应用。其中，城市治理包括经济运行、市场监管、社会治理、公共服务、环境保护、社会诉求六大领域应用。专题数据创新分析包括文旅专题数据分析展示和网格化应用分析两大应用。联动指挥调度包括感知管理、水位监测、公安执勤车辆定位、移动客户端、区

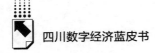

级部门执勤车辆定位、人流量监测分析、决策辅助、融合通讯、联动指挥九大应用。

（3）通用支撑层提供应用系统的基础服务与支撑，通过灵活构建与高效管理，使整个系统成为一个有机的整体。通用支撑在软件结构上将业务的逻辑事务和数据处理功能从数据库系统中剥离出来，由通用支撑层负责，提高系统的稳定性、灵活性、安全性。通用支撑层由数据服务、统一运行框架、视频资源服务和GIS可视化服务四部分组成：数据服务提供应用的数据接入能力及主题构建能力，包括数据接入、数据治理、数据资源管理、政务数据共享交换四大功能。统一运行框架包括服务总线、消息服务、报表图表、文件服务、界面集成服务等。视频资源服务实现对已有视频资源的汇聚和共享应用。GIS可视化服务统一使用天地图资源，提供二三维GIS可视化展现、多图层聚合表达和空间分析能力。

（4）数据层通过对接市政务信息资源交换与共享体系，区级部门、街道数据汇聚，互联网、社会数据购买与采集三大方式，通过数据汇聚、清洗、存储，在此基础上形成基础库与专题库。

2.中心建设

（1）标准规范

包括《成都市成华区电子政务项目管理办法》《成都市成华区政务信息资源共享平台用户操作手册》。

（2）数据库

数据安全。一是数据库设计满足完整性约束条件。二是保证物理安全，包括数据库服务器、数据库所在环境、相关网络的物理安全性等。三是访问控制，包括账号管理、密码策略、权限控制、用户认证等方面。四是采用主从备份方式进行数据存储备份。

主题和专题数据库建设。通过汇聚区级部门、街道数据，购买互联网、社会数据与通过物联网感知设备采集三大方式，采用数据汇聚、清洗、存储，推进人口、法人、时空地理、社会信用、电子证照、自然资源六大基础数据库建设。初步建立了全区人口和法人信息库，推动基础数据资源在区级部门普遍共享应用。同时对数据进行归类，以专业领域服务为导向，建立了网络理政、网格管理、疫情防控、应急指挥、文化旅游、经济运行、社会管理、安全生产、公共服务九大主题数据库，支撑跨部门、跨行业、跨层级信息资源共享和业务协同，为开展专题领域大数据分析提供数据服务。

（3）应用支撑平台和应用系统

"城市大脑"运行管理服务平台。初步搭建"1+3+6+N"智慧城市系统架构，全力建设 1 个智慧治理"城市大脑"，实现"数据资源管理、应急指挥调度、城市综合治理"三大主要功能和"经济运行、社会管理、环境保护、市场监管、公共服务、社会诉求"六大智能应用体系。"经济运行"聚焦主要经济指标、全区一般公共预算情况、经济发展概况三个方面，动态反映全区总体经济情况；"社会管理"突出网格事件管理，并以大数据、人工智能手段对"社情、警情、案情、舆情"数据进行综合分析研判，初步实现决策智慧支撑；"环境保护"汇聚大气、水环境等方面数据，实现环境指标监测与预警功能；"市场监管"呈现企业信息、监督检查相关记录等相关要素；"公共服务"提供医疗、教育、旅游等方面的信息查询；"社会诉求"汇聚市级平台、区级服务热线诉求，在线跟进诉求办理情况，统计分析诉求办理质效，并探索网络理政智能化智慧化提能升级。

数据资源共享交换平台。搭建统一数据资源交换共享平台，实现与市级数据交换共享平台级联，设置区级部门交换节点，纵向打通市区数据双向交换共享渠道，横向打造全区数据汇聚共享总枢纽。上线运行平台门户"成都市成华区政务信息资源共享平台"，推动部门、街道发布数据资源目录653 个，落实共享责任数据 6359 项，目录资源挂接率 100%。目前，区共享平台接口累计调用量达到 19.46 万余次，库表累计交换量 2200 万余条。

区级联动指挥调度平台。联动指挥调度平台以三维 GIS 地图为底图，整合公安天网、小区院落、在建工地等 1.2 万余路院内院外全覆盖的视频资源，以及防汛、消防、智能井盖等各类城市物联感知设备，同时汇聚网络舆情、值守信息等数据，构建立体化预警监测体系。平台具备预警事件推送、多媒体通讯、留痕化管理等功能，确保突发事件及时上报推送、紧急状态应急资源"一屏统览"、音视通讯调度顺畅、事件处置归结全面。

视联网人像分析平台。整合来自公安天网、区属部门、街道社区、小区院落及社会企业等 1.2 万余路视频信号，形成覆盖全区的统一的视频资源池。利用人像分析算法，对摄像头画面进行人脸抓拍、识别比对、分析报警，支持将动态抓拍的人脸图片发送至市公安局图综平台进行比对和分析；同时，结合区公安分局采集的"盗窃电瓶车人员、全国在逃人员、吸毒人员"等七大类人脸照片基础数据共 500 余万条，建成人脸识别基础对比库，当照片库中的人员在以上探头出现时，系统将及时报警，实现"从案到人"到"从人到案"的转变，有效提升侦查效率。

"大联动·微治理"信息平台。围绕社会治安防控，以事件管理为主线，按照"上下结合、问题导向、分级负责、集中整治"原则，对矛盾纠纷调处、社会治安防控、市民公共服务、城市综合管理、应急指挥调度情况进行统一协调、统一指挥、统一调度。同时为加强服务群众功能，提升工作效能，开发部门版、网格员版 App，健全"社区发现、街道呼叫、部门响应、协同整治"工作机制，搭建政民沟通新桥梁，进一步拓宽发现问题、解决疑点难点热点问题的通道，为研判分析和政府决策提供强有力支撑。

智能化网络理政平台。基于统一分类、事项梳理、流程再造、技术协同，探索智能化智慧化升级改造，初步实现智能辅助、研判分析、监测预警等功能：一是利用人工智能技术，开发智能座席助手，实现民生诉求智能化签收、转派、回复全流程运转，缩短流转时效，提高办事效率；二是深度挖掘全区民生诉求，从来源、类型、对象等多维研判和关联分析，重点探索开发热点事件和关注人物功能，集中解决共性问题，专项解决个性问题，联动解决高关注度问题；三是通过配置关键词、阈值、占比等规则，动态监测辖区内各类热点问题、突出事件、矛盾隐患，并逐步实现实时预警、一键推送等功能，为阶段性政府重点工作提供线索清单和智能化依据，充分发挥网络理政辅助决策功能。

（4）基础支撑平台

系统整体部署在成华区大数据机房内，机房按照 B 类机房标准建设，建立虚拟化管理平台，对计算资源统一管理、分配，为全区应用提供计算资源服务，建立统一的数据存储和备份机制，统一保障数据存储安全。建立千兆核心骨干网络，与电子政务外网连接，保障数据传输稳定高效。

（5）安全系统

按照 ISO 27001 建立全面的安全管理体系，包括安全组织架构，安全防范技术体系、人员安全管理体系等，有效识别和控制安全风险，保障不可接受的安全风险处理率达到 100%。

按照等级保护进行建设，部署防火墙、负载均衡、DDOS、流量控制系统、入侵防御系统、入侵检测系统、VPN、堡垒机、日志审计系统、漏洞扫描、防病毒网关等安全设备，保障系统运行安全。

（6）运行维护系统

邀请专业公司提供专业运维服务，按照 ITIL 的要求建立运维管理体系，建立服务台，设置事件管理、问题管理、变更管理、配置管理、发布管理等流程来确保维护体系高效、协调运行。

根据工作实际需求及 ITIL 的要求，编制运维管理制度汇编，形成《机房设备上架规范》《数据备份管理标准》等管理制度、规范及流程共 40 项。

## （二）中心建设成效及亮点

### 1. 深化数据资源汇聚共享，不断提升数据开放运用能力

建成全区统一的政务数据资源体系技术平台，纵向与市级共享平台级联互通，横向设置区级部门、街道交换节点，打通数据共享，实现高效流转。编制全区政务信息资源目录，推动部门落实数据共享责任，全面接入本级部门自建业务系统，汇聚省区市 56 家单位 837 类 3.6 亿条数据，统筹推进五大基础数据库和九大主题数据库建设，初步建成"公共数据资源池"，有效支撑各领域智慧化应用，累计共享数据 9000 万余条，支撑"天府健康通"疫情防控应用、"天府旅游名县"创建和第七次人口普查等应用。梳理编制

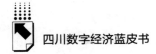

年度公共数据开放目录，推动 28 家部门向社会开放 19 万条公共数据资源，促进公共数据社会化应用。

按照省、市疫情防控工作要求，及时接收反馈下发的疫情数据，对疫情数据进行清洗分类，通过"成华区疫情防控五色卡信息管理系统"将潜在风险人员信息精准分发到相关部门、街道、社区，并建立数据分发、排查、处置、上报、统计分析等工作规范，明确工作职责和具体流程，服务线下社区疫情精准排查。

**2. 构建"功能交互"，实现"末端融合"，打造指挥调度一体化平台**

系统建立了涵盖消防物联、防汛监测、舆情监测、人流监测、值班值守，以及常规渠道事件智能预警的立体化预警监测体系，实现突发事件全面感知、动态监测。系统汇集应急资源、风险隐患、事件动态、领导批示、专家意见等信息，绘成综合性分析研判态势图，为突发事件分析研判和处置提供"一屏统览"的决策支撑。系统整合利用视频会议系统、移动端音视频通话、电台、电话、短信等通信手段，形成多媒介融合，保障指令高效下达、现场情况及时传递。平台留痕化管理事件处置过程，事后可通过时间轴的方式回溯事件处置情况。结构化归档各类处置数据，为同类事件应急预案及处置方案提供支撑。目前该系统有力保障了集中值班值守、突发事件报送、应急演练培训、疫情防控调度等工作开展。

**3. 创新"四情联动"，推进"源头治理"，提高基层治理智慧化水平**

整合近 5 年沉淀的 400 余万条公安、法院、信访、网格、网络理政及网络舆情等各类事件数据，采用大数据、人工智能技术手段，自动识别提取事件内容、事件主体、事件地址等关键要素信息，结合时间、空间及人员等多维度信息，并会同法院、信访、公安、街道对全区"社情、警情、案情、舆情"进行综合分析研判，初步构建"四情联动"机制，实现决策智慧支撑。同时，聚焦重点人、重点事，将"四情"与人口、地理数据结合，实现人、地、事"联动分析"研判，全面了解任意地点各类事件发生情况，形成专报、辅助研究决策，提高摸排预警处置效能，有效提升基层智慧治理能力。

**4. 注重"智能分析"，实现"未诉先办"，提升社会诉求转办质效**

一是开发人工智能座席助手，系统流转平均耗时 5 分钟，节省人力成本 67%，目前智能签收率 100%、转派率 80%、回复率 92%，准确率达 90% 以上，实现事件处置高效运转，特别是面对疫情类紧急诉求的高要求，达到诉求流转"精准快"。二是建立社会诉求大数据库，民生诉求分析平台整合了民生诉求数据 215 万余条，梳理诉求分类 2000 余条，对各类民生诉求的来源、分布、占比、趋势分析结果通过图表直观展示，进一步强化综合分析研判，推送高质量综合性分析报告 209 期。三是强化数据关联分析，及时反馈提醒行业部门和属地街道，目前专项梳理"环境保护"类问题 17000 余条，实现生态环境问题"发现—整改—防范"全流程管理；整理重点关注人员 3100 余人，同步推送至街道、社区，实现重点监测和闭环管理。加强与纪委督查、公安政法、网信监测、网格事件处置等多部门协调联动，逐步实现社会诉求"未诉先办"。

**5. 升级"大联动·微治理"信息平台，探索"智慧网格"赋能社区治理**

一是拓展系统"新功能"。新增人口、房屋、环保、食品安全、矛盾纠纷调解等 10 余项重点信息采集模块，创新分级分类突出重点、分区分层解决问题的模式，确保事件上报精准有序，交转办理快速高效。截至 2022 年，平台已处理网格事件 129 万余件，日均办结 600 余件，办结率均达 100%，事件上报错误率日均下降 0.8 个百分点。二是强化管理"双闭环"。完善"集中受理—分类处置—全程跟踪—及时反馈—考核评价"的协同办理体系，基于"一日双巡"巡防机制，新增签到、点名、调班、请销假等 9 项人员线上管理功能，配合线下考评，实现线上线下考核"双闭环"，网格员在线率达 100%，实际巡防率达 99.8%。三是打造社区"微网格"。以杉板桥"数字孪生社区"为试点，按照"社区发现、街道呼叫、部门响应、协同整治"原则，创新社区事件处理"微循环"机制。目前，已实现网格事件"反向推送"，提升网格事件交转办理的精确性和时效性，切实为基层减负增效。

**6. 建强视联网平台支撑**

整合接入了部门、天网、街道、社会四大类视频资源，涵盖移动、固

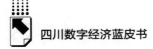

定、高空、全景、人脸识别等功能，完成全区 1.2 万余路视频资源调查编目，基于时空关联调取、视频数据融合共享，逐步建成全域全时多源监控网络和城市"视觉态势感知"，初步实现了监控资源的跨层级、跨领域、跨区域的互联互通、信息共享和业务协同。平台具备"1+6+11+83"视频调度能力，有力保障疫情防控、防汛减灾、安全生产、极端天气应对等重要工作集中应急值守。平台为构建全域、全网、全时的立体化防控网络，为推动"一网统管"的城市大脑建设提供了基础服务，为成华区"智慧城市"系统建设和场景应用提供视频流数据。

## 二 资阳市打造"电眼看资阳"大数据应用中心

2020 年 7 月 10 日，资阳市政务服务和大数据管理局与资阳供电公司签订"电眼看资阳"战略合作协议，共同推动"数字新基建"向纵深发展，构建互利共赢能源互联网生态圈。此次签订的"电眼看资阳"战略合作协议，是深入贯彻落实党中央、国务院数字中国发展战略和四川省委、省政府数字化发展决策部署的具体体现，标志着以电力大数据为基础的数字经济正式在资阳落地运行。同时，这也是四川省地市供电企业与地方政府签订的第一份"电眼"系列合作协议，标志着"电眼看四川"大数据应用品牌在地市级落地实践迈出实质性一步。

"电眼看资阳"可视化场景项目，实现监测数据覆盖的全面化，视觉呈现的美观化，数据治理运维的易用化，可提升工作效率、提升业务管理水平、提升国网资阳供电公司形象，充分发挥"电眼看资阳"对内实现电力数据监测，对外实现数据分析、政策研判等核心作用。

### （一）中心建设情况

#### 1. 中心总体架构

中心总体架构分为平台层、应用层、服务层和对象层。平台层以数据中台为核心，按国家电网公司统一业务模型整合财务、规划、生产、营销等电力公司内部数据，以及经济、税收等外部数据。应用层基于平台层整合的数据及提供的基础能力，开展专题监测分析和大数据应用。服务层基于数据中台分析服务、接口服务以及可视化组件、指标管理组件等服务组件支撑实现数据分析，监测和大数据应用。

2. 中心已建成应用场景

目前，中心的供电概览、电眼看经营、电眼看民生、电眼看发展、电眼看生产、电动汽车服务、红细胞志愿服务等 7 个场景已正式使用。

（1）供电概览场景。作为整个项目的全览界面，从宏观上展示国网资阳供电公司的建设规模、经营规模等情况，有助于资阳市政府通过用电数据整体透析全市人民的基本生活情况，了解国网资阳供电公司的工作部署情况。

（2）电眼看经营场景。利用电量数据和资阳市经济数据，对全市各个行业信心指数进行分析，客观准确地反映各个行业信心指数恢复情况。结合餐饮行业高峰期调研情况，选取几类餐饮行业日均用电量排名靠前的企业，基于千万余条数据开展清洗、转换和挖掘，对餐饮行业经营情况进行分析。

（3）电眼看民生场景。根据资阳市用电数据，本板块从空置房、商业用电和医疗机构三个方面对资阳民生情况进行展示。空置房板块对资阳市居民用户数、住房空置率以月统计为周期进行分析；商业用电板块分析展示了商业用户量及用电量近年来月度变化情况；医疗机构板块分析展示了全市医疗机构近一年来月度用电量变化趋势。

（4）电眼看发展场景。聚焦行业电力消费的构成，通过对各行业的电力消费情况（行业用能成本）透视，洞察产业新旧动能的转化。以电力消费弹性指数为切入点，结合资阳市经济特点，分析资阳市近年来电力消费弹性指数的变化趋势，解析不同指数特征下的经济变化规律。

（5）电眼看生产场景。生产活跃度部分，统计资阳市企业用电量近一年每月变化趋势，侧面反映企业总体生产情况。对重点行业及用电量前 10 的单位进行逐一呈现。

（6）电动汽车服务场景。通过对资阳市电动汽车接入数量和近年来电动汽车数量、充电量及其增长趋势进行展示，同时对目前资阳市已安装的充电桩数量和状态进行展示，结合充电电量透视石化能节约及温室气体减排分析，侧面反映资阳市电动汽车在节能减排方面发展趋势。

（7）红细胞志愿服务场景。资阳市"红细胞"公益工程，通过实施公益战略联盟，汇集各方面的有生力量，对"红细胞"队伍进行概览介绍，对发展情况和历史数据进行对比，对历史典型事迹进行展示，打造"红细胞"这张城市名片，不断巩固以"红细胞"为代表的"有爱之城"的资阳城市精神。

3. 中心应用支撑平台及应用系统

根据国网四川省电力公司总体架构、业务架构、数据需求，依托数据中台，将源业务系统相关业务数据抽取至数据中台贴源层，然后在数据中台分析层根据业务数据质量要求和业务逻辑要求进行数据清洗转换，以供前端业务应用，整体数据架构如图2所示。

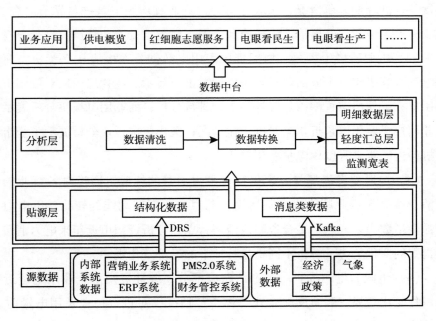

**图 2　整体数据架构**

资料来源：由作者整理汇编。

#### 4. 中心基础支撑平台

计算方面：设置专用计算机，配备 2 颗 12C 中央处理器；内存：384GB；磁盘：4×960GB SSD。本应用的大数据计算为基于分布式文件系统 HDFS 和计算框架 MapReduce 的 Hadoop 技术。存储方面：2 台存储计算机，配备12×8TB SAS 存储资源，部署在同一机房内。分布式数据存储按照文件块 1 主 3 副的设计准则。

#### 5. 中心安全系统

国网四川省电力公司资阳供电公司由本部机房的综合数据网核心路由器与省公司边界路由器相连接，其采用两台防火墙部署在内网核心交换机和两台核心路由器之间，对边界策略的变更按照严格的执行标准，保证防火墙策略的精细化和有效性。并通过 VPN 的技术架构实现数据在公共信道上的可信传递。设备终端安装企业版 360 天擎杀毒软件与网络连接管控软件，防止恶意程序和木马攻击系统及内部网络。

#### 6. 中心运行维护系统

为保证可视化场景稳定运行，需要定期开展场景日常巡检，确保其高可靠性、高稳定性、高可用性，巡检内容包括可视化软件巡检、场景加载巡检、数据巡检等，如果在巡检场景过程中发现问题且需要到客户现场解决时，将派专人到客户现场进行调优。

（1）周巡检。每周针对运维场景开展场景指标数据核查工作，对接入数据的质量进行检查，从接入数据完整性、可用性、及时性等方面开展检查工作，根据检查结果再开展数据二次抽取、数据加工计算处理、线下数据收集、场景上屏内容检查工作，以保障大屏场景展现内容的正常完整。

（2）月度巡检。每月 8~11 日针对运维场景开展场景的月度数据核查工作，检查每月推送的数据质量，重点对应推送的月度数据是否推送，是否存在重复数据、数据接入是否完整、是否存在缺失维度情况，接入数据的可用性分析如：数据偏差是否大，是否有 0 值数据等开展检查工作，根据检查结果再开展数据二次抽取、数据处理计算、线下数据收集、场景内容上屏检查工作，以保障大屏月指标数据的正常展示。

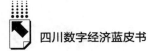

（3）故障处理与技术服务支撑。保障可视化大屏软件系统正常运行、平台展示播放功能正常使用，确保能提供正常可视化服务，满足日常监测需要，定期针对可视化系统平台隐患、缺陷等进行诊断分析，对发现的问题进行排查分析，提供问题解决方案并进行处理，包括故障缺陷发现记录、测试评估、排查处理故障、事件及故障分析。

（4）参观接待现场服务保障。根据实际工作需求，当有参观接待或应急检查工作任务时，会产生可视化场景核查维护需求及人员现场保障服务需求，国网四川省电力公司资阳供电公司得到通知后会立即做好配合工作，开展展现场景的重点核查和其他非展现场景的检查工作，包括数据抽取、数据核查、场景内容检查、安排人员到大厅现场参与大屏展厅保障等应急保障工作，以保障大屏的正常展示运行。

7. 中心系统使用其他部门信息资源情况

场景应用中所使用的数据来自国网资阳供电公司、港华燃气公司、海天水务公司等能源系统，按照国省相关数据资源管理要求，通过市共享交换平台进行获取。本场景涉及的数据时间最长跨度 3 年，调用方式为 API 数据接口，含用户数量、用户用电类别等 200 余项数据项。

（二）中心建设成效

根据资阳供电公司数据主题监测分析模型，充分挖掘电力数据价值，开展不同县（区）、不同行业、不同时间的对比分析，并实现"电眼看资阳"可视化展示，为政府决策提供支撑，提高政府决策科学性、准确性，为政府提供更精准、更丰富的数据服务，助力政府部门科学监管、科学决策和精准执法，共同推动数据增值。截至 2021 年 8 月，已接待 2 名副部级、3 名厅级领导参观指导，获得省人大常委会领导高度赞扬。

# 附录二  数字化民生场景

秦强子  张  锐  季  飞*

## 一  成都市打造"天府市民云"平台

2017 年 8 月，成都市委社治委会同市经信局、市网络理政办、成都交子金控集团组建专项工作组，到北京、上海、武汉等 10 余个城市专题考察学习，经反复对比分析，提出了以"一号通行、一站服务、一体运营"为目标，建设一站式"互联网+城市服务"虚拟市民卡应用平台。历经一年筹备、三个月试运行，2018 年 10 月 17 日"天府市民云"App 正式上线。目前，"天府市民云"已成为市民生活不可或缺的助手。

### （一）平台建设情况

#### 1.建设目标
用户在平台进行实名认证后，利用一个账号，就能享受实现"查、约、办、缴"等全方位的市民服务，实现"一号通行、一库共享、一站服务、一体运营、一网通办"的建设目标。

#### 2.建设规模
建设"互联网+"市民服务"总入口"平台，累计上线政务、公共、社区、生活等优质服务超 200 项，实现 23 个区（市、县）特色门户全覆盖，

---

* 秦强子，四川省大数据发展研究会副会长、秘书长，主要研究方向为大数据、数字经济、区块链；张锐，四川省大数据发展研究会副秘书长，主要研究方向为大数据、数字经济；季飞，四川省大数据发展研究会副秘书长，主要研究方向为大数据、数字政府。

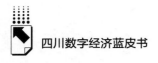

注册用户覆盖近半数全市常住人口。

### 3. 总体架构

市民云项目建设基于市云计算中心进行整体部署。市民云服务平台的各系统将部署在以下市云计算中心的区域：云平台互联网区域，云平台政务外网区域。其中：

云平台互联网区域，将部署以下系统及服务：

（1）基础公共服务，包括互联网通行证服务、服务开放平台门户；

（2）城市服务，包括政务服务、社区服务、生活服务等内容；

（3）市民公共服务门户，包括超级 App 和新媒体渠道；

（4）社区发展治理管理服务，包括社区服务发布及维护、社区管理工作台服务、社区工作者日常管理服务。

云平台政务外网区域，将部署以下系统及服务：

（1）统一实名制身份认证服务；

（2）市民公共服务平台支撑服务，主要包括账号授权开放、互联互通、权限管理、内容发布、移动消息通知、移动支付门户等服务；

（3）信息资源中心数据服务，包括实名认证服务、公共数据服务、采集中间数据服务和电子账单管理数据服务。

### 4. 建设内容

（1）信息资源中心数据服务、平台服务、基础支撑等服务。其中信息资源中心数据服务包括实名认证数据服务、公共服务数据服务、数据采集中间数据服务和电子账单数据服务。平台服务包括统一实名制身份认证服务、市民公共服务平台支撑服务、社区治理管理服务、基础公共服务、市民公共门户服务、服务融合与数据互通服务，以及城市服务。基础支撑服务包括数据库集群支撑服务、信息资源支撑服务、统一实名制身份认证支撑服务、云服务总线支撑服务、运营数据报表支撑服务、移动数据分析支撑服务、统一认证授权支撑服务、单点登录支撑服务、应用监控支撑服务、内容管理支撑服务、统一支付应用支撑服务、移动应用框架支撑服务、门户安全支撑服务、轻应用平台支撑服务、便民生活圈支撑服务、互动问答支撑服务、问卷系统支撑服务、市民办事支撑服务、综合治理支撑服务、社区管理支撑服务。

（2）为保障市民云服务平台的稳定持续供应，提供对其市民云服务平台正常运行的项目运维服务。项目运维服务包括服务维护、服务完善、性能提升、服务故障检测、维护服务和技术支持、用户修改设计响应、故障受理及处理、其他运维服务。

（3）为保障市民云服务平台在全市市民之间的普及和覆盖，提供项目运营服务。项目运营服务包括呼叫中心建立和管理、运营管理服务、产品推广宣传服务、用户运营服务和内容运营服务等内容。

### （二）项目成效及亮点

"天府市民云"平台现已集成 61 个市级部门（单位）政务、公共、社区和生活服务 243 项，集成区（市）县特色服务 482 项；261 个镇街和 3039 个社区实现"社智在线"社区综合服务信息平台应用全覆盖，注册用户突破 1100 万人，累计服务人次突破 4.5 亿，市民满意度 93.21 分。天府市民云助推"成都创新探索城乡社区发展治理新模式"获"2018 年民生示范工程"第一名，入围"2018 成都网络理政十大创新案例""中国网络理政十大创新案例（2019）""2020 中国智慧城市十大行业应用（智慧社区）"，获"2019 中国数字经济与智慧社会优秀服务""2020 年互联网+政务服务创新应用 App""2020 中国软件技术互联网+市民服务平台创新产品奖"等荣誉，助力成都斩获"2021 世界智慧城市大奖"，获得 2021 智慧中国年会数字政府特色 50 强"治理运行创新奖"。近三年，市民满意度调查均在 92% 以上，赢得各界广泛好评，惠民创新举措得到充分肯定。

## 二　南充市建设八尔湖数字乡村

党的十九大之后，乡村振兴战略稳步推进，数字乡村建设是乡村振兴的战略方向也是数字中国的主要内容。2020 年，先后发布《数字农业农村发

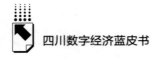

展规划（2019—2025 年）》《2020 年数字乡村发展工作要点》等政策文件，八尔湖是南充市南部县移民数量多、贫困人口多的重点乡镇，被列入全县首批乡村振兴示范乡镇。

数字产业化和产业数字化的高速发展，不断催生新技术、新产品、新模式，带动乡村经济格局和产业形态深度变革。一方面，加快八尔湖建设，加快现代农业推进，加快完善农村信息服务体系；另一方面，八尔湖也存在顶层设计缺失、资源统筹不足、基础设施薄弱、产业差异明显等问题，亟须数字化转型，促进农业转型提升、全面发展，实现乡村振兴与产业数字化转型的充分结合，打造乡村振兴典范、建成"数字乡村"全国标杆。

通过数字孪生技术，八尔湖在数字平行世界构建了一个与物理世界相匹配的孪生乡村，它以数字为基础，对乡村产业、乡村治理、乡村服务等进行监测、管理、处理、决策等。数字孪生乡村在和物理乡村的交互过程中需要处理大量的静态数据和动态数据；依赖底层的 CIM、GIS 等技术，对算力也有较高的要求，需要在项目中同步建设边缘计算节点；数字孪生乡村作为八尔湖数字化转型的重要成果，也是南部县政府对外宣传、招商引资的重要武器，迫切需要易用、安全的展示方案，5G 刚好可以为客户提供高可靠和高安全的专网服务，提供任意地点、任意时间都可接入的泛在连接。

### （一）数字乡村建设情况

#### 1. 建设目标

中国联通提出以数字孪生乡村为核心的数字乡村平台建设方案，推动 5G、边缘计算、云计算、大数据、物联网、区块链、人工智能等技术与传统基础设施融合，形成智能融合新型基础设施，推动物理乡村向数字化、网络化、智能化转变，乡村将逐渐形成以数据为核心、智能化的总体格局数字孪生乡村。

#### 2. 总体架构

八尔湖数字乡村总体架构由感知层、网络层、设施层、支撑层、数据层、服务层、应用层和展示层等几个部分组成，总体架构如图 1 所示。

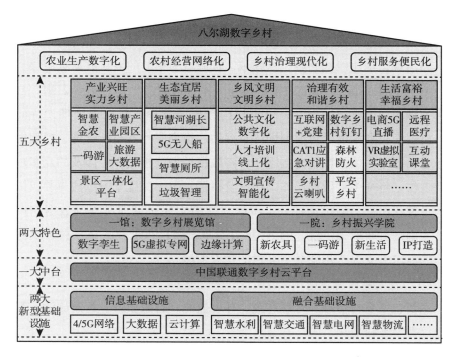

**图1 八尔湖数字乡村总体架构**

资料来源：由作者整理汇编。

## 3. 建设内容

（1）新型基础设施

主要包括5G专网（含MEC）、互联网、企业专线等建设以及各个网之间的安全互联互通建设。基础软硬件资源，实现全域范围内各种云基础资源与各类大数据基础计算服务的共建共享，形成标准、弹性、可靠的一套基础资源体系，包括计算资源池、存储资源池、网络资源池、安全资源池和云平台、操作系统等基础支撑软件。

（2）数字乡村大脑底座

主要包括统一的PaaS平台，数据中台、AI中台、业务中台，支持API调用、微服务、容器化等技术。

数据中台包括数据管理系统和各类乡村数据资源。数据资源管理系统主

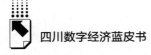

要包括多源数据采集、多态数据存储、多维数据分析、数据治理工具等。通过制定统一的数据资源分类与编目标准，对散落在乡村各个角落的数据进行搜集和治理，构建以基础域、专题域、资源域为划分的乡村数据资源层。

AI 中台主要包括 AI 能力及算法业务：针对图像处理、语音识别、自然语言处理等深度学习场景，提供集异构数据源管理、数据预处理、特征工程、机器学习和深度学习模型训练及评估、模型服务发布与管理、模型推理服务等功能于一体的数据挖掘服务，将数据挖掘分析过程中涉及的众多数据清洗工作、特征工程数据操作工作以及机器学习、深度学习算法封装成标准化的可视化组件，通过拖拽式、编码式建模实现所见即所得的数据挖掘任务。为南部县政府提供统一的 AI 算力服务，满足八尔湖数字乡村建设对于算力的需求，支撑八尔湖数字乡村的建设发展。

（3）五大乡村智慧应用

主要包括乡村治理、智慧产业、环境监测、智慧教育、智慧旅游、智慧医疗等数字乡村应用。

（4）一屏两端的展示层

主要包括通过 5G+边缘计算+数字孪生展示大屏和 PC 端、乡村钉钉客户端交互等。

（5）安全保障、标准规范体系及运营维护体系建设

在整个架构中每层将贯穿安全保障体系、标准规范体系及运营维护体系建设，全面保障八尔湖数字乡村平台的安全、规范和持续化运营。

## （二）项目成效及亮点

### 1. 经济效益

项目带动自主研发产品推广落地，沉淀创新业务自主能力，同时，带动云资源、互联网专线、政企服务专线，以及物联网、5G 专网、5G 用户融合业务等。带动基础业务发展，使用旅游大数据精准营销推广，一码游带动当地旅游产业发展，吸引游客 20 万人，电商平台直播带货销售收入 2 万元/小时。产业联动方面，通过旅游大数据优化和重塑八尔湖特色产业体系，通过智慧

农业物联网建设带动农业经营网络化，通过 5G 电商直播延展消费边界提升二次消费，乡村振兴政策驱动 5G+MEC+数字孪生产业开辟新的产业发展模式。

2. 社会效益

四川省委省政府领导多次参观视察，给予充分肯定。文旅厅、农业农村厅、乡村振兴局将该项目作为专题讨论研究。在民生方面，该项目通过信息化技术赋能乡村治理，提升基层治理水平，打破乡村资源不平衡的现状。实现乡镇干部使用钉钉 App 数 100% 覆盖，乡村治理"三务"公开，组织在线、协同在线、沟通在线。通过远程互动课堂实现乡村干部培训 500 余人次，村镇小学与县中心小学互动 10 余次，打破教育、医疗资源不平衡的现状，提升农民、游客、村民体验。

3. 创新亮点

八尔湖数字乡村通过对八尔湖 20 平方公里，8 个行政村，进行双向映射、动态交互、实时连接，整合了 5G 虚拟专网、边缘计算、云计算、大数据、物联网、区块链和人工智能等多种关键技术于一身，实现了新型信息技术和传统基础设施的融合应用：落实国家乡村振兴二十字方针，数字孪生 20 平方公里实景仿真，一屏展示乡村振兴成果，乡村振兴学院教育典范，服务村民 2.2 万，游客约 7000 人／日，支撑构建乡村现代化治理能力，具备全国范围内的示范效应。

# 三　嘉陵区天兆猪业生猪养殖数字化管理平台

四川省南充市嘉陵区贯彻党中央、国务院关于实施智慧农业工程的决策部署以及农业农村部数字农业建设的需求，树立新发展理念，依托四川省南充市国家现代农业示范区的优势，探索通过猪舍自动化精准环境控制系统、数字化精准饲喂管理系统、生猪疫病监测预警系统和生猪繁殖育种数字化管理系统的建设，进一步形成数字农业技术集成应用解决方案和产业化模式，打造数字农业示范样板。

四川天兆猪业股份有限公司在南充市嘉陵区大通、大观等乡镇的龙池猪场、大观猪场建立生猪养殖数字化管理平台，配置研发自动化精准环境控制系统、数字化精准饲喂管理系统、畜禽疫病监测预警系统、繁殖育种数字化管理系统、养殖管理系统，运用云计算、物联网、无线通信和网络、传感器自动控制等现代信息技术，实现猪场猪舍环境自动精准调节、精准饲喂与分级管理、种猪发情自动检测、畜禽疫病监测预警、繁殖育种数字化管理和猪场养殖管理系统，探索数字化种猪养殖技术集成应用解决方案和产业化模式；通过实现"数字分析、数字决策、数字说话"，加快推进种猪养殖规模集约化、生产标准化、管理规范化、过程信息化、经营产业化和产品品牌化，实现环境友好、资源节约、生态循环、种养结合、精准可控、效益均衡、"三业"融合、"四化"同步、可持续发展的现代畜牧业水平，公司目前已成为全国一流的数字化种猪养殖基地可借鉴示范样板。

## （一）建设内容

### 1.建设"多位一体"的控制管理系统

（1）建设全自动环境控制系统。配置环境控制采集系统，研发物联网管理系统，监测包括猪舍内温度、湿度、风压、氨气和二氧化碳浓度以及室内外温差、猪场的用电量、用水量等，实时上传监测数据，实现对猪舍环境的自动化精准控制，为生猪的繁育、生长提供最佳的环境，降低生猪养殖过程中的死亡率，减少生长周期，降低成本。

（2）建设数字化精准饲喂管理系统。配置母猪精准饲喂站及营养分析设备，采集猪舍信息、记录猪只饲喂情况、针对母猪异常信息报警，实现猪舍自动上料、自动上水降低饲料成本和用水成本，提高饲料转化率。

（3）建设疫病监测预警系统。实现对疫病预警、诊断、防控，减少猪场因为疫病造成的损失，并对猪场病猪所使用的饲料进行实验分析与监控，保障猪场的饮食健康，加强安全管理。

（4）建设繁殖育种数字化管理系统。繁殖育种数字化管理是对猪场生产数据的全面记录，从育种、系谱管理、生长性能测定、精液采集分析等多方面管理猪场繁殖生育，利用大数据分析能力，提供直观的图表化报告，规范企业养殖生产作业流程，建立企业生产电子档案，保障生猪饲养的质量安全，提高生产效率和管理效率。

（5）建设猪场养殖管理系统，实现财务业务一体化，产、供、销无缝连接，节省人力成本，提高工作效率（见图2）。

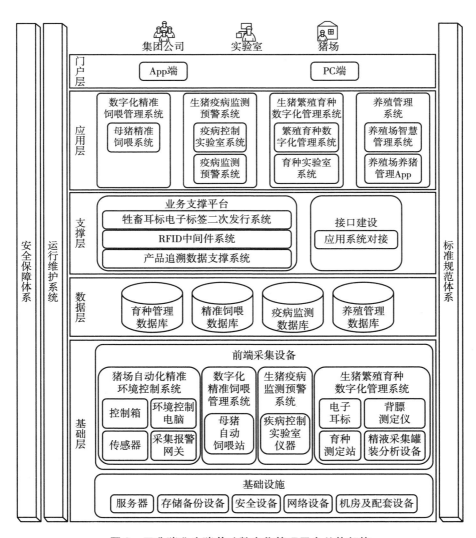

**图2  天兆猪业生猪养殖数字化管理平台总体架构**

资料来源：由作者整理汇编。

389

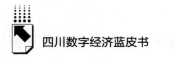
### 2. 打造种猪养殖大数据中心

参考国家和行业相关信息系统技术规范进行信息资源梳理，按照统一规划和标准进行分类整合、存储，保证数据的准确性、完整性、一致性，并标准化交换接口，规范交换接口服务方式，按照"一数一源，一束多用"的原则，建设精准饲喂数据库、养殖管理数据库、疾病监测数据库、育种管理数据库，实现应用系统和猪场已建系统之间信息资源的共享。

（1）精准饲喂数据库

精准饲喂数据库主要管理数字化精准饲喂管理系统的饲喂信息，包括母猪的体貌评估、品种、进群时间、体况评分、体重、进食量分量、进食分时间、进食次数、大宗原料信息、猪饲料信息等。

（2）疫病监测数据库

疫病监测数据库主要管理生猪疫病监测预警系统的数据，包括检查信息数据、分包数据、仪器数据、临床试验数据、样品送检单、检查报告、实验物资信息、供应商信息、试剂标准、质控信息、实验室人员档案、转猪运输生物安全风险评估报告、饲料运输生物安全风险评估报告、物资运输生物安全风险评估报告、垃圾运输生物安全风险评估报告、精液运输生物安全风险评估报告、人员流动生物安全风险评估报告、引种生物安全风险评估报告、消毒生物安全风险评估报告、免疫生物安全风险评估报告、化药用药计算表、疫苗免疫程序使用表、消毒药物使用表、药品/器械使用说明书、猪群变动表、治疗记录表、免疫记录表、死亡记录表。

（3）育种管理数据库

育种管理数据库主要管理生猪繁殖育种数字化管理系统的数据，包括公猪事件、母猪事件、仔猪育肥猪事件、兽医监测信息、遗传测定信息、母猪群报告、公猪群报告、哺乳—育肥报告、全场综合统计报告、选种选配信息、常规性统计分析信息、猪场基本生产计划、种猪生产计划、待做免疫计划、种猪育种测定计划、种猪育种月报、任意期间种猪育种分析报告、种猪血统分析报告、种猪血缘分析报告、种猪选留性能对比报告、种猪窝选留数量报告、核心群选配表、种猪选配总表、猪场信息、客户信息、员工信息、物资信息、猪只批次号信息、耳标号信息等。

（4）养殖管理数据库

养殖管理数据库主要管理养殖管理系统的数据，包括建筑设施信息、设备工具信息、环保设备信息、物资入库信息、物资出库信息、物资调拨信息、库存信息、员工基本信息、异动记录、考勤记录、绩效信息车间管理信息、批次信息，猪只治疗、免疫、死亡、剖解记录、成交信息、客户信息、托养场信息等（见图3）。

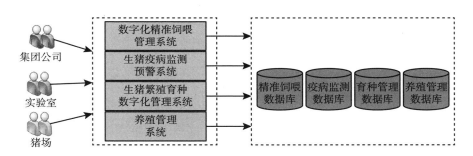

**图3　天兆猪业种猪养殖大数据中心**

资料来源：由作者整理汇编。

## （二）创新应用

### 1.提供管理决策支持

管理决策支持模块支持定制化报表分析，应用大数据集成，对各环节涉及的数据汇总分析，为管理层决策提供数据依据。包括猪只生产育种统计、饲料统计、车辆统计、销售统计、成本核算、批次绩效报表、员工统计报表等业务数据，供管理层决策分析。

### 2.建成疫病控制实验室系统

实验室管理系统实现对猪场采集的样品的全过程管理，同时维护实验室仪器、物资以及进行文档管理，承担猪场疾病控制实验室生物安全监督检查工作，协调各级诊断实验室小组的疫情诊断工作，进一步提高免疫质量，确保猪场养殖的健康发展和产品质量安全。

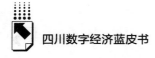

### 3. 养殖场养猪管理 App

养殖场养猪管理 App 是通过移动端对猪只信息录入与读取，对猪只繁殖、防疫、死淘等信息的采集后数据的管理。养殖场养猪管理 App 和 PC 端的养殖场智慧管理系统对接，在终端实现审批交换、业务交换、数据交换等功能。

# 四 丹棱县建设"数字农房"平台

继成为全国农村人居环境整治试点县、四川省实施乡村振兴战略先进县、中国西部农村信息化建设示范县之后，丹棱县再次打造了四川唯一、全国领先的"数字农房"一体化信息平台建设示范点。丹棱县"数字农房"一体化信息平台根据国家乡村振兴战略以及中央和四川省委省政府对农房建设管理和风貌管控的要求，结合本地实际，围绕干部群众最关心、最直接、最现实的农房违法违建、一户多宅、底数不清、质量监管、风貌控制等问题进行重点突破，采用"数字农房""3+4+5"（三通四立五创）创新模式，以信息化手段革除农村宅基地审批和农房建设监管掣肘问题，打通三大壁垒、建立四大管理机制、实现五大创新，进一步夯实乡村振兴成果，提升群众满意度。

## （一）"数字农房"平台的具体做法

### 1. 打通三大壁垒，建设"数字农房"

（1）打通"部门壁垒"，建立"三级联动"责任机制，实现"联审联办"。建立村级协助、乡级主责、县级监督的"三级联动"机制。设置宅基地管理员、组建宅基地及农房建设监管办公室负责农房建设初审、建设过程监管、验收质量把控、违法监测、动态巡查多业务开展，打破部门壁垒，打通住建、农业农村、自然资源等多个业务部门，实现"联审联办"。

（2）打通"监管壁垒"，实现"线上线下"协同审批。建立一体化农村宅基地审批及农房建设管理系统，规范精简审批程序、压缩审批时间，提升行政效率。依托数据库和新建 App 实现建房申请登记、开工放线、施工中质量监管、竣工验收、不动产登记等全套程序线上办理；农房建设现场踏勘、农房质量审核、结果报告上传线下办理同时开展，实现资源信息多部门共享和"线上线下"协同审批。

（3）打通"信息壁垒"，建立"大数据+"基础平台。整合农业农村、国土资源局的"房地一体"、规划一张图、农村宅基地审批及农房建设管理系统等多系统资源，实现集体土地权属和房产所有权属信息及现状农房建房审批档案、现状农房与人口的基础信息、国土资源信息的一体化管理、一键获取、快速登记以及违章建房的 24 小时监管，有效推动农业农村数字化，加速乡村实现智慧转型。

2. 建立四大管理机制，创新农房建设一体化监管模式

（1）成立一套管理班子，规划引领。采取在县住建局、县自然资源局、县农业农村局设计监管科室，组建乡镇农房规划建设管理办公室，筹备配备乡村规划师，增加村级农房协管员等措施，以多层级多部门专业人员协作构建数字农房建设顶层设计，以规划引领农房建设、监管。

（2）建立一套政策体系，法规约束。制定丹棱县农村宅基地审批及农房建设管理监管制度体系，明晰各方责任和权限，完善各项管理细则和管理制度，固化农村宅基地及农房建设审批流程，强化农房建设规划、设计、选址、质量安全、风貌、验收等过程管控，强化农村建筑工匠培育和管理，强化农村建设管理的针对性、操作性及有效性。

（3）培养一批技术人员，技术指导。制定《"丹棱农村工匠"培育计划》，培育一批专业优秀建筑工匠队伍，持证上岗，规范操作，更好地服务于农村建设事业；培训乡镇农房建设管理人员、村级协管员、信息员，使其懂技术、了解建房审批程序、可以监管建房过程，正确引导农村建筑行业健康发展；聘请专业人员对乡村规划师进行航飞培训，使其掌握无人机巡航监管技术，提高建房管控效率。

（4）建设一个信息平台，大脑统筹。建立"数字农房"一体化信息平台，实现政策咨询一个窗、调查服务一站路、数据服务一张图、业务办理一

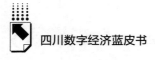
条链、监管监测一张网，实现功能服务的全面升级，并将持续实现数据和功能的扩展，如防火、防灾、乡村治理等功能，统筹"数字农房"建设，建立智慧乡村大脑，不断深化落实"数字乡村、智慧乡村"建设。

### （二）"数字农房"平台的创新点与示范价值

#### 1. 创新点

（1）创新管理编制。改革编制，建立乡镇宅基地及农房管理综合办公室，每个乡镇配备 3~6 名人员，实现宅基地审批及农房管理"一站通办、一人通办"，避免多头管理，进一步提高管理效率。

（2）创新管理方式。将 120 名工匠发展为农房质量"编外管理人员"，引导工匠在房屋修建过程中，利用信息平台上传建筑材料和关键建筑结构施工记录，实现农房建设全过程质量监管，达到"四两拨千斤"的效果。

（3）创新考核机制。将村组协管员、信息员纳入考核，在信息平台中自动生成考核指标，并由乡镇综合评分，提高村组协管员、信息员工作积极性、责任心和服务意识。

（4）创新监管体系。建立"天空地人"（天：卫星影像、空：无人机、地：通信铁塔摄像头、人：协管员、信息员、工匠）"四位一体"的立体监管体系，既"看得见"也"管得住"。目前接入了 36 个摄像头，梅湾村有 2 个摄像头。

（5）创新监管技术。利用当前最前沿的"互联网+"、遥感、大数据、三维实景、人工智能等技术，实现"便捷化、可视化、智慧化"的监管系统，利用现代科技手段提高监管效率。目前，做了 30 平方公里、10 多个居民聚居点的三维实景模型。

#### 2. 推广价值

丹棱县"数字农房"一体化信息平台建设打通了三大壁垒、建立了四大管理机制，实现了五大创新，构筑起了全国领先优势，打造出了全省唯一建成、全国领先的"数字农房"建设示范点。平台建立了线上线下结合的现代管理模式，实现精细精准管理，利用现代前沿技术，让农民办理宅基地及农房业务"手上办、马上办",让管理人员"自动管、网上管、及时管",切实提高行政效率、提升群众满意度,与此同时丹棱县打造的"数字农房"建设模式也为全省乃至全国的宅基地建房审批平台建设提供了可借鉴、可复制、可推广、可实施的经验,具有很高的推广价值。

# 附录三  数字化治理场景

秦强子  张 锐  季 飞*

## 一  成都市国资经营监管大数据平台

根据国务院、国务院国资委对国有资产管理体制改革及国资监管相关工作要求，四川省国资委制定了《四川省国资国企在线监管平台建设工作方案》，要求省属国有企业围绕建成"大平台、大数据、大系统"的目标，重点推进建设"三重一大"、党的建设、人财物、投资、生产经营、合规管理、风险控制等信息系统，形成覆盖集团全部组织层级的全面管控。工作方案同时要求省属国企在2021年要全面建成企业自身数据中心，实现国资监管数据与省国资在线监管平台的全部对接、共享、交换。成都市国资经营监管大数据平台就是在这样的背景下建设的国资经营监管信息平台。

### （一）项目建设情况

#### 1. 总体方案

（1）总体目标

以提升决策、管理、执行、服务、监督五大能力为着力点，以国资监管数字化、动态化、智能化与企业信息化配套需求为导向，运用云计算、大数

---

* 秦强子，四川省大数据发展研究会副会长、秘书长，主要研究方向为大数据、数字经济、区块链；张锐，四川省大数据发展研究会副秘书长，主要研究方向为大数据、数字经济；季飞，四川省大数据发展研究会副秘书长，主要研究方向为大数据、数字政府。

据、人工智能等先进技术，统筹规划，打造国资经营监管大数据平台，通过大数据平台对市属国有企业财务、发展改革、考核分配、资本运作等信息，提供实时、动态采集和汇聚，围绕战略支撑、社会服务、资本运营、市场经营、专业运作、现代治理"六大效率"，实现对市属国有企业全层级多维度的在线经营评价、全程动态监测、预警督导纠偏，不断增强国有经济活力、控制力、影响力和抗风险能力，推动企业自身实现高质量发展，进而更好发挥国资国企在全市高质量发展中的支撑作用。

监督与管理目标：对重大国有资产流动等关键环节实施实时监控、动态监管，切实解决监管不到位等问题。

决策与执行目标：汇集融合监管企业内部实时动态数据与政府相关部门数据、第三方研究数据、互联网数据等，实现从宏观到微观层面的数据采集、分析与自动预测预警功能，准确反映企业生产经营动态、趋势和潜在的问题与风险，对企业进行综合评价，为政策制定和管理决策提供支持。

服务与应用目标：为国有企业信息化水平不断提升助力。基于国资经营监管大数据平台，通过大数据、人工智能分析技术的应用，辅助企业战略决策、优化企业业务流程、降低企业管理与经营成本、创新产业结构、预防企业风险、激发企业新业态，使"大数据作为生产力"，推动实体经济和数字经济融合发展，实现企业转型升级、赋能提效。

（2）本次建设目标

依托市电子政务云基础设施，着力在数据标准化程度较高、需求较为紧迫的业务模块开展建设，有效整合已有业务系统，初步建成总体规划"1+2+N+1"中"1+2+N"，初步实现委内数据的互联互通、共享交换。

1个中心：国资经营监管数据中心。初步搭建国资经营监管数据中心。实现国资国企数据、政府部门数据、行业和商业对标数据、公开经济环境数据等信息的汇集和融合，使每项数据都具有唯一编码、统一的定义、唯一的计算公式和数据属性；根据业务专题建立数据主题域，对业务数据进行分

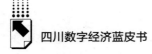

类，提高数据处理和应用速度。

2 个标准：即政策法规与行业标准、信息安全与保障标准。平台的建设要遵循标准化的开发架构，业务内容及流程的构建要符合国资监管的政策法规体系；基于政务云安全标准，构建契合国资国企需求的安全体系，实现网络、主机、应用、数据等多方面安全，让平台长期稳定和可靠运行。

N 个业务系统：应用系统建设。系统采用"模块化、组件化、智能化"的设计思想，打破传统"孤岛式"系统建设模式，以"应用支撑系统"为基础，实现应用与数据分离的同时，支撑国资经营监管各项业务应用的快速实现。

业务应用主要划分为：财务统计系统、发展改革系统、资本运作系统、对外合作系统、考核分配系统、组织人事系统、企业互联应用系统、国资监管数据展示系统。

2. 建设规模

应用范围：市属国有企业全覆盖。

3. 总体架构

基于 SOA 设计理念，采用多层结构，支持大型应用的集中管理方式。基于 Web 方式、J2EE 技术，系统采用 B/S 模式、中间件技术和大型数据库的 N 层体系结构，构建一个合理的基于流程与规则管理的应用系统，使其能方便地进行适应性的调整或配置。整体框架的设计上着重体现数据采集与数据交换、信息协同的设计理念。

4. 建设内容

（1）国资监管业务应用系统

通过部署国资经营监管平台，打通在线协同渠道，实现跨处室、跨部门的协同与监管；分级分类汇聚、管理数据，建立内外部数据交换共享通道，实现数据常态化、规范化共享；改变原有监管手段，建立各专项业务系统，实现信息化监管。

财务统计系统。建立财务快报报送渠道，实现财务快报的网上报送、网上接收，对未报企业可实现在线催报，并提供数据统计导出功能。

发展改革系统。实现对监管企业投资计划和投资变更基于流程的报送审批和汇总统计查询功能。系统支持企业与国资委多级审批操作，支持对投资计划、投资变更进行基于单个投资项目的批注，投资变更支持自动对比标识，便于快速了解投资变化细节。投资计划支持 Excel 导入导出，方便用户操作，支持投资备案审批的版本管理，便于对比审批中的修改情况和进行审批追溯。

国有企业投资项目库。要求企业定期报送项目投资完成情况，实行项目动态监管。真实反映在年度预算期内企业投资项目的审批、实施进度以及近三年内投资项目的运行、财务和经济效益情况，与预算计划和预期效益进行对比分析。

资本运作系统。包括产权交易、上市企业股权变动、对外合作、领导人拜访管理、招商项目管理等功能，实现国资企业在资本运作中的全过程管理。同时，通过提供相关分析数据，为资本运作管理提供数据支撑。

考核分配系统。提供工资总额、薪酬与业绩的管理与监控功能。工资总额管理，需要企业通过系统提交工资总额预算方案、上报工资总额清算单等材料，对企业的工资总额进行预算、清算管理。薪酬与业绩管理，根据国资委对监管范围内的企业负责人薪酬管理办法自动计算薪酬。需要按照新的财务会计制度口径，通过清产核资数据、财务快报数据、预算决算数据和上市公司年报，全面掌握企业国有资产的总体状况，根据企业评价考核体系，依据标准值规范地测算企业经营绩效。

（2）国资监管数据展示系统

通过对采集的基础数据信息的提取和加工整理，形成国资监管业务数据中心。动态了解国有重点企业生产经营信息、国有资产信息、投资项目等信息，提高效率，实现数据共享，向市政府和市国资委反映企业生产经营动态情况及发展规律，为制定宏观经济政策、实施宏观调控、指导国有企业改革发展提供参考。

（3）国资监管 App

国资监管 App 利用移动互联、移动服务技术，建立移动应用 App，让市国资委领导、各业务处室可随时随地通过平板电脑、智能手机等移动终端设

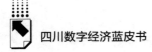

备，查询和了解各国资监管相关信息，进行"一企一策"经营评价、国有资产综合展示、风险防控专题分析等。

充分考虑移动办公的安全性，实现用户账号与移动设备的唯一绑定，并增加 App 安全加固软件，保证应用系统及数据的安全。移动应用 App 支持通过厂商提供的指纹 API 实现用户认证等功能。移动应用 App 支持 IOS8.0 及以上版本、Android4.4 及以上版本操作系统。

### （二）项目成效及亮点

**1. 核心特点：动态监管、协同工作、服务企业、支撑决策**

利用云计算、大数据、人工智能技术，改变以财务系统为企业监管重点的传统静态国资监管方式，通过对管理与服务企业重要业务过程的规范化、数字化，通过全社会全员协同共管，对动态数据进行预测分析，实现国资监管的智能化，实现资料来源于社会、服务于社会。

**2. 应用价值**

（1）解决问题：有效解决政府监管与企业自主经营怎样协同、共生、发展的问题。

（2）业务价值：提高政府管理与服务水平，提高企业生产效率。

（3）社会价值：加大社会民众对政府的监管力度，实现和谐社会。

（4）示范价值：为全省实现国资监管提供示范效益。

**3. 其他应用相关特色**

成都市国资监管平台是国内首款以"云方式"提供涵盖政府监管与企业生产经营服务于一体的整体解决方案与实现。云方式具体包括云服务、云技术支撑、云安全三个方面。

## 二 乐山市公共突发事件应对系统

2020 年 6 月，建成投运心连心"1+3+N"信息互联互通平台，是乐山市未来智慧城市的"城市大脑"，截至 2021 年，平台已接入 28 个部门核心业务系统，汇聚了58个部门平台、7000多个目录、超过10亿条数据，实现了全市的数据归集，解决了应用接入，解决了数据归集、汇聚、治理的核心问题。2021年5月，在心连心"1+3+N"平台基础上又新建"公共突发事件应对系统"，加强对各地各部门自然灾害业务系统和数据资源的融合对接，汇聚森林防火、防汛防涝和地质灾害基础数据，在平台现有基础上引入大数据分析和人工智能技术开展公共突发事件应对系统建设，打造设计森林防火、防汛防涝和地质灾害的专题应用场景，通过对接融合各地各部门自有信息系统和数据，开展数据清洗、大数据分析和人工智能视觉分析，进行可视化展示并提供科学合理的辅助信息，协助领导决策分析和指挥调度，充分发挥平台数据实时展示和统一指挥调度的作用。

## （一）系统基本情况

### 1. 系统特点

乐山市公共突发事件应对系统创新采用"悬浮窗分屏联动调度"技术、调度多个场景运用，解决了部省和自建系统难以打通的问题；通过把各系统要素显现在资源要素一张图上，调取结果数据来联动指挥，实现了平台负责打通数据，横向联通，部门负责深化业务，纵向到底，达到共建、共享、共用资源的目的；其次通过一体化联动指挥平台，各职能部门人员根据职业特性统一带身份标签入场，打破原有部门系统各自为政的壁垒，实现不同部门人员、资源共享共用和全市一盘棋的指挥调度；通过人工智能AI中台，监测全市13000多个视频监控，通过调度业务部门的水情信息、天气预警信息及事件周边视频回传信息，研判可能会出现重大自然灾害，系统及时发布预警信息至"智乐山"手机App，让群众进行自我避险，合理利用可调配人员及资源；以上"1+3+N"平台的深化应用建设，主要侧重提高突发事件应对处置能力、解决数据归集难治理难的问题，提升统一指挥调度能力，解决财政困局导致投入不足等问题，来推进乐山市重大公共突发事件的精准治理能力。

### 2. 系统总体架构

公共突发事件应对系统分为三大模块：部门业务系统模块、资源要素模

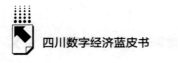
块、公共功能模块。

（1）部门业务系统模块

主要解决部门业务系统接入问题。

（2）资源要素模块

汇集了乐山市所有的与公共突发事件有关的资源要素，包括车、物资、人员（防汛、防火、医疗、应急）等。根据业务部门推送的事件原发点的点位信息，展示在资源要素一张图上，最大范围内调动可利用资源对事件原发点指挥调度。纵向的部门业务系统解决了深化的问题、横向的公共突发事件应对系统解决了资源整合的问题，纵横结合，把所有部门的资源结合在一起，满足同一个场景的使用。

（3）公共功能模块

视频会议系统。视频会议系统联通了乐山市11个县市区和16个重要部门，主要解决了点对点的调度和指挥。

一体化联动平台。市县乡村一体化联动指挥平台，指挥员可在指挥大厅指挥现场，对抢险人员进行在线组建群组，实现单点和组群的视频会议指挥，实时上传现场数据或下达抢救指令和应急方案。

视频资源监控模块。视频融合技术整合了全市各部门视频监控点位和前端各类感知源点位共计20000多个，通过政务云视图库交互，实现了各部门各类场景的共享共用。

AI智算中台。通过整合平台视频融合的视频图像资源搭建AI智能算法，根据监控实时录像调度业务部门的水情信息、天气预警信息及事件周边视频回传信息研判可能会出现重大自然灾害；系统充分考虑政府救援和人员自救避险相结合的功能；通过AI智算中台发布预警信息及时地通过"智乐山"App发布给公众，引导公众进行紧急避险，节省政府资源，降低人民群众损失。现已导入38个算法管理，包括人脸识别、车牌识别、防汛点位预警监测、森林防火预警监测、地质灾害预警监测、区域车辆闯入预警等，后期将根据事件的多样性增加对应的算法。

**图1 乐山市公共突发事件应对系统**

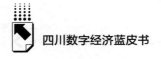

### 3. 城市 App

公共突发事件应对系统以乐山市为民服务的总入口"智乐山"App 为窗口，其目前拥有 100 多万在线活跃用户，整合了医疗、卫生、教育、公共交通等 30 多个行业的终端应用，秉承"政府救援+群众自救"的原则，实现了 App 发布公共突发事件预警的功能，群众可以通过系统发布的预警信息实现自主救险，同时 App 还支持互动功能，老百姓可以通过平台上传和发布紧急突发事件的相关信息，真正实现了"一机在手、生活无忧"。

### 4. 总体方案

（1）运维监测科学管理

公共突发事件应对系统可实现轻量化部署，前端的应急终端，可 2 分钟快速部署，利用智能手机现有功能，实现 GPS 定位、视频会议、语音图文对讲、查看现场事件等功能。具备多种展示模式，可适应 4K 指挥大屏，1080P 电视和手机匹配，实现从市、县、部门到乡村的全适应。

针对公共突发事件应对系统的运行机制，乐山市政府还出台了《1+3+N 信息互联互通平台运行管理办法》，各部门连同协作按照管理办法分工合作，定期进行系统演练。

（2）创新机制与系统特点

一是利用结果数据解决归集难问题。结合省建、市建和部建系统，采用投屏、分屏、悬浮窗的技术，直接接入部门系统，解决部门业务系统接入和数据归集治理的问题，上下贯穿；对产生的生产数据、过程数据进行过滤，只保留结果数据，避免逐一对接的成本和无效工序，减少财政支出，化繁为简，做到真正意义上的花小钱办大事。

二是利用资源要素一张图最大范围调动可用资源。在资源要素一张图中，汇集了全市所有可用资源，包括 13000 多路天网、雪亮、交通、城管视频和 544 个应急物资仓库，480 个应急避难点，2075 支应急队伍，近 7000 应急人员和全市所有医院、救护车资源。让所有部门可以在突发事件中充分调动全市所有应急资源，达到"一图观全域，一令达全城"的目标。

三是利用一体化联动平台实现快速部署救援队伍。一体化联动平台对全市的应急系统进行统一调度，所有全市的、涉及应急抢险的人员带身份进入指挥平台；指挥平台可在手机上实现 2 分钟快速部署，实现点对点的信号传输、跨部门建立群组视频会议，回传实时灾情画面。

**图 2　"智乐山"App**

四是利用 AI 算法发布预警，实现群众自救。在公共突发事件中，自救大于抢救；通过 AI 智能算法，用人工智能替代人工监测视频信号，通过"智乐山"手机 App 及时提供预警信息，让群众产生自救意识，进行自我避险；大幅提升救援队伍的抢险效率，集中人力物力抢险于重灾地区。

五是行业专人入驻，保障指挥决策。启动公共突发事件应对系统时，平台由信息化主管部门负责横向保障，由部门负责纵向业务系统的管理，派驻行业专业人员，共同协助领导指挥调度，保障业务的专业决策和资源调配的整合。

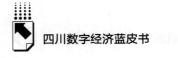
### （二）项目成效及亮点

#### 1. 防汛治理成效

2021年7月15日，苏稽镇突发暴雨，水位上涨超过警戒线，城内出现严重内涝，公共事件突发系统通过视频监控和前端感知源发出预警信息，防汛指挥部启动系统通过要素一张图，借助一体化联动指挥平台，统一指挥群众疏散和财产抢救，由于抢救及时车辆无一辆被淹、人员零伤亡，人民财产无损失。

#### 2. 市域化治理成效

通过平台监测，加强对车辆违法乱停乱放现象整治，排查结果通过手机端第一时间上传系统，可提前预判、及时处理、随时跟进；市中区春华路段呈现干净整洁的画面。

公共突发事件应对系统综合分析风险因素，提高对风险因素的感知、预测和防范能力，为市领导开展决策和指挥调度提供数据支撑。实现了城市治理和应急调度的集中指挥以及城市运行态势的实时动态展示。

以"信"对"突"：城市内涝时监测点发生内涝积水，系统自动预警并通过后台联动一体化指挥调度平台，通过资源要素一张图自动呈现各应急要素资源以供调配，同时将预警信息通过终端App及时发给广大人民群众，全民参与应对各类突发事件。

以"数"治"难"：通过大数据应用解决各种运行机制中存在的痛点难点、提高本系统综合应用水平，提升政府的应急指挥能力，提高行政效率，降低行政成本，避免重复投资；提高百姓的安全感、幸福感。

以"统"管"散"：通过整合共享各单位信息资源，打通了各部门间信息壁垒，实现跨部门、跨地域调动人力和资源，及时应对公共突发事件，提高部门应急指挥效率和水平，避免重复投资，节约人力成本，实现了从数字化到智能化、智慧化的转变。

以"巧"解"困"：通过整合平台、利用"悬浮窗分屏联动调度"技术、调度多个场景运用，运用新思维、新理论构建新型突发事件应对系统，做到花小钱办大事，化解了财政压力大、投入不足的矛盾，解决了地方财力不足的困局。

# 三  基于德阳智慧城市区块链基础设施的信用报告验证平台

当前社会，一些不法分子为了谋取更大的利益，在招投标、融资借贷、商务合作、政府项目等场景中，对企业信用评级报告进行造假。由于信用报告的使用方范围较广，暂时无法通过政务数据共享的方式实现安全、可信的数据传递。为了解决这个问题，德阳市政务服务和大数据管理局联合迅鳐成都科技有限公司开展了"基于德阳智慧城市区块链基础设施的信用报告验证系统"的开发，建设德阳"信用信息共享平台"。"信用报告"是德阳"信用信息共享平台"出具的信用评级工作的最终成果，在"区块链+信用信息"应用场景中实现对企业信用评级报告文件的基本信息进行上链存证，实现读取文件真实信息，以及验证文件真伪的功能。该系统已在德阳市政务服务和大数据管理局运用，后续将在德阳市各个部门进行跨部门运用。该平台运用区块链技术推进政务大数据应用，打造可信环境，打造信任链，打通信息孤岛，建立良好政商关系，吸引外企投资，推动经济发展。

## （一）平台建设情况

"基于德阳智慧城市区块链基础设施的信用报告验证系统"旨在切实构建安全、可信的"区块链+政务"的信任体系，在产品研发和设计上创新性地采用了"数字指纹"存证+"松耦合"接入的实施内容（见图3）。

1. "数字指纹"存证

利用了区块链存证技术，把已经实现了电子化的电子证件形成链上存证，生成一串密码"数字指纹"；不同的文件都有自己独有的"数字指纹"，同时对文件的"数字指纹"进行链上存证，生成链上信用报表存证记录。

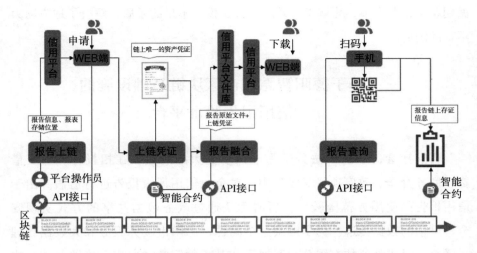

**图3 基于德阳智慧城市区块链基础设施的信用报告验证平台**

资料来源：由作者汇编。

### 2."松耦合"接入方式

采用"松耦合"的接入方式，快速实现业务系统对接，让区块链技术真正提升政务服务效率，增强可信性。对上链数据做业务导向的整合管理、存证查询、统计分析。对外输出链上数据管理与应用形成的数据成果。这种方式使得原来的政务业务逻辑以及数据被保留在应用层，数据上链为分布式存储，既不影响政务主业务逻辑也不对原始数据进行存储，既满足了对原始隐私数据的监管要求，又能完成信息的传递，降低了系统间协作的难度，兼顾了安全、高效、真实的应用需求。

在需要使用和验证的时候，平台会对链上存证、原始文件、验证文件三方的"数字指纹"进行比对，并出具文件的验证报告。链上存证，是技术背书、验证逻辑的核心；原始文件，保障后续使用真实性；验证文件，是最终的验证结果。

### （二）项目成效及亮点

该项目在政府、民生、政务服务、营商环境、公共安全、生态环境、城市发展等方面取得实际成效，是可复制可推广的经验、亮点。

"基于德阳智慧城市区块链基础设施的信用报告验证系统"是"政务服务+区块链"的一次创新尝试，通过区块链共识机制和智能合约实现企业信用报表链上存证、链上验证的全流程服务，打造了透明可信任、高效低成本的"区块链+政府服务"应用场景。通过项目实施应用，有效助力健全公共信用体系，提高公共信用信息建设的标准化水平。

项目进行进一步推广后，上链主体在后续可拓展至各类重要证件、报告，采用相同的流程实现数字化，进行上链存证验证，助力企业进一步降低信任成本，提高办事效率。

该项目有利于打通各区域信息孤岛，营造良好的政商关系、生态环境，吸引投资，促进民营经济的发展，推动智慧城市发展。

该项目因其具有良好的示范性和社会效益获得了诸多殊荣：在 2021（第四届）中国产业区块链峰会被评为"中国产业区块链优秀案例（2021年度）"；入选中国工程院《中国区块链发展战略研究》项目"发现 100 个中国区块链创新应用"；在 2021 广州区块链创新发展高峰论坛荣获"2021 区块链创新应用杰出案例"。

# 后　记

　　疫情防控常态化背景下，以大数据、云计算、人工智能、物联网等为代表的数字经济迅速发展，展现出我国经济强大的活力与韧性，为全球经济复苏注入重要动力。党的二十大报告明确提出，加快发展数字经济，促进数字经济和实体经济深度融合，打造具有国际竞争力的数字产业集群。《四川省"十四五"数字经济发展规划》提出到2025年，四川省数字经济总量将超3万亿元，占GDP比重达到43%，初步建成全国数字经济发展新高地。

　　为了深入落实国家对数字经济的战略部署，成都师范学院启动了《四川数字经济发展报告2023》的研究。感谢四川省发改委、四川省经信厅、四川省科技厅、四川省商务厅、四川省农业厅、四川省社科联、成都市社科联、四川省大数据中心等单位的指导和支持。感谢四川省大数据研究会、新都区委政研室、新都区街道办、部分四川地市州大数据研究中心等单位的支持配合，推动园区层面和数字经济企业层面的深入调研。感谢四川省内各大高校、研究机构的专家学者推动系统研究，跟踪总结四川发展数字经济的理论探索与实践，编制成《四川数字经济发展报告2023》。

　　本书由成都师范学院、成都融入双循环发展新格局研究中心、四川融入双循环新发展格局研究中心、农村土地利用监测与评价重点实验室、四川省大数据研究会组织编写，由四川省大数据中心、四川大学、电子科技大学、西南财经大学、西南交通大学、西华大学、四川警察学院、西昌学院、成都师范学院、四川省大数据研究会等相关的学者专家负责本报告的撰写。本书由成都师范学院经济与管理学院副院长匡后权担任主编，负责研究大纲设计与优化、总报告撰写、统稿审稿工作。成都师范学院经济与管理学院院长卢阳春教授负责总报告修改、统稿审稿工作。四川省大数据发展研究会秦强子秘书长负责应用场景案例甄选、撰写以及人员的调研安排工作，马丽博士负责总报告修改、章节撰写、统稿审稿等工作，贺刚博士负责总报告修改、章节撰写和统稿审稿工作。编委会老师们对文本进行了审定。

本报告在全面跟踪四川数字经济发展情况的基础上进行综合研究，重点探讨了 2022 年四川数字经济领域的发展政策、举措与热点问题，分析数字经济的新趋势和新亮点，旨在为社会各界了解数字经济发展、数字政府建设提供现实的信息和参考依据。本书在编写过程中，参考了众多国内外专家学者的研究成果，在此对参考文献的机构和作者表示衷心的感谢。文献有疏漏之处，敬请谅解。

编 者

2023 年 2 月 1 日

# Abstract

The digital economy, which takes digital as the key production factor, has low resource consumption, high scientific and technological content, strong economic drive and excellent development quality, and has become an important engine of economic and social development in the post-epidemic era. The report of the 20th National Congress of the Communist Party of China proposed that "accelerate the development of the digital economy, promote the deep integration of the digital economy and the real economy, and build a digital industrial cluster with international competitiveness." The deep integration of digital technology and production factors reshape the industrial value chain, and constantly expand the boundaries and territory of the digital economy. Known as the "Land of Abundance", Sichuan has become one of the first batch of national digital economy innovation and development pilot zones in China, and the digital economy has increasingly become an important engine of local economic development in Sichuan.

In 2021, Sichuan's digital economic output value will reach 1.9 trillion yuan, ranking the ninth in the country. The proportion of the added value of the core industries of Sichuan's digital economy in GDP, the proportion of the output value of software and information services, and the proportion of the output value of e-commerce transactions exceed the national average level. The proportion of the output value of the digital economy in GDP, the growth rate of software and information services, and the intensity of R&D investment are lower than the national average level. Sichuan strengthens the leading role of Chengdu's digital economy and cooperatively builds the innovation community of Chengdu Plain Economic Zone; Promote the digital transformation and upgrading of old industrial cities such as Zigong, Luzhou and Yibin in southern Sichuan; Promote Northeast Sichuan to build a new pattern of digital industry; Build the information highland of Panxi Economic Zone to promote the integration of data and reality; The Northwest Sichuan Ecological Demonstration Zone focuses on the development of digital energy and digital culture and tourism, and the regional digital economy is booming.

Infrastructure is the most important infrastructure to promote the development of digital economy. Digital infrastructure, represented by 5G and data centers, has increasingly become an important basis for leading the development of digital economy. Digital infrastructure has accelerated the empowerment of traditional industries and provided strong support for the comprehensive digital transformation of economic society. In the future, Sichuan needs to promote the construction of 5G network system at a high level, innovate "5G+" to enable the development of traditional industries, promote the deep integration of 5G and intelligent manufacturing, artificial intelligence, big data, cloud computing and other fields, and build a leading 5G industry application ecosystem in China. Make full use of the policy opportunities of the "East to West" project, the inherent advantages of clean energy, and the capacity advantages of basic resources to promote the rational layout and efficient operation of infrastructure, and promote the development of infrastructure in the direction of green, intelligent and cluster.

Industry digitalization refers to the digitalization transformation, upgrading and reconstruction of all elements of the industrial chain. The development of industrial digitalization in Sichuan Province has achieved good results in some fields and regions. In order to make better use of industrial data resources in Sichuan and accelerate industrial digitalization in Sichuan. In the future, Sichuan needs to further improve the construction of agricultural digitalization standard system, accelerate the in-depth integration of digital application and agriculture, and strengthen the support conditions for agricultural digitalization. In the field of intelligent manufacturing in the industrial field, we should promote Sichuan's intelligent manufacturing to promote the new driving force of technological integration and innovation, improve the digital level of traditional manufacturing, build an internationally competitive intelligent manufacturing cluster, and build an important national intelligent manufacturing base. In the Baijiu industry of Sichuan's characteristic industry, we should strengthen the top-level design of Baijiu industry's digital transformation, introduce incentive policies, and create a flagship benchmark brand and park for Baijiu industry's digital transformation. In the service industry, we should accelerate the export of e-commerce brands made in Sichuan to the sea, and promote the digitalization of software and hardware in cultural tourism and exhibition industries.

Digital industrialization provides technology, products, services or solutions for industrial digitization, which is the industrialization, commercialization and marketization of data elements. With the rapid development of digital industrialization in Sichuan, the study proposes that the big data industry should further promote the research and development of big data and the construction of data security and standards; The AI industry should promote the research and development of core technologies, cultivate industries and strengthen applications; The electronic information industry strives for the layout of major national industries and promotes the integrated development of industries; The software industry has accelerated its development in terms of parks, enterprises and production factors; The new energy automobile industry takes the power as the core to promote the vehicle manufacturing and other measures.

The digitalization of public services improves the quality of public services through digital means. The digitalization of urban governance proposes to improve the institutional system and improve the technical level of the platform; Rural digital governance puts forward suggestions from the perspective of production, operation and service; Digital government construction: improve the top-level design of digital government construction, build a long-term mechanism for data sharing and application, and improve the efficiency of government digital management services; It also studies the application of digital economy and intelligent policing in the context of the epidemic. In the digital economic ecological environment, it is analyzed that the data element trading market needs to accelerate the construction of institutional standards, strengthen the trading and circulation model, build the trading and circulation development ecosystem, and improve the security of data trading. The optimization of the digital economy ecosystem proposes to strengthen the statistics and detection of the digital economy; In the digital literacy of residents, it is proposed to strengthen top-level design, leadership demonstration, carry out pilot projects, and expand the supply of digital resources. In the chapter of digital cities, relevant cases of digitalization, cities, people's livelihood, services and governance construction in various regions are proposed.

The R&D and innovation of digital technology has become the future track of the digital economy, the capitalization of data resources has become the development trend, the "Internet of Things" has built a new foundation for the development of the digital economy, and the integrated development has become the main battlefield of the development of the digital economy. It is suggested that Sichuan should focus on the following tasks in the future: build an innovative development system that releases digital productivity, advance the layout of new digital infrastructure, accelerate the development of digital industries with competitive advantages, innovate the digital application scenarios of smart Sichuan, and further improve the level of digital economic opening and cooperation.

**Keywords**: Digital Economy; Industry Digitalization; Digital Industrialization; Sichuan Province

# Contents

## I General Report

**Abstract:** In the world, digital technology has given birth to new business forms, new enterprises, and the digital economy is booming. Sichuan, as an important province in the west, relies on rich human resources and the rapid development of digital technology. The digital economy provides the possibility for Sichuan's economy to achieve curve overtaking, which has profoundly changed the traditional economic and social structure of Sichuan. The general report puts forward the realistic path for the development of Sichuan digital economy in terms of the regional realization of Sichuan digital infrastructure, industry digitalization,

416

digital industrialization and digital economy, including Chengdu Plain Economic Zone, South Sichuan Economic Zone, Northeast Sichuan Economic Zone, Panzhihua Xichang Economic Zone and Northwest Sichuan Economic Zone. The path includes the advanced layout of new information infrastructure, the development of competitive digital industries, the construction of an innovative development system of digital productivity, the innovation of digital application scenarios in smart Sichuan, and the improvement of digital economy opening and cooperation. Looking forward to the 14th Five Year Plan period, the digital economy will develop continuously, healthily and rapidly, and will become the main battlefield of Sichuan's economic development in the future. The digital economy will change the industrial organization paradigm and division pattern of the global value chain through the factor restructuring effect, the industrial chain enabling effect and the rule guiding effect. Digital technology R&D and innovation will become the future track of the digital economy, and the capitalization and capitalization of data resources will become the development trend, The Internet of Things enables traditional industries to deeply integrate with industries, agriculture, energy and other industries. The "Internet of Everything" builds a new foundation for the development of the digital economy, and the integration and development has become the main battlefield for the development of the digital economy.

**Keywords**: Digital Economy; Industry Digitalization; Digital Industrialization; Sichuan Province

# II  Digital Infrastructure

**B**.2  The Framework, Layout and Measures of Sichuan Digital
Infrast Ructure During the 14th Five-year Plan Period

*Guo Tao* / 035

**Abstract**: Digital infrastructure is the most important base to promote the

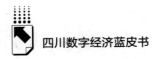
development of digital economy. Under the influence of century epidemic and century change, digital infrastructure is playing an unprecedented energy. This paper focuses on digital infrastructure, and deeply analyzes its concept, main features and basic framework. "The 14th five-year plan" period is a key period for Sichuan to focus on the construction of digital infrastructure, which has ushered in a new development situation and challenges, based on the three fields of technology, platform and integration, this paper further probes into the target positioning and construction thinking of Sichuan digital infrastructure, the paper puts forward three policy systems: perfecting the system of digital infrastructure, improving the application ability of digital infrastructure, and creating the ecology of digital infrastructure.

**Keywords**: Digital Infrastructure; Digital Technology; Sichuan Province

## B.3   Research on the Development of 5G Network
Sichuan Province

*Zhang Yuan* / 047

**Abstract**: Digital Infrastructure is the foundation of the development of digital economy. The evolution from 1g to 5G provides an important support for the transformation from information to digital. 5G network is characterized by high speed, low delay, ubiquitous network and interconne-ctedness of all things. In order to pool massive data resources and expand the development space of digital economy, to promote the transformation of traditional industries, improve the government's governance capacity to provide support.

**Keywords**: 5G Networks; Industrial Ecology; Internet of Everything; Sichuan Province

**B**. 4    Research on the Development of Data Center Infrastructure
in Sichuan Province

*Guo Tao* / 057

**Abstract**: At present, the vigorous development of digital economy has
become a global development consensus. In order to seize the opportunity of digital
development and seize the strategic highland of digital economy, countries around
the world are actively arranging digital infrastructure represented by data
centers. Since our country started the project of "East-number-west-calculation",
the construction of data center cluster has been quickened in many places, which
is devoted to cultivating the ecology of data center development and laying a solid
foundation for digital economy. This paper comprehensively combs the
development background and evolution course of the data center, analyzes the
basic situation and problems of the development of the data center in Sichuan
Province, and at the same time, based on the unique innate advantages of Sichuan
province, some suggestions are put forward, such as guiding the rational layout of
data centers, perfecting the industrial ecology of data centers, strengthening the
technological R&D and Innovation, and strengthening the network transmission
ability, etc., we will further accelerate the convergence of data center clusters in
Sichuan.

**Keywords**: Data Center; Counting From East to West; Digital Ecology;
Sichuan Province

## Ⅲ    Industry Digitalization

**B**. 5    Study on the Development of Agricultural Digitalization in
Sichuan Province

*Fu Chao, Luo Ling and Liu Xiao* / 069

**Abstract**: To transformation and development of agricultural, the

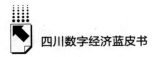

capitalization has become an important trend of global agricultural development. In recent years, the development of agricultural capitalization has made some achievements in some fields and regions, but still lags behind on developed regions with Sichuan Province. The insufficient supply of digital infrastructure, the relatively low level of agricultural production formalization, the imperfect data sharing mechanism, and the lack of high-quality agricultural production management talents have limited the depth and breadth of the penetration of digital technology into agriculture in Sichuan Province. In order to make a high-quality development of agriculture, using agricultural data resources is accelerated the transformation and upgrading of Sichuan agricultural. it should focus on the construction of agricultural digital element resources, the construction of agricultural digital standard system, the in-depth integration of digital application and agriculture, the construction of agricultural e-commerce service system, and the cultivation of digital agricultural talent team so that digital technology could be better applied to agricultural development and produce more economic and social benefits in Sichuan.

**Keywords:** Digital Agriculture; Digital Transformation; Agricultural Big Data; Sichuan Province

## B.6 Research on the Development of Intelligent Manufacturing in Sichuan Province

*He Gang, Huang Shijing and Li Lei /* 086

**Abstract:** Intelligent manufacturing is the digital and intelligent transformation of traditional manufacturing, the key to realizing the transformation of "manufacturing province" to "manufacturing strong province" and "Sichuan creation", and is a comprehensive upgrade and optimization of all aspects of traditional manufacturing. On the basis of analyzing the development status of intelligent manufacturing in Sichuan, it adheres to the development ideas of accelerating the construction of intelligent manufacturing industry ecosystem, promoting digital transformation, network collaboration, and intelligent transformation of the manufacturing industry, and puts forward five major development paths: (1) based on the essence of manufacturing, characterized by digital networking and intelligence; (2) Take technology and equipment as the core; (3) based on data elements; (4) Create an intelligent manufacturing carrier; (5) Build an intelligent manufacturing system. Focus on five major areas: promoting new momentum for technological integration and innovation; Improve the digital level of traditional manufacturing; Build an internationally competitive intelligent manufacturing cluster; Build an important intelligent manufacturing base in China; Strengthen the construction of intelligent manufacturing infrastructure. The typical park practice of intelligent manufacturing in Sichuan was further discussed. Finally, it puts forward policy suggestions for Sichuan intelligent manufacturing to strengthen overall coordination, increase financial support, strengthen talent training, strengthen security guarantees, and deepen open cooperation.

**Keywords:** Intelligent Manufacturing; Manufacturing; Smart Industrial Park; Sichuan Province

## B.7 Study on Digital Development of Liquor Industry in Sichuan Province

*Fu Sha, Du Siyuan and Yang Jirui* / 106

**Abstract:** The digital transformation of Baijiu industry is an important premise for the integration of Baijiu industry and digital economy, and an important measure to improve the innovative application level of " Digitalized Sichuan Baijiu" . Features of the Baijiu industry are mainly reflected in the aspects of driving the efficiency of the Baijiu industry, promoting the crossover integration of the Baijiu industry, reconstructing the organizational competition mode of the Baijiu industry, and enabling the Baijiu industry to upgrade. Some advantageous

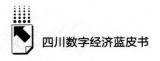

provinces and production areas are explored from intelligent manufacturing, digital marketing and other aspects. In the new development stage, Sichuan Baijiu industry continues to develop, strengthening the quality management of raw materials through high and new digital technology, accelerating technological transformation, and realizing the integrated management from production to marketing. However, the digitalization of Sichuan Baijiu industry is currently faced with the deficiencies such as the urgent need to strengthen the top-level design of digitalization, the urgent need to promote the development of industry digitalization, the urgent need to establish the digital public service system, the urgent need to strengthen the training of digital talents, the insufficient combination of digitalization and liquor industry, the financial constraint of Baijiu industry digitalization, and the industry ecosystem to be improved. This paper proposes suggestions such as strengthening the top-level design of the digital transformation of the Baijiu industry, introducing incentive policies for the digital transformation of the liquor industry, and building the flagship benchmark for the digital transformation of the Baijiu industry, strengthening the construction of "Digitalized Sichuan Baijiu", enabling the transformation and upgrading of Sichuan Baijiu, and promoting the integrated development of the industry.

**Keywords:** Baijiu Industry; Industry Digitalization; Digital Sichuan Baijin

**B**.8 Research on the Development of E-commerce in Sichuan Province

*Yang Kejian, He Shengyu,*

*Shi Li, Lu Mingning and Zhao Zhenjun* / 122

**Abstract:** As the main form of digital economy, e-commerce plays an important role in promoting the adjustment of industrial division of labor, accelerating regionalization and localization integration of global industrial chains, supply chains and value chains, and new forms of e-commerce industry are emerging. With the construction of the "Belt and Road", the development of the Yangtze River Economic Belt, the promotion of the large-scale development of the western region in the new era, the construction of the Chengdu-Chongqing Twin Cities Economic Circle, the construction of the new land-sea channel in the western region, and other national strategic opportunities in Sichuan, Sichuan's e-commerce industry has ushered in new opportunities for development.

**Keywords**: E-commerce; Digital Economy; Industry Chain; Sichuan Province

**B**.9　Study on Digitalization of Cultural Tourism Industry in Sichuan Province

*He Yi, He BaiYu, Zhao Kaifang and Qiu Kai* / 139

**Abstract**: With the accelerated penetration and utilization of digital technology in the cultural and tourism industry, the mutual integration between the cultural and tourism industry and other industries has been accelerated, and the integration methods, paths and modes of various industries have brought changes, and the introduction and application of industrial digital technology has opened a new era of the development of the digital industry of cultural and tourism. According to the research, digital economy has become a new idea and a new driving force for global economic development and innovation, and the digital integrated development of the cultural and tourism industry will be an important approach for the development of Chinese cultural and tourism industry in the future. Meanwhile, the existence of digital technology as a technical element promotes the rapid development of the cultural and tourism industry. As a new development pattern of economic and social forms, it will become a new trend for the development of cultural and tourism industry in the future. As a major province of cultural tourism, how to promote the digital development of cultural tourism in Sichuan under the development engine of digital economy has become an important topic in the research of digital development of communication tourism in recent years. This paper makes a preliminary exploration of

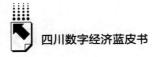

四川数字经济蓝皮书

the digitization development of foreign language tourism in China, and points out that there are still some problems in the process of the digitization development of Sichuan Province, such as capital investment, digital talents, infrastructure construction, organization and management. Put forward that the digital development of Sichuan cultural tourism needs to improve industry standards, establish industry mechanisms, accelerate the construction of information technology, improve digital infrastructure, strengthen the construction of digital cultural tourism platform, promote the development of new business forms, deepen the integration of traditional cultural tourism and digital cultural tourism, accelerate regional economic development, accelerate the digital expansion of cultural tourism resources, and carry out precision marketing. Strengthen characteristic economic construction, do a good job in market operation and other related policy suggestions.

**Keywords:** Capitalization, Cultural-Tourism Industry; Tertiary Industry; Sichuan Province

**B**.10　Study on the Digital Development of Exhibition

　　　Industry in Sichuan Province

*Zhu Yurong, Liu Jie, Yang Jinxiu, Yan Zijian and Wang Huarong* / 157

**Abstract:** In recent years, the digital transformation of the exhibition field has been accelerating, which is constantly reshaping the business mode and business model of the exhibition industry. Under this background, it is of high theoretical and practical significance to discuss and analyze the current situation of digital development of the exhibition industry in Sichuan Province. Based on the existing research results, this report constructed an evaluation index system for the coupling coordination between the development of exhibition industry and digital economy in Sichuan Province, and empirically calculated the coupling coordination degree between the development of exhibition industry and digital economy in 18 cities in Sichuan Province from 2013 to 2019 by using the coupling coordination degree model. Based on the field survey data, the paper analyzes the digital transformation degree of exhibition enterprises in Sichuan Province from the micro level. The research results show that the development of exhibition industry and digital economy in Sichuan Province is at a high level of coupling stage, but the coupling coordination degree is still at a low level, and there is a big difference between cities. The digital transformation level of exhibition enterprises in Sichuan Province is relatively low. Although exhibition enterprises have invested in digital infrastructure and tried to transform their business, which achieved certain results, most of them have not promoted their digital transformation to a strategic level.

**Keywords:** Exhibition Industry; Digital Economy; Sichuan Province

# Ⅳ  Digital Industrialization

**B**.11  Development Report of Sichuan Big Data Industry

*Hu Sijia* / 180

**Abstract:** This chapter summarizes and analyzes the status quo of Sichuan big data industry development. At present, the big data industry in Sichuan province is characterized by the continuous and steady growth of industrial scale, the continuous optimization of industrial ecological environment and infrastructure, the concentration of high-quality enterprise space and industry distribution, and the continuous deepening of application scenarios. In view of the current situation of the big data industry in Sichuan province in the overall development level and in the upper, middle and lower reaches of the industry, this chapter expounds the development strategy of Sichuan big data industry from four aspects: promoting the research and development of big data industry, improving the construction of data security, promoting the construction of industrial standards and breaking the information isolated island, and further forecast the development prospect and trend of Sichuan big data industry.

**Keywords:** Big Data; Information Security; The Industrial Internet; Sichuan Province

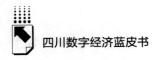

**B**.12　Research on the Development of Artificial Intelligence in Sichuan Province

*Zhang Yuan* / 196

**Abstract**: The development of artificial intelligence has been more than 70 years of history, with the rapid development of computing, algorithms and data, artificial intelligence in the fluctuations ushered in the best development environment, artificial intelligence technologies and products such as face recognition, speech recognition and industrial robots have been widely used in economic life. In the digital age, artificial intelligence technology breakthroughs, applications continue to be rich, the rapid expansion of the industrial scale, especially as the global artificial intelligence technology continued to focus on, supporting systems continue to improve, technology iteration continues to accelerate, artificial intelligence development environment continues to improve. Sichuan regards the artificial intelligence industry as the core industry for the development of the digital economy, and actively supports basic theoretical research and key technologies in the field of artificial intelligence, good results have been achieved in artificial intelligence fields such as intelligent robots, uavs, speech recognition, intelligent home, etc., the continuous optimization of the development environment of artificial intelligence in Sichuan from the aspects of key technology breakthrough, Innovative Product R & D, enabling industry development, and talent support will contribute to the improvement of the quality of the digital economy in the whole province, we will strengthen the core competitiveness of the digital economy

**Keywords**: Artificial Intelligence; Algorithm; Computing Power; Safe and Secure; Sichuan Provice

**B**.13　Research on the Development of Electronic Information

Industry in Sichuan Province

*Gao Xiujuan*, *Lu Yangchun and Zhang Jie* / 206

**Abstract**: In the context of the rapid development of the digital economy, the important thing for us is how to seize the opportunity to maintain the development advantages of the electronic information industry and continue to drive economic growth . firstly, we analyzes the status of electronic information industry in Sichuan Province from four aspects: industrial structure scale, key development areas, and regional development differences. Then, the prominent contradictions and problems in the electronic information industry in Sichuan Province were further explored. Finally, in view of the current situation and problems, suggestions and countermeasures are put forward, one is to accelerate the construction of 5G networks and coordinated industrial development, the second is to strive for the layout of major national industries, the third is to increase investment in the electronic information industry, the fourth is to accelerate the gathering and cultivation of "high-precision and top-notch" talents and high-level innovation and entrepreneurship teams, the fifth is to promote the modernization and integrated development of the entire industrial chain of the electronic information industry, and the sixth is to formulate reference indicators for cleaner production and strengthen the binding entry threshold for enterprises to settle down.

**Keywords**: Digital Economy; Electronic Information Industry; Synergistic Development; Sichuan Province

**B**.14　Software Industry Development Report of Sichuan Province

*Miao Miao* / 221

**Abstract**: This paper makes a basic analysis of the status quo and main characteristics of software industry in Sichuan province. This paper analyzes the

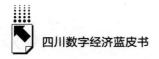
important indexes of software product income in Sichuan province, that is, software business income, software product income, and so on, and holds the Development Law of software product income in Sichuan province, and looks forward to the future development trend. At the same time, the report points out the main problems and difficulties in the development of software industry in Sichuan, including the weak foundation of basic software, high-end industrial software, etc. The development model is old; the level and sustainability of R & D Innovation is influenced by relevant software policies and laws; the talent structure is insufficient and the bridging role of the organizations concerned is lacking. And put forward the countermeasures and suggestions to promote the development of software industry in Sichuan, we should strengthen the leading innovation of the software industry, accelerate the application and popularization of new software technologies, digitalized transformation of the manufacturing industry, intelligentized upgrading of the service industry, construction of famous high-quality software cities, construction of industrial parks, construction of demonstration bases, construction of new-type infrastructure, and construction of the echelon of software talents We will promote the development of digital agriculture in rural areas and the building of an industrial innovation platform. We will give full play to the effectiveness of financial capital. We will strengthen the construction of software standards and systems. We will strengthen the protection of intellectual property rights and the evaluation of their value.

**Keywords:** Software Industry; High - Quality Development; Sichuan Province

**B.15** Digital Development Report of New Energy Automobile Industry in Sichuan Province

*He Dong, Cai Yun, Zhao Weiwei and Jiang Xinquan etc.* / 238

**Abstract:** Since 2021, the Sichuan Provincial Party Committee and the

Provincial Government have attached great importance to the development of the new energy vehicle industry. The sales and promotion of new energy vehicles have increased significantly, and the industry of key components such as power batteries has steadily improved. The trend of carbon emission reduction data has been improving. There is a relatively complete new energy vehicle industry system including complete vehicles, key components, equipment manufacturing and marketing services, and the provinces new energy vehicle industry has achieved remarkable results in quality upgrades. In 2022, my country new energy vehicle industry will continue to develop rapidly, but Sichuan Province is still facing problems such as the lack of leading companies and the headquarters of car companies, and the weakness of key components such as motor and electronic control industries. Sichuan Province should insist on promoting industrial transformation and upgrading, enhancing the regional and field concentration of the new energy vehicle industry, promoting technological transformation of enterprises, promoting the merger and reorganization of existing vehicle manufacturers, and introducing new energy passenger vehicle products that are suitable for production and sales, so as to solve the problem of inventory. and incremental problems, improve the related industrial supporting of the battery system, and promote the steady development of the new energy vehicle industry.

**Keywords**: New Energy Vehicles Industry; Digital Development; Regional Concentration; Sichuan Province

# V Digital Governance

**B**. 16　Study on Digitalization of Urban Governance in

　　　　Sichuan Province

*Zhou Bin* / 258

**Abstract**: The digital era calls for a new form of urban governance to adapt

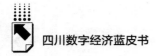

to it. To govern cities scientifically, accurately, intelligently and efficiently, it must rely on the digital transformation of governance. In the past ten years, the capitalization of urban governance in Sichuan Province has developed rapidly and made some achievements. However, compared with developed provinces and cities, the capitalization of urban governance in Sichuan Province is generally lagging behind. There are problems such as insufficient top-level architecture, insufficient information infrastructure support, imperfect data sharing mechanism, and weak data resource sharing ability, which limit the depth and breadth of urban governance in Sichuan Province. In order to make better use of urban data resources, accelerate the digital transformation and upgrading of urban governance in Sichuan, and strive to form high-quality urban development in Sichuan, we should accelerate the construction of urban digital element resources, further promote the construction of urban digital standard system, strive to promote the deep integration of digital application and urban governance, optimize and improve the institutional system of urban digital governance, and cultivate the digital talent team of urban governance, Let digital technology better enable the governance of major cities in Sichuan Province, with a view to bringing better economic and social benefits.

**Keywords**: Urban Governance; Digitization; Refined Governance; Sichuan Province

# **B**.17 County-level Digital Agriculture Rural Development Report of Sichuan Province, 2021

*Sichuan County Agricultural and Rural Informatization*

*Development Level Evaluation Research Group / 270*

**Abstract**: In recent years, the county-level digital agriculture rural construction in Sichuan province has achieved remarkable results. The level of development has been steadily raised, the fiscal input has increased significantly, the infrastructure construction has been gradually improved, the informatization of production has been accelerated and expanded, and the informatization of rural governance services has achieved remarkable results. However, it is also faced with insufficient per capita investment, the uneven development of different areas of agricultural industry, and the uneven development level of counties and regions, the quality and safety of agricultural production and agricultural products traceability information level needs to be improved and so on. To this end, a series of policy recommendations are put forward: from the input to promote coordinated regional development; from the foundation to enhance the support of agricultural and rural modernization; Starting from the management, we will continue to promote the "Internet +" agricultural products from villages to cities, and start from the service to improve the convenience of information dissemination

**Keywords:** County Digital Agriculture Rural; Digital Governance; Sichuan Province

**B**. 18    The Facing Problems and Countermeasures of

Digital Government Construction in Sichuan Province

*Guo Tao* / 295

**Abstract:** The construction of digital government is the basic and leading project to build a strong network and digital China, and it is becoming the key force to drive the development of digital economy and digital society. During the 14th five-year plan period, all parts of the country have a deep understanding of the era background and evolution trend of digital government, and have a comprehensive grasp of the direction of the development trend of digital government construction, as a positive initiative to promote the modernization of the government governance system and governance capacity. This paper expounds the present situation and problems of the construction of digital government in Sichuan Province, probes into the goals and development ideas of the construction of digital government in the next step, and on the basis of fully drawing lessons

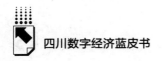
from the construction experiences of developed countries and regions, some suggestions are put forward, such as improving top-level design, building a long-term mechanism for data sharing, improving the efficiency of government digital management services, and optimizing the construction of ecological system of digital government.

**Keywords**: Digital Government; Government Services; Data Sharing; Sichuan Province

**B.19** Sichuan Big Data Supports Public Crisis Response: Epidemic Impact and the Application of Digital Economy

*Zhang Hongli* / 306

**Abstract**: Since the outbreak of the COVID - 19 epidemic, Sichuan Province has experienced three stages: the concentrated outbreak caused by the spread of the epidemic in Wuhan, multiple rounds of small-scale local epidemics caused by the cross import of overseas and provincial epidemics, and the continuous emergence of cases in many places caused by the omicron virus strain. COVID-19 has a significant impact on social governance because of its fast transmission speed, wide infection range, and great difficulty in prevention and control. Digital economy and big data technology provide strong support for epidemic prevention and control in Sichuan Province. The network platform timely announces the latest epidemic situation and epidemic prevention knowledge; The government health communication platform assists in site management, floating personnel and epidemic related personnel management; 5G and big data technology can meet the needs of telemedicine, material docking and deployment, and alleviate the shortage of medical resources in the region; Artificial intelligence technology enables image and gene diagnosis analysis, and the use of contactless intelligent products, which improves the efficiency of treatment and reduces the risk of infection for medical staff; Health declaration and promotion of health code sharing and exchange provide certification support for migrant workers to return to their posts in a healthy way, and specific sections of the online government platform help small and micro enterprises and individual businesses in the province to return to work. COVID − 19 relies on the bottom advantage of the digital economy to activate the potential of grass-roots governance, strengthen the consultation and dialogue between the government and the people, enable intelligent governance to improve the quality and efficiency of social governance, and provide new ideas for social governance innovation.

**Keywords**: Digital Economy; Big Data Technology; Epidemic Control; Sichuan Province

**B**. 20   A typical Case Study of "Intelligent Policing" in

Sichuan Province

*Zhang Xueqin, Liu Shuling,*

*Wang Xianjun, Bai Xueyuan and Ju Jing* / 321

**Abstract**:: The Sichuan public security organs at all levels, under the coordination of the Sichuan Public Security Department, carry out the deployment of the strategy of revitalizing the police through science and technology, and carry out the construction and application of "Smart Policing" in Sichuan Province, in the fields of public security prevention and control, risk early warning, community governance and serving the masses, we collect and integrate the big data of police affairs, and focus on striking new crimes and improving the efficiency of social governance. This article focuses on the typical cases of "Smartpolicing" in Chengdu Public Security Bureau and Luzhou, to solve the construction of "Intelligent Police" in Sichuan province facing the imbalance of regional development, business development, and other problems of unbalanced. Through case analysis, we can grasp the development trend of intelligent policing: on the one hand, we can promote the comprehensive use of data to play a greaterrole in

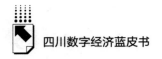
urban governance; on the other hand, we can strengthen the construction and promotion of intelligent policing itself, "Taking big data as a big engine to promote the innovative development of public security work, fully implementing the strategy of revitalizing the police through science and Technology."

**Keywords**: Intelligent Policing; Big Data Technology; Social Governance; Sichuan Province

# Ⅵ  The Ecology of Digital Economy

**B**.21  Research on the Construction of Sichuan Factor

Exchange Market

*Zhang Yuan* / 331

**Abstract**: The construction of data factor market is an important breakthrough in Chinese factor theory and the promotion of data transaction is a key measure to bring the market mechanism into play. With the vigorous development of digital economy, the mining of data value has been paid more and more attention. Although the construction of data factor market has not been proposed for a long time, many provinces and cities such as Guizhou, Shanghai, Zhejiang, Hubei and Henan have explored the construction of data factor market, and Sichuan has also taken the step of data factor market construction. On the basis of the continuous deepening of the understanding of data elements, the transaction of data elements has also changed from the underlying data to value-added services, the enhancement of the value density of transaction data, the improvement of the automation level of data transaction, and the attention paid to data security. To promote the construction of data element trading market in Sichuan, on the basis of ensuring data security and combining with the development trend of data element trading market, it is necessary to explore from the aspects of perfecting supporting standard system, innovating trading circulation mode and creating data circulation ecology, so as to improve data trading system through reform and innovation, ensure data circulation through technological innovation, and continuously improve the construction level of data trading market.

**Keywords:** Data Element Market; Digital Economic; Big Data; Sichuan Province

**B**.22 Study on the Ecosystem of Digital Economy in Sichuan Province

*Ma Li, Shao Yunfei* / 341

**Abstract:** Building a digital economic ecosystem with strong vitality is crucial to promoting the healthy and rapid development of Sichuan's digital economy. The relevant policy system of digital economy in Sichuan Province has been gradually improved, the process of digital economy legislation has been accelerated, the industrial agglomeration effect of digital economy has begun to appear, the brand construction of digital economy has been continuously improved, and the digital credit supervision mechanism has been gradually established. However, there are still problems such as the systematization and effectiveness of economic policies to be improved, the rule of law and regulation of the digital economy still have shortcomings, the driving effect of the industrial cluster of the digital economy has not been fully released, and the number of "business card" brands of the digital economy is few. We should focus on the following five aspects to optimize the digital economic ecosystem of Sichuan Province: first, formulate more systematic and effective digital economic development policies; second, Perfect the legal governance system for the development of digital economy; third, Further build and strengthen the digital industrial cluster of "core screen storage terminal soft intelligent network"; forth, Strive to build a digital economy brand with world influence; fifth, Further strengthen the construction of digital credit supervision system.

**Keywords:** Digital Economy; Ecosystem Optimization; Sichuan Povince

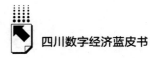
**B** . 23　A study on the Promotion of "Digital Literacy" in
Sichuan Province

*Deng Ling , Liu Xiaomei and Song Yuandong* ／ 353

**Abstract**：This report takes the path of digital literacy and skills improvement of all citizens as the research object. Based on a deep understanding of the strategic intention and overall requirements of the country to improve digital literacy and skills of all citizens, it proposes a "3＋1" overall framework of digital economy including digital literacy and skills improvement of all citizens. The report uses literature survey and case study to study and analyze a large number of domestic and foreign literatures and important policies. It introduces the different promotion mechanisms and effective paths of countries such as the UK, Australia and India in improving digital literacy and skills of the whole people, and the specific measures taken by some provinces and cities in China in improving digital literacy and skills of the whole people. In particular, the paper introduces the innovative practical experience of Weiyuan County in Neijiang City in carrying out the project of "Training trainers" on digital skills and knowledge, and promoting the transformation of "learning-innovation-productivity-competitiveness". At last, the report puts forward countermeasures and suggestions for improving the digital literacy and skills of the whole population in Sichuan Province from the aspects of top-level design and implementation, leading cadres taking the lead in being good digital citizens, carrying out pilot demonstration, carrying out digital literacy work, expanding the supply of digital resources, and building a digital literacy and skills training system.

**Keywords**：Digital Economy；Digital literacy and Skills；Competitiveness；Sichuan Province

# 皮 书

## 智库成果出版与传播平台

### ❋ 皮书定义 ❋

皮书是对中国与世界发展状况和热点问题进行年度监测，以专业的角度、专家的视野和实证研究方法，针对某一领域或区域现状与发展态势展开分析和预测，具备前沿性、原创性、实证性、连续性、时效性等特点的公开出版物，由一系列权威研究报告组成。

### ❋ 皮书作者 ❋

皮书系列报告作者以国内外一流研究机构、知名高校等重点智库的研究人员为主，多为相关领域一流专家学者，他们的观点代表了当下学界对中国与世界的现实和未来最高水平的解读与分析。截至2022年底，皮书研创机构逾千家，报告作者累计超过10万人。

### ❋ 皮书荣誉 ❋

皮书作为中国社会科学院基础理论研究与应用对策研究融合发展的代表性成果，不仅是哲学社会科学工作者服务中国特色社会主义现代化建设的重要成果，更是助力中国特色新型智库建设、构建中国特色哲学社会科学"三大体系"的重要平台。皮书系列先后被列入"十二五""十三五""十四五"时期国家重点出版物出版专项规划项目；2013~2023年，重点皮书列入中国社会科学院国家哲学社会科学创新工程项目。

# 皮书网

（网址：www.pishu.cn）

发布皮书研创资讯，传播皮书精彩内容
引领皮书出版潮流，打造皮书服务平台

## 栏目设置

**◆ 关于皮书**

何谓皮书、皮书分类、皮书大事记、
皮书荣誉、皮书出版第一人、皮书编辑部

**◆ 最新资讯**

通知公告、新闻动态、媒体聚焦、
网站专题、视频直播、下载专区

**◆ 皮书研创**

皮书规范、皮书选题、皮书出版、
皮书研究、研创团队

**◆ 皮书评奖评价**

指标体系、皮书评价、皮书评奖

**◆ 皮书研究院理事会**

理事会章程、理事单位、个人理事、高级
研究员、理事会秘书处、入会指南

## 所获荣誉

◆ 2008 年、2011 年、2014 年，皮书网均
在全国新闻出版业网站荣誉评选中获得
"最具商业价值网站"称号；

◆ 2012 年，获得"出版业网站百强"称号。

## 网库合一

2014 年，皮书网与皮书数据库端口合
一，实现资源共享，搭建智库成果融合创
新平台。

皮书网　　　　"皮书说"　　　　皮书微博
　　　　　　微信公众号

# 权威报告·连续出版·独家资源

# 皮书数据库
## ANNUAL REPORT(YEARBOOK)
## DATABASE

## 分析解读当下中国发展变迁的高端智库平台

### 所获荣誉

- 2020年，入选全国新闻出版深度融合发展创新案例
- 2019年，入选国家新闻出版署数字出版精品遴选推荐计划
- 2016年，入选"十三五"国家重点电子出版物出版规划骨干工程
- 2013年，荣获"中国出版政府奖·网络出版物奖"提名奖
- 连续多年荣获中国数字出版博览会"数字出版·优秀品牌"奖

皮书数据库

"社科数托邦"
微信公众号

### 成为用户

　　登录网址www.pishu.com.cn访问皮书数据库网站或下载皮书数据库APP，通过手机号码验证或邮箱验证即可成为皮书数据库用户。

### 用户福利

- 已注册用户购书后可免费获赠100元皮书数据库充值卡。刮开充值卡涂层获取充值密码，登录并进入"会员中心"—"在线充值"—"充值卡充值"，充值成功即可购买和查看数据库内容。
- 用户福利最终解释权归社会科学文献出版社所有。

数据库服务热线：400-008-6695
数据库服务QQ：2475522410
数据库服务邮箱：database@ssap.cn
图书销售热线：010-59367070/7028
图书服务QQ：1265056568
图书服务邮箱：duzhe@ssap.cn

社会科学文献出版社 皮书系列
SOCIAL SCIENCES ACADEMIC PRESS (CHINA)
卡号：219871341516
密码：

# S 基本子库
## UB DATABASE

## 中国社会发展数据库（下设 12 个专题子库）

紧扣人口、政治、外交、法律、教育、医疗卫生、资源环境等 12 个社会发展领域的前沿和热点，全面整合专业著作、智库报告、学术资讯、调研数据等类型资源，帮助用户追踪中国社会发展动态、研究社会发展战略与政策、了解社会热点问题、分析社会发展趋势。

## 中国经济发展数据库（下设 12 专题子库）

内容涵盖宏观经济、产业经济、工业经济、农业经济、财政金融、房地产经济、城市经济、商业贸易等 12 个重点经济领域，为把握经济运行态势、洞察经济发展规律、研判经济发展趋势、进行经济调控决策提供参考和依据。

## 中国行业发展数据库（下设 17 个专题子库）

以中国国民经济行业分类为依据，覆盖金融业、旅游业、交通运输业、能源矿产业、制造业等 100 多个行业，跟踪分析国民经济相关行业市场运行状况和政策导向，汇集行业发展前沿资讯，为投资、从业及各种经济决策提供理论支撑和实践指导。

## 中国区域发展数据库（下设 4 个专题子库）

对中国特定区域内的经济、社会、文化等领域现状与发展情况进行深度分析和预测，涉及省级行政区、城市群、城市、农村等不同维度，研究层级至县及县以下行政区，为学者研究地方经济社会宏观态势、经验模式、发展案例提供支撑，为地方政府决策提供参考。

## 中国文化传媒数据库（下设 18 个专题子库）

内容覆盖文化产业、新闻传播、电影娱乐、文学艺术、群众文化、图书情报等 18 个重点研究领域，聚焦文化传媒领域发展前沿、热点话题、行业实践，服务用户的教学科研、文化投资、企业规划等需要。

## 世界经济与国际关系数据库（下设 6 个专题子库）

整合世界经济、国际政治、世界文化与科技、全球性问题、国际组织与国际法、区域研究 6 大领域研究成果，对世界经济形势、国际形势进行连续性深度分析，对年度热点问题进行专题解读，为研判全球发展趋势提供事实和数据支持。

# 法律声明

“皮书系列”（含蓝皮书、绿皮书、黄皮书）之品牌由社会科学文献出版社最早使用并持续至今，现已被中国图书行业所熟知。“皮书系列”的相关商标已在国家商标管理部门商标局注册，包括但不限于 LOGO（▨）、皮书、Pishu、经济蓝皮书、社会蓝皮书等。“皮书系列”图书的注册商标专用权及封面设计、版式设计的著作权均为社会科学文献出版社所有。未经社会科学文献出版社书面授权许可，任何使用与“皮书系列”图书注册商标、封面设计、版式设计相同或者近似的文字、图形或其组合的行为均系侵权行为。

经作者授权，本书的专有出版权及信息网络传播权等为社会科学文献出版社享有。未经社会科学文献出版社书面授权许可，任何就本书内容的复制、发行或以数字形式进行网络传播的行为均系侵权行为。

社会科学文献出版社将通过法律途径追究上述侵权行为的法律责任，维护自身合法权益。

欢迎社会各界人士对侵犯社会科学文献出版社上述权利的侵权行为进行举报。电话：010-59367121，电子邮箱：fawubu@ssap.cn。

社会科学文献出版社